Le développement des compétences en Afrique subsaharienne, un exercice d'équilibre

T0350549

Le développement des compétences en Afrique subsaharienne, un exercice d'équilibre

Investir dans les compétences pour la productivité, l'inclusion et l'adaptabilité

Omar Arias, David K. Evans et Indhira Santos

Ouvrage publié conjointement par l'Agence française de développement et la Banque mondiale

Collection « L'Afrique en développement »

Créée en 2009, la collection « **L'Afrique en développement** » s'intéresse aux grands enjeux sociaux et économiques du développement en Afrique subsaharienne. Chacun de ses numéros dresse l'état des lieux d'une problématique et contribue à alimenter la réflexion liée à l'élaboration des politiques locales, régionales et mondiales. Décideurs, chercheurs et étudiants y trouveront les résultats des travaux de recherche les plus récents, mettant en évidence les difficultés et les opportunités de développement du continent.

Cette collection est dirigée par l'Agence française de développement et la Banque mondiale. Pluridisciplinaires, les manuscrits sélectionnés émanent des travaux de recherche et des activités de terrain des deux institutions. Ils sont choisis pour leur pertinence au regard de l'actualité du développement. En travaillant ensemble sur cette collection, l'Agence française de développement et la Banque mondiale entendent renouveler les façons d'analyser et de comprendre le développement de l'Afrique subsaharienne.

Membres du comité consultatif

Agence française de† développement

- **Thomas Mélonio**, directeur exécutif, direction « Innovations, recherche et savoirs »
- **Hélène Djoufelkit**, directrice, département « Diagnostics économiques et politiques publiques »
- **Marie-Pierre Nicollet**, directrice, département « Valorisation des savoirs sur le développement durable »
- **Sophie Chauvin**, responsable, division « Édition et publication »

Banque mondiale

- **Albert G. Zeufack**, chef-économiste, région Afrique
- **Markus P. Goldstein**, économiste spécialiste, région Afrique
- **Zainab Usman**, spécialiste secteur public, région Afrique

Afrique subsaharienne

IBRD 39472 | MAI 2019

Source: Banque mondiale (IBRD 39088, Mai 2019).

Titres de la collection « L'Afrique en développement »

2020

The Future of Work in Africa: Harnessing the Potential of Digital Technologies for All (2020) Jieun Choi, Mark A. Dutz, Zainab Usman (éds.)

Les systèmes agroalimentaires en Afrique : repenser le rôle des marchés (2020), Gaëlle Balineau, Arthur Bauer, Martin Kessler, Nicole Madariaga

2019

Electricity Access in Sub-Saharan Africa: Uptake, Reliability, and Complementary Factors for Economic Impact (2019), *Accès à l'électricité en Afrique subsaharienne : adoption, fiabilité et facteurs complémentaires d'impact économique (2020)*, Moussa P. Blimpo, Malcolm Cosgrove-Davies

The Skills Balancing Act in Sub-Saharan Africa: Investing in Skills for Productivity, Inclusivity, and Adaptability (2019), *Le développement des competencies en Afrique subsaharienne, un exercice d'équilibre : investir dans les compétences pour la productivité, l'inclusion et l'adaptabilité (2020)*, Omar Arias, David K. Evans, Indhira Santos

All Hands on Deck: Reducing Stunting through Multisectoral Efforts in Sub-Saharan Africa (2019), Emmanuel Skoufias, Katja Vinha, Ryoko Sato

2018

Realizing the Full Potential of Social Safety Nets in Africa (2018), Kathleen Beegle, Aline Coudouel, Emma Monsalve (éds.)

Facing Forward: Schooling for Learning in Africa (2018), *Perspectives : l'école au service de l'apprentissage en Afrique (2019)*, Sajitha Bashir, Marlaine Lockheed, Elizabeth Ninan, Jee-Peng Tan

2017

Reaping Richer Returns: Public Spending Priorities for African Agriculture Productivity Growth (2017), *Obtenir de meilleurs résultats : priorités en matière de dépenses publiques pour les gains de productivité de l'agriculture africaine (2020)*, Aparajita Goyal, John Nash

Mining in Africa: Are Local Communities Better Off? (2017), *L'exploitation minière en Afrique : les communautés locales en tirent-elles parti?* (2020), Punam Chuhan-Pole, Andrew L. Dabalen, Bryan Christopher Land

2016

Confronting Drought in Africa's Drylands: Opportunities for Enhancing Resilience (2016), Raffaello Cervigni, Michael Morris (éds.)

2015

Safety Nets in Africa: Effective Mechanisms to Reach the Poor and Most Vulnerable (2015), *Les filets sociaux en Afrique : méthodes efficaces pour cibler les populations pauvres et vulnérables en Afrique subsaharienne* (2015), Carlo del Ninno, Bradford Mills (éds.)

Land Delivery Systems in West African Cities: The Example of Bamako, Mali (2015), *Le système d'approvisionnement en terres dans les villes d'Afrique de l'Ouest : L'exemple de Bamako* (2015), Alain Durand-Lasserve, Maÿlis Durand-Lasserve, Harris Selod

Enhancing the Climate Resilience of Africa's Infrastructure: The Power and Water Sectors (2015), Raffaello Cervigni, Rikard Liden, James E. Neumann, Kenneth M. Strzepek (eds.)

Africa's Demographic Transition: Dividend or Disaster? (2015), *La transition démographique de l'Afrique : dividende ou catastrophe ?* (2016), David Canning, Sangeeta Raja, Abdo Yazbech

The Challenge of Fragility and Security in West Africa (2015), Alexandre Marc, Neelam Verjee, Stephen Mogaka

Highways to Success or Byways to Waste: Estimating the Economic Benefits of Roads in Africa (2015), Ali A. Rubaba, Federico Barra, Claudia Berg, Richard Damania, John Nash, Jason Russ

2014

Youth Employment in Sub-Saharan Africa (2014), *L'emploi des jeunes en Afrique subsaharienne* (2014), Deon Filmer, Louise Fox

Tourism in Africa: Harnessing Tourism for Growth and Improved Livelihoods (2014), Iain Christie, Eneida Fernandes, Hannah Messerli, Louise Twining-Ward

2013

The Political Economy of Decentralization in Sub-Saharan Africa: A New Implementation Model (2013), Bernard Dafflon, Thierry Madiès (eds.)

Empowering Women: Legal Rights and Economic Opportunities in Africa (2013), Mary Hallward-Driemeier, Tazeen Hasan

Les marchés urbains du travail en Afrique subsaharienne (2013), *Urban Labor Markets in Sub-Saharan Africa* (2013), Philippe De Vreyer, François Roubaud (éds.)

Securing Africa's Land for Shared Prosperity: A Program to Scale Up Reforms and Investments (2013), Frank F. K. Byamugisha

2012

Light Manufacturing in Africa: Targeted Policies to Enhance Private Investment and Create Jobs (2012), *L'Industrie légère en Afrique : politiques ciblées pour susciter l'investissement privé et créer des emplois* (2012), Hinh T. Dinh, Vincent Palmade, Vandana Chandra, Frances Cossar

Informal Sector in Francophone Africa: Firm Size, Productivity, and Institutions (2012), *Les entreprises informelles de l'Afrique de l'ouest francophone : taille, productivité et institutions* (2012), Nancy Benjamin, Ahmadou Aly Mbaye

Financing Africa's Cities: The Imperative of Local Investment (2012), *Financer les villes d'Afrique : l'enjeu de l'investissement local* (2012), Thierry Paulais

Structural Transformation and Rural Change Revisited: Challenges for Late Developing Countries in a Globalizing World (2012), *Transformations rurales et développement : les défis du changement structurel dans un monde globalisé* (2013), Bruno Losch, Sandrine Fréguin-Gresh, Eric Thomas White

2011

Contemporary Migration to South Africa: A Regional Development Issue (2011), Aurelia Segatti, Loren Landau (eds.)

L'Économie politique de la décentralisation dans quatre pays d'Afrique subsaharienne : Burkina Faso, Sénégal, Ghana et Kenya (2011), Bernard Dafflon, Thierry Madiès (éds.)

2010

Africa's Infrastructure: A Time for Transformation (2010), *Infrastructures africaines, une transformation impérative* (2010), Vivien Foster, Cecilia Briceño-Garmendia (éds.)

Gender Disparities in Africa's Labor Market (2010), Jorge Saba Arbache, Alexandre Kolev, Ewa Filipiak (eds.)

Challenges for African Agriculture (2010), Jean-Claude Deveze (éd.)

Tous les ouvrages de la collection L'Afrique en développement sont disponibles gratuitement à https://openknowledge.worldbank.org/handle/10986/2150 et https://www.afd.fr/fr/collection/lafrique-en-developpement.

Sommaire

Carte

Encadrés

Graphiques et schémas

Avant-propos

Ces vingt dernières années, de nombreux pays d'Afrique subsaharienne ont relancé leurs économies, sorti des millions de personnes de la pauvreté, se sont relevés d'un conflit et ont fortement élargi l'accès à l'éducation par la hausse des dépenses publiques.

Pourtant, la région affronte d'énormes défis. Les pays ont encore un long chemin à parcourir dans leur transformation économique, de larges couches de la population occupant des emplois à faible productivité, souvent dans le secteur informel. Comme le reste du monde, la région subsaharienne est également confrontée à une mutation rapide de l'économie mondiale et de l'économie locale : évolution technologique rapide grâce aux technologies numériques et à l'automatisation, concurrence et volatilité économiques accrues, ainsi qu'une population jeune en pleine croissance. Ces « grandes tendances » modifient fondamentalement le rôle historique de l'industrie manufacturière en tant que principal moteur de la transformation structurelle et du développement économique. Elles modifient aussi rapidement la demande en compétences et accordent une grande importance à celles qui assurent l'adaptabilité et la résilience des économies, de la main-d'œuvre et des individus.

La Banque mondiale a récemment lancé le Plan pour le capital humain en Afrique afin de soutenir les pays dans la mesure où ils facilitent le développement axé sur les populations et investissent davantage et mieux en faveur de leur population, en particulier des femmes et des enfants. Les indicateurs du capital humain de l'Afrique sont particulièrement préoccupants ; trop de pays ne parviennent pas à assurer l'acquisition des compétences les plus élémentaires chez les enfants et les adolescents. Si les pays veulent donner aux jeunes les moyens de réussir dans un monde du travail en évolution rapide, ils devront créer un environnement favorable où les enfants entrent à l'école bien nourris et prêts à apprendre, où les élèves acquièrent de véritables connaissances en classe et où les travailleurs sont tournés vers la productivité sur le marché du travail.

Ils devront également les doter d'un ensemble complexe de compétences cognitives, sociales et émotionnelles.

Ce rapport examine *l'Exercice d'équilibre* que représente *le développement des compétences,* auquel les pays d'Afrique subsaharienne doivent se prêter dans leurs efforts pour développer les compétences nécessaires à des sociétés plus prospères et plus équitables dans une économie mondiale intégrée et en rapide évolution. Il évalue ce que l'Afrique subsaharienne a accompli en matière de développement des compétences, et compare ces réalisations aux défis auxquels la région fait face aujourd'hui et à ceux qu'elle affrontera à l'avenir. Ce rapport soutient que les décideurs politiques de l'Afrique subsaharienne doivent investir de manière stratégique et judicieuse dans la petite enfance, dans l'éducation et la formation de la main-d'œuvre d'aujourd'hui et de demain, pour soutenir une transformation économique équitable. Pour y parvenir, il faudra faire des choix en investissant dans des compétences qui favorisent l'inclusion et la croissance actuelles et la prospérité future.

En accordant la priorité aux compétences universelles de base (cognitives et socio-émotionnelles) des enfants, des jeunes et des adultes, en investissant de façon sélective dans les compétences techniques liées aux secteurs en croissance et en mettant en œuvre des réformes pour assurer l'optimisation des ressources dans les programmes d'éducation et de formation ainsi que des filets de sécurité, les gouvernements peuvent renforcer leur bilan de compétences. Ce rapport énonce les mesures que les pays peuvent prendre pour y parvenir. Il s'appuie sur les données internationales disponibles au sujet des programmes et des réformes politiques qui peuvent fonctionner, beaucoup portant sur des pays d'Afrique subsaharienne.

Il n'y a pas de solution universelle. Les priorités dépendent du contexte de chaque pays, y compris l'état de sa transformation économique et les progrès réalisés dans les réformes économiques et institutionnelles qui créent un environnement favorable pour la rentabilité des investissements dans les compétences. La bonne nouvelle est que de nombreux pays de la région montrent déjà la voie à suivre en procédant aux réformes nécessaires.

Le défi des compétences en Afrique subsaharienne est de taille, mais il peut être relevé. Les pays ont la possibilité d'investir plus judicieusement. *Le développement des compétences en Afrique subsaharienne, un exercice d'équilibre. Investir dans les compétences pour la productivité, l'inclusion et l'adaptabilité* fournit une multitude d'analyses et d'expériences pratiques sur lesquelles les pays de la région subsaharienne peuvent s'appuyer pour élaborer leurs politiques et définir leurs propres priorités, et que la Banque mondiale et les autres partenaires de développement peuvent consulter pour mieux soutenir ces efforts. Des dirigeants engagés, des efforts conjoints de réforme et des politiques bien coordonnées sont essentiels pour aborder le délicat exercice d'équilibre que représente le développement des compétences en Afrique subsaharienne et pour libérer le potentiel des compétences en vue de construire des sociétés plus prospères et inclusives.

Hafez M. H. Ghanem
Vice-président
Afrique subsaharienne
La Banque mondiale

Annette Dixon
Vice-présidente
Développement humain
La Banque mondiale

Remerciements

Le développement des compétences en Afrique subsaharienne, un exercice d'équilibre. Investir dans les compétences pour la productivité, l'inclusion et l'adaptabilité examine les tendances générales qui façonneront les économies africaines et stimuleront la demande en compétences ; ce rapport examine également le renforcement des compétences au cours des trois principales étapes du cycle de vie. Il est le fruit d'un travail d'équipe, codirigé par Omar Arias, David K. Evans et Indhira Santos, l'équipe comprenant Moussa Pouguinimpo Blimpo, Mūthoni Ngatia, Jamele Rigolini, Daniel Alonso Soto, Shobhana Sosale et Shelby Frances Carvalho. Il est structuré de la façon suivante :

Chapitre 1. Compétences et transformation économique en Afrique subsaharienne

Chapitre 2. Développer les compétences de base universelles en Afrique subsaharienne

Chapitre 3. Développer des compétences favorisant la transition école-travail en Afrique subsaharienne

Chapitre 4. Développer des compétences favorisant la productivité grâce à l'enseignement supérieur en Afrique subsaharienne

Chapitre 5. Corriger les déficits de compétences : formation continue et remise à niveau pour les adultes et les jeunes sortis du système scolaire en Afrique subsaharienne

Alors que les principaux chapitres sont organisés autour du cycle de vie du renforcement des compétences, ce rapport présente une analyse transversale de cinq grandes questions politiques :

- L'investissement dans les compétences dans les pays d'Afrique subsaharienne répond-il aux besoins des économies d'aujourd'hui et de demain ?

- Le développement des compétences est-il fondé sur des bases solides en Afrique subsaharienne ?

- Est-il justifié d'investir dans les compétences des jeunes et des adultes sortis du système éducatif dans les pays d'Afrique subsaharienne ?

- Les ressources investies par les pays d'Afrique subsaharienne dans les compétences sont-elles adéquates ?

- Comment les pays d'Afrique subsaharienne peuvent-ils relever les défis et améliorer les compétences de leur main-d'œuvre pour les économies d'aujourd'hui et de demain ?

Les auteurs des différents chapitres sont les suivants : vue d'ensemble, Omar Arias, David K. Evans et Indhira Santos ; chapitre 1, Omar Arias, avec la contribution de Magdalena Bendini ; chapitre 2, Moussa Pouguinimpo Blimpo, David K. Evans et Mūthoni Ngatia, avec la contribution de Fei Yuan ; chapitre 3, Indhira Santos, Daniel Alonso Soto et Shobhana Sosale ; chapitre 4, Indhira Santos et Omar Arias, avec la contribution de Shelby Frances Carvalho, Daniel Alonso Soto et Peter Darvas ; et chapitre 5, Mūthoni Ngatia et Jamele Rigolini, avec la contribution de Valeria Perotti.

Shelby Frances Carvalho, Daniel Alonso Soto, Fei Yuan et Magdalena Bendini ont contribué à l'analyse tout au long du rapport. Des documents de travail ou des notes techniques spécifiques ont été préparés par Jenny Aker et Melita Sawyer (éducation des adultes), Zirra Banu (revue de la littérature sur les compétences, y compris socio-émotionnelles, en Afrique), Jorgen Billetoft (éducation et formation techniques et professionnelles), Peter Darvas (enseignement supérieur), Jutta Franz (apprentissage), Valeria Perotti (formation, compétences et productivité des entreprises), Sergio Urzua (enseignement supérieur) et Amarachi Utah (transition école-travail).

L'équipe a fortement bénéficié des entretiens et discussions approfondis avec de nombreux collègues tout au long de la préparation du rapport, ainsi que des suggestions de ces derniers.

L'équipe remercie Makhtar Diop (ancien Vice-président, Région Afrique), Albert G. Zeufack (Économiste en chef, Région Afrique), Michal Rutkowski (Directeur principal, Protection sociale et Pratique mondiale Emploi), Jaime Saavedra (Directeur principal, Pratique mondiale Éducation), Amit Dar (Directeur, Développement humain), Mamta Murthi (ancienne directrice, Opérations stratégiques, Région Afrique) et Lynne Sherburne-Benz (ancienne conseillère principale, Région Afrique) d'avoir apporté soutien, expertise technique et conseils lors de la préparation du rapport.

L'équipe remercie particulièrement Luis Benveniste, Andreas Blom, Francisco Ferreira, Deon Filmer et William Maloney - notre conseil consultatif informel - ainsi que les directeurs de cabinet de la Région Afrique au moment de la rédaction du présent rapport, Sajitha Bashir, Halil Dundar, Meskerem Mulatu, Stefano Paternostro et Dena Ringold, pour leurs conseils et leurs contributions au rapport. L'équipe remercie également les pairs examinateurs Rita Almeida, Aline Coudouel, Deon Filmer, Alexandria Valerio, un examinateur anonyme, et Ana Revenga (ancienne économiste en chef adjointe) pour leurs conseils et commentaires pertinents et constructifs à l'étape de la note de synthèse ou lors de la préparation du présent rapport.

Paul Gallagher a fourni une aide précieuse dans l'élaboration des messages clés de la vue d'ensemble. Mariam Denise Brain a largement contribué à la révision du rapport. Silvia Lopez Chavez a aidé à la conception graphique du cadre politique du rapport. Mapi Buitano, Kenneth Omondi, Rose-Claire Pakabomba, Paula Lamptey et Ngoc-Dung Thi Tran ont fourni une aide logistique et un soutien administratif précieux. De nombreux autres collègues des équipes africaines d'éducation et de protection sociale ont formulé de précieux commentaires et suggestions, et ont généreusement contribué à ce rapport tout au long de son élaboration. Les résultats, interprétations et conclusions sont ceux des auteurs et ne reflètent pas nécessairement les opinions de la direction, des examinateurs ou d'autres collègues consultés lors de la préparation du rapport ou y ayant participé.

À propos des auteurs

Omar Arias est économiste principal et responsable de l'unité Savoirs et Innovation, Banque mondiale, Pratique mondiale Éducation. Avant cela, il était responsable mondial de l'unité Compétences, responsable de secteur et économiste principal pour la région Europe et Asie centrale, responsable sectoriel du développement humain pour le Chili et les pays andins, économiste principal au sein du groupe Pauvreté et égalité des sexes de la région Amérique latine, et économiste chercheur à la Banque interaméricaine de développement. Il est coauteur de diverses études, dont des rapports régionaux sur les compétences en Afrique, les emplois et les retraites en Europe et en Asie centrale, le travail informel et la pauvreté en Amérique latine, ainsi que de nombreuses études sur des pays spécifiques. Il a fait partie des comités de lecture de publications portant sur divers thèmes, notamment le rendement de la scolarisation et des compétences, les marchés du travail, la mobilité des revenus, la croissance, la pauvreté et les inégalités, l'accumulation du capital humain, l'évasion fiscale et l'économétrie appliquée. Il a bénéficié d'une bourse de la Fondation Fulbright à l'Université de l'Illinois à Urbana-Champaign où il a obtenu un master et un doctorat en économie.

Moussa Pouguinimpo Blimpo est économiste au Bureau de l'économiste en chef de la Banque mondiale pour l'Afrique. Il était auparavant enseignant-chercheur en économie et études internationales à l'Université de l'Oklahoma (2012-2015). Il a fondé et dirigé le Centre de recherche et de sondages d'opinion (CROP), un groupe de réflexion basé au Togo, de 2011 à 2015. Ses travaux de recherche portent sur un large éventail de questions importantes pour les économies africaines, en particulier les politiques éducatives et l'accumulation du capital humain. Il a obtenu son doctorat en économie à l'Université de New York en 2010 et a passé deux ans comme chercheur postdoctoral à l'Institute for Economic Policy Research (SIEPR) de l'Université de Stanford.

David K. Evans est économiste principal au Bureau de l'économiste en chef de la Banque mondiale pour l'Afrique. Il est coauteur du *Rapport sur le développement dans le monde 2018 : Apprendre pour réaliser la promesse de l'éducation* de la Banque mondiale. Ses travaux traitent de l'éducation, la santé et la protection sociale. Il a conçu et mis en œuvre des évaluations d'impact dans les domaines de l'éducation, du développement de la petite enfance, de l'agriculture, de la santé et de la protection sociale au Brésil, en Gambie, au Kenya, au Mexique, au Nigéria, en Sierra Leone et en Tanzanie, et il a dirigé des projets éducatifs pour la Banque mondiale au Brésil. Il a publié récemment les articles « Qu'est-ce qui fonctionne vraiment pour améliorer l'apprentissage dans les pays en développement ? Une analyse des examens systématiques divergents », « Transfert de fonds et biens de tentation » et « Transferts de fonds et santé : des données en provenance de Tanzanie. » Il enseigne le développement économique à la Pardee RAND Graduate School of Public Policy et est titulaire d'un doctorat en économie de l'Université de Harvard.

Mūthoni Ngatia est économiste au Africa Gender Innovation Lab. Elle a fait ses débuts à la Banque mondiale en 2015 en tant que membre du Programme des jeunes professionnels ; elle a travaillé dans le domaine de la protection sociale et du travail et, plus récemment, au Bureau de l'économiste en chef pour l'Afrique. Avant de rejoindre la Banque mondiale, elle était enseignante-chercheuse en économie à l'Université de Tufts. Ses recherches portent sur la façon dont les réseaux sociaux influent sur le comportement des individus dans les pays à revenu faible et intermédiaire. Elle est titulaire d'une maîtrise en mathématiques appliquées et en économie de l'Université de Harvard et d'un doctorat en économie de l'Université de Yale.

Jamele Rigolini est économiste principal du Pôle mondial d'expertise en Travail et protection sociale de la Banque mondiale. Ses domaines d'expertise comprennent le développement humain, la pauvreté, la protection sociale, l'emploi et les compétences. Avant d'intégrer la Banque mondiale, il était enseignant-chercheur en économie à l'Université de Warwick (Royaume-Uni) et a également travaillé pour la Banque interaméricaine de développement, l'Union internationale pour la conservation de la nature et McKinsey & Co. À la Banque mondiale, il a travaillé pendant quatre ans dans l'Unité de protection sociale de l'Asie de l'Est et du Pacifique, puis a rejoint le Bureau de l'économiste en chef pour la région Amérique latine et Caraïbes, où il a dirigé les rapports annuels intersectoriels phares et entretenu un dialogue étroit avec d'autres organisations internationales, des universitaires et des groupes de réflexion latino-américains. De 2013 à 2016, il était responsable du Programme de développement humain pour les pays andins (Bolivie, Chili, Équateur, Pérou et Venezuela). Il est diplômé de l'École polytechnique fédérale de Zurich (EPFZ) en physique et titulaire d'un doctorat en économie de l'Université de New York. En plus de son travail d'élaboration des politiques, il demeure actif dans le domaine de la recherche et a publié des articles dans des revues universitaires de premier plan, notamment *Journal of Public Economics, Journal of Development Economics, Economics & Politics, Economic Letters,* et *World Development.*

Indhira Santos est économiste principale à la Banque mondiale, où elle travaille sur les marchés du travail, les compétences et la protection sociale. Elle a été l'une des principales auteures du *Rapport sur le développement dans le monde 2019 : Le travail en mutation* et du *Rapport sur le développement dans le monde 2016 : Dividendes du numérique.* Elle travaille actuellement pour la région Afrique et a également travaillé pour les régions Europe et Asie centrale et Asie du Sud, après son arrivée à la Banque mondiale en tant que jeune profession-nelle en 2009. Avant de rejoindre la Banque mondiale, elle a été chargée de recherche à Bruegel, un groupe de réflexion politique européen à Bruxelles, de 2007 à 2009. Elle a également travaillé pour le Centre de recherche économique de la Pontificia Universidad Católica Madre y Maestra (PUCMM) et le Ministère des Finances de la République Dominicaine. Elle a bénéficié d'une bourse de la Fondation Fullbright à l'Université de Harvard où elle a obtenu un doctorat en politique publique et un master en administration publique dans le développe-ment international.

Shobhana Sosale est membre du personnel du Pôle mondial d'expertise Éducation à la Banque mondiale. Spécialiste du développement, elle a plus de 20 ans d'expérience en éducation et en développement des compétences. Ses analyses et publications portent sur des thèmes reliant l'économie politique et les questions intersectorielles dans l'éducation, la protection sociale, le dével-oppement du secteur privé et la finance. Elle a conçu, mis en œuvre et géré des projets et des programmes d'éducation et de développement des compétences dans des pays d'Afrique, d'Asie de l'Est, d'Europe et d'Asie centrale et du Sud. Elle a publié de nombreux articles dans le domaine de l'éducation et dans des domaines connexes. Avant d'intégrer la Banque mondiale, elle a participé à des recherches sur le développement des petites et moyennes entreprises à l'Indian Institute of Management à Bangalore.

Daniel Alonso Soto est économiste du travail à la Division des compétences et de l'employabilité de l'Organisation de coopération et de développement économiques (OCDE). Avant cela, de 2011 à 2017, il a travaillé à la Banque mondiale et à la Banque interaméricaine de développement. Avant de rejoindre ces institutions internationales, il était enseignant-chercheur en économie à l'Université d'Oviedo. Reflétant son vif intérêt pour l'évaluation des politiques publiques, ses recherches portent sur un large éventail de sujets liés à l'éducation et aux marchés du travail, en particulier la transition école-travail et l'accumulation du capital humain. Il est titulaire d'un master en économie et finance et d'un doctorat en économie appliquée de l'Université de Navarre, et a été chercheur invité à la London School of Economics, à l'Université du Michigan et à l'Université Carlos III de Madrid.

Abréviations

ALT	Apprentissage sur le lieu de travail
ASET	Sciences appliquées, ingénierie et technologies
AVFM	Aire visuelle de la forme des mots
CEA	Centre d'excellence africain
CITE	Classification internationale type de l'éducation
CNQ	Cadre national de qualification
DPE	Développement de la petite enfance
EFTP	Enseignement et formation techniques et professionnels
EPAG	Economic Empowerment of Adolescent Girls and Young Women (Emancipation économique des adolescentes et jeunes femmes)
GISDC	Ghana Industrial Skills Development Center (Centre de développement des compétences industrielles du Ghana)
ISTARN	Secteur informel de formation et réseau des ressources
MECESUP	Programme d'amélioration de la qualité de l'enseignement supérieur
MITD	Mauritius Institute of Training and Development (Institut mauricien pour la formation et le développement)
NVTI	National Vocational Training Institute (Institut national de formation professionnelle)
OCDE	Organisation de coopération et de développement économiques
OIT	Organisation internationale du travail
ONG	Organisation non gouvernementale
PASEC	Programme d'analyse des systèmes éducatifs de la CONFEMEN

PASET	Partenariat pour le développement des compétences dans les sciences appliquées, l'ingénierie et les technologies
PIB	Produit intérieur brut
PISA	Programme international pour le suivi des acquis des élèves
PPP	Partenariat public-privé
R&D	Recherche et développement
RTQF	Cadre des qualifications d'EFTP du Rwanda
SABER	Approche systémique pour de meilleurs résultats en matière d'éducation
SABER-WfD	Approche systémique pour de meilleurs résultats en matière d'éducation – Développement de la main d'œuvre
STEP	Compétences pour l'employabilité et la productivité
STEP-B	Science and Technology Education Post-Basic Program (Programme supérieur d'enseignement des sciences et des technologies)
STIM	Sciences, technologie, ingénierie et mathématiques
tfgP	Feel Good Project (Projet Feel Good)
TIC	Technologies de l'information et de la communication
UNESCO	Organisation des Nations unies pour l'éducation, la science et la culture
VETA	Vocational Education and Training Authority (Autorité chargée de la formation professionnelle)
WfD	Développement de la main-d'œuvre

Résumé

La population d'Afrique subsaharienne en âge de travailler croît, ce qui constitue une formidable occasion de réduire la pauvreté et d'augmenter la prospérité pour tous. Mais la main-d'œuvre est la moins qualifiée du monde, contraignant ainsi les perspectives économiques. Les pays subsahariens ont énormément investi dans la formation : la dépense publique dans l'éducation a été multipliée par sept au cours des trente dernières années. Il n'y a jamais eu autant d'élèves à l'école qu'aujourd'hui. Cependant, dans la moitié des pays subsahariens moins de deux élèves sur trois vont au bout de l'école primaire, et une proportion plus faible encore poursuit des études supérieures.

Les résultats scolaires des enfants continuent d'être médiocres. Il s'ensuit que les jeunes et les adultes ont d'énormes lacunes dans les compétences cognitives de base – lire, écrire et compter. Le taux d'alphabétisation de la population adulte est de moins de 50 % dans de nombreux pays, et la proportion est encore plus basse pour ce qui concerne les capacités fonctionnelles de lecture et de calcul. Faire un bond en avant dans le développement des compétences en Afrique subsaharienne est possible, mais il va falloir changer les choses au niveau systémique. Les programmes et réformes au niveau local n'ont souvent pas les effets escomptés. Pour parvenir à un accès plus équitable au développement des compétences, améliorer leur qualité, leur pertinence et leur efficacité, il ne suffit pas de transposer à grande échelle les meilleures méthodes. Il faut que le cadre administratif dans lequel elles sont mises en œuvre soit cohérent et favorable. De multiples agences au niveau local et national sont impliquées dans les stratégies de développement des compétences, ce qui en fait « le problème de tous, mais la responsabilité de personne ». Un manque de coordination et de personnel, une duplication des efforts ou, ce qui est peut-être pire, un manque d'attention aux problèmes essentiels risquent de rendre les investissements inefficaces. Donc, pour obtenir des résultats durables à grande échelle, il faut s'attaquer à l'aspect politique des programmes d'action, renforcer les capacités des politiques qui ont fait leurs preuves et instaurer des mesures incitatives visant à faire converger le comportement de tous les acteurs dans la poursuite des objectifs de développement de compétences au niveau national.

Les pays seront confrontés à des arbitrages souvent difficiles qui auront des effets distributifs et influeront sur la trajectoire de développement. L'Afrique subsaharienne fait ainsi face à un défi : trouver un juste équilibre dans le développement des compétences.

Un cadre politique pour les investissements dans les compétences en Afrique subsaharienne

Pour leur politique d'investissement, les pays subsahariens doivent avoir trois grands objectifs en vue : (a) accélérer la croissance de la productivité globale (économies prospères) ; (b) promouvoir l'inclusion économique (sociétés inclusives) ; (c) assurer la capacité adaptative de la main-d'œuvre au XXIᵉ siècle (économies et individus résilients). La question de savoir dans quelles compétences investir pour atteindre ces objectifs place ces pays devant des choix difficiles.

Une stratégie de développement des compétences judicieuse nécessite de déterminer quelles compétences sont nécessaires, pour quel objectif, qui en a besoin, et comment elles peuvent être développées au bon moment et de la bonne manière. Le schéma R.1 est une illustration du cadre destiné à guider les priorités d'investissement pour les politiques d'éducation et de développement des compétences. On peut en tirer trois considérations principales.

Première considération : investir dans les compétences place les décideurs face à un dilemme. Vaut-il mieux investir dans des compétences qui vont plus certainement maximiser les gains de productivité et développer l'économie (notamment les compétences techniques ciblant les activités à fort potentiel de croissance qui peuvent accélérer la transformation économique en redistribuant les ressources productives et en exploitant les nouvelles technologies) ou dans des compétences qui permettront une meilleure inclusion de tous dans l'économie, comme des celles qui améliorent les moyens de subsistance et les possibilités de revenus, notamment pour la population pauvre ? Ou bien, vaut-il mieux investir dans les compétences dont ont besoin aujourd'hui les jeunes et les adultes sortis du système scolaire dans une économie principalement agricole et fondée sur le travail indépendant, ou dans les compétences dont aura besoin la main-d'œuvre de demain pour s'adapter et rebondir facilement dans une économie en transformation et un monde du travail en rapide évolution ?

Deuxième considération : il faut investir de manière équilibrée, en maîtrisant les coûts, dans les multiples compétences dont ont besoin les diverses générations dans une économie en cours de modernisation. Ces compétences sont, d'une manière générale : (a) *les compétences cognitives de base* (notamment lire, écrire et compter) ; (b) *les compétences socio-émotionnelles de base* (notamment celles liées à la maîtrise de soi et à la relation aux autres comme l'autorégulation, la persévérance, la curiosité, l'empathie et la tolérance) ; (c) *les compétences techniques et professionnelles* (notamment les qualifications requises pour un métier particulier, la maîtrise des outils numériques et le management). Toutes ces compétences sont importantes pour les futures générations d'actifs – les jeunes scolarisés ou en formation – et pour tous ceux qui sont sortis du système éducatif, quel que soit leur âge. Investir de manière équilibrée implique donc de répartir les ressources sur un éventail de compétences cognitives et socio-émotionnelles de base pour la jeune génération, de la petite enfance aux adolescents, et de compétences techniques pour les adultes jeunes et moins jeunes, et de renforcer ces compétences par des formations sur le lieu de travail, des formations pratiques et des programmes éducatifs.

En faisant ces investissements, les décideurs publics devraient considérer que le développement des compétences est un processus qui dure toute la vie et au cours duquel les compétences engendrent les compétences. Le schéma R.1 montre quels sont les stades de la vie idéals pour acquérir différentes compétences, et comment, à un stade donné, sont acquises les

Schéma R.1 Un cadre pour définir les priorités dans les politiques de formation en Afrique subsaharienne

Investir dans les compétences : un cadre d'action

En investissant dans les compétences, les pays sont confrontés à un dilemme

Productivité/
Politique inclusive

Compétences pour
les besoins d'aujourd'hui/les besoins de demain

L'efficacité de l'investissement varie d'une compétence à l'autre au cours de la vie

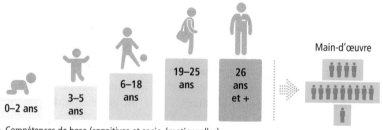

Main-d'œuvre

0–2 ans

3–5 ans

6–18 ans

19–25 ans

26 ans et +

Compétences de base (cognitives et socio-émotionnelles)

Compétences techniques

Les stratégies pour développer les compétences doivent avoir trois objectifs

Ouverture/Égalité des chances   Qualité/Pertinence   Efficacité

compétences les plus appropriées. Le temps est un facteur essentiel du processus de formation du capital humain. L'investissement dans la petite enfance est crucial parce que c'est le moment où les connexions neuronales se multiplient, sont élaguées et se solidifient.

Le développement cognitif et socio-émotionnel est fortement influencé par la santé et l'alimentation maternelles et infantiles, notamment durant les mille premiers jours de la vie, et par la qualité des environnements stimulants dans lequel le bébé puis l'enfant est élevé. Même si les compétences cognitives de base sont solidement acquises à l'adolescence, l'école peut fournir diverses connaissances et des outils qui renforcent ces capacités, et développer les compétences socio-émotionnelles qui demeurent malléables durant les années d'adolescence et au début de l'âge adulte. Les compétences de base déterminent la « capacité à apprendre » à l'école, à l'université, en formation et sur le lieu de travail. Même s'il est plus rentable d'investir tôt, la plasticité et la malléabilité du cerveau à l'âge adulte sont telles que des investissements plus tardifs peuvent permettre de combler les lacunes – il est ainsi possible de former les compétences de base de la population active d'aujourd'hui. De tels investissements sont particulièrement importants pour les personnes les plus vulnérables qui sont sorties du système éducatif tôt et n'ont pas pu acquérir les compétences de base essentielles. Ils peuvent en outre avoir des effets intergénérationnels positifs : des mères instruites sont plus susceptibles d'élever leurs enfants de manière saine et de leur donner de solides compétences de base.

Enfin, et c'est la troisième considération illustrée par le schéma : pour transmettre les bonnes compétences au bon moment et de la bonne manière, le système éducatif doit garantir l'égalité des chances, la qualité de l'éducation et son efficacité. Les investissements et les réformes politiques doivent veiller à permettre un large accès aux diverses filières d'acquisition des compétences (*égalité des chances*), à donner une formation qui réponde aux besoins du marché de l'emploi (*qualité et pertinence*), à financer l'éducation et les formations de manière rigoureuse afin d'éviter un gaspillage des ressources (*efficience*).

Faire face au défi d'équilibrer les compétences : mettre l'accent sur les compétences de base

Développer les compétences de base chez le jeune enfant puis les capacités de lecture, écriture et calcul permet de contourner un des grands dilemmes auxquels font face les pays subsahariens : cela permet en effet de stimuler la croissance économique et en même temps de promouvoir l'inclusion sociale. Tous les pays devraient donner la priorité à la formation de ces compétences chez les actifs d'aujourd'hui et de demain. Mais il faut commencer par assurer l'égalité des chances en préparant les jeunes enfants à l'école, notamment en investissant dans la santé des mères, l'alimentation des enfants et leur stimulation durant les mille premiers jours de la vie et leurs premières années. Cela exige que les pays continuent d'améliorer l'accès à l'éducation élémentaire et de prendre des mesures décisives pour combler les immenses retards d'apprentissage qui persistent en améliorant la qualité de l'enseignement. Cela demande aussi de mettre en place des programmes particuliers de seconde chance et d'alphabétisation pour adultes, afin d'aider ceux qui n'ont pas pu acquérir les compétences de bases les plus essentielles.

Les pays subsahariens devraient en tout premier lieu investir plus et mieux dans la petite enfance pour éradiquer une malnutrition infantile chronique et permettre aux enfants de s'épanouir en bonne santé. L'Afrique subsaharienne a l'un des taux de retard de croissance les plus élevés du monde, alors que certains pays d'Afrique et d'ailleurs s'en sortent bien contre ce fléau (Galasso *et al.*, 2016).

À l'étape suivante du développement des compétences de base, l'élargissement de l'accès à l'enseignement primaire et secondaire doit s'accompagner d'un enseignement efficace. Il s'agit là d'une leçon simple, mais fondamentale pour les pays subsahariens. De nombreux pays d'autres régions du monde, y compris les pays riches, qui ont élargi l'accès à l'éducation sans garantir un enseignement efficace et ainsi une éducation de qualité, ont échoué à atteindre de bons résultats. Mettre l'accent sur la qualité représente certes un défi pour les pays subsahariens, compte tenu de la pénurie d'infrastructures et le nombre croissant d'élèves qui arrivent dans le secondaire. Ils vont devoir trouver des moyens de construire plus de collèges et en même temps d'améliorer la qualité de l'enseignement, ce qui veut dire qu'il leur faudra faire un usage plus efficient de leurs ressources.

En continuant à élargir l'accès à l'éducation, les pays d'Afrique subsaharienne peuvent s'inspirer de pays du continent ou d'autres régions du monde qui ont réussi à augmenter le taux de scolarisation et à garder les enfants à l'école. Les plus fortes progressions du taux de scolarisation ont eu lieu là où l'école est gratuite. L'élimination des frais d'inscription a fait faire un bond à la scolarisation au Kenya, au Malawi et en Ouganda, et un progrès un peu plus modeste au Cameroun, en Tanzanie et en Zambie. L'Éthiopie, le Lesotho et le Malawi ont versé des allocations aux familles pauvres pour augmenter le taux de scolarisation et compenser d'autres coûts indirects, notamment le manque à gagner que représente le fait d'aller à l'école. Les résultats ont été largement positifs. Ces effets positifs valent autant pour les programmes de transferts inconditionnels que conditionnels, même si une étude du Burkina Faso semble indiquer qu'un transfert conditionnel est particulièrement bénéfique pour les enfants qui sont les plus susceptibles d'abandonner l'école (principalement les filles, ainsi que les garçons qui ont de moins bons résultats).

Une aide financière ciblée et des interventions complémentaires peu onéreuses peuvent contribuer à garder les enfants à l'école. Dans le secondaire, un frein à la scolarisation et à l'achèvement des études est le manque à gagner, ou, pour les filles, un mariage précoce ou une grossesse. Une aide ciblée peut être efficace. Au Ghana, des bourses pour des élèves admis dans le secondaire qui ne pouvaient pas être scolarisés immédiatement (généralement pour des raisons financières) a permis de doubler le taux d'achèvement du secondaire, d'améliorer les résultats en mathématiques et en langue principale, d'augmenter de 30 % la probabilité qu'un élève fasse des études supérieures, et de réduire le nombre d'enfants chez les jeunes femmes de 25 ans (Duflo, Dupas et Kremer, 2017).

Associer le secteur privé

De nombreux pays ont du mal à trouver les moyens financiers pour faire face aux vagues d'élèves qui arrivent dans le secondaire. L'accès au secondaire demeure inéquitable. Les partenariats public-privé (PPP) peuvent contribuer à fournir les ressources nécessaires aux besoins de l'enseignement secondaire en infrastructures et en personnel. Ils peuvent permettre d'exploiter des fonds publics pour améliorer l'égalité de l'accès à l'éducation en finançant en totalité ou en partie des infrastructures ou une offre éducative dans le secondaire à destination des ménages à faible revenu. Une étude sur un PPP en Ouganda, par lequel le gouvernement a offert une subvention par élève à des établissements secondaires privés à bas coût, a montré que la subvention permettait aux écoles de scolariser de nombreux élèves, de manière équitable entre filles et garçons, et que les résultats des élèves s'amélioraient dans ces établissements (Barrera-Osorio *et al.*, 2016).

Les écoles privées font partie du paysage éducatif africain depuis de nombreuses années. En fin de compte, l'important est que l'État garantisse un accès à un enseignement de qualité pour tous les enfants et les jeunes. Dans des contextes où l'offre publique est extrêmement limitée, les écoles privées peuvent contribuer à combler un déficit considérable, mais les gouvernements doivent jouer un rôle essentiel de régulateur et garantir que les familles sont bien informées pour qu'elles puissent prendre les bonnes décisions pour leurs enfants. Gouvernements et parents doivent tenir toutes les écoles (publiques et privées) responsables de leurs résultats.

Impliquer les familles

La responsabilisation et la participation des parents peuvent être utiles pour assurer la qualité de l'enseignement dans les écoles. Trop souvent, cependant, les décisions des parents sont prises sur la base d'informations incomplètes. Par exemple, certains parents vont peut-être exiger un enseignement pour les petits en anglais ou en français, et non dans leur langue maternelle, alors qu'on apprend plus rapidement à lire et à écrire si on fait les premiers pas dans sa langue maternelle, comme l'a montré une étude récente au Kenya (Piper, Schroeder et Trudell, 2016). Une étude à Madagascar montre que les parents sous-estiment souvent les bénéfices des études scolaires (Nguyen, 2008). Mais lorsqu'on leur fournit des données précises à ce sujet, la plupart prennent les bonnes décisions pour leurs enfants. Les campagnes d'information peuvent donc contribuer à accroître l'engagement des parents et leur responsabilisation.

Améliorer l'enseignement pour éviter que les enfants n'abandonnent l'école

Un enseignement efficace est essentiel pour empêcher que les enfants n'abandonnent l'école et pour faire en sorte qu'ils apprennent et acquièrent des compétences. Récemment, de nombreuses études sur des interventions en milieu scolaire dans des pays à revenu faible ou intermédiaire montrent qu'un enseignement plus efficace grâce à une meilleure pédagogie est le moyen le plus efficace pour améliorer les performances des élèves (Evans et Popova, 2016). Dans de nombreux pays, de nombreux élèves n'arrivent pas à suivre parce qu'on applique de manière inflexible un programme ambitieux. Une pédagogie qui a montré des résultats consiste à se mettre à leur niveau. Des interventions qui aident les professeurs à adapter leur enseignement aux besoins des élèves ont été très bénéfiques. Au Ghana, la mise à disposition d'un assistant de la communauté locale pour aider les élèves les plus faibles a permis des gains appréciables en lecture, écriture et calcul, surtout quand cette aide a été donnée après l'école (Duflo et Kiessel, 2012). Toujours au Ghana, on a amélioré de manière significative les performances des élèves en lecture et en écriture en apprenant aux professeurs à enseigner à de petits groupes d'élèves et à se mettre à leur niveau (Duflo et Kiessel, 2012).

Dans les régions rurales du Kenya, la répartition des élèves du primaire en groupes de niveau a permis à tout le monde de progresser sensiblement en mathématiques et dans la langue principale, autant aux meilleurs qu'aux plus faibles : les professeurs ont pu s'adapter au niveau de chacun (Duflo, Dupas et Kremer, 2011).

Faire appel à la technologie pour améliorer l'apprentissage

La technologie a le potentiel d'améliorer l'enseignement lorsqu'elle est utilisée pour assister les professeurs et permettre aux élèves d'apprendre de manière autonome. Ses bienfaits ont d'ailleurs beaucoup fait parler : elle permettrait de réaliser un énorme bond en matière éducative dans les pays à revenu faible ou intermédiaire et les avancées seraient comparables à celles que la technologie médicale a permis de faire dans le domaine de la santé. Mais diverses études actuelles viennent nuancer le tableau : la technologie donne les meilleurs résultats lorsqu'elle vient en complément des professeurs et non lorsqu'elle les remplace. Des mesures axées sur le matériel – la fourniture d'ordinateurs aux écoles ou pour le travail à la maison – n'ont pas eu un grand impact sur les résultats scolaires. D'autres mesures, comme la mise en place d'un enseignement assisté par ordinateur pour améliorer la pédagogie et permettre aux élèves d'apprendre à leur rythme ont donné de meilleurs résultats. Les effets sur l'apprentissage ont été les plus nets dans des expériences récentes où la technologie a été utilisée pour fournir aux élèves un enseignement dynamique.

Dans l'ensemble, ces expériences montrent que les pays subsahariens doivent avancer prudemment lorsqu'ils s'aventurent sur le terrain d'un enseignement assisté par la technologie. Tirer tout le potentiel de celle-ci n'est pas immédiat, cela dépend des détails spécifiques des mesures mises en place et de leur propension à faciliter l'apprentissage. Une planification et une évaluation prudentes des mesures sont nécessaires. La technologie peut tenir ses promesses si elle est utilisée à bon escient, avec une attention sur l'efficacité de son coût et sur les possibilités de mise en œuvre propres à chaque pays.

Améliorer la capacité à enseigner des professeurs

En Afrique subsaharienne, de nombreux professeurs ne maîtrisent pas les bases de la matière qu'ils sont censés enseigner et ne font pas suffisamment appel à des pratiques pédagogiques dont on sait qu'elles favorisent l'apprentissage. D'énormes efforts sont donc requis pour qu'il y ait de meilleurs professeurs dans les écoles, car ce sont eux qui jouent un rôle de premier plan dans l'apprentissage. Il est bien plus difficile et coûteux de mettre à niveau des professeurs mal formés que d'en former de nouveaux, par exemple sur le modèle de systèmes éducatifs très performants comme ceux de Finlande et de Singapour qui ont des programmes de formation des professeurs extrêmement sélectifs où peu de candidats sont admis. Dans de nombreux pays d'Afrique subsaharienne, en revanche, une analyse des critères d'entrée dans les programmes de formation à l'enseignement montre que le niveau est très bas. Différentes méthodes ont été expérimentées à travers le monde pour attirer de bons candidats vers la profession d'enseignant : au Chili, par exemple, on a offert des avantages particuliers aux étudiants les plus brillants pour les inciter à entrer dans l'enseignement ; au Pérou, on a revu à la hausse le niveau d'entrée dans les écoles de formation des professeurs. Réévaluer les critères d'entrée dans la profession peut certainement améliorer les résultats.

Renforcer les compétences socio-émotionnelles

Un autre moyen de faire un bond en avant dans la qualité de l'enseignement est d'inclure les compétences socio-émotionnelles dans les programmes et de faire de leur formation un objectif dans la pratique scolaire. À cet égard, une action prioritaire est de s'assurer que les programmes et les pratiques pédagogiques des écoles maternelles et de l'enseignement primaire et secondaire (général et professionnel) mettent suffisamment l'accent sur le développement de ces compétences. Elles peuvent être enseignées au sein du programme scolaire standard avec des activités particulières, en fixant certains objectifs, avec un soutien pédagogique, et en faisant appel à des méthodes qui se sont révélées efficaces. On peut tirer d'utiles enseignements d'expériences menées à travers le monde dans ce domaine, dont certaines, innovantes et récentes, en Colombie, en Macédoine du Nord, au Pérou, aux États-Unis et au Vietnam.

Une réforme qui semble nécessaire est de retarder l'orientation vers l'enseignement et la formation techniques et professionnels (EFTP) dans le secondaire pour permettre aux jeunes d'acquérir des compétences de base plus solides. Certains systèmes éducatifs continuent d'orienter trop tôt les élèves (au niveau du collège) vers les filières techniques et professionnelles aux dépens des compétences de base. Ceci limite plus tard les capacités d'adaptation des diplômés d'écoles techniques et professionnelles et leurs perspectives de revenus. À court et moyen terme, il faut donc retarder cette orientation et élargir le programme des écoles techniques et professionnelles par un renforcement des compétences de base.

Développer les compétences de base de la main-d'œuvre actuelle
Enfin, on a négligé en Afrique subsaharienne de renforcer les compétences de base chez les jeunes et les adultes sortis du système scolaire, notamment dans le secteur de l'agriculture et de l'économie informelle. Compte tenu des déficits de la population active en lecture, écriture, calcul et dans les compétences socio-émotionnelles, des programmes de remise à niveau peuvent jouer un rôle important dans l'amélioration de sa productivité et de ses moyens de subsistance. Si les programmes d'alphabétisation pour adultes ont donné des résultats mitigés, de nouveaux programmes novateurs sont prometteurs. Dans les régions rurales du Niger, un programme faisant appel au téléphone portable intitulé « Alphabétisation de Base par Cellulaire » a permis, grâce aux motivations intrinsèques de la population, d'améliorer les capacités de lecture, d'écriture et de calcul des adultes (Aker, Ksoll et Lybbert, 2012). Inclure l'alphabétisation des adultes et le développement de leurs compétences socio-émotionnelles dans les programmes de développement agricole et les programmes d'allocations, comme c'est fait au Brésil avec Bolsa Familia et au Mexique avec Prospera, représente aussi un énorme potentiel d'amélioration.

Faire face au défi d'équilibrer les compétences : investir dans les compétences techniques des jeunes et des adultes

Investir dans les compétences techniques des jeunes et des adultes suppose que l'on améliore l'équité, l'efficience et la pertinence de l'EFTP et de l'enseignement supérieur. Dans la plupart des pays subsahariens, ces deux voies d'éducation demeurent peu développées. Pour profiter du saut qualitatif que cela pourrait permettre, il faudrait créer très tôt un cadre institutionnel et engager une politique qui permette d'améliorer leur efficience, leur pertinence et l'égalité des chances pour y accéder. De même qu'il faudrait pouvoir s'inspirer des pays qui ont déjà développé ces stratégies.

Allier demandes sociales et équité à l'offre de compétences techniques

Pour parvenir à une égalité des chances dans l'accès à l'EFTP et à l'enseignement supérieur, le plus important est de préparer les enfants à l'apprentissage scolaire. Ce qui veut dire donner de solides compétences de base à tous les enfants dès le début de la vie et à la maternelle, notamment à ceux provenant d'un milieu défavorisé. Pour les jeunes défavorisés qui sont sur le point d'entrer dans le supérieur, des programmes de transition ou de remise à niveau dans le secondaire ou au début du supérieur peuvent améliorer leurs capacités d'apprentissage et contribuer à mettre tout le monde sur un pied d'égalité. À l'université de Namibie, par exemple, le Pathways Program cible les élèves ovambos, une ethnie marginalisée, avec pour objectif de les préparer à faire des études de sciences ou d'ingénieur. Ces programmes de transition peuvent en outre s'attaquer à des lacunes dans les compétences socio-émotionnelles, lesquelles sont essentielles pour réussir dans l'EFTP ou les études supérieures.

Surmonter les contraintes financières

Améliorer l'égalité des chances exige de faire attention à d'autres contraintes financières et non financières qui empêchent de nombreux élèves d'acquérir des compétences techniques de qualité. Pour l'enseignement technique et professionnel du lycée et du supérieur, et pour les études universitaires, un financement public ciblé devrait être mis en œuvre sous la forme de bourses conditionnées aux besoins et de subventions pour les prêts étudiants. Dans les collèges techniques, s'ils existent, le type de financement public utilisé dans l'enseignement secondaire général permettra à des jeunes d'acquérir des compétences qui leur seront d'un grand bénéfice par la suite. Autrement dit, si l'enseignement au collège est gratuit dans un pays, financer l'EFTP à ce niveau permettra de former des compétences plus différenciées. En moyenne, il y a moins de partage des coûts au niveau de l'enseignement supérieur en Afrique que dans d'autres régions du monde, mais certains pays ont essayé d'abandonner progressivement les études supérieures gratuites et d'aller vers un modèle de partage des coûts. Le Malawi, l'Ouganda et la Zambie ont reporté certains coûts, dont les frais de subsistance, sur les étudiants. Le Botswana, l'Éthiopie et le Lesotho ont mis en œuvre des programmes différés de partage des coûts où les étudiants remboursent les frais d'études petit à petit après l'obtention de leur diplôme. Le Kenya, la Mauritanie, l'île Maurice, la Namibie, le Rwanda, l'Afrique du Sud et la Tanzanie ont mis en place une aide fondée sur l'évaluation des ressources.

Mais il n'y a pas que le système éducatif officiel. Améliorer l'égalité des chances pour ceux qui sont sortis du système scolaire exige de porter une grande attention au secteur informel pour lequel il faut proposer de l'apprentissage, des programmes pour les jeunes défavorisés, et des formations sur le lieu de travail dans des microentreprises et des petites entreprises, notamment en zone rurale.

Améliorer la gouvernance et le financement dans l'EFTP et l'enseignement supérieur

Un cadre réglementaire et des mécanismes d'assurance de la qualité peuvent contribuer à améliorer l'efficacité (et la qualité) de l'enseignement supérieur et de l'EFTP. Ces dix dernières années, de nombreux pays d'Afrique subsaharienne ont créé des agences pour accréditer et évaluer les institutions de l'enseignement supérieur, mais leurs capacités sont limitées. Les mécanismes de l'assurance de la qualité vont de l'attribution à une institution d'une licence d'enseignement par le ministère de l'Enseignement supérieur jusqu'à la mise en place de cadres nationaux de certification, en passant par l'accréditation de programmes d'éducation nationaux. En 2012, vingt et un pays africains avaient déjà créé des agences d'assurance de la qualité, et une douzaine d'autres pays étaient prêts à faire de même. Ces agences font quelques contrôles qualité de base en supprimant ou en empêchant la création de programmes de faible qualité.

Ce qui est capital, c'est que le financement public des institutions d'EFTP et de l'enseignement supérieur soit progressivement lié aux résultats ou à des réformes améliorant les résultats. La plupart des financements de l'EFTP et de l'enseignement supérieur se font sur une base historique, en fonction des ressources mobilisées (nombre d'agents ou salaires), des inscriptions (coût par étudiant, comme c'est le cas pour l'enseignement supérieur au Kenya et au Rwanda), ou des coûts standards par unité (ratio étudiant/professeur et coûts unitaires prescrits par discipline, comme c'est le cas pour l'enseignement supérieur au Ghana et au Nigéria). Ces mécanismes de financement incitent peu à réduire les coûts, à innover, à améliorer la qualité de l'enseignement ou la pertinence sur le marché du travail. Pour créer ce type d'incitations, une approche ambitieuse consisterait à faire passer l'essentiel du financement public par un système lié aux résultats. Sur ce principe, ont été faites en Afrique de premières expérimentations qui pourraient servir de tremplin. On a par exemple appliqué l'idée de financer les universités en fonction de leurs résultats, comme au Mali et dans des centres d'excellence africains, ou mis l'accent dès le départ sur des réformes qui améliorent les résultats, comme au Chili.

Diffuser la pertinence économique et l'offre d'EFTP basée sur la demande

Compte tenu de l'importance du secteur informel en Afrique subsaharienne et les rapides changements dans la demande, il est nécessaire de repenser le rôle public de l'enseignement et la formation techniques et professionnels. Pour rester pertinent, il faut une souplesse et une agilité que l'EFTP et l'enseignement supérieur ont du mal à avoir. Il va donc être essentiel qu'ils s'associent au secteur privé, y compris dans l'offre de formation, comme les pays d'Afrique et d'ailleurs le reconnaissent de plus en plus.

Il faut que l'EFTP vise davantage à préparer les élèves à un emploi non salarié en dehors du secteur manufacturier. Cela commence au niveau des cours, qui comprennent depuis peu seulement une formation au management et un développement des compétences commerciales fondamentales – indispensables pour les travailleurs indépendants –, une formation à la gestion des petites entreprises et aux emplois dans les services. Parmi les compétences enseignées figurent l'étude des coûts, la fixation des prix, la préparation des comptes annuels, la comptabilité, la gestion d'un projet, le marketing, la vente, la préparation d'un plan d'activités. Des programmes prometteurs comme Educate! au Rwanda et en Ouganda proposent une introduction au management, le développement de compétences nécessaires dans le monde du travail, et appliquent des méthodologies d'enseignement éprouvées dans les établissements secondaires. La Tanzanie est en train de concevoir de nouveaux programmes d'EFTP qui mettent l'accent sur les compétences nécessaires au travail indépendant.

Il faut également revenir sur les horaires fixes des cours qui permettent difficilement de suivre une formation tout en travaillant, sur le manque de formation pratique, et sur les coûts élevés qui rendent ces cours inaccessibles aux actifs du secteur informel. Mieux intégrer les besoins en compétences du secteur informel et l'avis de ses représentants dans l'EFTP public – par exemple en créant des liens avec des organisations de travailleurs et d'entreprises du secteur – serait un progrès. Les écoles d'EFTP du Kenya sont souvent associées à des centres d'affaires qui fournissent des expertises aux petits entrepreneurs. On encourage les diplômés d'instituts de technologie à former des groupes d'entreprises qui vont ensuite démarcher les fournisseurs de crédits.

Adapter l'EFTP aux besoins des secteurs moteurs de l'économie exige de nouer progressivement des liens durables avec les employeurs au niveau local. En Tanzanie, par exemple, le secteur privé joue de plus en plus un rôle de conseiller dans l'EFTP à travers le Tanzania National Business Council. Et à l'occasion, l'Association of Tanzania Employers aide à définir les stratégies prioritaires.

Le secteur privé est un partenaire fondamental pour améliorer la qualité des enseignants et offrir des opportunités de formations sur le tas dans le secteur formel ou informel. La formation des professeurs d'EFTP se fait le plus souvent à l'université, et il n'y a généralement pas de formation continue. Font exception le Vocational Teachers Training College, en Tanzanie, et les Écoles normales des professeurs d'enseignement technique, au Cameroun. Relativement peu de professeurs d'écoles publiques ont une expérience dans l'industrie, ce qui s'explique en partie par les compétences exigées pour le diplôme d'enseignant. Les pays subsahariens devraient explorer diverses possibilités de jumelage avec des entreprises privées et d'autres pays pour améliorer les compétences des professeurs d'EFTP, et permettre le recrutement au niveau local de personnes sans diplôme d'enseignant, mais qui ont les compétences requises. Cette aide supplémentaire pourrait être accompagnée de fortes incitations à avoir de bons résultats, par exemple en publiant les notes des examens.

Un enseignement supérieur en phase avec la demande économique et qui fait place aux pédagogies actives

Mieux adapter les études supérieures au marché de l'emploi nécessitera d'aligner l'enseignement et les activités de recherche des universités publiques et privées avec les signaux du marché. Les gouvernements peuvent créer des mesures incitatives visant à nouer ou à renforcer des liens industrie-université, par exemple en jouant les intermédiaires ou en subventionnant des partenariats.

Pour donner plus de place aux pédagogies actives dans l'enseignement supérieur et adopter une approche en termes de « carrière » dans le développement des compétences, il faut commencer par s'attaquer aux programmes. Les programmes d'université doivent combiner l'enseignement théorique des matières avec plus de travaux pratiques qui permettront aux étudiants d'acquérir les multiples compétences (techniques, cognitives et socio-émotionnelles) dont ils auront besoin dans les emplois qu'ils sont censés décrocher à la fin de leurs études. Cette approche part du principe que ce qui compte pour les actifs est d'avoir les compétences requises pour s'acquitter des différentes tâches d'un emploi et pas seulement un diplôme. Par ailleurs, universités et écoles doivent faire plus d'efforts pour développer les possibilités d'apprendre en situation de travail par le biais de l'apprentissage et de stages en entreprise. De nombreux pays subsahariens ont mis en place ou sont en train de mettre en place un plan national pour l'apprentissage et les stages en entreprise, avec pour objectif de rendre l'expérience du marché du travail plus intéressante pour les jeunes, y compris les diplômés d'université. Cette initiative doit être soutenue tant l'expérience montre au niveau international que ce genre de plans, s'ils sont bien conçus, peuvent rehausser la valeur des candidats sur le marché de l'emploi.

Étant donné que la rapide transformation de l'économie des pays d'Afrique subsaharienne va demander une nouvelle génération d'entrepreneurs, renforcer la formation à la gestion d'entreprise dans les universités doit être une priorité.

Plusieurs universités africaines ont créé des incubateurs, par exemple pour permettre aux étudiants d'essayer de nouvelles idées et de les mettre en œuvre.

La coopération régionale et les partenariats internationaux avec des universités reconnues d'Afrique et du reste du monde ont un rôle important à jouer. Ces échanges sont facilités aujourd'hui par les technologies numériques. Par exemple, le MIT (Massachusetts Institute of Technology) et un consortium de quinze autres universités de premier plan ont commencé à proposer des mini-programmes de master qui ne nécessitent qu'un semestre dans un campus des États-Unis. Des bourses d'études ciblées qui requièrent une obligation de retourner dans son pays d'origine peuvent également être utiles, notamment pour les étudiants des filières scientifiques, techniques et de l'ingénierie.

Améliorer l'efficacité et la pertinence du développement des compétences pour les jeunes et les adultes sortis du système scolaire

Formation sur le tas

Pour permettre une remise à niveau des jeunes et des adultes sortis du système scolaire, il faut commencer par corriger les défaillances du marché et remédier au manque de coordination qui empêche les entreprises (notamment les petites entreprises du secteur informel) d'offrir des formations sur le tas, et les inciter à le faire. La formation sur le lieu de travail est un outil important qui permet aux actifs d'améliorer leurs compétences au cours de leur vie professionnelle et qui peut aider les entreprises à adopter de nouvelles technologies et de nouvelles méthodes de fonctionnement. Mais un peu partout en Afrique subsaharienne, elle est moins répandue que l'on s'y attendrait dans des pays à revenu faible ou intermédiaire. Il est essentiel de créer des incitations efficaces pour que les entreprises se mettent à former leur personnel.

L'apprentissage

L'apprentissage dans le secteur informel est extrêmement fréquent en Afrique subsaharienne, il est donc important de le rendre plus productif. De récentes réformes destinées à améliorer sa qualité ont en général introduit les mesures suivantes : l'adoption du principe de la double formation (en classe et sur le lieu de travail) ; la formation des maîtres artisans ; la mise à niveau des outils technologiques ; l'amélioration des conditions de travail (santé et sécurité) et le renforcement de l'inclusion (promotion de l'égalité des sexes) ; une certification pour les artisans ayant suivi un apprentissage dans le secteur informel et l'amélioration de la reconnaissance du système de certification existant (traditionnel) ; la création de critères de qualité officiels ou l'amélioration des critères existants avec l'aide des associations professionnelles locales. Les résultats de ces efforts n'ont cependant été guère évalués, et les tentatives de structurer l'apprentissage du secteur informel et de le rapprocher de celui du secteur formel n'ont pas été bien loin. Les politiques d'intervention ne devraient pas essayer de plaquer ainsi le modèle du secteur formel sur le secteur informel, mais plutôt viser à améliorer les performances des apprentis.

Le travail des indépendants et l'esprit d'entreprise
Étant donné que la plupart des Africains subsahariens ne sont pas salariés et, lorsqu'ils le sont, ne le restent pas longtemps, les programmes de formation du marché du travail destinés à améliorer leur employabilité et à soutenir le travail indépendant sont essentiels. Une formation peut permettre aux jeunes et aux adultes sortis du système scolaire de combler des lacunes techniques et professionnelles et d'acquérir des compétences cognitives et socio-émotionnelles. Cependant, les évaluations rigoureuses qui ont été faites de ces programmes courts, qui se multiplient rapidement, ont livré des résultats mitigés.

Parmi les programmes de remise à niveau, les plus répandus en Afrique figurent les programmes d'aide aux travailleurs indépendants et aux petits entrepreneurs. Ils peuvent prendre diverses formes, allant des programmes de participation à des travaux publics doublés d'une formation au management jusqu'à des programmes d'aide à la création d'une petite entreprise et d'amélioration de la productivité des petits entrepreneurs. Au Kenya et en Afrique du Sud, de récents programmes rigoureusement évalués ont montré qu'une formation centrée sur des compétences managériales spécifiques peut se traduire, d'une part, par de meilleures performances et une plus grande durabilité des entreprises, d'autre part, par des gains du point de vue de l'emploi et des revenus pour les employés (Anderson, Chandy et Zia, 2016 ; McKenzie et Puerto, 2017). Au Togo, des formations destinées à des entrepreneurs, dont l'objectif était d'améliorer leurs méthodes de management et de développer leurs compétences socio-émotionnelles pour les aider à être plus proactifs et mieux armés face aux obstacles, ont eu un impact positif sur les ventes et les profits (Campos *et al.*, 2017). En Ouganda, un programme attribuant à des jeunes des bourses qu'ils pouvaient utiliser, soit pour suivre une formation professionnelle, soit pour démarrer une entreprise, s'est traduit par un accroissement important du capital et des revenus des entreprises (Blattman, Fiala et Martinez, 2014).

Faire face au défi d'équilibrer les compétences : changer le système en profondeur et faire du développement des compétences l'affaire de tous

Pour que le développement des compétences fasse des progrès substantiels en Afrique subsaharienne, il faut changer le système en profondeur. Il n'est pas suffisant de transposer à grande échelle les meilleures méthodes, il faut prendre en compte le cadre de gouvernance dans lequel elles sont mises en œuvre. Et pour que les politiques et les réformes donnent des résultats durables, il faut faire appel à l'engagement et à la coopération de tous les acteurs et veiller à une bonne coordination. Autrement dit, il faut s'attaquer à l'aspect politique des programmes d'action et créer les conditions nécessaires pour que tous les intervenants œuvrent à la poursuite des objectifs de développement de compétences au niveau national.

Les réussites et les échecs des diverses tentatives entreprises à travers le monde pour réformer les cadres d'action permettent de définir trois grandes voies pour changer le système en profondeur :

1. *Utiliser les divers indicateurs* sur les performances des systèmes pour créer une adhésion aux réformes et un *engagement* à les mettre en œuvre ; responsabiliser les acteurs pour qu'ils demandent des comptes au gouvernement et aux prestataires sur les résultats, conduisent les politiques d'action et les adaptent, ce qui suppose de recueillir des données au niveau des ménages, de procéder à de solides évaluations des élèves/étudiants au niveau national, d'installer des systèmes informatiques de gestion, et de participer à des tests internationaux sur l'éducation.

2. *Adapter les mesures incitatives* pour aligner les intérêts et les comportements des différents acteurs et les faire *coopérer* dans la poursuite des objectifs de développement des compétences.

3. *Renforcer les capacités* des institutions gouvernementales, notamment des ministères de la santé, de l'éducation, du travail et des affaires sociales, pour une mise en œuvre coordonnée au niveau national de politiques d'action fondées sur des résultats.

Les indicateurs sur les performances du système peuvent être utilisés pour piloter les politiques d'action et identifier les réussites locales, les adapter et les affiner. Les résultats des études nationales et des évaluations des élèves peuvent permettre de mesurer les progrès dans le développement des compétences (depuis la santé des enfants jusqu'à l'apprentissage) et dans les bénéfices créés par l'amélioration des compétences. Toutes ces données représentent le fondement sur lequel s'appuyer pour concevoir des politiques d'action, les mettre en œuvre, analyser leurs effets pour les améliorer, innover, et déterminer si elles permettent de changer le système de développement des compétences en profondeur.

Dans plusieurs pays, les mauvaises performances ont été communiquées publiquement afin de mobiliser l'opinion publique et d'amener les politiciens et autres responsables à s'engager à améliorer la situation. Informer sur les performances éducatives par rapport à un critère de qualité peut encourager les parents et les bénéficiaires de formations à réclamer des comptes aux prestataires en fonction des résultats. Des critères et des objectifs simples pour le développement de l'enfant, l'apprentissage à l'école, et le développement d'autres compétences permettent aux parents de savoir où se situent leurs enfants par rapport à la moyenne et les encourageront sans doute à demander des comptes aux prestataires éducatifs ou aux autorités locales, voire à l'administration centrale, sur la qualité de l'enseignement. En Ouganda, une campagne dans les journaux destinée à informer les écoles primaires locales sur leurs droits à des subventions s'est traduite par un afflux de fonds dans ces écoles et une augmentation du taux de scolarisation.

Il y a cependant des limites à ce genre d'action. Des aspects importants qui jouent sur la qualité de l'enseignement, par exemple les contrats des professeurs et leur salaire, dépendent généralement de l'administration centrale et d'un système d'incitations national. Par exemple, on recrute souvent des professeurs en contrat à court terme dans un établissement pour mieux les responsabiliser. Au Kenya, cependant, une réforme nationale pour introduire ce système a été en partie sapée par une lutte de pouvoir entre gouvernement et syndicats.

Les pays d'Afrique subsaharienne devraient aussi chercher à coopérer entre eux pour parvenir à des résultats à grande échelle dans le développement des compétences. En plus de convaincre l'opinion publique par des campagnes d'information sur les performances du système éducatif, développer des coopérations permettrait de donner plus de poids aux bonnes politiques et aux bonnes réformes. La coopération exige aussi de reconnaître les intérêts multiples, souvent concurrents, et évolutifs des différents acteurs. Par exemple, même si de nombreux professionnels de santé, professeurs et autres prestataires sont entièrement dévoués à leur tâche, des ressources insuffisantes et un manque de soutien peuvent miner leur moral et les empêcher de parvenir à de bons résultats. Des politiques qui, en plus de donner aux professeurs des ressources et un soutien pédagogique, prévoient des mécanismes destinés à améliorer la pérennité de leurs performances, par exemple en les évaluant ou en indexant leur salaire sur leurs résultats, remporteront peut-être plus d'adhésion.

Conclusion

Si les pays d'Afrique subsaharienne peuvent apprendre beaucoup de leurs expériences mutuelles ainsi que d'autres continents, il n'existe guère de raccourci institutionnel pour faire un bond en avant dans le développement des compétences. Pour mettre en place le cadre institutionnel nécessaire à ce développement, ils peuvent s'inspirer des réussites et éviter les échecs d'autres régions du monde. Cependant, les stratégies employées doivent être adaptées aux réalités politiques de chaque pays. Tout comme les priorités d'investissement, elles doivent refléter le contexte local. Les pays de la région subsaharienne seront souvent confrontés à des choix politiques difficiles qui auront des effets distributifs et influeront sur la trajectoire de développement. Des dirigeants engagés, des efforts conjoints de réforme et des politiques bien coordonnées sont essentiels pour aborder le délicat exercice d'équilibre qu'est le développement des compétences en Afrique subsaharienne.

Bibliographie

Aker J. C., Ksoll C. et Lybbert T. J. (2012), « Can Mobile Phones Improve Learning? Evidence from a Field Experiment in Niger », *American Economic Journal: Applied Economics*, vol. 4, n° 4, p. 94–120.

Anderson S. J., Chandy R. et Zia B. (2016), « Pathways to Profits: Identifying Separate Channels of Small Firm Growth through Business Training », Policy Research Working Paper n° 7774, Banque mondiale, Washington.

Barrera-Osorio F., Galbert P. de, Habyarimana J. et Sabarwal S. (2016), « Impact of Public-Private Partnerships on Private School Performance: Evidence from a Randomized Controlled Trial in Uganda », Policy Research Working Paper n° 7905, Banque mondiale, Washington.

Blattman C., Fiala N. et Martinez S. (2014), « Generating Skilled Self-Employment in Developing Countries: Experimental Evidence from Uganda », *Quarterly Journal of Economics*, vol. 129, n° 2, p. 697–752.

Campos F., Frese M., Goldstein M., Iacovone L., Johnson H. C., McKenzie D. et Mensmann M. (2017), « Teaching Personal Initiative Beats Traditional Training in Boosting Business in West Africa », *Science*, vol. 357, n° 22 (septembre), p. 1287–1290.

Duflo E., Dupas P. et Kremer M. (2011), « Peer Effects, Teacher Incentives, and the Impact of Tracking: Evidence from a Randomized Evaluation in Kenya », *American Economic Review*, vol. 101, n° 5, p. 1739–1774.

Duflo E., Dupas P. et Kremer M. (2017), « The Impact of Free Secondary Education: Experimental Evidence from Ghana », document de travail, Massachusetts Institute of Technology, Cambridge (Massachusetts).

Duflo A. et Kiessel J. (2012), « Teacher Community Assistant Initiative (TCAI) », Policy Brief n° 4004, International Growth Centre, Londres.

Evans D. K. et Popova A. (2016), « What Really Works to Improve Learning in Developing Countries? An Analysis of Divergent Findings in Systematic Reviews », *The World Bank Research Observer*, vol. 31, n° 2, p. 242–270.

Galasso E. et Wagstaff A., avec Naudeau S. et Shekar M. (2016), « The Economic Costs of Stunting and How to Reduce Them », Policy Research Note n° 5, Banque mondiale, Washington.

McKenzie D. et Puerto S. (2017), « Growing Markets through Business Training for Female Entrepreneurs: A Market-Level Randomized Experiment in Kenya », Policy Research Working Paper n° 7993, Banque mondiale, Washington.

Nguyen T. (2008), « Information, Role Models, and Perceived Returns to Education: Experimental Evidence from Madagascar », Massachusetts Institute of Technology, département d'économie, Cambridge (Massachusetts).

Piper B., Schroeder L. et Trudell B. (2016), « Oral Reading Fluency and Comprehension in Kenya: Reading Acquisition in a Multilingual Environment », *Journal of Research in Reading*, vol. 39, n° 2, p. 133–152.

Vue d'ensemble

Omar Arias, David K. Evans et Indhira Santos

Résumé

L'Afrique subsaharienne abrite les dix pays qui affichent la population la plus jeune dans le monde. La population en âge de travailler croît, ce qui constitue une formidable occasion de réduire la pauvreté et d'augmenter la prospérité pour tous. Mais la main-d'œuvre est la moins qualifiée du monde, contraignant ainsi les perspectives économiques. Il est donc vital pour cette région du monde de développer les compétences de base – cognitives, socio-émotionnelles et techniques – de la population active d'aujourd'hui et des futures générations afin de pouvoir exploiter tout le potentiel du développement économique. En dépit de la croissance économique, du recul de la pauvreté et des investissements dans l'éducation, de nombreux jeunes dans beaucoup de pays subsahariens n'acquièrent pas les compétences de base dont ils ont besoin pour s'épanouir dans une économie mondiale de plus en plus compétitive.

Les pays subsahariens ont énormément investi dans la formation : la dépense publique dans l'éducation a été multipliée par sept au cours des trente dernières années. En moyenne, l'éducation représente environ 18 % de la dépense publique totale et 5 % du produit intérieur brut (PIB) – ce sont les ratios les plus élevés parmi les régions du monde au revenu faible ou intermédiaire. Il y a bien sûr des différences d'un pays à l'autre, d'environ 11 % à 28 %, pour ce qui est de la dépense publique totale, et de 2 % à 15 % en termes de PIB. En plus des ressources publiques, les ménages contribuent à la dépense de l'éducation à hauteur d'environ 25 %.

Il n'y a jamais eu autant d'élèves à l'école qu'aujourd'hui. Au cours des cinquante dernières années, le taux d'achèvement de l'école primaire a plus que doublé, celui du collège a été plus que multiplié par cinq. Cependant, dans la moitié des pays subsahariens moins de deux élèves sur trois vont au bout de l'école primaire. Dans la plupart des pays, moins de la moitié achève les études secondaires, et à peine 5 % font des études supérieures. Et si l'inégalité entre les sexes s'est réduite dans le primaire et le secondaire dans la plupart des pays africains, bien plus de filles que de garçons ne sont pas scolarisées. Dans certains pays, le rapport fille-garçon à l'école est de moins de trois sur quatre.

Les résultats scolaires des enfants continuent d'être médiocres. Il s'ensuit que les jeunes et les adultes ont d'énormes lacunes dans les compétences cognitives de base – lire, écrire et compter. Le taux d'alphabétisation de la population adulte est de moins de 50 % dans de nombreux pays, et la proportion est encore plus basse pour ce qui concerne les capacités fonctionnelles de lecture et de calcul. Même au taux de progression actuel, l'Afrique subsaharienne va continuer d'être à la traîne des autres régions du monde dans les prochaines décennies pour ce qui est du niveau d'éducation. En outre, le taux de retard de croissance des enfants demeure obstinément élevé, ce qui constitue un frein à tous les futurs investissements dans les compétences.

Les pays subsahariens doivent s'efforcer de dépenser plus judicieusement pour être plus efficaces et obtenir de meilleurs résultats. Mais ce n'est pas facile, car ils font face à deux choix difficiles : il leur faut trouver le juste équilibre, d'une part, entre des investissements dans la croissance de la productivité globale et l'inclusion sociale ; d'autre part, entre des investissements dans les compétences de la main-d'œuvre actuelle et celle de demain.

S'il y a un seul investissement qui stimule la croissance et renforce l'inclusion sociale, c'est l'investissement dans les compétences de base de tous. Les pays subsahariens pourront réduire les importantes lacunes de leur population de façon significative en mettant l'accent sur ces compétences, à savoir : en s'attaquant au retard de croissance des enfants et en développant les capacités de lecture, écriture et calcul des jeunes et des adultes, ainsi que leurs compétences socio-émotionnelles. Cela suppose d'investir dès la petite enfance et de mettre les ressources là où c'est le plus important pour la qualité de l'éducation. Il faut assurer un enseignement efficace et pas simplement recruter plus de professeurs et construire plus d'écoles ; il faut former les enseignants sur la base des derniers résultats scientifiques et créer un système incitatif pour attirer les meilleurs éléments vers la profession ; il faut assurer un accès à un enseignement de qualité pour tout le monde, y compris la population pauvre, et réduire l'inégalité entre les sexes, notamment là où elle est la plus criante ; il faut également aider les jeunes gens et les adultes dépourvus des compétences de base, ce qui veut dire notamment donner les bases de lecture/écriture aux populations rurales employées dans l'agriculture ou non et aux travailleurs indépendants peu productifs des zones urbaines, et développer leurs compétences socio-émotionnelles. Le développement de l'éducation élémentaire en Afrique subsaharienne exige de renouveler les partenariats public-privé (PPP) en donnant à l'État un solide rôle de régulateur.

Les pays subsahariens doivent être sélectifs dans leur offre de formation et être en phase avec la demande. Pour stimuler la croissance de la productivité, il faut caler l'enseignement et la formation techniques et professionnels (EFTP) sur les besoins du marché – de même que les études supérieures, le développement entrepreneurial et les programmes de formation à la gestion d'entreprise – et les lier aux secteurs moteurs de l'économie. Dans cette perspective, il faut promouvoir la formation sur le tas, notamment dans les petites entreprises ;

porter une attention particulière aux domaines des sciences, des techniques et de l'ingénierie ; mettre l'accent sur l'adoption de nouvelles technologies dans les pays où le cadre réglementaire permet que ces investissements soient fructueux. Inclure l'ensemble de la population dans l'économie exige d'investir dans des programmes de formation destinés aux jeunes défavorisés et d'améliorer les compétences de la main-d'œuvre des secteurs à faible productivité dans les zones urbaines (par exemple en proposant des apprentissages dans le secteur informel) et rurales (par exemple en mettant en place des programmes complets d'aide à la subsistance et des services de développement agricole). Pour garantir une souplesse du système, il faudrait réformer l'enseignement secondaire et supérieur de manière à retarder l'orientation des élèves/étudiants vers les filières d'enseignement technique et professionnel au moins jusqu'au niveau de la seconde. En outre, il faudrait créer des passerelles dans le système éducatif entre les filières académiques et techniques et mettre en place des travaux pratiques intensifs et en phase avec le monde professionnel.

Les pays subsahariens doivent faire appel à différents acteurs pour concevoir et mettre en œuvre ce projet de développement des compétences. Les familles ont un rôle à jouer dans le développement cognitif et socio-émotionnel des enfants : elles doivent leur fournir une éducation et des soins de qualité et s'assurer que les écoles délivrent un enseignement efficace. Le secteur privé peut contribuer à améliorer l'accès à l'éducation et sa qualité, investir dans la formation sur le lieu de travail, travailler avec les prestataires éducatifs pour s'assurer que les programmes sont alignés sur ses besoins, et maintenir un dialogue social au niveau national pour donner la priorité au développement de compétences et aux réformes qui permettent aux investissements dans la formation de porter leurs fruits.

Il est possible de faire des progrès significatifs dans la formation des compétences en Afrique subsaharienne, mais il va falloir changer les choses au niveau systémique. Les programmes et réformes au niveau local n'ont souvent pas les effets escomptés. Pour parvenir à un accès plus équitable aux systèmes de formation des compétences, améliorer leur qualité, leur pertinence et leur efficacité, il ne suffit pas de transposer à grande échelle les meilleures méthodes, il faut que le cadre de gouvernance dans lequel elles sont mises en œuvre soit cohérent et favorable. De multiples agences au niveau local et national sont impliquées dans les stratégies de développement des compétences, ce qui en fait « le problème de tous, mais la responsabilité de personne ». Un manque de coordination et de personnel, une duplication des efforts ou, pire encore, un manque d'attention aux problèmes majeurs risque de rendre les investissements inefficaces. Donc, pour obtenir des résultats durables à grande échelle, il faut s'attaquer à l'aspect politique des programmes d'action, renforcer les capacités des politiques qui ont fait leurs preuves, et instaurer des mesures incitatives visant à faire converger le comportement de tous les acteurs dans la poursuite des objectifs de développement de compétences au niveau national.

Les pays seront confrontés à des arbitrages souvent difficiles qui auront des effets distributifs et qui influeront sur la trajectoire de développement. Nous touchons là au cœur du problème : partout en Afrique subsaharienne, il faut trouver un juste équilibre dans le développement des compétences.

Le développement des compétences en Afrique subsaharienne : défis et opportunités

Au cours des vingt dernières années, plusieurs pays d'Afrique subsaharienne ont connu une croissance rapide, réduit l'incidence de pauvreté, et fortement favorisé l'accès à l'éducation des dizaines d'années après leur indépendance et après s'être remis d'un conflit. Des millions de gens sont sortis de la pauvreté et un nombre record d'enfants a été scolarisé. Désormais, plus de deux tiers des enfants vont au bout de l'école primaire – contre un peu plus de la moitié en 1990 –, et le taux d'achèvement du collège a presque doublé dans la même période. L'accès à l'université a commencé à se développer dans plusieurs pays. Dans l'ensemble de l'Afrique subsaharienne, la dépense publique dans l'éducation a été multipliée par sept entre 1984 et 2014.

La région est donc sur la bonne voie. Mais pour accélérer sa transformation sociale et économique dans les vingt prochaines années, elle va devoir remédier à la pénurie des compétences en investissant de manière stratégique et judicieuse dans le développement du jeune enfant (DJE) et dans l'éducation. Malgré des progrès, dans la moitié des pays moins de deux enfants sur trois terminent l'école primaire. Dans la plupart des pays, bien moins de 50 % achèvent les études secondaires, et à peine 5 % de la population en âge de travailler fait des études supérieures. Les résultats scolaires ont été médiocres pendant si longtemps que les jeunes et les adultes ayant quitté le système scolaire ont d'immenses lacunes en compétences cognitives de base (lire, écrire et compter) – l'inégalité entre les sexes étant par ailleurs importante. Pour résoudre ce problème, les pays devront investir intelligemment afin de continuer à accroître l'accès à l'éducation et à améliorer sa qualité et sa pertinence. Cet effort est vital si l'Afrique subsaharienne ne veut pas continuer à accuser un retard par rapport aux autres régions du monde dans vingt ans – un tel scénario diminuerait sa compétitivité et ruinerait ses chances de profiter du dividende démographique.

Historiquement, il y a beaucoup de ressemblances entre le défi des compétences auquel fait face l'Afrique subsaharienne et les défis auxquels se sont heurtées d'autres régions du monde au même stade de développement. Pour tirer profit du dividende démographique, le continent va devoir investir de manière appropriée dans les compétences des enfants d'aujourd'hui et dans celles des prochaines générations. Il est également nécessaire d'investir dans les compétences des adultes pour stimuler la croissance et accompagner la transition d'une économie agricole vers une économie industrielle et tertiaire. Pour relever ces défis, il faudra corriger d'importantes faiblesses institutionnelles dans le système éducatif.

En même temps, le défi des compétences auquel fait face l'Afrique subsaharienne est unique à plus d'un égard. La région traverse en effet une phase de transformation économique dans un contexte plus difficile que d'autres régions du monde à un stade de développement similaire aux XIXᵉ et XXᵉ siècles. Il lui faut développer des compétences à tous les niveaux à une époque de compétition économique acharnée. La main-d'œuvre actuelle et celle de demain ont besoin d'un vaste éventail de compétences de base (cognitives, socio-émotionnelles et techniques) pour réussir dans un monde bien plus exigeant qui récompense la capacité d'adaptation des individus et des systèmes. Simultanément, les pays africains doivent répondre aux aspirations croissantes de leur jeunesse. Si cette jeunesse n'a pas la possibilité de se construire un avenir meilleur et demeure mal formée, insatisfaite et déconnectée, elle sera une proie facile pour ceux qui cherchent à semer la colère, la peur et la radicalisation.

Cependant, les pays d'Afrique subsaharienne ont la possibilité de développer les compétences rapidement en investissant de manière judicieuse. Les pays peuvent mettre à profit les études de plus en plus nombreuses sur les méthodes de formation efficaces ; ils peuvent recourir aux nouvelles technologies et à des programmes sociaux comme le financement de prestation de services dans des zones urbaines de plus en plus nombreuses ; enfin, ils peuvent exploiter les bénéfices d'une coopération entre pays du continent, ce qui leur permettrait de réaliser des économies d'échelle et d'obtenir des résultats à moindre coût.

Un cadre politique pour les investissements dans les compétences en Afrique subsaharienne

Pour leur politique d'investissement, les pays subsahariens doivent avoir trois grands objectifs en vue : (a) accélérer la croissance de la productivité globale (économies prospères) ; (b) promouvoir l'inclusion économique (sociétés inclusives) ; (c) assurer la capacité adaptative de la main-d'œuvre au XXIᵉ siècle (économies et individus résilients). La question de savoir dans quelles compétences investir pour atteindre ces objectifs place ces pays devant des choix difficiles.

Une stratégie de développement des compétences judicieuse nécessite de déterminer quelles compétences sont nécessaires, pour quel objectif, qui en a besoin, et comment elles peuvent être développées au bon moment et de la bonne manière. Le schéma VE.1 est une illustration du cadre destiné à guider les priorités d'investissement pour les politiques d'éducation et de développement des compétences pour l'éducation. On peut en tirer trois considérations principales.

Schéma VE.1 Un cadre pour définir les priorités dans les politiques de formation en Afrique subsaharienne

Investir dans les compétences : un cadre d'action

En investissant dans les compétences, les pays sont confrontés à un dilemme

Productivité/
Politique inclusive

Compétences pour
les besoins d'aujourd'hui/les besoins de demain

L'efficacité de l'investissement varie d'une compétence à l'autre au cours de la vie

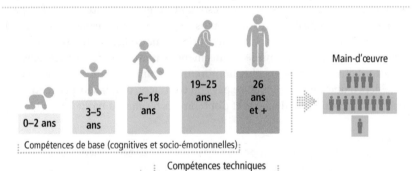

Main-d'œuvre

0–2 ans

3–5 ans

6–18 ans

19–25 ans

26 ans et +

Compétences de base (cognitives et socio-émotionnelles)

Compétences techniques

Les stratégies pour développer les compétences doivent avoir trois objectifs

Ouverture/Égalité des chances   Qualité/Pertinence   Efficacité

Première considération : investir dans les compétences place les décideurs face à un dilemme. Vaut-il mieux investir dans des compétences qui vont plus certainement maximiser les gains de productivité et développer l'économie (notamment les compétences techniques ciblant les activités à fort potentiel de croissance qui peuvent accélérer la transformation économique en redistribuant les ressources productives et en exploitant les nouvelles technologies) ou dans des compétences qui permettront une meilleure inclusion de tous dans l'économie, comme celles qui améliorent les moyens de subsistance et les possibilités de revenus, notamment pour la population pauvre ? Ou bien, vaut-il mieux investir dans les compétences dont ont besoin aujourd'hui les jeunes et les adultes sortis du système scolaire dans une économie principalement agricole et fondée sur le travail indépendant, ou dans les compétences dont aura besoin la main-d'œuvre de demain pour s'adapter et rebondir facilement dans une économie en transformation et un monde du travail en rapide évolution ?

Deuxième considération : il faut investir de manière équilibrée, en maîtrisant les coûts, dans les multiples compétences dont ont besoin les diverses générations dans une économie en cours de modernisation. Ces compétences sont, d'une manière générale : (a) *les compétences cognitives de base* (notamment lire, écrire et compter) ; (b) *les compétences socio-émotionnelles de base* (notamment celles liées à la maîtrise de soi et à la relation aux autres comme l'autorégulation, la persévérance, la curiosité, l'empathie et la tolérance) ; (c) *les compétences techniques et professionnelles* (notamment les qualifications requises pour un métier particulier, la maîtrise des outils numériques et le management). Toutes ces compétences sont importantes pour les futures générations d'actifs – les jeunes scolarisés ou en formation – et pour tous ceux qui sont sortis du système éducatif, quel que soit leur âge. Investir de manière équilibrée implique donc de répartir les ressources sur un éventail de compétences cognitives et socio-émotionnelles de base pour la jeune génération, de la petite enfance aux adolescents, et de compétences techniques pour les adultes jeunes et moins jeunes, et de renforcer ces compétences par des formations sur le lieu de travail, des formations pratiques et des programmes éducatifs.

En faisant ces investissements, les décideurs publics devraient considérer que le développement des compétences est un processus qui dure toute la vie et au cours duquel les compétences engendrent les compétences. Le schéma VE.1 montre quels sont les stades de la vie idéaux pour acquérir différentes compétences, et comment, à un stade donné, sont acquises les compétences les plus appropriées. Le temps est un facteur essentiel du processus de formation du capital humain. Les familles qui ne sont pas en mesure de former le capital humain de leur enfant au bon moment laissent passer la meilleure opportunité de le faire. L'investissement dans la petite enfance est crucial parce que c'est le moment où les connexions neuronales se multiplient, sont élaguées et se solidifient.

Le développement cognitif et socio-émotionnel est fortement influencé par la santé et l'alimentation maternelles et infantiles, notamment durant les mille premiers jours de la vie, et par la qualité des environnements stimulants dans lequel le bébé puis l'enfant est élevé. Même si les compétences cognitives de base sont solidement acquises à l'adolescence, l'école peut fournir diverses connaissances et des outils qui renforcent ces capacités, et développer les compétences socio-émotionnelles qui demeurent malléables durant les années d'adolescence et au début de l'âge adulte. Les compétences de base déterminent la « capacité à apprendre » à l'école, à l'université, en formation et sur le lieu de travail. Même s'il est plus rentable d'investir tôt, la plasticité et la malléabilité du cerveau à l'âge adulte sont telles que des investissements plus tardifs peuvent permettre de combler les lacunes – il est ainsi possible de former les compétences de base de la population active d'aujourd'hui. De tels investissements sont particulièrement importants pour les personnes les plus vulnérables qui sont sorties du système éducatif tôt et n'ont pas pu acquérir les compétences de base essentielles. Ils peuvent en outre avoir des effets intergénérationnels positifs : des mères instruites sont plus susceptibles d'élever leurs enfants de manière saine et de leur donner de solides compétences de base.

Enfin, et c'est la troisième considération illustrée par le schéma : pour transmettre les bonnes compétences au bon moment et de la bonne manière, le système éducatif doit garantir l'égalité des chances, la qualité de l'éducation et son efficacité. Les investissements et les réformes politiques doivent veiller à permettre un large accès aux diverses filières d'acquisition des compétences (*égalité des chances*), à donner une formation qui réponde aux besoins du marché de l'emploi (*qualité et pertinence*), à financer l'éducation et les formations de manière rigoureuse afin d'éviter un gaspillage des ressources (*efficience*).

Armés de ces principes directeurs, les pays subsahariens doivent réunir les multiples acteurs de la formation des compétences. Une coalition d'« investisseurs » – les familles, le gouvernement, le secteur privé (employeurs et prestataires de formations) – est essentielle pour récolter tous les fruits des investissements dans la jeune enfance, l'éducation et la formation. Les membres de cette coalition ont des rôles distincts et complémentaires. Les *familles* peuvent participer activement au développement cognitif et socio-émotionnel de leurs enfants en leur fournissant des soins et une éducation de qualité et en s'assurant que les écoles délivrent un enseignement efficace. Le *secteur privé* peut contribuer à fournir une offre éducative et à améliorer l'accès à l'éducation et sa qualité ; il peut investir dans la formation sur le lieu de travail ; travailler avec les prestataires éducatifs pour s'assurer que les programmes sont alignés sur ses besoins ; maintenir un dialogue social au niveau national pour donner la priorité au développement de compétences et aux réformes qui permettent aux investissements dans la formation de porter leurs fruits.

Le *secteur public* a un rôle crucial à jouer : il doit garantir l'égalité des chances, corriger les défaillances du marché et pallier le manque de coordination. Il s'en acquitte au moyen d'investissements et de politiques complémentaires qui donnent aux individus des compétences de base, des possibilités de formation, et les incitent à se former. Autrement dit, le secteur public devrait garantir l'égalité des chances et un environnement à même de tirer profit de tout le potentiel des investissements dans les compétences (publics et privés). Pour cela, il lui faut s'attaquer à l'économie politique des réformes ; encourager la coopération, l'engagement et la coordination des acteurs par une gestion stratégique, un dialogue social et des mesures incitatives adéquates ; soutenir les personnes les plus vulnérables qui n'ont pas réussi à acquérir les compétences de base essentielles.

Trouver le juste équilibre dans le développement des compétences

Les principales questions que soulèvent les investissements dans les compétences en Afrique subsaharienne sont les suivantes :

- Ces investissements répondent-ils aux besoins des économies d'aujourd'hui et de demain ?
- Le développement des compétences est-il fondé sur des bases solides ?
- Est-il justifié d'investir dans les compétences des jeunes et des adultes sortis du système éducatif ?
- Les ressources investies par les pays subsahariens dans les compétences sont-elles adéquates ?

Répondre à ces questions, c'est opérer des choix difficiles entre des investissements pressants et concurrents. Pour prendre les bonnes décisions et permettre aux investissements de porter leurs fruits, les gouvernements d'Afrique subsaharienne doivent définir des priorités en fonction du contexte de leur pays, notamment du niveau de compétences, de l'état d'avancement de la transformation économique, et du cadre réglementaire. Les maigres ressources publiques nécessitent de trouver un juste équilibre.

Les investissements dans les compétences en Afrique subsaharienne répondent-ils aux besoins de l'économie d'aujourd'hui et de demain ?

Ce n'est souvent pas le cas, pour trois raisons.

La première, c'est que dans de nombreux pays le système éducatif officiel pourvoie principalement le secteur formel – très restreint – en salariés. L'un des objectifs essentiels des investissements dans les compétences est certainement de répondre aux besoins des secteurs moteurs de l'économie, propres à alimenter sa transformation. Il est vital que la population active abandonne les secteurs à faible productivité comme l'agriculture de subsistance pour aller vers des emplois plus qualifiés, y compris dans une agriculture moderne. Les emplois très qualifiés des principaux secteurs économiques sont non seulement mieux rémunérés, mais ils créent indirectement des emplois. Cependant, il faut tenir compte de la réalité économique d'aujourd'hui dans les investissements que l'on fait : c'est principalement l'agriculture de subsistance et le secteur informel (notamment le travail indépendant et les petites entreprises du tertiaire) qui fournissent les emplois et les moyens de vivre. Les politiques mises en place doivent donc améliorer les revenus et les moyens de subsistance de la population, très majoritaire, qui travaille dans ces secteurs et qui va probablement y rester pendant plusieurs dizaines d'années encore.

En Afrique subsaharienne, en moyenne huit emplois sur dix sont dans l'agriculture ou dans des entreprises familiales rurales non agricoles, le plus souvent du tertiaire. Dans certains pays, comme la Gambie, le Ghana et l'Afrique du Sud, l'industrie manufacturière et les services sont déjà d'importantes sources d'emploi ou sont en train de le devenir. Cependant, comme le montre le graphique VE.2, la main-d'œuvre a quitté l'agriculture plus lentement dans la plupart des pays subsahariens que dans le reste du monde et les projections indiquent que, même dans les scénarios optimistes, la part de l'emploi non salarié du secteur informel va probablement diminuer très lentement (Filmer et Fox, 2014). La plupart des travailleurs non-salariés de ce secteur ont un emploi à faible productivité et faiblement rémunéré.

Le système éducatif officiel des pays subsahariens échoue souvent à préparer les individus à leurs probables emplois futurs. Les programmes de développement agricole qui comportent une formation font souvent l'impasse sur les déficits des agriculteurs en compétences de base (lire, écrire, compter, et les compétences socio-émotionnelles). Pourtant, ces compétences sont au moins aussi importantes que les compétences techniques pour pouvoir adopter de nouvelles technologies et des méthodes agricoles plus productives. La formation à la gestion d'entreprise est en train d'émerger dans l'enseignement secondaire, et des programmes comme Educate! au Rwanda et en Ouganda peuvent servir de modèle dans ce domaine. Les programmes de formation au travail

Graphique VE.2 Répartition de l'emploi par secteur en Afrique subsaharienne

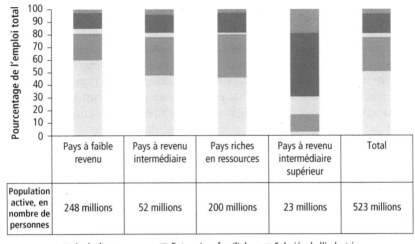

a. Estimation de la répartition de l'emploi par secteurs
en Afrique subsaharienne en 2020

	Pays à faible revenu	Pays à revenu intermédiaire	Pays riches en ressources	Pays à revenu intermédiaire supérieur	Total
Population active, en nombre de personnes	248 millions	52 millions	200 millions	23 millions	523 millions

Agriculture   Entreprises familiales   Salariés de l'industrie
Salariés du tertiaire   Chômeurs

b. Évolution historique de la part de l'emploi agricole

Monde   Afrique subsaharienne   Tendance

Sources : Filmer et Fox, 2014 (graphique VE.2.a.) ; *Groningen Growth and Development Centre 10-Sector Database* (graphique VE.2.b.).

indépendant demeurent limités dans leur envergure et souffrent de graves problèmes de conception et de mise en œuvre. De récents programmes novateurs qui associent une bourse à la formation de multiples compétences semblent prometteurs.

L'apprentissage en secteur formel et informel est loin d'avoir atteint tout son potentiel. Dans de nombreux pays subsahariens, des réformes sont en cours pour permettre à un plus grand nombre d'y avoir accès : des mesures incitatives sont créées pour encourager le secteur privé à prendre des apprentis ; les partenariats avec les employeurs sont renforcés (y compris dans la gestion des programmes) ; la formation sur le tas est complétée par une formation en classe (y compris aux compétences de base) ; les compétences acquises gagnent en visibilité ; et l'apprentissage est associé à un soutien complet qui permet une transition en douceur vers un travail indépendant ou un emploi salarié plus productif.

La deuxième raison pour laquelle les investissements ne répondent pas aux besoins de l'économie est que les programmes de formation destinés au petit secteur formel sont inadaptés. Plus les pays subsahariens deviennent riches, plus les entreprises se plaignent d'une pénurie de compétences qui ralentit leur croissance et leur productivité (graphiques VE.3). Ce sont les entreprises productives et tournées vers l'export qui souffrent le plus de cette pénurie. Perotti (2017) a montré que le manque de compétences devient un handicap important lorsqu'on réduit d'autres contraintes sur l'activité des entreprises, notamment l'accès aux capitaux. En outre, comme c'est le cas dans de nombreux pays à revenu faible ou intermédiaire, les employeurs exigent de plus en plus que leur main-d'œuvre ait de multiples compétences – lire, écrire, compter, des compétences socio-émotionnelles et techniques. Par exemple, au Bénin, au Libéria, au Malawi et en Zambie, plus de la moitié des petites et grandes entreprises du secteur formel et informel étudiées dans les *School-to-Work Transition Surveys* indiquent que les compétences techniques, interpersonnelles et cognitives d'ordre supérieur (résolution de problèmes, prise de décision) sont très, voire extrêmement importantes pour elles.

Même si, dans toute économie en transformation et en croissance, une certaine inadéquation entre la formation et la demande en compétences est naturelle et inévitable, de nombreux diplômés d'études techniques, professionnelles et générales choisissent des filières où la demande est faible sur le marché de l'emploi. Si les rendements moyens de l'éducation sont élevés et croissants dans certains cas, notamment pour ceux qui ont fait des études supérieures, il existe de grandes disparités entre les filières et au sein de chacune d'elles. Pour beaucoup d'élèves/étudiants, l'investissement dans l'EFTP (enseignement technique et professionnel) ou dans des études supérieures n'est pas rentable (graphiques VE.4). L'EFTP semble mieux valorisé pour les élèves dont les perspectives sur le marché de l'emploi sont les plus minces et qui ont une chance

Graphiques VE.3 Part des entreprises considérant les compétences de la main d'œuvre comme une contrainte supérieure à la moyenne par rapport à quatorze autres facteurs de l'environnement des affaires en Afrique subsaharienne et dans le monde, selon la taille d'entreprise et le PIB par habitant

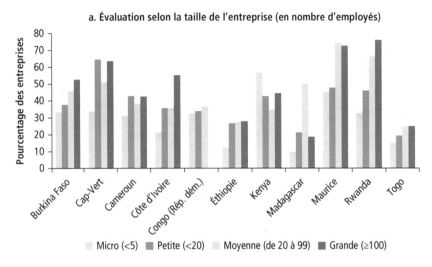

a. Évaluation selon la taille de l'entreprise (en nombre d'employés)

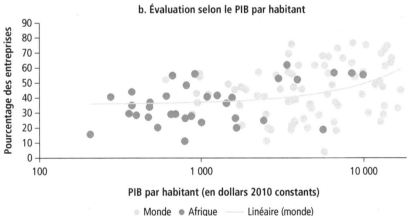

b. Évaluation selon le PIB par habitant

Source : Perotti, 2017, d'après les Enterprise Surveys de la Banque mondiale.
Note : Les deux graphiques exploitent des données d'études standard des Enterprise Surveys qui couvrent principalement des entreprises formelles et excluent les microentreprises. Le graphique 1.2.b. comprend également des données sur les microentreprises provenant d'études spécialisées des Enterprise Surveys sur l'Afrique subsaharienne. L'indicateur mesure le pourcentage d'entreprises qui mettent les compétences (sur une échelle de 1 = pas importantes à 5 = importantes) au-dessus de la valeur moyenne qu'elles donnent à l'ensemble des quatorze autres contraintes étudiées.

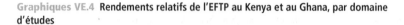

Graphiques VE.4 Rendements relatifs de l'EFTP au Kenya et au Ghana, par domaine d'études

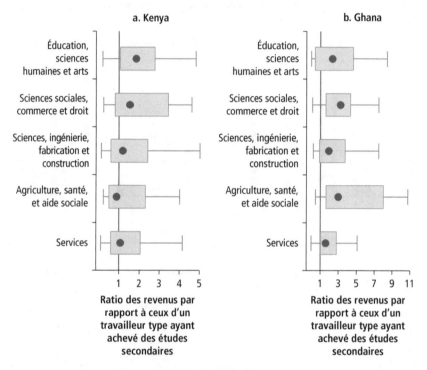

Source : Études réalisées auprès des ménages sur les Compétences pour l'employabilité et la productivité (STEP).
Note : EFTP = Enseignement et formation techniques et professionnels La ligne verticale rouge au point 1 indique la parité des revenus. Le point rouge représente la médiane de la répartition. L'extrémité inférieure de la case représente le 25ᵉ percentile, et l'extrémité supérieure représente le 75e percentile. Les lignes à l'extérieur de la case représentent le ratio pour les valeurs les plus élevées et les plus basses des revenus, les valeurs aberrantes ayant été exclues.

infime d'entrer dans les universités d'excellence pour lesquelles le rendement de l'éducation est le plus élevé. Cela dit, si l'EFTP peut être précieuse dans la transition école-travail et procurer en moyenne un avantage dans les revenus, il y a de fortes disparités entre les élèves, les filières et les institutions. Ces disparités peuvent provenir d'un manque de préparation de certains élèves (causée par de faibles compétences de base), ainsi que d'une mauvaise qualité de l'enseignement technique et professionnel au lycée ou dans le supérieur et d'un décalage avec les besoins du marché de l'emploi. Seul un peu plus du quart des étudiants d'Afrique subsaharienne sont inscrits en sciences appliquées, ingénierie et technologie, et la proportion de femmes est plus basse encore. La région ne compte que 92 chercheurs scientifiques par millions de personnes, contre une moyenne mondiale de plus de 1 000.

Une cause profonde de ces disparités sont les faiblesses institutionnelles. L'EFTP et l'enseignement supérieur n'ont souvent que de faibles liens avec le marché de l'emploi, sont dépourvus de passerelles qui permettraient aux élèves/ étudiants de cumuler leurs compétences, et ont des mécanismes de financement et de comptabilité indépendants de leurs résultats. Le schéma VE.5 présente une évaluation comparative des systèmes officiels de formation de la main-d'œuvre (composés principalement d'EFTP, mais aussi de programmes du marché de l'emploi, par exemple) de divers groupes de pays, dont certains d'Afrique subsaharienne (dont le Cameroun, le Tchad, la Tanzanie et l'Ouganda). Les pays subsahariens accusent souvent un retard par rapport aux autres groupes de pays à revenu faible ou intermédiaire et aux pays les plus performants au premier stade de développement de leur EFTP. Des faiblesses similaires affectent l'enseignement supérieur.

La troisième raison pour laquelle les investissements ne répondent pas aux besoins économiques est que l'Afrique subsaharienne doit non seulement s'attaquer à ses lacunes dans la formation des compétences, mais aussi faire face à l'impact des grandes tendances mondiales et régionales qui transforment le monde du travail. Trois grandes tendances, qui affectent l'Afrique subsaharienne comme le reste du monde, sont en train de remodeler l'économie mondiale, modifient rapidement la demande en compétences, et représentent à la fois une opportunité et un défi pour les politiques de développement : la transformation démographique, la mondialisation, et les bouleversements technologiques (l'industrie manufacturière perdant progressivement sa fonction de source d'emploi et de moteur de la transformation économique).

La première grande tendance concerne la transformation démographique. La plupart des pays subsahariens sont entrés ou sont en train d'entrer dans une phase de transition démographique : le « ratio de dépendance » (la part de la population trop jeune ou trop vieille pour travailler) décline, ce qui crée un « dividende démographique » en puissance. La baisse du taux de natalité dans la plupart des pays de la région est favorable à une accumulation du capital humain. Elle libère des ressources : la main-d'œuvre augmente plus rapidement que la population dépendante, ce qui accroît le revenu par habitant et la capacité d'investissement des familles dans le développement des compétences de leurs enfants. Ce dividende démographique s'accompagne d'une urbanisation. Plus d'un tiers de la population subsaharienne vit déjà dans des zones urbaines, ce qui facilite l'offre éducative (graphique VE.6.a).

D'une manière générale, plus de ressources sont disponibles pour investir dans la petite enfance et dans une éducation élémentaire de qualité, et les coûts de ces investissements sont plus faibles. Dans de nombreux pays subsahariens, le capital démographique que représente l'augmentation de la population jeune est une occasion unique d'accroître la productivité et la prospérité, et de réduire la pauvreté. Si la transformation démographique est plus avancée en Afrique

Graphique VE.5 Performances du développement de la main-d'œuvre en fonction d'objectifs politiques spécifiques, par région

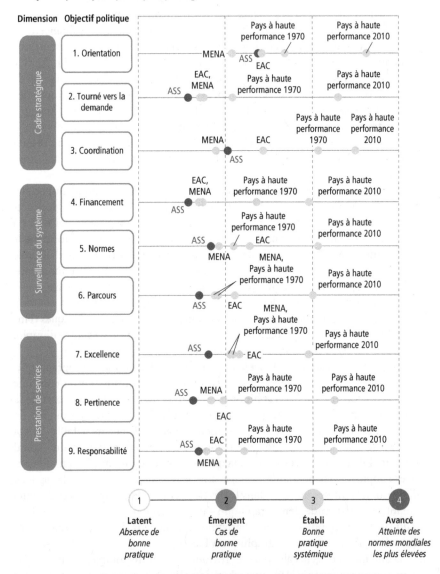

Source : Données de l'Approche systémique pour de meilleurs résultats en matière d'éducation, SABER-WfD.
Note : EAC = Europe et Asie centrale, y compris l'Arménie, la Bulgarie, la Géorgie, la Macédoine du Nord, la Moldavie, la Roumanie et la Turquie ; MENA = Moyen-Orient et Afrique du Nord, y compris la Cisjordanie et la Palestine, l'Égypte, l'Irak, la Jordanie, le Maroc, la Palestine, la Tunisie et le Yémen ; ASS = Afrique subsaharienne, y compris le Burundi, le Cameroun, le Tchad, la Tanzanie et l'Ouganda. Pays à haute performance 1970 = l'Irlande (1980), la Rép. de Corée (1970) et Singapour (1970) ; Pays à haute performance 2010 = le Chili (2011), l'Irlande (2000), la Rép. de Corée (2010), la Malaisie (2010) et Singapour (2010).

australe, les pays de cette région disposent encore d'une dizaine d'années pour en tirer profit en investissant dans les compétences. En même temps, les pays de la région devront réserver des ressources pour élargir l'offre éducative dans le primaire et le secondaire et pour garantir un enseignement de qualité pour le nombre croissant d'élèves.

La deuxième grande tendance est la nature interconnectée de manière croissante de l'économie mondiale. La production manufacturière et la prestation de services sont organisées dans des chaînes de valeur mondiales dans lesquelles la Chine et d'autre pays d'Asie de l'Est ont réussi à se tailler la part du lion avec une industrie tournée vers l'exportation. Cette tendance va de pair avec une compétition économique accrue.

La troisième et dernière grande tendance concerne l'essor des technologies numériques et des robots, qui a un fort impact sur un monde du travail en rapide évolution. Ces technologies augmentent la demande en compétences, notamment en compétences pointues (Banque mondiale, 2019). Même si l'automatisation ne va pas entraîner immédiatement une destruction d'emplois non qualifiés en Afrique subsaharienne, nombre de ces emplois risquent de disparaître dans des pays comme la Chine avant que les économies africaines puissent récupérer ces industries grâce à une main-d'œuvre meilleur marché. En outre, même s'il n'y a pas de destruction d'emplois, ces technologies changent le type de compétences qui sont requises au travail.

La conjonction de ces deux dernières tendances pose le défi d'une désindustrialisation prématurée. Comme le montre le graphique VE.6.b qui exploite des travaux de Rodrik (2016), ces vingt dernières années, l'industrie manufacturière, qui faisait sortir la main-d'œuvre subsaharienne de l'agriculture, a progressivement perdu ce rôle d'agent de transformation économique. Ce sont désormais de plus en plus les services – à commencer par le travail indépendant du secteur informel et les microentreprises – qui sont le moteur de la transformation et de la création d'emplois. Un nombre limité d'emplois sera créé dans le secteur formel, notamment dans l'industrie manufacturière, dans les prochaines décennies. Il faudra que plus de gens soient prêts à créer leur propre emploi.

Les décideurs publics doivent tenir compte de ces grandes tendances lorsqu'ils définissent des priorités pour les investissements dans les compétences. Premièrement, les grandes tendances vont accroître le souhait de formation et de mobilité sociale dans les familles et chez chaque individu, notamment chez les jeunes. Deuxièmement, elles vont changer le type de compétences requises : la demande pour les compétences cognitives et socio-émotionnelles de haut niveau va augmenter, et va diminuer pour celles nécessaires dans les nombreux emplois peu et moyennement qualifiés. Troisièmement, les grandes tendances vont accélérer le changement et rehausser l'importance des capacités d'adaptation pour les individus et les systèmes.

Graphiques VE.6 **Les tendances majeures qui sous-tendent la demande en compétences en Afrique subsaharienne**

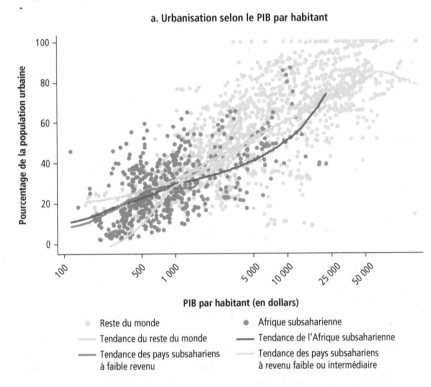

a. Urbanisation selon le PIB par habitant

- ○ Reste du monde
- ● Afrique subsaharienne
- ── Tendance du reste du monde
- ── Tendance de l'Afrique subsaharienne
- ── Tendance des pays subsahariens à faible revenu
- ── Tendance des pays subsahariens à revenu faible ou intermédiaire

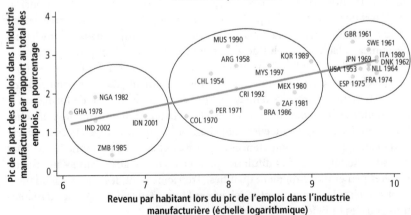

b. Pic de la part des emplois dans l'industrie manufacturière, selon le PIB par habitant

- ○ Pic de la part d'emploi de l'industrie manufacturière
- ── Valeurs ajustées

Sources : Base de données des Indicateurs du développement dans le monde et études sur les ménages (graphique VE.6.a) ; Rodrik 2016 (graphique VE.6.b).

Simultanément, ces changements vont donner aux pays des occasions d'intensifier leurs efforts dans la formation des compétences. Avec la transformation démographique, la proportion de jeunes va augmenter plus rapidement dans la population en âge de travailler, et les jeunes actifs vont remplacer plus rapidement les travailleurs plus âgés et moins qualifiés. La plupart des pays subsahariens sont tout juste au début de cette évolution et vont pouvoir en tirer tout le bénéfice. Par ailleurs, ils vont pouvoir mettre en pratique les conclusions d'un nombre grandissant d'études sur les méthodes efficaces de développement des compétences et apprendre des succès et des échecs d'autres pays de la région et du monde ; ils vont aussi pouvoir tirer profit des nouvelles technologies et de l'urbanisation, qui facilite l'offre éducative, ainsi que d'un ensemble plus large de programmes sociaux. Grâce aux progrès de la santé publique, notamment grâce à la vaccination et aux antibiotiques, les pays à revenu faible ou intermédiaire ont un taux d'espérance de vie plus élevé que celui qu'avaient les pays à revenu élevé d'aujourd'hui à un stade de développement analogue (Deaton, 2013). Les applications récentes de nouvelles technologies pourraient étendre les bénéfices considérables de la scolarisation aux résultats scolaires. Enfin, l'Afrique subsaharienne peut tirer profit de la coopération régionale et des approches concertées concernant les problèmes communs pour réaliser d'importants progrès avec des économies d'échelle et à moindre coût.

La patience est cependant requise, car les investissements dans la formation, notamment pour les nouvelles générations, mettent un certain temps avant de porter leurs fruits. Il faudra compter presque vingt ans pour que la formation des enfants d'aujourd'hui se traduise par une main-d'œuvre plus productive et une augmentation des ressources des familles et du revenu national. Du fait des lents progrès passés dans de nombreux pays, jusqu'à 30 % des adultes jeunes et moins jeunes ont échoué à acquérir un minimum de compétences de base. Cela accroît le risque que leur famille tombe dans la pauvreté et constitue un handicap pour leurs enfants. Ces familles doivent attendre au moins dix ans avant que les études de leurs enfants entraînent une augmentation significative de leurs revenus. Dans de nombreux pays, le dividende démographique se profile à l'horizon ; dans d'autres, il se fait déjà sentir depuis un certain temps ; dans d'autres encore, il est en train de s'estomper. Vu l'importance que gouvernements, employeurs et familles donnent à l'éducation et à la formation en Afrique subsaharienne, ce dividende est une chance à ne pas manquer.

La formation des compétences en Afrique subsaharienne repose-t-elle sur de solides fondements ?

Ce n'est pas le cas dans la plupart des pays de la région, pour plusieurs raisons.

Ces dernières décennies, l'Afrique subsaharienne a fait d'énormes progrès en termes de taux de scolarisation, notamment dans le primaire, et il faut s'en féliciter. En 1950, plus de trois quarts des enfants n'allaient pas à l'école. En 2010, cette proportion était tombée à moins d'un tiers. Selon l'UNESCO (Organisation des Nations Unies pour la science, l'éducation et la culture, 2016), dans la majorité des pays, le taux de scolarisation dans le primaire est de plus de 80 %. Le Burundi a été particulièrement performant : le pays a plus que doublé ce taux, de moins de 41 % en 2000 à 96 % en 2014. Le Burkina Faso, la Guinée, le Niger et le Mozambique ont augmenté leur taux de 30 à 36 points de pourcentage ; le Ghana, le Lesotho, le Mali, le Sénégal et la Zambie d'environ 22 à 26 points.

Cependant, le taux de scolarisation de 100 % n'est pas encore atteint. Les inégalités dans l'accès à l'éducation persistent entre les groupes démographiques, socio-économiques, et entre les régions à l'intérieur d'un même pays. Même si la scolarisation a fait de grands progrès en Afrique subsaharienne ces vingt dernières années, en 2014, 31 millions d'enfants en âge d'aller à l'école primaire et près de 57 millions d'adolescents en âge d'aller au collège ou au lycée, dont une forte proportion de filles, n'étaient pas scolarisés (UNESCO, 2016). Si plus de huit enfants sur dix allaient à l'école primaire, seulement deux adolescents sur trois allaient au collège. Au Nigéria, le pays le plus peuplé de la région, près de 9 millions d'enfants ne vont pas à l'école. Nombre d'entre eux vivent dans le nord-est du pays, miné par un conflit.

Parvenir à l'éducation pour tous est donc un objectif qui échappe encore aux pays subsahariens. Dans l'ensemble, environ 55 % des enfants vont au bout de l'école primaire et moins d'un adolescent sur trois au bout du collège. Le taux d'achèvement de l'école primaire est bien plus faible en Afrique subsaharienne qu'en Asie/région Pacifique, en Amérique latine/Caraïbes et ailleurs dans le monde. Le taux varie énormément à l'intérieur de l'Afrique, bien sûr. Au Botswana, au Cap-Vert, au Ghana, au Kenya, aux Seychelles et en Afrique du Sud, on est près d'atteindre 100 % d'achèvement du primaire, tandis qu'au Burkina Faso, au Burundi, en Guinée, au Mozambique et au Niger – pays qui ont fait le plus de progrès récemment dans le taux de scolarisation – moins de 50 % des élèves vont au bout du primaire.

Le faible taux d'achèvement scolaire s'explique par plusieurs facteurs : la difficulté d'accès à l'école, le redoublement, les contraintes financières, les normes sociales pénalisant les filles. Dans plusieurs pays, le chemin de l'école est long pour de nombreux enfants. Au Lesotho, au Malawi, au Mali et au Rwanda, au moins la moitié des enfants habitent à plus de deux kilomètres de l'école primaire la plus proche et ont au moins une demi-heure de marche pour y parvenir. La distance maximale recommandée par la norme officielle est d'un kilomètre, soit un quart d'heure à pied. Un taux de redoublement élevé persiste à l'école primaire et souvent dans le secondaire. Au Bénin, au Burundi, en Côte d'Ivoire, au Lesotho, au Rwanda et au Togo, entre 15 et 25 % des enfants redoublent une classe dans le primaire. Si l'école est gratuite dans la vaste majorité des pays africains, l'Afrique demeure le continent où les pays imposant des frais d'inscription scolaire sont les plus nombreux – parmi eux figurent la Guinée, la Somalie, l'Afrique du Sud, la Zambie et le Zimbabwe.

Ces frais d'inscription, ajoutés aux autres frais de scolarité (livres, uniformes…), peuvent représenter un fardeau important pour les familles les plus pauvres. Enfin, les taux de scolarisation masquent une proportion importante d'élèves plus âgés que la moyenne parce qu'ils ont été scolarisés avec retard ou ont redoublé – l'abandon de l'école, notamment dans le secondaire, est lié à ce facteur. L'UNESCO (2016) estime que l'Afrique subsaharienne a la plus forte proportion d'élèves plus âgés que la moyenne dans le primaire, plus d'un tiers du total. Par ailleurs, mariages et grossesses précoces, ainsi que certaines normes sociales font que de nombreuses filles abandonnent l'école de bonne heure.

Les taux de scolarisation et d'achèvement du secondaire demeurent faibles, notamment pour les filles, mais ils progressent. En 2014, seulement 40 % des jeunes d'Afrique subsaharienne étaient inscrits au lycée et seulement 15 % allaient jusqu'au bout. L'amélioration du taux d'achèvement du primaire et l'accroissement de la population ont multiplié le nombre d'élèves arrivant dans le secondaire et la pression s'est accrue : entre 1990 et 2010, le nombre de 5–14 ans a augmenté de 65 %. Il va falloir accélérer la construction de nouveaux établissements secondaires et veiller à leur donner le personnel et les ressources nécessaires. L'inégalité entre les filles et les garçons dans le secondaire demeure répandue ; par exemple, la plupart des pays n'ont pas atteint la parité de genre. En Centrafrique et au Tchad, deux pays récemment affectés par un conflit, près de deux fois moins de filles que de garçons étaient scolarisées dans le secondaire en 2012 ; inversement, au Lesotho, il y avait une proportion de 71 garçons pour 100 filles.

Les progrès de l'Afrique subsaharienne en matière d'éducation n'ont pas été assez rapides pour se situer dans la moyenne mondiale, particulièrement dans les pays à revenu faible ou intermédiaire. La structure idéale du niveau d'éducation de la population ressemble à un losange : la majorité de la population va jusqu'au bout des études secondaires et acquiert les compétences de base, tandis qu'une petite proportion de la population, qui augmentera progressivement au fur et à mesure que le pays deviendra plus riche, fréquente un établissement post-secondaire (université ou institut d'enseignement technique et professionnel). Comme le montrent les graphiques VE.7, l'Asie de l'Est/région Pacifique, une région du monde qui en 1950 ressemblait à l'Afrique subsaharienne d'aujourd'hui, a actuellement cette structure de losange. Malgré de récents progrès, l'Afrique subsaharienne a toujours une structure du niveau d'éducation qui s'apparente à une pyramide, la part de la population adulte peu éduquée formant une large base.

L'Afrique subsaharienne risque d'accuser encore plus de retard pour ce qui est du niveau d'éducation dans les prochaines décennies. L'UNESCO (2016) estime qu'en 2030, si la tendance actuelle se poursuit, environ trois élèves sur quatre iront au bout du primaire, six sur dix jusqu'en troisième, et quatre sur dix

Graphiques VE.7 Évolution des pyramides d'éducation en Afrique subsaharienne et dans d'autres régions du monde (comparaison entre 1950 et 2010)

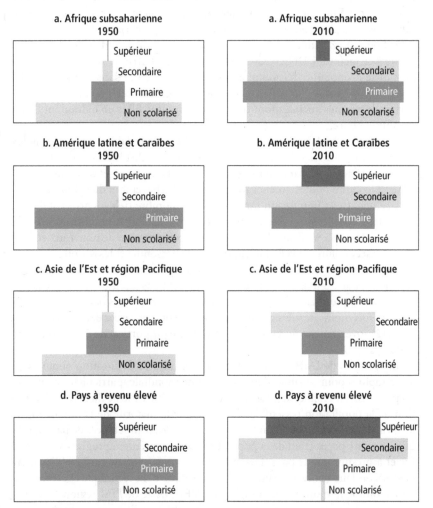

Source : Barro et Lee, 2013 (mise à jour en ligne du 4 février 2016).
Note : Les graphiques présentent le pourcentage d'adultes (âgés de 25 à 65 ans) ayant atteint les niveaux d'éducation respectifs (mais n'ayant pas forcément été jusqu'au bout).

jusqu'à la terminale. Seulement huit pays subsahariens devraient atteindre un taux d'achèvement du collège de 100 % en 2030 s'ils progressent au rythme le plus rapide qu'on ait observé jusqu'ici dans la région. Cette projection laisse à penser qu'il faudrait des progrès éducatifs d'une rapidité sans précédent pour

Graphiques VE.8 Projection de l'écart du niveau d'éducation de la main-d'œuvre entre l'Afrique subsaharienne et d'autres régions du monde

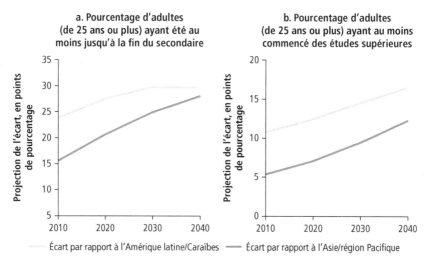

a. Pourcentage d'adultes
(de 25 ans ou plus) ayant été au
moins jusqu'à la fin du secondaire

b. Pourcentage d'adultes
(de 25 ans ou plus) ayant au moins
commencé des études supérieures

---- Écart par rapport à l'Amérique latine/Caraïbes   ── Écart par rapport à l'Asie/région Pacifique

Source : Barro et Lee, 2013 (mise à jour en ligne du 4 février 2016).
Note : Les pourcentages sont de simples moyennes entre les pays (et non des pourcentages de la population globale). L'Asie comprend aussi bien l'Asie du Sud (par exemple l'Inde) que l'Asie de l'Est (par exemple la Chine).

atteindre l'objectif des Nations Unies de donner les compétences de base à l'ensemble de la population d'ici cette année-là. Malheureusement, si les récents taux de progression se maintiennent, l'Afrique subsaharienne s'éloignera encore plus de l'Asie et de l'Amérique latine dans les vingt prochaines années pour ce qui est du taux d'achèvement du primaire, du secondaire et du supérieur dans la population adulte (graphique VE.8).

Il y a de grandes disparités entre les pays subsahariens. Les bons élèves, comme le Ghana et l'Afrique du Sud ont une structure du niveau d'éducation qui commence à ressembler à celle des pays d'Asie de l'Est. En revanche, dans des pays comme le Mali et le Niger, environ 70 % des 20–24 ans n'ont pas été scolarisés.

En outre, même lorsque les pays réussissent à scolariser plus d'enfants et à les garder à l'école, la plupart des élèves ne parviennent pas à acquérir ne serait-ce que les compétences les plus élémentaires. À la fin du cycle élémentaire, plus de la moitié des élèves sont incapables de venir à bout d'un exercice élémentaire de lecture ou de calcul. Selon des évaluations récentes, plus de la moitié des élèves de CE1 (cours élémentaire première année) sont incapables de lire un seul mot au Ghana, au Malawi, au Mali, en Ouganda et en Zambie. Ils ne sont qu'un sur dix en Jordanie, un sur trois au Maroc et moins de quatre sur dix au Népal.

Au Kenya, les enfants de 7 ans de la région nord-est du pays (l'une des plus pauvres) sont huit fois moins susceptibles de pouvoir lire les lettres que ceux de Nairobi, la capitale. Même des pays comme le Botswana, le Ghana et l'Afrique du Sud ont de plus mauvais résultats que tous les autres pays qui participent à des évaluations internationales comme les *Trends in International Mathematics and Science Study*. Les résultats du Ghana et du Kenya aux récentes études STEP (*Skills Towards Employability and Productivity*) de la Banque mondiale, qui mesurent les capacités de lecture et d'écriture des adultes des milieux urbains, étaient bien plus mauvais que ceux d'autres pays du monde à revenu faible ou intermédiaire. Au Kenya, moins de 1 % des adultes ayant fait des études supérieures ont atteint le niveau 4 ou 5 du test de lecture (qui mesurait notamment l'aptitude à mémoriser et synthétiser des informations de plusieurs textes). Plus d'un quart ont atteint seulement le niveau 1, voire moins, ce qui veut dire qu'ils étaient incapables de noter des informations personnelles dans un document ou d'identifier un seul élément d'informations dans un texte simple.

Ces déficits en compétences de base trouvent leur origine au tout début de la vie. Dans de nombreux pays, une malnutrition chronique (cause du retard de croissance) réduit les capacités d'apprentissage avant même l'entrée à l'école. Dans l'ensemble de l'Afrique subsaharienne, le retard de croissance affecte plus d'un tiers des enfants de moins de 5 ans. Il atteint même presque 40 % dans les pays fragiles à faible revenu. Et dans les pays à revenu intermédiaire supérieur, il est encore d'un peu moins de 25 %, ce qui est très élevé (graphique VE.9.a). Le retard de croissance s'accompagne de faibles capacités cognitives, d'un faible niveau d'études, et plus tard de faibles revenus. Par ailleurs, l'offre en écoles maternelles et en services de développement du jeune enfant est réduite, en Afrique subsaharienne, et très inéquitable : à 5 ans, les enfants des familles aisées sont deux fois plus susceptibles de posséder certaines compétences cognitives que ceux des familles pauvres. Cependant, certains pays de la région ont parmi les meilleurs résultats du monde dans la réduction du taux de retard de croissance. Le Kenya a réduit son taux d'un tiers, passant de 40 % à 26 %, en quinze ans ; l'Éthiopie a réduit le sien de dix points de pourcentage en dix ans. Le Malawi, le Sénégal et la Tanzanie ont également fait des progrès, quoique plus lents (graphique VE.9.b).

Les déficits d'investissement dans les premières années de la vie des enfants sont aggravés par la faible qualité de l'enseignement élémentaire, illustrée par un fort absentéisme des professeurs et l'insuffisance de leurs connaissances dans la matière enseignée. Dans de nombreux pays subsahariens, un enseignement efficace, qui est pourtant l'ingrédient essentiel de l'apprentissage, manque. Des données SDI (*Service Delivery Indicators*) issues d'études représentatives au niveau national sur des écoles primaires du Kenya, du Mozambique, du Nigéria, du Sénégal, de la Tanzanie, du Togo et d'Ouganda, montrent qu'il y a un taux élevé d'absentéisme des professeurs, qu'ils sont trop nombreux à être mal préparés et

Graphiques VE.9 Les taux de retard de croissance en Afrique subsaharienne

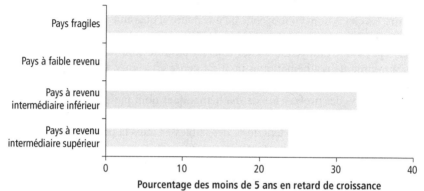

a. Le retard de croissance chez les moins de 5 ans, par groupe de pays

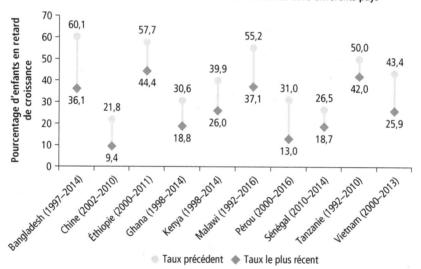

b. Réduction du taux de retard de croissance dans différents pays

● Taux précédent   ◆ Taux le plus récent

Sources : Pour le graphique VE.9.a, USAID 2017a. Les données proviennent des dernières vagues d'enquêtes des Demographic and Health Surveys (de 2007 à 2017) sur les pays subsahariens à l'exception de l'Afrique du Sud, de l'Angola, du Botswana, du Cap-Vert, de la Centrafrique, de Djibouti, de l'Érythrée, de la Guinée-Bissau, de la Guinée équatoriale, de Maurice, de la Mauritanie, de la Réunion, des Seychelles, de la Somalie et du Soudan. Pour le graphique VE.9.b, Shekar *et al.*, 2017 ; pour le Pérou, Marini, Rokx et Gallagher, 2017.

qu'ils ne bénéficient pas du soutien nécessaire. Dans les sept pays étudiés, les professeurs sont en moyenne absents de leur classe plus de 40 % du temps (absence mesurée par l'arrivée aux heures de cours d'un visiteur non annoncé). Au Mozambique, en prenant également en compte le temps perdu pendant les cours, les élèves n'ont en moyenne qu'une heure et quarante minutes d'enseignement effectif par jour. En outre, selon des évaluations récentes de professeurs de ces sept pays, en moyenne un sur trois n'a pas une connaissance suffisante du programme de mathématiques qu'il est censé enseigner, la proportion étant même d'un sur deux seulement dans certains pays. Même en Afrique du Sud, près de 80 % des professeurs de mathématiques n'ont pas une compréhension parfaite du programme de sixième qu'ils enseignent (Venkat et Spaull, 2015).

Les données SDI révèlent aussi des faiblesses dans la pédagogie des enseignants. Les professeurs passent environ 30 % du temps en classe à écrire au tableau, à faire leurs cours ou à lire devant les élèves, 30 % à interagir avec les élèves, 22 % à poser des questions aux élèves et à écouter les réponses, et 6 % aux contrôles. Pour la plupart des questions posées, on attend des élèves qu'ils récitent des informations apprises par cœur. Seulement 43 % des professeurs résument la leçon à la fin du cours. Environ six professeurs sur dix font appel au « renforcement positif » (par exemple sourire aux élèves), trois sur dix au renforcement négatif. Dans l'ensemble, les évaluateurs ont conclu que bien trop peu de place était accordée à des pratiques pédagogiques qui produisent de bons résultats d'apprentissage.

Les professeurs d'Afrique subsaharienne enseignent dans des conditions difficiles. Ils travaillent souvent loin de chez eux et reçoivent peu de conseils et de soutien pédagogique. Leur salaire arrive souvent avec retard et est fréquemment inférieur au salaire d'agents d'autres catégories professionnelles de niveau de formation équivalent. Par ailleurs, dans la plupart des pays subsahariens, ils ne sont pas tenus responsables s'ils ont de mauvais résultats ni récompensés dans le cas inverse – par exemple par une reconnaissance de leurs mérites ou par une chance de devenir mentor des autres enseignants. Le manque de soutien aux professeurs et l'absence d'incitations à produire des résultats est probablement ce qui explique l'échec des écoles à fournir la qualité d'enseignement requise pour que les enfants acquièrent de solides compétences de base.

Comme prévu, les immenses déficits dans le développement du jeune enfant (DJE) et l'enseignement élémentaire sont un frein à un accès équitable aux études supérieures. Dans de nombreux pays subsahariens, les élèves sont orientés trop tôt (dès le collège) vers l'enseignement professionnel, ce qui les prive de la possibilité d'acquérir les compétences de base dont ils auront besoin pour s'adapter dans un monde du travail en rapide évolution. Pour les jeunes de familles défavorisées, ceux notamment qui ont des parents peu instruits, les portes de l'enseignement supérieur sont pratiquement fermées. Et même ceux qui parviennent jusqu'aux études supérieures ont souvent de faibles compétences de base qui génèrent fréquemment de mauvais résultats. Une étude sud-africaine sur les élèves de terminale montre par exemple que ceux qui ont de moins bons résultats à l'examen final ont moins de chance d'entrer à l'université, et même s'ils y entrent, sont plus susceptibles de ne pas obtenir leur diplôme (van Broekhuizen, 2016). De faibles compétences de base constituent un handicap pour accéder aux domaines des sciences, des sciences appliquées, des techniques, de l'ingénierie et de la pédagogie, comme pour y réussir ; de ces domaines proviendra pourtant la prochaine génération d'ingénieurs, de médecins et de professeurs mieux formés.

Encore une fois, les compétences engendrent les compétences : celles acquises dans les premières années de la vie sont les fondements sur lesquels d'autres pourront se développer au cours de l'existence. De solides compétences de base (lire, écrire, compter et les compétences socio-émotionnelles) déterminent les capacités de l'individu à apprendre à l'école et jusqu'à l'âge adulte. C'est seulement en garantissant ces fondements à chacun – riche ou pauvre, fille ou garçon, résident dans la capitale ou en zone rurale – que l'on pourra s'attaquer efficacement aux inégalités qui touchent tous les niveaux du système éducatif.

Est-il justifié d'investir dans les compétences des jeunes et des adultes sortis du système éducatif ?

Oui, même si les programmes destinés à améliorer les compétences de cette population ont donné des résultats mitigés. Il faut qu'ils soient bien conçus, efficaces d'un point de vue financier, et bien mis en œuvre. Les pays subsahariens doivent investir judicieusement dans la population sortie du système éducatif pour deux raisons.

Premièrement, les conséquences de l'accès limité à l'éducation et de sa faible qualité sont telles que les déficits en compétences de base de la population sortie du système éducatif sont trop importants pour être ignorés. Selon l'UNESCO (2015), plus des deux tiers de la population subsaharienne en âge de travailler a quitté le système éducatif avant la fin du primaire. En 2008, environ 40 % des adultes (plus de 160 millions de personnes) et 50 % des femmes adultes étaient illettrés, c'est-à-dire incapables de lire ou d'écrire. En réalité, le taux d'alphabétisation varie beaucoup suivant les endroits : de moins de 50 % en Afrique de l'Ouest et en Afrique Centrale à plus de 90 % en Afrique du Sud. Le taux d'alphabétisation fonctionnelle (la capacité de mettre à profit les compétences de lecture et d'écriture dans son travail et sa vie quotidienne) est probablement encore plus faible, comme semblent l'indiquer des évaluations au Ghana et au Kenya. Quoi qu'il en soit, la proportion de travailleurs non qualifiés est énorme, et nombre d'entre eux ont une longue vie active devant eux parce qu'ils n'ont jamais été à l'école ou ont quitté le système scolaire de très bonne heure. Comme l'amélioration du développement du jeune enfant, du taux d'achèvement des études, et de la qualité de l'enseignement primaire et secondaire prendra du temps, le nombre de jeunes et d'adultes dépourvus des compétences de base diminuera progressivement au mieux au cours des prochaines décennies.

La deuxième raison pour laquelle il faut investir dans les jeunes et les adultes sortis du système scolaire est que le développement de leurs compétences de base et de leurs compétences techniques peut générer d'importants bénéfices économiques et sociaux. Ces compétences peuvent leur permettre d'améliorer leurs moyens de subsistance, de quitter les emplois à faible productivité, d'accroître leur productivité dans le poste qu'ils occupent, et de rehausser la cohésion sociale, car un travail représente plus que simplement des revenus. Une récente étude comparative (Valerio *et al.*, 2016) révèle que les bénéfices de l'alphabétisation sont les plus forts au Ghana et au Kenya, les deux pays africains inclus dans l'étude (graphique VE.10.a). La majorité de la population active d'Afrique est susceptible de rester dans l'agriculture et le secteur informel dans les prochaines décennies. On a constaté, d'une part au Ghana, pour la riziculture (graphique VE.10.b), d'autre part au Malawi, pour la culture du tabac (une culture commerciale tournée vers l'export), que les agriculteurs ayant de meilleures compétences cognitives et socio-émotionnelles (comme la capacité de se projeter dans l'avenir et la persévérance) sont plus susceptibles d'adopter des technologies plus productives. Au Kenya, on a noté que ces compétences

Graphiques VE.10 Compétences de base, revenus et productivité en Afrique subsaharienne

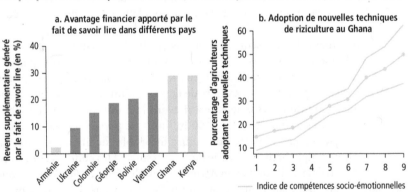

Sources : Pour le graphique VE.10.a, Valerio *et al.*, 2016, d'après les études STEP (Compétences pour l'employabilité et la productivité) de la Banque mondiale. Pour le graphique VE.10.b, Ali, Bowen et Deininger, 2017.
Note : Dans le graphique VE.10.b, l'indice de compétences socio-émotionnelles comprend des évaluations de la centralité du travail, de la ténacité, de la réussite, du besoin de pouvoir, du lieu de maîtrise, de l'impulsivité, de la polychronicité, de l'optimisme, de l'organisation et de la confiance. Plus l'indice est élevé, plus les compétences socio-émotionnelles sont solides.

accroissent la productivité dans la production de maïs et renforcent les compétences techniques.

Le développement des compétences professionnelles, socio-émotionnelles et entrepreneuriales, souvent associé à d'autres formes de soutien ou à des stages, a donné de bons résultats en Éthiopie, au Kenya, au Libéria, en Afrique du Sud et au Togo. En outre, des améliorations des compétences des adultes peuvent avoir un effet positif direct et indirect sur le capital humain intergénérationnel. Les capacités de lecture et d'écriture des parents, notamment des mères, et l'accroissement des revenus des adultes peuvent donner un coup de pouce au développement des compétences des enfants en améliorant leur santé, en renforçant leur stimulation à un jeune âge, et en créant un meilleur contexte d'apprentissage à la maison.

De nombreux programmes destinés à développer les compétences des jeunes et des adultes échouent, et ceux qui réussissent ont en général un effet limité. L'impact des programmes de remise à niveau des adultes doit être jugé sur ce qu'ils sont censés accomplir, c'est-à-dire combler une partie des lacunes dans les compétences qui n'ont pas été acquises au sein du système scolaire. Si les adultes apprennent de nombreuses manières différentes (par le travail, la formation, l'apprentissage, les interactions sociales), corriger de profondes déficiences dans les compétences de base est plus difficile et plus coûteux que de développer ces compétences de bonne heure. Il n'est donc pas surprenant que l'impact de programmes bien conçus soit généralement comparable aux bénéfices d'une année de scolarisation seulement, et que nombre d'entre eux échouent (McKenzie et Puerto, 2017).

Il y a des leçons à retenir sur la manière de tirer le plus grand bénéfice des programmes pour la population sortie du système scolaire et d'éviter qu'ils pénalisent les investissements dans les jeunes générations. On peut améliorer leur efficacité financière en les adaptant aux besoins, aux contraintes et aux aspirations de la population ciblée, ainsi qu'au contexte du marché du travail local. Les programmes couplés à un volet social, à un soutien financier, ou les programmes de développement agricole ont un coût moins élevé par participant. On peut également rendre ces programmes plus efficaces en faisant appel aux nouvelles technologiques numériques. L'essentiel, ici, est de tirer les enseignements des programmes qui ont eu du succès et d'évaluer les nouveaux programmes avant de les étendre.

Les ressources investies par les pays subsahariens dans les compétences sont-elles adéquates ?

Dans l'ensemble, le niveau de dépense des pays subsahariens est conforme à leurs possibilités et à ce qu'on peut attendre d'eux, mais on pourrait sensiblement améliorer le rendement des investissements actuels. Tous les pays vont devoir augmenter leurs efforts dans l'éducation et par conséquent faire preuve de plus d'efficacité dans la dépense publique et mieux exploiter les possibilités de l'investissement privé. Les graphiques VE.11 comparent la dépense moyenne dans l'éducation des pays d'Afrique subsaharienne à celle des pays à revenu faible ou intermédiaire du reste du monde.

L'Afrique subsaharienne consacre en moyenne d'importantes ressources publiques à l'éducation. C'est la conclusion de récentes analyses détaillées de la dépense publique dans cette région du monde, notamment celles de l'UNESCO (2011) et de Global Education Commission (2016). Le niveau de dépense publique dans l'éducation en pourcentage de la dépense totale et en pourcentage du PIB permet de mesurer les efforts que fait un pays pour ce secteur et le degré de priorité qu'il lui donne. Ces deux indicateurs ne prennent certes pas en compte les investissements privés ni les développements de compétences pris en charge par les familles et les entreprises, mais même s'ils sont incomplets, ils représentent l'essentiel puisque c'est le secteur public qui joue le rôle principal dans le domaine éducatif, et ils permettent de faire des comparaisons au niveau international. Les instances internationales recommandent d'investir de 15 % à

Graphiques VE.11 Dépense dans l'éducation en pourcentage du PIB et de la dépense totale, par catégorie de pays

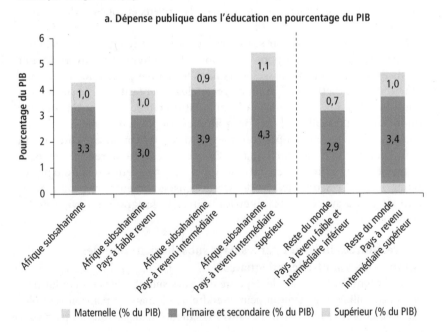

a. Dépense publique dans l'éducation en pourcentage du PIB

(suite page suivante)

Graphiques VE.11 (suite)

b. Dépense publique dans l'éducation en pourcentage de la dépense totale

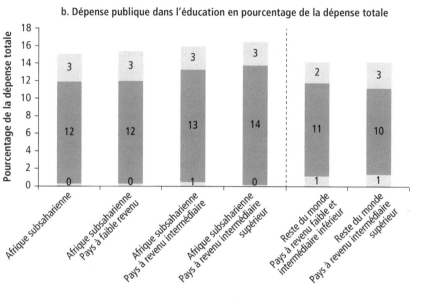

c. Répartition de la dépense publique dans l'éducation par catégorie de pays

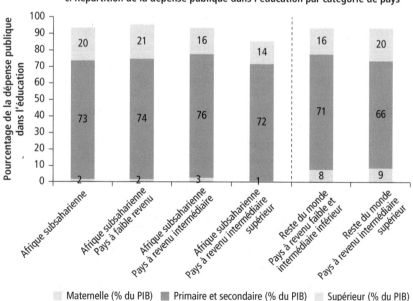

Source : Indicateurs du développement dans le monde.
Note : Les valeurs indiquées représentent la moyenne des valeurs disponibles pour les trois années les plus récentes (entre 2010 et 2015).

20 % de la dépense publique totale et de 4 % à 6 % du PIB dans l'éducation. Les pays subsahariens lui consacrent en moyenne environ 18 % de la dépense publique totale et 5 % du PIB, ce qui représente le taux le plus élevé parmi les régions du monde à revenu faible ou intermédiaire. Suivant les pays, la part de la dépense publique varie d'environ 11 % à 28 % et celle du PIB de 2 % à 15 %. La contribution des ménages représente environ 25 % de la dépense totale dans l'éducation nationale (UNESCO, 2011).

Ces dix dernières années, c'est en Afrique subsaharienne, parmi les régions du monde à revenu faible ou intermédiaire, que l'augmentation de la dépense dans l'éducation a été la plus forte. La dépense publique réelle a augmenté en moyenne d'environ 6 % par an, et de 0,7 point de pourcentage du PIB dans les pays pour lesquels nous disposons de données. Cette augmentation a permis aux gouvernements de maintenir, voire d'accroître la dépense par élève tout en étendant l'offre éducative dans les enseignements primaire et secondaire, et même dans le supérieur. Actuellement, le niveau de dépense par élève de primaire ou collège correspond à celui d'autres régions du monde à faible revenu.

Il n'est donc pas réaliste de s'attendre à un accroissement des investissements dans l'éducation, sauf dans certains pays. Par contre, il faut que les gouvernements s'efforcent d'en améliorer l'efficacité, par exemple par un meilleur ciblage des ressources sur les compétences fondamentales et sur les familles qui en ont le plus besoin, et par la mise en place de mécanismes de gestion plus performants – notamment une meilleure gestion financière et un système fiable d'analyse des programmes éducatifs – afin d'éliminer le gaspillage et de réduire les coûts des intrants et la dépense en infrastructures. Il est également essentiel de redoubler d'efforts dans la lutte contre les causes de l'absentéisme des professeurs afin qu'ils consacrent leur temps à l'enseignement. Certains pays subsahariens font exception : ceux, notamment, qui sont riches en ressources naturelles pourront se permettre d'accroître la dépense dans l'éducation (en part du PIB et de la dépense publique totale), et ils devront le faire en plus d'améliorer son efficacité.

En outre, les pays doivent réorienter la dépense publique dans l'éducation en privilégiant les compétences de base et les populations défavorisées. L'Afrique subsaharienne consacre certes la plus grande partie de la dépense éducative à l'enseignement élémentaire, mais les ressources allouées à l'école maternelle n'en représentent qu'environ 0,3 %. Les pays où le taux de retard de croissance est élevé doivent également accroître leurs investissements dans des interventions efficaces, notamment en finançant le soin prénatal et en versant des allocations liées aux services de santé et d'alimentation. Pour trouver des ressources pour ces dépenses supplémentaires, les gouvernements peuvent réduire les aides à l'enseignement supérieur pour les populations aisées en mettant en œuvre une politique de prise en charge sélective des frais d'études, en allongeant les programmes de prêt aux étudiants lorsque les conditions de réussite sont remplies, et en faisant appel à des contrats à impact social. La dépense publique dans l'enseignement supérieur et l'enseignement technique et professionnel supérieur peut cibler les populations défavorisées sur la base du mérite et privilégier les filières correspondant aux secteurs ayant le plus grand potentiel de croissance et de productivité comme les sciences, la technologie, l'ingénierie et les techniques agricoles.

Enfin, les pays subsahariens doivent faire converger les investissements du secteur privé vers la formation des compétences et exploiter d'autres dépenses publiques à cette fin. L'apprentissage au travail et la formation sur le tas sont une source importante d'acquisition de compétences. En moyenne, environ 30 % des entreprises subsahariennes du secteur formel offrent une formation sur le tas, contre 35 % dans le reste du monde. Le chiffre de l'Afrique subsaharienne est comparable à celui de l'Asie du Sud, supérieur à celui du Moyen-Orient/Afrique du Nord, mais inférieur à l'Asie de l'Est/région Pacifique, l'Europe/Asie Centrale et l'Amérique latine/Caraïbes. La proportion d'entreprises offrant une formation varie de 9 % au Soudan à 55 % au Rwanda. La formation sur le lieu de travail dans les petites entreprises et les microentreprises, souvent dans le secteur informel, est encore plus rare. Les raisons possibles de la faiblesse de l'offre de formation sont multiples et varient probablement d'un pays à l'autre. Des améliorations dans les infrastructures, l'environnement commercial et la gestion des entreprises pourraient favoriser l'accroissement de la formation sur le tas. Dans la mesure où certaines défaillances du marché sont incontournables, comme les restrictions de crédit pour les entreprises, le secteur public a peut-être un rôle à jouer : il pourrait encourager la formation sur le lieu de travail par des avantages fiscaux et une politique d'incitation à l'investissement.

Trouver le juste équilibre : comment les pays d'Afrique subsaharienne peuvent-ils améliorer les compétences de leur main-d'œuvre actuelle et de celle de demain ?

Des compétences plus nombreuses et de qualité peuvent contribuer à créer des économies plus productives, inclusives et adaptables en Afrique subsaharienne. Sur la base du cadre d'action commenté précédemment, le rapport souligne quatre directions stratégiques à suivre pour mettre en œuvre des politiques et des réformes qui permettent de relever le défi de l'amélioration des compétences de la main-d'œuvre afin de transformer l'économie, tout en se préparant pour un monde du travail en rapide évolution :

1. Définir des priorités parmi les investissements dans les compétences en fonction du contexte du pays et du cadre d'action afin de créer des conditions qui permettent aux investissements de porter leurs fruits en : (a) privilégiant les

compétences de base (cognitives et socio-émotionnelles) pour toutes les générations ; (b) investissant de manière sélective dans les compétences techniques des jeunes et des adultes par le biais de l'EFPT, de l'enseignement supérieur et de la formation sur le tas associée aux secteurs porteurs de croissance et d'inclusion économique ; (c) veillant à l'égalité des chances, la qualité et l'efficacité dans les systèmes de formation.

2. Investir dans la petite enfance, intervenir là où cela compte le plus pour la qualité (par exemple dans un enseignement efficace et pas seulement dans des bâtiments scolaires), et aider les jeunes et les adultes qui n'ont pas acquis les compétences de base.

3. Investir de manière sélective dans les compétences techniques des jeunes et des adultes en mettant l'accent sur compétences requises dans les secteurs porteurs de croissance (par le biais de l'EFPT et de l'enseignement supérieur, par une politique d'incitation en faveur de la formation sur le tas, et par une aide aux entrepreneurs) ; les compétences des populations défavorisées (par une remise à niveau, des apprentissages dans le secteur informel et une aide aux travailleurs indépendants) ; tout en mettant en œuvre des réformes pour garantir un contenu axé sur la demande et l'optimisation des programmes d'éducation et de formation.

4. Exploiter toutes les compétences des différentes parties prenantes (secteur public et privé, familles) et saisir le potentiel de l'apprentissage ainsi que d'autres mesures de performance afin de réformer le système en profondeur ; orienter les décisions en matière de politique et de dépenses et aboutir à des systèmes d'éducation et de formation plus réactifs et adaptifs.

Définir les priorités : des choix difficiles

Investir dans les compétences de base de toutes les générations est la stratégie la plus efficace pour accroître parallèlement la productivité, l'inclusion et la souplesse de l'économie. Par conséquent, tous les pays doivent donner la priorité au développement de ces compétences chez les actifs d'aujourd'hui et de demain. Cet effort est plus urgent dans les pays dont la population a un faible niveau d'éducation élémentaire et des résultats scolaires faibles parmi les enfants et les jeunes.

Pour ce qui est des autres priorités, l'Afrique subsaharienne, plus que d'autres régions du monde par le passé, doit trouver le juste équilibre entre des priorités concurrentes. Le graphique VE.12 montre comment chaque pays, armé du cadre d'action défini ci-dessus, peut trouver cet équilibre dans les investissements dans les compétences en fonction de son propre contexte, c'est-à-dire : du niveau de compétences de la population, du niveau de développement économique, du revenu par habitant, du niveau d'éducation de la population adulte, et du classement selon les indicateurs *Doing Business* de la Banque mondiale

Graphique VE.12 Les défis posés par les compétences en Afrique subsaharienne, suivant le niveau de développement économique et l'environnement politique de chaque pays

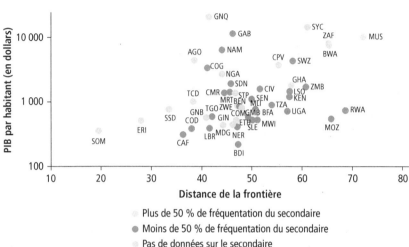

Sources : Estimations basées sur les Indicateurs du développement dans le monde pour le PIB par habitant (année la plus récente, en dollars constants), données 2015 de Doing Business (Banque mondiale) pour la distance à la frontière.

(http://www.doingbusiness.org). Étant donné qu'il y a dans chaque pays un important chevauchement entre le niveau de compétences de la population et le niveau de développement économique, le graphique VE.12 combine ces deux dimensions en une seule.

On peut distinguer cinq groupes de pays suivant les grands choix à faire dans le développement des compétences. Il y a bien sûr des différences importantes au sein de chaque groupe et en fin de compte chaque pays devra déterminer quels sont les investissements les plus essentiels pour sa population en fonction de son cas particulier :

1. *Pays relativement avancés dans la transformation économique et disposant d'un environnement politique plutôt apte à permettre de recueillir les fruits du développement des compétences* (par exemple le Botswana, Maurice, les Seychelles, l'Afrique du Sud). Ce sont les pays subsahariens à revenu intermédiaire supérieur ou élevé qui ont fait le plus de progrès dans la réorientation de la main-d'œuvre agricole vers des activités plus productives et dans la mise en œuvre de réformes destinées à améliorer l'environnement commercial pour le secteur privé. Ces pays sont les mieux placés pour récolter les fruits des investissements dans les compétences techniques par le biais de l'EFTP, l'enseignement supérieur, et la formation sur le tas, même s'ils

devront continuer à mettre en œuvre des réformes politiques pour améliorer leur compétitivité au niveau international. Ils devraient aussi investir dans les compétences de la population défavorisée, notamment par la remise à niveau, l'apprentissage dans le secteur informel et l'aide aux travailleurs indépendants. Alors qu'ils élargissent l'accès aux études supérieures, ils pourraient exploiter le potentiel du secteur privé dans l'offre éducative et de formation et assurer son adéquation au marché.

2. *Pays en progression économique, mais avec un environnement politique peu favorable* (par exemple le Ghana et la Namibie). Ces pays ont fait des progrès dans la reconversion de la main-d'œuvre agricole et dans leur développement économique, mais ils sont toujours en retard dans les réformes de l'économie et du cadre réglementaire. Ils doivent non seulement continuer à investir au niveau de l'enseignement supérieur dans les compétences techniques requises par les secteurs porteurs de croissance pour promouvoir la transformation économique, mais aussi redoubler leurs efforts dans la mise en place de réformes qui permettent à ces investissements de porter leurs fruits. Ils devront en outre investir dans les compétences de la population défavorisée, notamment par la remise à niveau, l'apprentissage dans le secteur informel et l'aide aux travailleurs indépendants.

3. *Pays riches en ressources naturelles, mais avec un environnement politique peu favorable* (par exemple l'Angola, le Cameroun, la République du Congo, le Gabon, la Mauritanie, le Nigéria). Ces pays sont riches en ressources naturelles, mais leur économie est moins diversifiée. La plupart accusent un retard dans les réformes. Ils peuvent se permettre d'investir dans les compétences techniques de niveau post-secondaire requises dans le domaine de l'exploitation des ressources naturelles et les secteurs afférents, notamment en créant des formations dirigées par l'industrie et des PPP destinés à financer des formations spécifiques à l'étranger ; ils peuvent aussi utiliser les dividendes de leurs ressources pour diversifier leur économie. Mais ils doivent réformer le cadre réglementaire pour créer des conditions favorables à la transformation économique et à sa diversification, et également investir dans les compétences de la population défavorisée.

4. *Pays en retard économique, mais avec un cadre politique plus favorable* (par exemple le Mozambique et le Rwanda). Ces pays ont fait des efforts significatifs pour améliorer l'environnement commercial, mais ils accusent un retard d'un point de vue économique. Ils peuvent investir de manière sélective dans les compétences techniques de niveau post-secondaire étroitement liées aux secteurs à potentiel de croissance, tout en approfondissant les réformes politiques pour soutenir la transformation économique, et tirer profit de partenariats avec le secteur privé. Ils doivent aussi accorder plus d'attention aux compétences des jeunes et des adultes afin d'améliorer les revenus et les moyens de subsistance dans les secteurs à faible productivité.

5. *Pays en retard au plan économique et avec un environnement politique peu favorable* (par exemple, la République centrafricaine, la République démocratique du Congo, la Guinée-Bissao, la Somalie). Ces pays ont des efforts à fournir : il leur faut créer un environnement commercial qui encourage l'investissement privé, favorise et récompense les investissements dans les compétences, et permette de parvenir à une croissance durable et de transformer l'économie de manière productive. Plus que d'autres pays, ils doivent investir dans l'aide à la subsistance pour garantir une cohésion sociale, notamment soutenir l'agriculture, les travailleurs indépendants et l'apprentissage dans le secteur informel. Il leur faut introduire des réformes politiques pour mettre en route la transformation économique qui leur permettra d'augmenter les investissements dans les compétences techniques au niveau de l'enseignement supérieur. Ils pourraient s'appuyer sur des PPP pour bénéficier d'une offre éducative privée, y compris dans l'enseignement élémentaire.

La plupart des pays d'Afrique subsaharienne s'inscrivent quelque part dans ces cinq groupes. Ceux dont l'économie se transforme rapidement doivent se concentrer sur le reclassement de la main-d'œuvre et sa capacité d'adaptation. Ceux qui ont un bon cadre politique récolteront plus de fruits d'investissements dans l'enseignement supérieur et dans des compétences qui alimentent le dynamisme économique. Ceux avec un faible niveau de revenu, affectés par un contexte fragile et un conflit, bénéficieront d'un investissement dans les compétences, amélioreront ainsi les moyens de subsistance et éviteront les trappes de la pauvreté qui pourraient constituer un frein à la croissance économique.

En suivant le cap de leurs priorités, les décideurs publics doivent orienter leurs investissements au cours de la vie des individus selon trois objectifs traditionnels des systèmes éducatifs et des programmes de formation : assurer *l'égalité des chances* afin de fournir au plus grand nombre la possibilité d'acquérir des compétences ; assurer la *qualité* et la pertinence de l'enseignement en veillant au respect de certains critères et en répondant aux besoins du marché du travail ; assurer l'*efficacité* en garantissant un bon rapport entre la qualité et le coût de l'organisation de l'enseignement et de la formation.

S'agissant de la dépense publique, le message est clair : optimiser davantage. Les pays devraient avoir pour objectif de maintenir les niveaux actuels d'investissement dans les compétences et de dépenser plus judicieusement afin de parvenir à une plus grande efficacité et à mieux intégrer d'autres politiques sociales. Certains pays seront en mesure d'accroître leurs dépenses, de redéfinir les secteurs prioritaires dans la dépense publique, d'augmenter les impôts, et de faire plus appel à des ressources extérieures. Pour tous les pays, il est cependant impératif de tirer le meilleur parti de leurs efforts de dépenses actuelles, y compris concernant le rééquilibrage de leur portefeuille d'investissement dans les compétences, en réorientant les dépenses courantes des subventions, notamment celles en faveur des nantis de l'enseignement supérieur vers l'éducation et la nutrition de la petite enfance.

Compte tenu de la complexité de l'agenda des compétences, les pays devraient chercher activement à profiter de la participation de multiples acteurs. Comme le montre ce rapport, les différents acteurs impliqués dans le développement des compétences ont des rôles distincts et complémentaires à jouer. Les familles peuvent participer au développement cognitif et socio-émotionnel de leurs enfants en leur fournissant des soins de qualité et une bonne éducation, et en s'assurant que les écoles délivrent un enseignement efficace. Le secteur privé peut contribuer de manière efficace à l'offre de service en améliorant l'accès à l'éducation et sa qualité ; en investissant dans la formation sur le tas pour renforcer les compétences ; en travaillant avec les prestataires éducatifs pour s'assurer que les programmes sont alignés sur ses besoins ; maintenir activement un dialogue social au niveau national pour donner la priorité au développement de compétences et aux réformes qui permettent aux investissements dans la formation de porter leurs fruits. Le secteur public a un rôle crucial à jouer : il doit garantir l'égalité des chances et corriger les défaillances du marché avec des investissements et des politiques complémentaires qui donnent à chaque individu des compétences de base et des possibilités de formation, incitent à acquérir des compétences (par des mesures d'encouragement et de régulation) et permettent de tirer profit de tout le potentiel des investissements. Les gouvernements doivent aussi s'attaquer à l'économie politique des réformes ; encourager la coopération, l'engagement et la coordination des acteurs par une gestion stratégique, un dialogue social et des mesures incitatives adéquates (Banque mondiale, 2017 b).

Mettre l'accent sur les compétences de base

Développer les compétences de base chez le jeune enfant puis les capacités de lecture, écriture et calcul permet de contourner un des grands dilemmes auxquels font face les pays subsahariens : cela permet en effet de stimuler la croissance économique et en même temps de promouvoir l'inclusion sociale. Tous les pays devront donner la priorité à la formation de ces compétences chez les actifs d'aujourd'hui et de demain. Ces efforts commencent avec l'égalité des chances et en préparant les jeunes enfants à l'école, notamment en investissant dans les soins prénatals, l'alimentation des enfants et leur stimulation durant les mille premiers jours de la vie et après. Cela nécessite de continuer à améliorer l'accès à l'éducation élémentaire et de prendre des mesures décisives pour combler les immenses retards d'apprentissage qui persistent en améliorant la qualité de l'enseignement. Cela exige aussi de mettre en place des programmes particuliers de seconde chance et d'alphabétisation pour adultes, afin de fournir une aide à ceux qui n'ont pas pu acquérir les compétences de base les plus essentielles.

Préparer à l'école

Les pays subsahariens devraient en tout premier lieu investir plus et mieux dans la petite enfance pour éradiquer une malnutrition infantile chronique et permettre aux enfants de s'épanouir en bonne santé. L'Afrique subsaharienne a l'un des taux de retard de croissance les plus élevés du monde, et certains pays d'Afrique et d'ailleurs montrent comment faire pour combattre ce fléau (Galasso *et al.*, 2016). Notamment le Pérou et le Sénégal fournissent de précieux enseignements à cet égard.

Le Pérou a employé une méthode multifactorielle qui a permis de réduire de moitié le taux de retard de croissance, de 33 % à 14 %, en tout juste dix ans. Trois facteurs se renforçant mutuellement ont joué : (a) un engagement politique au plus haut niveau ; (b) un financement ciblé et axé sur des résultats pour mettre en œuvre des politiques fondées sur des méthodes qui ont fait leurs preuves ; (c) un effort pour changer les comportements afin d'obtenir des résultats durables. Des objectifs concrets et des échéances ont été fixés au niveau présidentiel puis coordonnés entre les divers services gouvernementaux. Une évaluation régulière des résultats et leur diffusion a permis d'obtenir un soutien politique permanent dans les différentes administrations. Pour améliorer la santé publique et l'alimentation, le financement a été dirigé en priorité vers les municipalités qui étaient le plus dans le besoin et couplé à un versement aux familles pauvres d'allocations liées à un suivi régulier de la croissance de leurs enfants et à d'autres mesures de santé et d'alimentation. Pour sensibiliser à l'importance pour les enfants de pouvoir s'épanouir en bonne santé, a été lancée une grande campagne médiatique qui montrait les ravages du retard de croissance et responsabilisait les parents pour qu'ils changent leurs habitudes dans les soins qu'ils donnent à leurs enfants (Shekar *et al.*, 2016).

Le Sénégal a quant à lui réussi à diminuer le taux de retard de croissance jusqu'à avoir l'un des taux les plus bas de l'Afrique subsaharienne. Au sein du cabinet du Premier ministre a été créée une mission spécifique pour combattre la malnutrition et coordonner les efforts dans toute l'administration. A été mis en place un programme multi-sectoriel destiné aux communautés locales et ciblant les enfants de moins de 5 ans, les femmes enceintes ou allaitantes, et les mères de famille vulnérables. Il encourageait un suivi régulier de la croissance des enfants et l'allaitement, donnait des conseils de nutrition et de soins pour les enfants, distribuait des vitamines A et des compléments ferreux, et informait au niveau des communautés locales sur les préceptes de sécurité alimentaire (Shekar *et al.*, 2016).

Proposer des services de développement du jeune enfant (DJE) à grande échelle, notamment des programmes de maternelle, demande un grand soin et une adaptation au contexte particulier du pays. Certains pays ont récemment annoncé qu'ils allaient généraliser l'enseignement en école maternelle ou y réfléchissaient – il s'agit du Burkina Faso, de l'Éthiopie, du Ghana, du Kenya, du Libéria, du Malawi, du Nigéria, de la Sierra Leone, de la Tanzanie et de l'Ouganda. Atteindre cet objectif exigera de concevoir des stratégies efficaces en matière de coûts pour pouvoir fournir une bonne qualité d'enseignement à grande échelle. Suivant le contexte et les possibilités du gouvernement et des communautés locales, il faudra adopter un modèle s'appuyant soit sur la communauté locale, soit sur des centres scolaires, ou encore sur un mélange des deux, par exemple sur une association de parents.

Même un bon programme de maternelle ne donnera pas de résultats si les pays ne le mettent pas en œuvre correctement. En Afrique subsaharienne et ailleurs, les programmes qui se sont avérés inefficaces étaient souvent trop ambitieux et ne prenaient pas en compte les difficultés pratiques, comme le manque de personnel approprié. Tester et évaluer les méthodes qui associent des connaissances et des expériences globales et locales à une mise en œuvre souple peut améliorer les chances de succès. En Gambie, le gouvernement a testé deux méthodes pour intégrer un nouveau programme de maternelle dans le système éducatif : un dispositif informel faisant appel à des volontaires de la communauté locale, et l'adjonction d'une classe dans les écoles primaires pour les enfants de 3 à 6 ans (Blimpo *et al.*, 2017). Les meilleurs résultats ont été obtenus avec la deuxième méthode, associée à des mesures pour améliorer le taux d'inscription, résoudre les problèmes de personnel, et faire un suivi de la qualité. Au Mozambique, un programme de maternelle s'appuyant sur la communauté locale qui a donné des résultats positifs a été étendu avec succès (Martinez, Naudeau et Pereira, 2013).

Dans le modèle des écoles maternelles en centre scolaire, la qualité des professeurs et les méthodes d'enseignement sont essentielles (plus que les infrastructures). Une récente évaluation d'un programme d'école maternelle en Équateur révèle que, sur la base d'observations faites en classe, les plus grands progrès des enfants dans l'apprentissage de la langue, des mathématiques et de l'autorégulation sont liés à la qualité des professeurs (Araujo *et al.*, 2016). En Colombie, des écoles maternelles n'ont pas eu de meilleurs résultats sur le développement des enfants qu'un programme de visites à domicile, bien qu'elles soient bien plus onéreuses ; donner la priorité à de belles infrastructures plutôt qu'à des enseignants efficaces est donc une erreur (Attanasio *et al.*, 2015).

Un enseignement efficace

L'élargissement de l'accès au primaire et au secondaire doit aller de pair avec un enseignement efficace. C'est une leçon simple, mais fondamentale pour les pays subsahariens qui veulent faire un grand bond en avant dans le développement des compétences. De nombreux pays d'autres régions du monde, dont certains pays riches, ont élargi l'accès à l'éducation sans garantir un enseignement efficace et une école de qualité, et ils ont échoué à produire de bons résultats. Mettre l'accent sur la qualité représente certes un défi pour les pays subsahariens, compte tenu du manque d'infrastructures et du nombre croissant d'élèves qui arrivent dans le secondaire. Ils vont devoir trouver des moyens de construire plus de collèges et en même temps d'améliorer la qualité de l'enseignement, ce qui veut dire qu'il leur faudra faire un usage plus efficace de leurs ressources.

En continuant à élargir l'accès à l'éducation, les pays d'Afrique subsaharienne peuvent s'inspirer de pays du continent ou d'autres régions du monde qui ont réussi à augmenter le taux de scolarisation et à garder les enfants à l'école. Les plus fortes progressions du taux de scolarisation ont eu lieu là où l'école est gratuite. L'élimination des frais d'inscription a fait faire un bond à la scolarisation au Kenya, au Malawi et en Ouganda, et un progrès un peu plus modeste au Cameroun, en Tanzanie et en Zambie. L'Éthiopie, le Lesotho et le Malawi ont versé des allocations aux familles pauvres pour augmenter le taux de scolarisation et compenser d'autres coûts indirects, notamment le manque à gagner que représente le fait d'aller à l'école. Les résultats ont été extrêmement positifs. Ces effets positifs valent autant pour les programmes de transferts inconditionnels que conditionnels, même si une étude du Burkina Faso semble indiquer qu'un transfert conditionnel est particulièrement bénéfique pour les enfants qui sont le plus susceptibles d'abandonner l'école (principalement les filles, ainsi que les garçons qui ont de moins bons résultats). Au Malawi, les transferts conditionnels ont plus que triplé la présence des filles à l'école, de même qu'elles ont réduit le nombre de mariages précoces (Baird *et al.*, 2010 ; Baird, McIntosh et Özler, 2011). Un programme d'offre de bicyclette à Bihar, en Inde, a amélioré l'accès à l'éducation sans qu'il y ait besoin de construire des écoles supplémentaires (Muralidharan et Prakash, 2017). On a fourni à toutes les filles de 14 ou 15 ans s'inscrivant en troisième l'argent nécessaire pour acheter une bicyclette afin qu'il leur soit plus facile d'aller à l'école. Ce programme a accru de 30 % la probabilité que ces filles soient scolarisées ou aillent jusqu'au bout de la troisième et réduit de 40 % l'écart entre le nombre de filles et de garçons scolarisés.

Une aide financière ciblée et des interventions complémentaires peu onéreuses peuvent contribuer à garder les enfants à l'école. Dans le secondaire, un obstacle à la scolarisation et à l'achèvement des études est constitué par le manque à gagner, ou, pour les filles, par un mariage précoce ou une grossesse. Une aide ciblée peut être efficace. Au Ghana, des bourses pour des élèves admis dans le secondaire qui ne pouvaient pas être scolarisés immédiatement (généralement pour des raisons financières) a permis de doubler le taux d'achèvement du secondaire, d'améliorer les résultats en mathématiques et en langue principale, d'augmenter de 30 % la probabilité qu'un élève fasse des études supérieures, et de réduire le nombre d'enfants chez les jeunes femmes de 25 ans (Duflo, Dupas et Kremer, 2017).

La participation du secteur privé

De nombreux pays ont du mal à trouver les moyens financiers pour faire face aux vagues d'élèves qui arrivent dans le secondaire. L'accès au secondaire demeure inéquitable. Les PPP peuvent aider à réunir les ressources nécessaires aux besoins de l'enseignement secondaire en infrastructures et en personnel. Ils peuvent permettre d'exploiter des fonds publics pour améliorer l'égalité de l'accès à l'éducation en finançant en totalité ou en partie des infrastructures ou une offre éducative dans le secondaire à destination des ménages à faible revenu. Une étude sur un PPP en Ouganda, avec lequel le gouvernement a offert une subvention par élève à des établissements secondaires privés à bas coût, a montré que la subvention permettait aux écoles de scolariser de nombreux élèves, de manière équitable entre filles et garçons, et que les résultats des élèves s'amélioraient dans ces établissements (Barrera-Osorio *et al.*, 2016).

Les écoles privées font partie du paysage éducatif africain depuis de nombreuses années. En Afrique subsaharienne, un élève du primaire sur six est inscrit dans une école privée. Cependant, de récents développements dans ce secteur ont fait la « une » des journaux, notamment l'émergence de chaînes d'établissements privés à but lucratif et le fait que certains gouvernements ont versé des fonds publics à des écoles privées pour certaines prestations éducatives (PPP). En fin de compte, l'important est que l'État garantisse un accès à un enseignement de qualité pour tous les jeunes. Dans des contextes où l'offre publique est extrêmement limitée, les écoles privées peuvent contribuer à combler le manque, mais les gouvernements ont un rôle essentiel à jouer dans la régulation de l'éducation et dans l'information des familles pour leur permettre de prendre les bonnes décisions pour leurs enfants. L'État doit tenir toutes les écoles (publiques et privées) responsables de leurs résultats. Dans les pays qui ont un faible cadre réglementaire, les décideurs publics doivent se poser la question de savoir s'il ne serait pas plus simple pour l'État de mettre en place une régulation efficace plutôt que de proposer directement une offre éducative.

Le rôle des familles

La responsabilisation et la participation des parents peuvent être utiles pour assurer la qualité de l'enseignement dans les écoles. Trop souvent, cependant, les décisions des parents sont prises sur la base d'informations incomplètes. Par exemple, certains parents vont peut-être exiger un enseignement pour les petits en anglais ou en français, et non dans leur langue maternelle, alors qu'on apprend plus rapidement à lire et à écrire si on fait les premiers pas dans sa langue maternelle, comme l'a montré une étude récente au Kenya (Piper, Schroeder et Trudell, 2016).

Les familles et les adolescents n'ont parfois pas conscience de la valeur de l'enseignement. Des interventions à moindre coût peuvent permettre de corriger cela. À Madagascar, une campagne d'information à l'intention des familles et des élèves détaillant en chiffres précis les bénéfices apportés par l'école a accru la présence et les performances des élèves (Nguyen, 2008). D'autres interventions qui révèlent les bénéfices de l'apprentissage scolaire de manière plus indirecte – par exemple qui facilitent la recherche d'emploi ou qui instaurent des normes sociales pertinentes comme des quotas pour promouvoir les femmes à des postes de responsabilité politique, comme en Inde – ont également accru le taux de scolarisation et le niveau d'éducation[1]. D'autres interventions encore peuvent être utiles : par exemple parler du problème de la sécurité des filles à l'école, ou améliorer la pertinence de l'enseignement pour le marché de l'emploi en introduisant dans le secondaire des cours sur la gestion d'entreprise et un développement des compétences socio-émotionnelles.

La participation des enfants
Un enseignement efficace est essentiel pour empêcher que les enfants n'abandonnent l'école et faire en sorte qu'ils apprennent et acquièrent des compétences. Récemment, de nombreuses études sur des interventions en milieu scolaire dans des pays à revenu faible ou intermédiaire montrent qu'un enseignement plus efficace grâce à une meilleure pédagogie est le moyen le plus efficace pour améliorer les performances des élèves (Evans et Popova, 2016). Dans de nombreux pays, beaucoup d'élèves n'arrivent pas à suivre parce qu'on applique de manière inflexible un programme ambitieux. Une pédagogie qui a montré des résultats consiste à se mettre à leur niveau. Des interventions qui aident les professeurs à adapter leur enseignement aux besoins des élèves ont été très bénéfiques. Au Ghana, la mise à disposition d'un assistant de la communauté locale pour aider les élèves les plus faibles a permis des gains appréciables en lecture, écriture et calcul, surtout quand cette aide a été donnée après l'école (Duflo et Kiessel, 2012). Toujours au Ghana, on a amélioré de manière significative les performances des élèves en lecture et en écriture en apprenant aux professeurs à enseigner à de petits groupes d'élèves et à se mettre à leur niveau (Duflo et Kiessel, 2012). Dans les régions rurales du Kenya, la répartition des élèves du primaire en groupes de niveau a permis à tout le monde de progresser sensiblement en mathématiques et dans la langue principale, autant aux meilleurs qu'aux plus faibles : les professeurs ont pu s'adapter au niveau de chacun (Duflo, Dupas et Kremer, 2011).

Le rôle de la technologie
La technologie représente un potentiel certain pour améliorer l'enseignement lorsqu'elle est utilisée pour assister les professeurs et permettre aux élèves d'apprendre de manière individualisée. Ses bienfaits ont d'ailleurs beaucoup fait parler : elle permettrait de réaliser un énorme bond en matière éducative dans les pays à revenu faible ou intermédiaire et les avancées seraient comparables à celles que la technologie médicale a permis de faire dans le domaine de la santé. Mais diverses études actuelles apportent une nuance : la technologie donne les

meilleurs résultats lorsqu'elle vient en complément des professeurs et non lorsqu'elle les remplace. Des mesures axées sur le matériel – la fourniture d'ordinateurs aux écoles ou pour le travail à la maison – n'ont pas eu un grand impact sur les résultats scolaires. D'autres mesures, comme la mise en place d'un enseignement assisté par ordinateur pour améliorer la pédagogie et permettre aux élèves d'apprendre à leur rythme, ont donné de meilleurs résultats. Les effets sur l'apprentissage ont été les plus nets dans des expériences récentes où la technologie a été utilisée pour fournir aux élèves un enseignement dynamique.

Dans l'ensemble, ces expériences montrent que les pays subsahariens doivent avancer prudemment lorsqu'ils s'aventurent sur le terrain d'un enseignement assisté par la technologie. Tirer tout le potentiel de celle-ci n'est pas immédiat, cela dépend des détails spécifiques des mesures mises en place et de leur propension à faciliter l'apprentissage. En tout état de cause, une planification et une évaluation des mesures sont nécessaires. La technologie peut remplir ses promesses si elle est utilisée à bon escient, avec une attention particulière portée sur l'efficacité de son coût et sur les possibilités particulières d'un pays dans la mise en œuvre.

De meilleurs professeurs

En Afrique subsaharienne, de nombreux professeurs ne maîtrisent pas les bases de la matière qu'ils sont censés enseigner et ne font pas suffisamment appel à des pratiques pédagogiques dont on sait qu'elles favorisent l'apprentissage. D'énormes efforts sont donc requis pour qu'il y ait de meilleurs professeurs dans les écoles, car ce sont eux qui jouent un rôle de premier plan dans l'apprentissage. Il est bien plus difficile et coûteux de mettre à niveau des professeurs mal formés que d'en former de nouveaux, par exemple sur le modèle de systèmes éducatifs très performants comme ceux de Finlande et de Singapour qui ont des programmes de formation des professeurs extrêmement sélectifs où peu de candidats sont admis. Dans de nombreux pays d'Afrique subsaharienne, en revanche, une analyse des critères d'entrée dans les programmes de formation à l'enseignement montre que le niveau est très bas. Différentes méthodes ont été expérimentées à travers le monde pour attirer de bons candidats vers la profession d'enseignant : au Chili, par exemple, on a offert des avantages particuliers aux étudiants les plus brillants pour les inciter à entrer dans l'enseignement ; au Pérou, on a revu à la hausse le niveau d'entrée dans les écoles de formation des professeurs. Réévaluer les critères d'entrée dans la profession peut certainement améliorer les résultats.

Les compétences socio-émotionnelles

Un autre moyen de faire un bond en avant dans la qualité de l'enseignement est d'inclure les compétences socio-émotionnelles dans les programmes et de faire de leur formation un objectif dans la pratique scolaire. À cet égard, une action prioritaire est de s'assurer que les programmes et les pratiques pédagogiques des écoles maternelles et de l'enseignement primaire et secondaire (général et professionnel) mettent suffisamment l'accent sur le développement de ces compétences. Elles peuvent être enseignées au sein du programme scolaire standard avec des activités particulières, en fixant certains objectifs, et avec un soutien pédagogique. On peut tirer d'utiles enseignements d'expériences menées à travers le monde dans ce domaine, dont certaines, innovantes et récentes, en Colombie, en Macédoine du Nord, au Pérou, aux États-Unis et au Vietnam.

Une réforme qui semble nécessaire est de retarder l'orientation vers l'EFTP dans le secondaire pour permettre aux jeunes d'acquérir des compétences de base plus solides. Certains systèmes éducatifs continuent d'orienter trop tôt les élèves (au niveau du collège) vers les filières techniques et professionnelles aux dépens des compétences de base. Ceci limite plus tard les capacités d'adaptation des diplômés d'écoles techniques et professionnelles et leurs perspectives de revenus. À court et moyen terme, il faut donc retarder cette orientation et élargir le programme des écoles techniques et professionnelles par un renforcement des compétences de base.

Les compétences de base de la main-d'œuvre actuelle

Enfin, on a négligé en Afrique subsaharienne de renforcer les compétences de base chez les jeunes et les adultes sortis du système scolaire, notamment dans le secteur de l'agriculture et de l'économie informelle. Compte tenu des déficits de la population active en lecture, écriture, calcul et dans les compétences socio-émotionnelles, des programmes de remise à niveau peuvent jouer un rôle important dans l'amélioration de sa productivité et de ses moyens de subsistance. Si les programmes d'alphabétisation pour adultes ont donné des résultats mitigés, de nouveaux programmes novateurs sont prometteurs. Dans les régions rurales du Niger, un programme faisant appel au téléphone portable intitulé « Alphabétisation de Base par Cellulaire » a permis, en exploitant les motivations de la population, de donner un coup de fouet aux capacités de lecture, d'écriture et de calcul des adultes (Aker, Ksoll et Lybbert, 2012). Inclure l'alphabétisation des adultes et le développement de leurs compétences socio-émotionnelles dans les programmes de développement agricole et les programmes d'allocations, comme c'est fait au Brésil avec Bolsa Familia et au Mexique avec Prospera, représente aussi un énorme potentiel d'amélioration.

Investir dans les compétences techniques des jeunes et des adultes

Dans la plupart des pays subsahariens, l'EFTP et l'enseignement supérieur demeurent peu développés. Il faudrait créer un cadre institutionnel et engager une politique d'action qui permet de leur donner plus d'envergure, d'améliorer leur efficacité, leur pertinence, et l'égalité des chances pour y accéder, et s'inspirer des pays qui les ont déjà développés.

Assurer l'égalité des chances dans le développement des compétences techniques

Pour parvenir à une égalité des chances dans l'accès à l'EFTP et à l'enseignement supérieur, le plus important est de préparer les enfants à l'apprentissage scolaire. Ce qui veut dire donner de solides compétences de base à tous les enfants dès la petite enfance et à la maternelle, notamment à ceux qui viennent d'un milieu défavorisé. Pour les jeunes défavorisés qui sont sur le point d'entrer dans le supérieur, des programmes de transition ou de remise à niveau dans le secondaire ou au début du supérieur peuvent contribuer à mettre tout le monde sur un pied d'égalité. À l'université de Namibie, par exemple, le Pathways Program cible les élèves ovambos, une ethnie marginalisée, avec pour objectif de les préparer à faire des études de sciences ou d'ingénieur. Ces programmes de transition peuvent en outre s'attaquer à des lacunes dans les compétences socio-émotionnelles, lesquelles sont essentielles pour réussir dans l'EFTP ou les études supérieures.

Améliorer l'égalité des chances exige de s'attaquer à la question financière et aux autres contraintes qui empêchent de nombreux élèves d'acquérir de bonnes compétences techniques. Pour l'enseignement technique et professionnel dans le secondaire et le post-secondaire, et pour les études supérieures, un financement public ciblé devrait être mis en place sous la forme de bourses conditionnées aux besoins et de subventions pour prêts étudiants. Dans les collèges techniques, s'ils existent, le type de financement public utilisé dans l'enseignement secondaire général permettra à des jeunes d'acquérir des compétences qui leur seront d'un grand bénéfice par la suite. Autrement dit, si l'enseignement au collège est gratuit dans un pays, financer l'EFTP à ce niveau permettra de former des compétences plus diverses. En moyenne, il y a un moindre partage des coûts au niveau du supérieur en Afrique que dans d'autres régions du monde, mais certains pays ont essayé d'abandonner progressivement les études supérieures gratuites et d'aller vers un modèle de partage des coûts. Le Malawi, l'Ouganda et la Zambie ont reporté certains coûts, dont les frais de subsistance, sur les étudiants. Le Botswana, l'Éthiopie et le Lesotho ont mis en œuvre des programmes différés de partage des coûts qui requièrent des étudiants qu'ils remboursent les frais d'études petit à petit après l'obtention de leur diplôme. Le Kenya, la Mauritanie, Maurice, la Namibie, le Rwanda, l'Afrique du Sud et la Tanzanie ont mis en place une aide fondée sur l'évaluation des ressources.

Il y aussi plusieurs modèles de prêt prometteurs en Afrique subsaharienne, par exemple le Student Loan Trust au Ghana qui rapporte suffisamment d'intérêts et est doté d'une solide politique de gestion des fonds et des défauts de remboursement – ainsi les pertes du gouvernement sont-elles minimisées et les coûts mieux partagés. Certains pays comme le Botswana, l'Éthiopie et l'Afrique du Sud ont créé d'autres formes de remboursement de prêt comme une participation au service public en tant que professeur, en Éthiopie, ou une spécialisation dans un domaine où il y a une pénurie de main-d'œuvre spécialisée, au Botswana.

Mais il n'y a pas que le système éducatif officiel. Améliorer l'égalité des chances pour ceux qui sont sortis du système scolaire exige de porter une grande attention au secteur informel pour lequel il faut proposer de l'apprentissage, des programmes pour les jeunes défavorisés, et des formations sur le tas dans des microentreprises et des petites entreprises, notamment en zone rurale.

Une politique d'information et des mesures de soutien peuvent jouer un rôle important lorsqu'on s'efforce de corriger l'inégalité de genre dans le choix des filières d'études et des secteurs professionnels (encadré VE.1). En Afrique, les hommes gagnent en général plus que les femmes et ne travaillent pas dans les mêmes secteurs. En Éthiopie, les secteurs où les hommes sont surreprésentés sont la fabrication de meubles, l'industrie manufacturière et l'électricité ; en Ouganda, la menuiserie, l'électricité et le travail du métal. Les Ougandaises qui travaillent dans un secteur où les hommes sont surreprésentés gagnent autant que les hommes et trois fois plus que les femmes des secteurs où les femmes sont surreprésentées. Qu'est-ce qui pousse une femme à s'inscrire à une formation dans un secteur où les hommes sont surreprésentés ? En Éthiopie, connaître quelqu'un qui travaille dans ce secteur joue un rôle important. En Ouganda, les femmes qui érigent en modèle un employé de ce secteur sont bien plus susceptibles de vouloir y travailler (Buehren et van Salisbury, 2017 ; Campos *et al.*, 2015).

ENCADRÉ VE.1

Renforcer des secteurs stratégiques par la formation

Au Nigéria, le gouvernement a voulu augmenter la main-d'œuvre dans la technologie de l'information et les centres d'appel. Il a délivré un certificat dans ces filières à des diplômés d'université au terme d'une formation de deux mois. Résultat : la probabilité que les diplômés entrent dans les secteurs de la technologie de l'information et des centres d'appel a augmenté de plus de 25 %. L'effet était particulièrement important pour les femmes dans la mesure où elles subissaient au départ un préjugé défavorable dans ces secteurs. Cela montre qu'une formation peut renverser une situation défavorable et augmenter les opportunités pour les femmes.

Source : Croke, Goldstein et Holla, 2017.

Une meilleure gouvernance et un meilleur financement pour de meilleurs résultats dans l'EFTP et l'enseignement supérieur

Un cadre réglementaire et des mécanismes d'assurance de la qualité peuvent contribuer à améliorer l'efficacité (et la qualité) de l'enseignement supérieur et de l'EFTP. Ces dix dernières années, de nombreux pays d'Afrique subsaharienne ont créé des agences pour accréditer et évaluer les institutions de l'enseignement supérieur, mais leurs capacités sont limitées. Les mécanismes de l'assurance de la qualité vont de l'attribution à une institution d'une licence d'enseignement par le ministère de l'Enseignement supérieur jusqu'à la mise en place de cadres nationaux de certification, en passant par l'accréditation de programmes d'éducation nationaux. En 2012, vingt et un pays africains avaient déjà créé des agences d'assurance de la qualité, et une douzaine d'autres pays étaient prêts à faire de même. Ces agences font un contrôle qualité de base : elles suppriment des programmes médiocres ou empêchent leur création. Cependant, de nombreux pays subsahariens poursuivent leurs efforts pour définir des cadres nationaux de certification. Ces efforts sont peut-être prématurés dans la mesure où nombre des agences n'ont pas les moyens de mettre en œuvre leur mandat de manière plus complète, ce qui exigerait des critères de qualités et de résultats reconnus et la capacité d'évaluer si ces critères ont été atteints. La définition d'un cadre complexe de critères de qualité pouvant prendre du temps, les pays devraient commencer par mettre en place des fondamentaux simples, mais solides qui instaurent une discipline de marché.

Ce qui est capital, c'est que le financement public des institutions d'EFTP et de l'enseignement supérieur soit progressivement lié aux résultats ou à des réformes améliorant les résultats. La plupart des financements de l'EFTP et de l'enseignement supérieur se font sur une base historique, en fonction des ressources mobilisées (nombre d'agents ou salaires), des inscriptions (coût par étudiant, comme c'est le cas pour l'enseignement supérieur au Kenya et au Rwanda), ou des coûts standard par unité (ratio étudiant/professeur et coûts unitaires prescrits par discipline, comme c'est le cas pour l'enseignement supérieur au Ghana et au Nigéria). Ces mécanismes de financement n'incitent guère à réduire les coûts, à innover, à améliorer la qualité de l'enseignement ou la pertinence pour le marché du travail. Pour créer ce type d'incitations, une approche ambitieuse consisterait à faire passer l'essentiel du financement public par un système lié aux résultats. Sur ce principe-là, de premières expérimentations ont été réalisées en Afrique, qui pourraient servir de tremplin. On a par exemple appliqué l'idée de financer les universités en fonction de leurs résultats, comme au Mali et dans des centres d'excellence africains, ou mis l'accent dès le départ sur des réformes qui améliorent les résultats, comme au Chili. Des fonds d'innovation compétitifs – par exemple, le Teaching and Learning Innovation Fund au Ghana ou le Quality Innovation Fund au Mozambique – permettent de piloter des réformes et des innovations prometteuses pour élargir l'accès à l'enseignement supérieur, améliorer la qualité de l'enseignement ou de la gestion des institutions. Ces mécanismes et d'autres peuvent aider les pays subsahariens à se diriger progressivement vers un système de financement conditionné aux résultats qui pourrait s'appliquer aux universités et aux écoles d'EFTP.

Un certain nombre de facteurs entrent en jeu pour assurer la réussite de réformes mettant en place un financement conditionné aux résultats. Les pays subsahariens doivent définir des indicateurs quantitatifs et transparents et recueillir les données pour les mesurer. Il y a par ailleurs un risque d'« écrémage », c'est-à-dire que les prestataires soient tentés d'exclure les jeunes et les adultes difficiles à former (dans l'absolu ou pour un emploi). Pour contrer ce risque, on peut prévoir dans les contrats une prime pour des catégories de population prioritaires, comme dans les centres d'excellence ou l'Employment Fund au Népal. Une autre possibilité ou un complément consisterait à mettre en place un système de bons qui permettrait à chacun de choisir le prestataire de formation (public ou privé) et de le payer directement. Ce système de bons a été utilisé dans l'ouest du Kenya, ce qui a eu pour effet d'augmenter sensiblement le nombre de jeunes inscrits dans des programmes publics ou privés d'EFTP (Hicks et al., 2011).

Pour les universités publiques, encourager l'innovation dans les programmes, les méthodes d'enseignement et les partenariats exige une plus grande autonomie. Sans une autonomie suffisante pour sélectionner le personnel et concevoir les programmes, il leur sera plus difficile de répondre aux besoins du marché de l'emploi et de l'économie. Pour qu'elles aient plus de chances de succès, il faudrait combiner des réformes pour parvenir à plus d'autonomie avec des dispositifs de financement sur résultats et une gestion qui renforce la responsabilisation à tous les échelons. Fournir aux étudiants une information pertinente et une aide qui leur permettent de sélectionner à bon escient l'institution et la filière de leur choix peut contribuer à aller dans le sens de cette responsabilisation.

Un EFTP pertinent économiquement et en phase avec la demande

Étant donné l'importance du secteur informel en Afrique subsaharienne et les changements rapides dans la demande, il est nécessaire de repenser le rôle du secteur public dans l'EFTP. Pour rester pertinent, il faut une souplesse et une agilité que l'EFTP et l'enseignement supérieur ont du mal à avoir. Il va donc être essentiel qu'ils s'associent au secteur privé, y compris dans l'offre de formation, comme les pays d'Afrique et d'ailleurs le reconnaissent de plus en plus.

Il faut que l'EFTP vise davantage à préparer les élèves à un emploi non salarié en dehors du secteur manufacturier. Cela commence au niveau des cours, qui comprennent depuis peu seulement une formation au management et un développement des compétences commerciales fondamentales – indispensables pour les travailleurs indépendants –, une formation à la gestion des petites entreprises et aux emplois dans les services. Parmi les compétences enseignées figurent l'étude des coûts, la fixation des prix, la préparation des comptes annuels, la comptabilité, la gestion d'un projet, le marketing, la vente, la préparation d'un plan d'activités. Des programmes prometteurs comme Educate! au Rwanda et en Ouganda proposent une introduction au management, un développement des compétences nécessaires dans le monde du travail, et appliquent des méthodologies d'enseignement éprouvées dans les établissements secondaires. La Tanzanie est en train de concevoir de nouveaux programmes d'EFTP qui mettent l'accent sur les compétences nécessaires au travail indépendant.

Il faut également revenir sur les horaires fixes des cours qui permettent difficilement de suivre une formation tout en travaillant, sur le manque de formation pratique, et sur les coûts élevés qui rendent ces cours inaccessibles aux actifs du secteur informel. Mieux intégrer les besoins en compétences du secteur informel et les avis de ses représentants dans l'EFTP public – par exemple en créant des liens avec des organisations de travailleurs et d'entreprises du secteur – serait un progrès. Les écoles d'EFTP du Kenya sont souvent associées à des centres d'affaires qui fournissent des expertises aux petits entrepreneurs. On encourage les diplômés d'instituts de technologie à former des groupes d'entreprises qui vont ensuite démarcher les fournisseurs de crédits.

Adapter l'EFTP aux besoins des secteurs moteurs de l'économie exige de nouer progressivement des liens durables avec les employeurs au niveau local. En Tanzanie, par exemple, le secteur privé joue de plus en plus un rôle de conseiller dans l'EFTP à travers le Tanzania National Business Council. Et à l'occasion, l'Association of Tanzania Employers aide à définir les stratégies prioritaires.

Plusieurs PPP ont été mis en place en Afrique subsaharienne pour créer des formations conçues pour répondre aux besoins à court terme des employeurs. Au Ghana, l'Industrial Skills Development Center propose depuis 2005 des formations à la mécanique, l'électricité et l'ingénierie des processus par le biais d'un comité de gestion qui comprend des représentants de l'industrie dans son organe de décision et une liste impressionnante d'entreprises partenaires. En Afrique du Sud, la Middelburg Higher Technical School a créé avec succès des partenariats avec des entreprises comme Toyota Motor Company qui investissent dans l'école, proposent des apprentissages sur le tas, et recrutent volontiers des diplômés de l'école. Même si ces initiatives doivent être évaluées, elles intègrent les enseignements de nouveaux modèles de formation prometteurs ou ayant déjà fait leurs preuves dans l'EFTP, notamment concernant l'intérêt d'associer étroitement les employeurs et de s'aligner sur leurs besoins.

Le secteur privé est un partenaire fondamental pour améliorer la qualité des enseignants et permettre de proposer des formations sur le tas dans le secteur formel ou informel. La formation des professeurs d'EFTP se fait le plus souvent à l'université, et il n'y a généralement pas de formation continue. Font exception le Vocational Teachers Training College, en Tanzanie, et les Écoles normales des professeurs d'enseignement technique, au Cameroun. Relativement peu de professeurs d'écoles publiques ont une expérience dans l'industrie, ce qui s'explique en partie par les compétences exigées pour le diplôme d'enseignant. Les pays subsahariens devraient explorer diverses possibilités de jumelage avec des entreprises privées et d'autres pays pour améliorer les compétences des professeurs d'EFTP, et autoriser le recrutement au niveau local de personnes sans diplôme d'enseignant, mais qui ont les compétences requises. On pourrait associer à ce renfort de plus fortes exigences de résultats, par exemple en publiant les résultats aux examens.

Un enseignement supérieur en phase avec la demande économique et faisant place aux pédagogies actives

Mieux adapter les études supérieures au marché de l'emploi nécessitera d'aligner l'enseignement et les activités de recherche des universités publiques et privées sur les signaux du marché économique. Les gouvernements peuvent créer des mesures incitatives visant à nouer ou à renforcer des liens industrie-université, par exemple en jouant les intermédiaires ou en subventionnant des partenariats.

Pour donner plus de place aux pédagogies actives dans l'enseignement supérieur et adopter une approche en termes de « carrière » dans le développement des compétences, il faut commencer par s'attaquer aux programmes. Les programmes d'université doivent combiner l'enseignement théorique des matières avec plus de travaux pratiques qui permettront aux étudiants d'acquérir les multiples compétences (techniques, cognitives et socio-émotionnelles) dont ils auront besoin dans les emplois qu'ils sont censés décrocher à la fin de leurs études. Cette approche part du principe que ce qui compte pour les actifs est d'avoir les compétences requises pour s'acquitter des différentes tâches d'un emploi et pas seulement un diplôme. Par ailleurs, universités et écoles doivent faire plus d'efforts pour développer les possibilités d'apprendre en situation de travail par le biais de l'apprentissage et de stages en entreprise. De nombreux pays subsahariens ont mis en place ou sont en train de mettre en place un plan national pour l'apprentissage et les stages en entreprise, avec pour objectif de rendre l'expérience du marché du travail plus intéressante pour les jeunes, y compris les diplômés d'université. Cette initiative doit être soutenue tant l'expérience montre au niveau international que ce genre de plans, s'ils sont bien conçus, peuvent rehausser la valeur des candidats sur le marché de l'emploi.

Étant donné que la rapide transformation de l'économie des pays d'Afrique subsaharienne va demander une nouvelle génération d'entrepreneurs, renforcer directement et indirectement la formation à la gestion d'entreprise dans les universités doit être une priorité. Plusieurs universités africaines ont créé des incubateurs, par exemple pour permettre aux étudiants d'essayer de nouvelles idées et de les mettre en œuvre.

La coopération régionale et les partenariats internationaux avec des universités reconnues d'Afrique et du reste du monde ont un rôle important à jouer. Ces échanges sont facilités aujourd'hui par les technologies numériques. Par exemple, le MIT (Massachusetts Institute of Technology) et un consortium de quinze autres universités de premier plan ont commencé à proposer des mini-programmes de master qui ne nécessitent qu'un semestre dans un campus des États-Unis. Des bourses d'études ciblées qui requièrent une obligation de retourner dans son pays d'origine peuvent également être utiles, notamment pour les étudiants des filières scientifiques, techniques et de l'ingénierie. Une récente initiative africaine, le Partnership for Applied Science, Engineering, and Technology (PASET), met à profit le savoir et l'expérience de pays d'Asie et d'Amérique latine, notamment du Brésil, de la Chine, de l'Inde et de la République de Corée, et réunit gouvernements africains, secteur privé et autres partenaires pour améliorer les capacités des universités africaines et des centres de recherches en sciences appliquées, ingénierie et technologie (SAIT). Ce PASET fournit des bourses d'études et des fonds d'innovation, du benchmarking et une planification stratégique dans les domaines des SAIT, des mécanismes d'assurance qualité au niveau africain, une vaste base de données et une recherche à grande échelle, et bientôt des centres d'excellence pour l'EFTP.

Efficacité et pertinence du développement des compétences pour les jeunes et les adultes sortis du système scolaire

Formation sur le lieu de travail

Pour permettre une remise à niveau des jeunes et des adultes sortis du système scolaire, il faut commencer par corriger les défaillances du marché et remédier au manque de coordination qui empêche les entreprises (notamment les petites entreprises du secteur informel) d'offrir des formations sur le lieu du travail, et les inciter à le faire. La formation sur le lieu de travail est un outil important qui permet aux actifs d'améliorer leurs compétences au cours de leur vie professionnelle et qui peut aider les entreprises à adopter de nouvelles technologies et de nouvelles méthodes de fonctionnement. Mais un peu partout en Afrique subsaharienne, elle est moins répandue que l'on s'y attendrait dans des pays à revenu faible ou intermédiaire. Il est essentiel de créer des incitations efficaces pour que les entreprises se mettent à former leur personnel.

L'apprentissage

L'apprentissage dans le secteur informel est extrêmement fréquent en Afrique subsaharienne, il est donc important de le rendre plus productif. De récentes réformes destinées à améliorer sa qualité ont en général introduit les mesures suivantes : l'adoption du principe de la double formation (en classe et sur le lieu de travail) ; la formation des maîtres artisans ; la mise à niveau des outils technologiques ; l'amélioration des conditions de travail (santé et sécurité) et le renforcement de l'inclusion (promotion de l'égalité des sexes) ; une certification pour les artisans ayant suivi un apprentissage dans le secteur informel et l'amélioration de la reconnaissance du système de certification existant (traditionnel) ; la création de critères de qualité officiels ou l'amélioration des critères existants avec l'aide des associations professionnelles locales. Les résultats de ces efforts n'ont cependant été guère évalués, et les tentatives de structurer l'apprentissage du secteur informel et de le rapprocher de celui du secteur formel n'ont pas été bien loin. Les politiques d'intervention ne devraient pas essayer de plaquer ainsi le modèle du secteur formel sur le secteur informel, mais plutôt viser à améliorer les performances des apprentis.

Le travail indépendant et l'entrepreneuriat

Étant donné que la plupart des Africains subsahariens ne sont pas salariés et, lorsqu'ils le sont, ne le restent pas longtemps, les programmes de formation du marché du travail destinés à améliorer leur employabilité et à soutenir le travail indépendant sont essentiels. Une formation peut permettre aux jeunes et aux adultes sortis du système scolaire de combler des lacunes techniques et professionnelles et d'acquérir des compétences cognitives et socio-émotionnelles. Cependant, les évaluations rigoureuses qui ont été faites de ces programmes courts, qui se multiplient rapidement, ont livré des résultats mitigés.

Parmi les programmes de remise à niveau, les plus répandus en Afrique figurent les programmes d'aide aux travailleurs indépendants et aux petits entrepreneurs. Ils peuvent prendre diverses formes, des programmes de participation à des travaux publics doublée d'une formation au management jusqu'à des programmes d'aide à la création d'une petite entreprise et d'amélioration de la productivité des petits entrepreneurs. Au Kenya et en Afrique du Sud, de récents programmes rigoureusement évalués ont montré qu'une formation centrée sur des compétences managériales spécifiques peut se traduire, d'une part, par de meilleures performances et une plus grande durabilité des entreprises, d'autre part, par des gains du point de vue de l'emploi et des revenus pour les employés (Anderson, Chandy et Zia, 2016 ; McKenzie et Puerto, 2017). Au Togo, des formations destinées à des entrepreneurs, dont l'objectif était d'améliorer leurs méthodes de management et de développer leurs compétences socio-émotionnelles pour les aider à être plus proactifs et mieux armés face aux obstacles, ont eu un impact positif sur les ventes et les profits (encadré VE.2). En Ouganda, un programme attribuant à des jeunes des bourses qu'ils pouvaient utiliser, soit pour suivre une formation professionnelle, soit pour démarrer une entreprise, s'est traduit par un accroissement important du capital et des revenus des entreprises (Blattman, Fiala et Martinez, 2014).

ENCADRÉ VE.2

Formation centrée sur l'initiative personnelle

Les entrepreneurs sont les plus performants lorsqu'ils possèdent non seulement des compétences managériales classiques, mais aussi socio-émotionnelles, comme l'initiative personnelle. Au Togo, deux formations ont été proposées à un groupe de micro-entrepreneurs : l'une sur la gestion d'entreprise (comptabilité, marketing, gestion des ressources humaines, formalisation de l'entreprise) ; l'autre centrée sur le développement de l'initiative personnelle et des compétences managériales (fixation d'un objectif, planification et bilan, innovation, initiative personnelle). Les deux formations étaient de courte durée : trois séances d'une demi-journée réparties sur quatre semaines. Dans les deux années qui ont suivi, les profits ont augmenté de 30 % pour ceux qui avaient suivi la formation sur l'initiative personnelle ; pour les autres, l'augmentation des profits a été bien moindre, d'un montant non significatif d'un point de vue statistique.

Source : Campos *et al.*, 2017.

Changer le système en profondeur et faire du développement des compétences l'affaire de chacun

Pour que le développement des compétences fasse des progrès substantiels en Afrique subsaharienne, il va falloir changer le système en profondeur. Comme le montre le *Rapport sur le développement dans le monde 2017 : la gouvernance et la loi* (Banque mondiale, 2017), si de nombreux programmes et réformes de petite envergure, comme ceux évoqués précédemment, ont eu du succès, ils n'ont pas permis d'atteindre les résultats souhaités à grande échelle. Pour parvenir à un accès plus équitable aux systèmes de développement des compétences, améliorer leur qualité, leur pertinence et leur efficacité, il ne suffit pas de transposer à grande échelle les meilleures méthodes. Il faut prendre en compte le cadre de gouvernance dans lequel elles sont mises en œuvre. Et pour que les politiques et les réformes donnent des résultats durables, il faut faire appel à l'engagement et à la coopération de tous les acteurs et veiller à une bonne coordination. Autrement dit, il faut s'attaquer à l'aspect politique des programmes d'action et créer les conditions nécessaires pour que tous les intervenants œuvrent à la poursuite des objectifs de développement de compétences au niveau national.

Les réussites et les échecs des diverses tentatives entreprises à travers le monde pour réformer les cadres d'action permettent de définir trois grandes voies pour changer le système en profondeur :

- *Utiliser les divers indicateurs* sur les performances des systèmes pour créer une adhésion aux réformes et un *engagement* à les mettre en œuvre ;

responsabiliser les acteurs pour qu'ils demandent des comptes au gouvernement et aux prestataires sur les résultats, conduisent les politiques d'action et les adaptent, ce qui suppose de recueillir des données au niveau des ménages, de procéder à de solides évaluations des élèves/étudiants au niveau national, d'installer des systèmes informatiques de gestion, et de participer à des tests internationaux sur l'éducation.

- *Adapter les mesures incitatives* pour aligner les intérêts et les comportements des différents acteurs et les faire *coopérer* dans la poursuite des objectifs de développement des compétences.

- *Renforcer les capacités* des institutions gouvernementales, notamment des ministères de la santé, de l'éducation, du travail et des affaires sociales, pour une mise en œuvre coordonnée au niveau national de politiques d'action fondées sur des résultats.

Les indicateurs sur les performances du système peuvent être utilisés pour piloter les politiques d'action et identifier les réussites locales, les adapter et les affiner. Les résultats des études nationales et des évaluations des élèves peuvent permettre de mesurer les progrès dans le développement des compétences (depuis la santé des enfants jusqu'à l'apprentissage) et dans les bénéfices créés par l'amélioration des compétences. Toutes ces données représentent le fondement sur lequel s'appuyer pour concevoir des politiques d'action, les mettre en œuvre, analyser leurs effets pour les améliorer, innover, et déterminer si elles permettent de changer le système de formation et de développement des compétences en profondeur.

Dans plusieurs pays, les mauvais résultats ont été communiqués publiquement afin de mobiliser l'opinion publique et d'amener les politiciens et autres responsables à s'engager à améliorer la situation. Informer sur les performances éducatives par rapport à un critère de qualité peut encourager les parents et les bénéficiaires de formations à réclamer des comptes aux prestataires en fonction des résultats. Des critères et des objectifs simples pour le développement de l'enfant, l'apprentissage à l'école, et le développement d'autres compétences permettent aux parents de savoir où se situent leurs enfants par rapport à la moyenne et les encourageront sans doute à demander des comptes aux prestataires éducatifs ou aux autorités locales, voire à l'administration centrale, sur la qualité de l'enseignement. En Ouganda, une campagne dans les journaux destinée à informer les écoles primaires locales sur leurs droits à des subventions s'est traduite par un afflux de fonds dans ces écoles et une augmentation du taux de scolarisation. Voilà un raccourci que l'on peut emprunter pour obtenir des résultats.

Il y a cependant des limites aux résultats que l'on peut obtenir avec ce genre de raccourci. Des aspects importants qui jouent sur la qualité de l'enseignement, par exemple les contrats des professeurs et leur salaire, dépendent généralement de l'administration centrale et d'un système d'incitations national. Par exemple,

on recrute souvent des professeurs en contrat à court terme dans un établissement pour mieux les responsabiliser. Au Kenya, cependant, une réforme nationale pour introduire ce système a été en partie sapée par une lutte de pouvoir
entre gouvernement et syndicats.

Les pays d'Afrique subsaharienne devraient aussi chercher à coopérer entre
eux pour parvenir à des résultats à grande échelle dans le développement des
compétences. En plus de convaincre l'opinion publique par des campagnes d'information sur les performances du système éducatif, développer des coopérations permettrait de donner plus de poids aux bonnes politiques et aux bonnes
réformes. La coopération exige aussi de reconnaître les intérêts multiples, souvent concurrents, et évolutifs des différents acteurs. Par exemple, même si de
nombreux professionnels de santé, professeurs et autres prestataires sont entièrement dévoués à leur tâche, des ressources insuffisantes et un manque de soutien peuvent miner leur moral et les empêcher de parvenir à de bons résultats.
Des politiques qui, en plus de donner aux professeurs des ressources et un soutien pédagogique, prévoient des mécanismes destinés à améliorer la pérennité
de leurs performances, par exemple en les évaluant ou en indexant leur salaire
sur leurs résultats, remporteront peut-être plus d'adhésion.

Le développement des compétences est un effort qui touche de multiples
secteurs et requiert une coordination des politiques. D'une manière générale,
les compétences sont « le problème de tous, mais la responsabilité de personne »,
comme il est dit couramment des politiques d'alimentation. De multiples
agences au niveau national et local sont impliquées dans les stratégies de développement des compétences. Un manque de coordination, une duplication des
efforts ou, ce qui est peut-être pire, un manque d'attention aux problèmes essentiels risquent de rendre les efforts inefficaces. Des investissements inadéquats
dans le développement de l'enfant empêcheront les écoles de produire des résultats, quelle que soit la qualité des professeurs et des infrastructures. Les différents pays ont essayé plusieurs approches pour résoudre le problème de la
coordination : certains ont confié cette tâche, soit à un ministère (par exemple
celui des affaires sociales), soit à une équipe placée sous la responsabilité du
président ou du Premier ministre ; d'autres ont utilisé comme instrument le
budget national, avec des financements orientés sur les résultats, et fait en sorte
que les programmes et les interventions soient bien adaptés. Encore une fois,
aucune formule ne peut promettre un succès garanti.

Les pays subsahariens doivent investir dans les moyens techniques nécessaires pour concevoir, mettre en œuvre et évaluer les politiques d'action et les
réformes dans les ministères compétents. Les organes centraux du gouvernement comme les ministères de l'Éducation et de l'Emploi connaissent de
sérieuses difficultés en ce qui concerne la définition de solides politiques d'action, la planification et l'exécution du budget, les systèmes d'information, la gestion et l'évaluation. À cause de ces contraintes, il est très difficile de promouvoir

l'engagement, la coopération et la coordination nécessaires pour mettre en œuvre les profonds changements qui permettront d'améliorer l'offre éducative. Libérer des ressources et augmenter les moyens techniques sur la durée est essentiel.

Conclusion

Si les pays d'Afrique subsaharienne peuvent apprendre beaucoup de leurs expériences mutuelles ainsi que d'autres régions du monde, il n'existe guère de raccourci institutionnel pour faire des progrès significatifs dans le développement des compétences. Pour mettre en place le cadre institutionnel nécessaire à ce développement, ils peuvent s'inspirer des réussites et éviter les échecs d'autres régions du monde. Cependant, les stratégies employées doivent être réglées sur les réalités politiques de chaque pays. Comme les priorités d'investissement, elles doivent refléter le contexte local. Les pays de la région subsaharienne seront souvent confrontés à des choix politiques difficiles qui auront des effets distributifs et influeront sur le développement national. Des dirigeants engagés, des efforts conjoints de réformes et des politiques bien coordonnées sont essentiels pour aborder le délicat exercice d'équilibre qu'est le développement des compétences en Afrique subsaharienne.

Note

1. Pour les données sur la recherche d'emploi, voir Jensen, 2012 ; pour les données sur les femmes aux postes de responsabilité, voir Beaman *et al.*, 2012.

Bibliographie

Aker J. C., Ksoll C. et Lybbert T. J. (2012), « Can Mobile Phones Improve Learning? Evidence from a Field Experiment in Niger », *American Economic Journal: Applied Economics*, vol. 4, n° 4, p. 94–120.

Ali D. A., Bowen D. et Deininger K. W. (2017), « Personality Traits, Technology Adoption, and Technical Efficiency: Evidence from Smallholder Rice Farms in Ghana », Policy Research Working Paper n° 7959, Banque mondiale, Washington.

Anderson S. J., Chandy R. et Zia B. (2016), « Pathways to Profits: Identifying Separate Channels of Small Firm Growth through Business Training », Policy Research Working Paper n° 7774, Banque mondiale, Washington.

Araujo M. C., Carneiro P., Cruz-Aguayo Y. et Schady N. (2016), « Teacher Quality and Learning Outcomes in Kindergarten », *Quarterly Journal of Economics*, vol. 131, n° 3, p 1415–1453.

Attanasio O., Cattan S., Fitzsimons E., Meghir C. et Rubio-Codina M. (2015), « Estimating the Production Function for Human Capital: Results from a Randomized Control Trial in Colombia », document de travail n° 20965, National Bureau of Economic Research (NBER), Cambridge (Massachusetts).

Baird S., Chirwa E., McIntosh C. et Özler B. (2010), « The Short-Term Impacts of a Schooling Conditional Cash Transfer Program on the Sexual Behavior of Young Women », *Health Economics*, vol. 19, n° S1, p. 55–68.

Baird S., McIntosh C. et Özler B. (2011), « Cash or Condition? Evidence from a Cash Transfer Experiment », *Quarterly Journal of Economics*, vol. 126, n° 4, p. 1709–1753.

Banque mondiale (2017a), *Rapport sur le développement dans le monde 2017 - La Gouvernance et la loi*, Banque mondiale, Washington. https://openknowledge .worldbank.org/handle/10986/6001.

Banque mondiale (2017 b). *Rapport sur le développement dans le monde 2018 - Apprendre pour réaliser la promesse de l'éducation*, Banque mondiale, Washington.

Banque mondiale (2019). *Rapport sur le développement dans le monde 2019 - Le Travail en mutation*, Banque mondiale, Washington.

Banque mondiale (diverses années), base de données Enterprise Surveys, Banque mondiale, Washington. http://www.enterprisesurveys.org.

Banque mondiale (diverses années), évaluations et analyses SABER-WfD, Banque mondiale, Washington. http://saber.worldbank.org/index.cfm?indx=8&pd =7&sub=1.

Banque mondiale (diverses années), étude Skills Towards Employability and Productivity (STEP), Banque mondiale, Washington.

Banque mondiale (diverses années), base de données Indicateurs du développement dans le monde, Banque mondiale, Washington.

Barrera-Osorio F., Galbert P. de, Habyarimana J. et Sabarwal S. (2016), « Impact of Public-Private Partnerships on Private School Performance: Evidence from a Randomized Controlled Trial in Uganda », Policy Research Working Paper n° 7905, Banque mondiale, Washington.

Barro R. et Lee J.-W. (2013), « A New Data Set of Educational Attainment in the World, 1950–2010 », *Journal of Development Economics*, vol. 104, C, p. 184–198.

Beaman L., Duflo E., Pande R. et Topalova P. (2012), « Female Leadership Raises Aspirations and Educational Attainment for Girls: A Policy Experiment in India », *Science*, vol. 335, n° 6068, p. 582–586.

Blattman C., Fiala N. et Martinez S. (2014), « Generating Skilled Self-Employment in Developing Countries: Experimental Evidence from Uganda », *Quarterly Journal of Economics*, vol. 129, n° 2, p. 697–752.

Blimpo M. P., Carneiro P., Ortiz P. J. et Pugatch T. (2017), « Scaling Up Children's School Readiness in The Gambia: Lessons from an Experimental Study », conférence annuelle de RISE, Washington.

Buehren N. et Salisbury T. van (2017), « Female Enrollment in Male-Dominated Vocational Training Courses: Preferences and Prospects », Gender Innovation Lab Policy Brief, Banque mondiale, Washington.

Campos F., Frese M., Goldstein M., Iacovone L., Johnson H. C., McKenzie D. et Mensmann M. (2017), « Teaching Personal Initiative Beats Traditional Training in Boosting Business in West Africa », *Science*, vol. 357, n° 22 (septembre), p. 1287-1290.

Campos F., Goldstein M., McGorman L., Boudet A. M. et Pimhidzai O. (2015), « Breaking the Metal Ceiling: Female Entrepreneurs Who Succeed in Male-Dominated Sectors », Policy Research Working Paper n° 7503, Banque mondiale, Washington.

Croke K., Goldstein M. et Holla A. (2017), « Can Job Training Decrease Women's Self-Defeating Biases? Experimental Evidence from Nigeria », Policy Research Working Paper n° 8141, Banque mondiale, Washington.

Deaton A. (2013), *Great Escape: Health, Wealth, and the Origins of Inequality*, Princeton University Press, Princeton (New Jersey).

Duflo E., Dupas P. et Kremer M. (2011), « Peer Effects, Teacher Incentives, and the Impact of Tracking: Evidence from a Randomized Evaluation in Kenya », *American Economic Review*, vol. 101, n° 5, p. 1739-1774.

Duflo E., Dupas P. et Kremer M. (2017), « The Impact of Free Secondary Education: Experimental Evidence from Ghana », document de travail, Massachusetts Institute of Technology, Cambridge (Massachusetts).

Duflo A. et Kiessel J. (2012), « Teacher Community Assistant Initiative (TCAI) », Policy Brief n° 4004, International Growth Centre, Londres.

Evans D. K. et Popova A. (2016), « What Really Works to Improve Learning in Developing Countries? An Analysis of Divergent Findings in Systematic Reviews », *The World Bank Research Observer*, vol. 31, n° 2, p. 242-270.

Filmer D. et Fox L. (2014), *Youth Employment in Sub-Saharan Africa*, coll. Africa Development Series, Banque mondiale, Washington.

Galasso E. et Wagstaff A., avec Naudeau S. et Shekar M. (2016), « The Economic Costs of Stunting and How to Reduce Them », Policy Research Note n° 5, Banque mondiale, Washington.

Global Education Commission (2016), « The Learning Generation: Investing in Education for a Changing World », International Commission on Financing Global Education Opportunity, New York.

Groningen Growth and Development Centre (diverses années), base de données couvrant dix secteurs, Université de Groningue (Pays-Bas), faculté d'économie et de gestion.

Hicks J. H., Kremer M., Mbiti I. et Miguel E. (2011), « Vocational Education Voucher Delivery and Labor Market Returns: A Randomized Evaluation among Kenyan Youth », Report for the Spanish Impact Evaluation Fund, Banque mondiale, Washington.

Jensen R. (2012), « Do Labor Market Opportunities Affect Young Women's Work and Family Decisions? Experimental Evidence from India », *Quarterly Journal of Economics*, vol. 127, n° 2, p. 753-792.

Marini A., Rokx C. et Gallagher P. (2017), « Standing Tall: Peru's Success in Overcoming Its Stunting Crisis », document de travail, Banque mondiale, Washington.

Martinez S., Naudeau S. et Pereira V. (2013), « The Promise of Preschool in Africa: A Randomized Impact Evaluation of Early Childhood Development in Rural Mozambique », document de travail, Banque mondiale, Washington et Save the Children, New York.

McKenzie D. et Puerto S. (2017), « Growing Markets through Business Training for Female Entrepreneurs: A Market-Level Randomized Experiment in Kenya », Policy Research Working Paper n° 7993, Banque mondiale, Washington.

Muralidharan K. et Prakash N. (2017), « Cycling to School: Increasing Secondary School Enrollment for Girls in India », *American Economic Journal: Applied Economics*, vol. 9, n° 3, p. 321–350.

Nguyen T. (2008), « Information, Role Models, and Perceived Returns to Education: Experimental Evidence from Madagascar », Massachusetts Institute of Technology, département d'économie, Cambridge (Massachusetts).

Perotti V. (2017), « Training, Skills, and Firm Productivity in Formal African Firms », document de travail sur ce rapport, Banque mondiale, Washington.

Piper B., Schroeder L. et Trudell B. (2016), « Oral Reading Fluency and Comprehension in Kenya: Reading Acquisition in a Multilingual Environment », *Journal of Research in Reading*, vol. 39, n° 2, p. 133–152.

Rodrik D. (2016), « Premature Deindustrialization », *Journal of Economic Growth*, vol. 21, n° 1, p. 1–33.

Shekar M., Kakietek J., Dayton Eberwein J. et Walters D. (2016), « Un cadre d'investissement pour la nutrition. Atteindre les cibles mondiales en matière de retard de croissance, d'anémie, d'allaitement maternel et d'émaciation », rapport principal, Banque mondiale, Washington.

UNESCO (Organisation des Nations Unies pour l'éducation, la science et la culture) (2011), « Le Financement de l'éducation en Afrique subsaharienne : relever les défis de l'expansion, de l'équité et de la qualité », UNESCO, Montréal.

UNESCO (2015), « Rapport mondial de suivi sur l'EPT, 2015. État des lieux en Afrique subsaharienne », UNESCO, Paris.

UNESCO (2016), *L'Éducation pour les peuples et la planète : créer des avenirs durables pour tous*, Rapport mondial de suivi sur l'éducation, UNESCO, Paris.

USAID (Agence des États-Unis pour le développement international) (diverses années), Demographic and Health Survey Program, USAID, Washington. https://dhsprogram .com/.

Valerio A., Sanchez Puerta M. L., Tognatta N. et Monroy-Taborda S. (2016), « Are There Skills Payoffs in Low- and Middle-Income Countries? Empirical Evidence Using STEP Data », Policy Research Working Paper n° 7879, Banque mondiale, Washington.

Broekhuizen H. van (2016), « Graduate Unemployment and Higher Education Institutions in South Africa », document de travail n° 08/16, Université de Stellenbosch, département d'économie, Afrique du Sud.

Venkat H. et Spaull N. (2015), « What Do We Know about Primary Teachers' Mathematical Content Knowledge in South Africa? An Analysis of SACMEQ 2007 », *International Journal of Educational Development*, n° 41 (mars), p. 121–130.

Chapitre **1**

Compétences et transformation économique en Afrique subsaharienne

Omar Arias

Ces vingt dernières années, l'Afrique subsaharienne a connu une forte croissance économique, réduit la pauvreté et considérablement amélioré l'accès à l'éducation. Pourtant, la transformation économique, la réduction de la pauvreté et le niveau d'éducation demeurent bien en deçà de celles d'autres régions du monde. Pour accélérer la transformation économique et la réduction de la pauvreté au xxie siècle, l'Afrique subsaharienne doit investir judicieusement dans le développement des compétences. Ceci suppose d'investir dans de multiples compétences avec trois objectifs politiques en ligne de mire (la croissance de la productivité, la solidarité collective et une capacité d'adaptation) et de mettre en œuvre les réformes politiques qui permettront à ces investissements de porter leurs fruits, tout en prenant en compte les grandes tendances mondiales qui continueront de façonner la transformation économique de la région.

L'investissement dans les compétences nécessite de respecter deux équilibres fondamentaux dans tous les aspects des politiques mises en œuvre : il faut, d'une part, investir dans des compétences qui répondent aux besoins des secteurs «moteurs», c'est-à-dire capables de maximiser la croissance de la productivité, et en même temps dans des compétences qui améliorent les conditions de vie des populations pauvres ; d'autre part, investir dans la main-d'œuvre pour remédier aux déficits de compétences qui se sont accumulés, et en même temps dans la nouvelle génération pour la préparer, ainsi que l'économie, à être compétitive et lui permettre de s'adapter à l'économie mondiale et à un monde du travail en rapide évolution. En veillant à respecter ces équilibres, les pays doivent : (a) gérer le développement des systèmes de formation en assurant l'équité au niveau territorial, ainsi que dans la qualité, la pertinence et l'efficacité des investissements ; (b) définir des priorités, dans les mesures à mettre en œuvre, qui soient adaptées aux conditions initiales locales et au contexte politique.

Introduction

Le capital humain est essentiel pour accélérer et maintenir une croissance économique inclusive et durable en Afrique subsaharienne. Dans sa revue exhaustive de nombreuses études et données historiques, la Commission sur la croissance et le développement conclut : « Aucun pays n'a connu une croissance rapide et durable sans maintenir des taux d'investissement public élevés dans [l'infrastructure,] l'éducation et la santé[1]. » Les investissements dans l'éducation et la santé conduisent à l'apprentissage et aux capacités humaines améliorées. Des études récentes montrent que ce qui compte pour la croissance n'est pas tant la réussite éducative en soi, mais plutôt de faire en sorte que chaque individu développe des compétences utiles (cf. Hanushek et Woessmann, 2009). Lorsqu'elle est associée à des réformes qui créent un secteur public plus dynamique – notamment un environnement favorable aux affaires et une intégration dans les marchés mondiaux –, une main-d'œuvre qualifiée permet aux entreprises de s'élever dans la chaîne de valeurs, de s'adapter aux changements économiques, d'adopter de nouvelles technologies et d'innover. En Afrique subsaharienne, les compétences sont cruciales dans le processus de transformation économique pour sortir la main-d'œuvre des activités à faible productivité – principalement l'agriculture vivrière et le travail indépendant non agricole en milieu rural – et permettre à chacun d'exercer des activités plus productives, au potentiel plus élevé et aux revenus plus importants. Il n'est pas surprenant que le programme de développement des compétences soit une des toutes premières priorités des gouvernements, des employeurs et, encore plus important, des familles et de chaque individu dans toute la région subsaharienne.

Si l'Afrique subsaharienne est comparable à d'autres régions du monde à certains égards, elle fait face à un défi unique en matière de développement des compétences. Au cours de l'histoire, pas seulement en Europe, les pays ont investi dans la qualification pour en tirer des dividendes démographiques et faciliter la transformation économique, tout en s'attaquant aux faiblesses institutionnelles dans leur système éducatif. L'Afrique subsaharienne est confrontée aujourd'hui à un monde bien plus contraignant, une économie globale bien plus intégrée et compétitive, et de rapides changements dans la technologie et le commerce qui requièrent une gamme plus large de compétences. Comme la plupart des régions du monde, elle peine pour faire en sorte que toutes les générations acquièrent les compétences requises aujourd'hui par les employeurs, mais aussi celles dont chacun a besoin pour naviguer dans un marché du travail en évolution permanente. Toutefois, les pays subsahariens sont encore en train de batailler pour élargir l'accès à l'éducation de base, pour faire en sorte que l'apprentissage donne aux nouvelles générations les compétences élémentaires, et pour s'attaquer à l'énorme déficit de compétences de la population non scolarisée. En outre, face aux attentes de plus en plus grandes après des décennies d'indépendance – pour de nombreux pays, dans une situation de retour à la normale après un conflit armé –, et compte tenu des inégalités tenaces, il est d'autant plus urgent d'honorer la promesse qu'une bonne éducation et une bonne formation seront la porte d'entrée dans une vie meilleure. S'attaquer au défi du chômage des jeunes est fondamental pour pouvoir profiter du dividende démographique dans la région (Filmer et Fox, 2014).

En Afrique subsaharienne, l'investissement dans les compétences doit prendre en compte les besoins de l'économie à court et à long terme. Aujourd'hui, les économies des pays africains ont peu de chance de ressembler à ce qu'elles seront dans dix, vingt ou trente ans. L'investissement dans les compétences est un investissement à long terme. En Afrique, il doit permettre le processus de transformation économique et préparer la nouvelle génération aux métiers du futur, tout en satisfaisant aux besoins de l'économie très informelle d'aujourd'hui où les entreprises familiales et l'agriculture vivrière fournissent les principales opportunités de gagner sa vie. Même si l'essentiel de l'emploi du continent restera probablement dans l'économie informelle pendant des dizaines d'années encore (Filmer et Fox, 2014), la nature du travail risque de changer sensiblement dans tous les secteurs économiques et professionnels.

Le chapitre 1 de ce rapport décline les priorités éducatives dans le contexte d'une transformation structurelle en Afrique subsaharienne. Il propose une toile de fond et un cadre pour une réflexion sur la question-clé du rapport : comment l'Afrique subsaharienne peut-elle investir de manière plus efficace et développer des compétences afin de soutenir une croissance inclusive et réduire la pauvreté au cours des dix prochaines années et au-delà ? Face à cet objectif, le chapitre étudie trois questions fondamentales : quelles sont les compétences requises aujourd'hui pour la main-d'œuvre des pays subsahariens et quelles seront-elles demain ? Les forces actuelles et futures de la transformation économique subsaharienne nécessitent-elles des stratégies de formation autres que celles utilisées par le passé et appliquées dans d'autres économies à revenu faible ou intermédiaire ? Les niveaux et les modèles d'investissement sont-ils à la hauteur du défi régional de formation ? L'ambition de ce chapitre n'est pas de donner des réponses définitives à ces questions, mais d'offrir un cadre et des principes directeurs pour permettre aux pays de la région subsaharienne de définir des priorités adaptées à leur contexte particulier.

Ce chapitre adopte une perspective à la fois historique et tournée vers l'avenir pour définir un cadre directeur qui permette aux pays africains d'investir judicieusement dans la formation. Il procède en cinq étapes. Premièrement, il présente une panoplie de compétences importantes dans une économie moderne et montre comment elles sont acquises tout au long de la vie et doivent être assimilées par la main-d'œuvre d'aujourd'hui et de demain. Deuxièmement, il examine les compétences requises actuellement et leur valeur marchande auprès des employeurs et dans le marché du travail, ainsi que l'importance que leur prêtent les familles et chaque individu. Troisièmement, il fait valoir que l'investissement dans les compétences dans la région subsaharienne doit être tourné vers l'avenir et prendre en compte les grandes tendances mondiales qui façonnent la transformation structurelle, le marché du travail et les compétences requises. Quatrièmement, il jette un regard rétrospectif sur les progrès faits par les pays subsahariens dans l'accès à l'éducation et l'acquisition de compétences, les compare à ceux d'autres régions du monde et réfléchit à de possibles améliorations du trajet emprunté. Enfin, il présente un cadre de politiques à mener et esquisse une typologie des pays afin de guider l'investissement en formation et définir des priorités pour la région, et de fournir un principe unificateur au rapport. Ces éléments sont utilisés pour ébaucher une stratégie pour les politiques d'investissement et mettent en évidence le rôle d'acteurs-clés dans la formation : les familles et chaque individu, le gouvernement (central et local) et le secteur privé (les employeurs comme les prestataires de services).

Compétences pour l'Afrique : quelles compétences, à quel moment les développer, et pour qui ?

Quelles compétences

De nombreuses compétences sont nécessaires pour participer de manière productive à une économie en voie de modernisation. Le rapport distingue de manière large : (a) les compétences cognitives, socio-émotionnelles et numériques fondamentales ; (b) les compétences techniques ou spécifiques à un métier ; (c) les compétences dites « d'ordre supérieur ».

Les compétences cognitives fondamentales comprennent la capacité de lire, d'écrire, de comprendre un texte et de compter, base nécessaire à l'apprentissage en général, et à l'acquisition de connaissances sur un sujet[2]. Elles sont traditionnellement au cœur des programmes scolaires, de l'évaluation des élèves et des résultats des étudiants. Les compétences socio-émotionnelles de base renvoient aux convictions personnelles, aux attitudes et aux comportements qui permettent à l'individu de gérer sa propre personne et ses relations aux autres, notamment en contrôlant ses émotions, en se fixant des buts, en accomplissant des tâches et en faisant face à la frustration et aux conflits. Elles portent des noms divers (compétences comportementales, compétences de vie, compétences non cognitives, traits de caractère) et incluent des facteurs comme l'idée que l'on se fait de l'intelligence, de l'autorégulation, de la persévérance, du comportement social, de l'empathie et de la curiosité. Les études successives confirment leur importance pour le succès à l'école, au travail et dans d'autres situations de la vie, et pour leur enseignement dans un cadre scolaire ou non (encadré 1.1). Du fait que les technologies numériques prennent de plus en plus de place dans notre vie quotidienne, la compétence numérique devient une

L'importance des compétences socio-émotionnelles

De plus en plus de données empiriques, en particulier dans le domaine de la psychologie, de la sociologie et des sciences économiques, mettent en évidence le rôle-clé des compétences socio-émotionnelles dans les prévisions sur la santé, les études, le travail et autres aspects de la vie. Dans certains cas, elles seraient au moins aussi importantes que les compétences cognitives (voir le compte rendu de Kautz *et al.*, 2014). Les compétences socio-émotionnelles comme l'autorégulation, le cran et la résilience peuvent influer sur le parcours scolaire et universitaire, par exemple dans les choix d'orientation ou en facilitant les études et le travail ; elles peuvent également influer sur la réussite économique et sociale au-delà de l'adolescence (Heckman, Stixrud et Urzua, 2006 ; Roberts *et al.*, 2007).

Outre le fait qu'elles sont importantes en elles-mêmes, ces compétences comptent dans la mesure où elles forment le complément des compétences cognitives. Les compétences socio-émotionnelles et cognitives sont en effet hautement interdépendantes et se nourrissent mutuellement dans le développement des capacités d'apprentissage (Cunha *et al.*, 2006).

Dans un nombre grandissant d'études, qui présentent un intérêt tout aussi important d'un point de vue politique, sont évalués des moyens de développer ces compétences depuis l'enfance jusqu'à l'adolescence et le début de l'âge adulte. Comme la plupart des aspects du développement humain, les compétences socio-émotionnelles sont le résultat de l'interaction entre l'inné et l'acquis : les enfants naissent avec un schéma génétique qui interagira avec leur environnement et leurs expériences sociales au cours de leur vie – c'est ce qui détermine leur parcours (Center on the Developing Child, 2016). De plus en plus d'études montrent que ces compétences peuvent être développées par une intervention extérieure.

La recherche dans ce domaine est limitée principalement aux États-Unis et à quelques autres pays de l'Organisation de coopération et de développement économiques (OCDE). Cependant, comme le révèle le chapitre 2, les premiers résultats en provenance de pays à revenu faible ou intermédiaire renvoient une image semblable à celle des pays à revenu élevé. Le rapport de la Banque mondiale sur les Compétences pour l'employabilité et la productivité (*Skills Towards Employability and Productivity* ou STEP) a mis en évidence une corrélation entre les compétences socio-émotionnelles d'une part, et la réussite dans la formation et sur le marché du travail d'autre part. Comme on le verra au chapitre 2, les résultats provenant d'études expérimentales dans des pays comme la Macédoine du Nord, le Pérou et la Turquie prouvent que ces compétences peuvent être développées dans le contexte scolaire.

nouvelle compétence fondamentale. Des compétences de base en technologies de l'information et de la communication (TIC) sont essentielles pour pouvoir se servir efficacement d'outils numériques (depuis les ordinateurs jusqu'aux appareils portables, en passant par les messageries et les logiciels destinés à un usage domestique ou professionnel). Grâce à ces outils, l'individu pourra faire face à tous les défis et tirer profit des opportunités offertes par les technologies émergentes qui changent notre manière de communiquer et d'apprendre à l'école, au travail, et plus généralement dans la vie.

Les compétences techniques ou spécifiques à un métier sont requises pour mener à bien certaines tâches particulières dans un travail. Dans ce rapport sont évoquées parmi elles les connaissances et les qualifications professionnelles, ainsi que les compétences managériales.

Enfin, les compétences d'ordre supérieur renvoient à la capacité de s'attaquer à des problèmes posés par des situations nouvelles en s'appuyant sur la pensée critique, l'aptitude à résoudre des problèmes et ses propres acquis. Si le consensus est moins large sur la manière dont ces compétences peuvent être enseignées, on peut dire qu'elles reposent sur de solides compétences de base et, le cas échéant, également sur des compétences techniques (encadré 1.2).

Les compétences engendrent les compétences

Un large éventail de travaux provenant de l'épigénétique, la psychologie et les sciences économiques, et divulgués par le prix Nobel James Heckman et ses coauteurs, montrent que le développement de compétences est un processus cumulatif cyclique qui présente des complémentarités dynamiques (voir par exemple Cunha *et al.*, 2006). On peut se représenter le développement des compétences comme l'ascension d'une échelle dont le premier échelon se situe dès la petite enfance : en grandissant, chaque individu s'appuie sur son acquis pour grimper sur l'échelon suivant. Les compétences cognitives et socio-émotionnelles se complètent et se renforcent mutuellement. En fait, ce qu'on appelle les compétences des fonctions exécutives comprennent un mélange de fonctions cognitives et socio-émotionnelles dont on a montré qu'il définit l'aptitude à l'apprentissage à l'école, en formation et dans un métier. Par exemple, comme on le verra au chapitre 2, les résultats d'un enfant en mathématiques différeront suivant qu'il croit que l'intelligence, et en particulier « la bosse des maths », est une donnée fixe ou au contraire qu'elle peut être développée, de même qu'ils dépendront de sa capacité à rester concentré et à accepter un sentiment de frustration. Les compétences de base sont essentielles à une main-d'œuvre qualifiée, c'est ce qui lui permettra de s'adapter dans un marché du travail en rapide transformation au sein de l'économie mondiale du XXIe siècle.

Quand les développer

Le schéma 1.1 illustre quand et comment les compétences sont acquises – on notera qu'il y a au cours de la vie des moments idéaux pour développer certaines compétences. Ce rapport est structuré suivant les principales étapes de l'acquisition de compétences.

Développer des compétences d'ordre supérieur

De nombreux employeurs et éducateurs considèrent qu'il n'est plus suffisant d'enseigner les compétences de base et les compétences techniques vu la complexité grandissante des emplois. On attend des employés qu'ils résolvent des problèmes liés à des situations nouvelles, ce qui requiert des compétences dites « d'ordre supérieur » comme la pensée critique et l'aptitude à résoudre un problème. Les compétences d'ordre supérieur sont liées aux compétences métacognitives (ce que l'on définit comme « penser sur la pensée » et « apprendre sur l'apprentissage ») et font appel à des processus cognitifs qui permettent à l'individu d'autoréguler son propre apprentissage en identifiant, d'une part, ce qu'il a compris sur un problème donné, et d'autre part, comment il peut combler ses lacunes de manière systématique, c'est-à-dire logique et répétitive.

Ces compétences métacognitives sont souvent liées aux trois niveaux supérieurs de la taxonomie de Bloom (Bloom, Canning et Chan, 2006), l'outil pédagogique le plus utilisé pour enseigner les compétences cognitives d'ordre supérieur (schéma E1.2.1). Les compétences d'ordre supérieur comprennent l'analyse, l'évaluation et la création, et on pense qu'elles mettent en jeu l'utilisation du raisonnement logique, le jugement, l'aptitude à résoudre un problème et la créativité. Les compétences cognitives d'ordre inférieur correspondent aux trois niveaux inférieurs de la taxonomie de Bloom : mémoriser (des faits), comprendre (des modèles) et utiliser des informations (pour résoudre des problèmes).

Schéma E1.2.1 Une révision de la taxonomie d'apprentissage de Bloom

Source : Anderson et Krathwohl, 2001.

Schéma 1.1 Développement des compétences tout au long de la vie

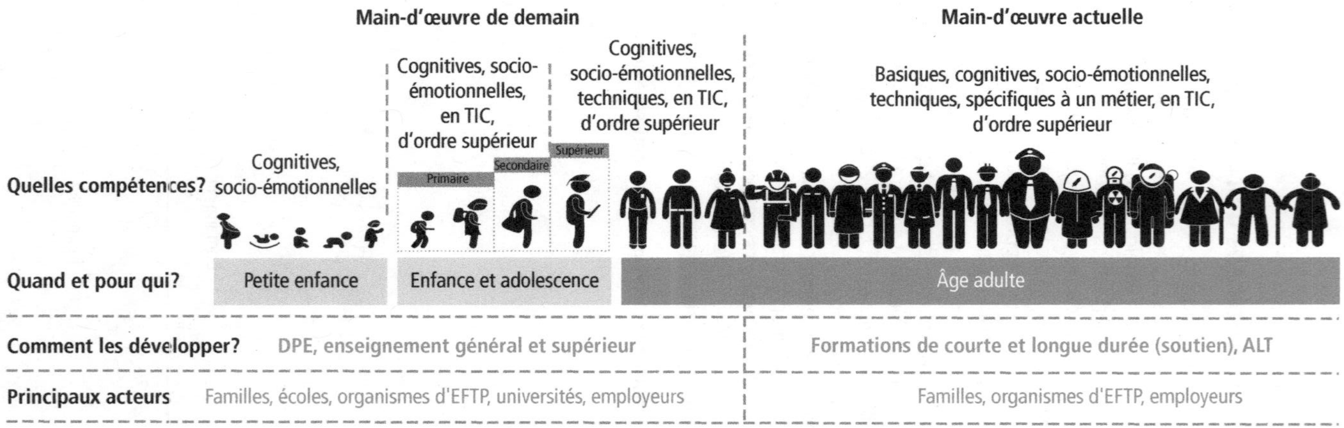

	Main-d'œuvre de demain		Main-d'œuvre actuelle

Quelles compétences?

Cognitives, socio-émotionnelles

Cognitives, socio-émotionnelles, en TIC, d'ordre supérieur

Cognitives, socio-émotionnelles, techniques, en TIC, d'ordre supérieur

Primaire / Secondaire / Supérieur

Basiques, cognitives, socio-émotionnelles, techniques, spécifiques à un métier, en TIC, d'ordre supérieur

Quand et pour qui?

Petite enfance	Enfance et adolescence	Âge adulte

Comment les développer?   DPE, enseignement général et supérieur   Formations de courte et longue durée (soutien), ALT

Principaux acteurs   Familles, écoles, organismes d'EFTP, universités, employeurs   Familles, organismes d'EFTP, employeurs

Source : schéma conçu par Alexandria Valerio, Viviana Venegas et Omar Arias.
Note : DPE = Développement de la petite enfance ; TIC = Technologies de l'information et de la communication ; ALT = Apprentissage sur le lieu de travail ; EFTP = Enseignement et formation techniques et professionnels.

Différentes périodes sont cruciales pour la formation de ces multiples compétences. Le potentiel inné et les influences de l'environnement social déterminent le développement des compétences au cours de la vie[3]. La plasticité cérébrale est à son maximum durant les premières années de la vie et à l'adolescence, moment où les connexions neuronales prolifèrent, sont élaguées et se solidifient. Le développement de la capacité du cerveau est fortement influencé dès la grossesse par la santé et la nutrition de la mère et de l'enfant, ainsi que dans les premières années de la vie, notamment durant les mille premiers jours, qualifiés de « créneau d'assimilation » (pour une synthèse récente des études sur ce sujet, voir Galasso et al., 2017). La qualité de l'environnement nourricier durant l'enfance et l'adolescence façonne elle aussi l'apprentissage cognitif et socio-émotionnel de base. La maltraitance, la négligence ou un stress extrême peuvent être particulièrement dommageables.

Les capacités cognitives de base sont bien en place dès l'adolescence, et la scolarité fournit des connaissances et des outils affinant l'usage de ces capacités, ce qui permet d'entreprendre de nouvelles tâches et de résoudre de nouveaux problèmes. Les compétences socio-émotionnelles continuent de se développer durant l'adolescence et au début de l'âge adulte ; comme l'explique ce rapport, certaines peuvent être enseignées par des intervenants à un coût raisonnable (Kautz et al., 2014). Les compétences techniques sont acquises par un enseignement scolaire et une formation professionnelle (de manière formelle ou informelle, sur le tas ou en classe), et les compétences spécifiques à un métier sont acquises par l'expérience professionnelle.

L'apprentissage extra-scolaire est une source importante pour acquérir des compétences. Aux États-Unis, il représente entre un tiers et près de la moitié de l'ensemble des formations de compétences (Heckman, Lochner et Taber, 1998). La part d'apprentissage informel, notamment sur le lieu de travail, est souvent négligée à cause d'un certain nombre de préjugés sur l'apprentissage à l'âge adulte et en raison de la rareté de données pertinentes. Des avancées récentes dans le domaine des neurosciences et de nouvelles données sur les compétences adultes tordent le cou à ces préjugés. Du fait de sa plasticité, le cerveau continue de se transformer au-delà de l'âge moyen, et même si certaines fonctions cognitives comme la mémoire de travail et la rapidité mentale commencent à décliner dès l'âge de quarante ans, une compensation et une réorganisation des voies neuronales peut permettre de maintenir un niveau général élevé de fonctionnement. Des facteurs comme la régulation des émotions et le fait d'être consciencieux tendent à augmenter au-delà de l'âge moyen, et le cerveau parvient mieux à tirer profit des expériences passées et des connaissances pour prendre des raccourcis et trouver des solutions (voir la synthèse du Center on the Developing Child, 2016 ; Roberts, Wood et Caspi, 2008).

Comme on le verra au chapitre 5, de nouveaux éléments sur l'apprentissage du cerveau adulte peuvent être incorporés dans la formation (formelle ou informelle) des adultes pour la rendre plus efficace et moins dispendieuse. L'expérience accumulée comme salarié ou travailleur indépendant, y compris dans l'agriculture, et l'apprentissage social qui va avec, peuvent également contribuer à l'acquisition de compétences.

Pour qui les développer?

Les compétences acquises par les citoyens d'un pays forment son capital humain. Le nombre d'années d'études est un critère imparfait pour mesurer les compétences. La productivité pour un niveau d'éducation donné dépend de la qualité de l'éducation familiale et scolaire durant l'enfance, l'adolescence et l'âge adulte. La main-d'œuvre, qui se nourrit du flux de nouvelles cohortes d'individus en âge d'être scolarisés et de jeunes qui sont encore scolarisés ou en formation, comprend des personnes – jeunes et moins jeunes – qui ont interrompu leurs études ou n'ont jamais été scolarisées et qui ont continué à acquérir ou à perdre des compétences à des moments différents (sur des dizaines d'années) et dans différents contextes.

Il en résulte que la main-d'œuvre comprend des personnes dont les parcours de formation sont extrêmement divers. Un problème particulier à l'Afrique subsaharienne est le fait qu'une part importante de la population n'a jamais acquis (et n'acquiert toujours pas) les compétences essentielles de base. Comme on le verra au chapitre 5, sans un minimum de compétences de base, la seule acquisition de compétences techniques ne suffit souvent pas à combler les lacunes et à augmenter l'employabilité de la main-d'œuvre.

Les responsables des politiques subsahariennes de développement des compétences doivent fixer leur attention sur ces compétences multiples pour trois raisons principales. Premièrement, comme c'est développé plus bas, autant les compétences de bases que les compétences techniques comptent pour une transformation fructueuse de l'économie et une croissance à long terme. Deuxièmement, elles sont importantes pour la mobilité sociale. Il y a en effet un fossé de compétences significatif entre les Africains provenant de familles aisées et ceux provenant de familles défavorisées, et ceux qui ne sont scolarisés que pendant quelques années n'ont guère la possibilité de combler leurs lacunes dans leurs compétences de base. Ces lacunes sont particulièrement problématiques dans la mesure où elles font obstacle à la possibilité de faire des études supérieures et empêchent ce groupe social de pouvoir s'adapter à un environnement économique sans cesse changeant où des compétences élémentaires peuvent devenir obsolètes. Les chapitres 2 à 4 examinent ces problèmes. Troisièmement, comme on va le voir maintenant, en Afrique subsaharienne autant les familles que le marché du travail attachent une grande importance à l'éducation et aux compétences, et les employeurs se plaignent du manque de compétences de base et de compétences techniques de la main-d'œuvre.

Compétences demandées : en Afrique subsaharienne de nos jours

Pénurie de compétences selon les employeurs

De nombreux chefs d'entreprise d'Afrique subsaharienne indiquent que le manque de compétences est un obstacle supérieur à la moyenne pour le développement de leur activité. Les graphiques 1.2 à 1.4 présentent des données sur l'importance des compétences parmi les contraintes qui pèsent sur l'activité (source : Enterprise Surveys de la Banque mondiale, http://www .enterprisesurveys.org, analysée par Perotti, 2017, pour ce rapport). Ces données sont fondées sur des échantillons représentatifs d'entreprises formelles (de grande taille pour la plupart) dans les domaines de l'industrie manufacturière, des services et de la construction, en Afrique subsaharienne et dans des pays à revenu faible ou intermédiaire d'autres régions du monde, ainsi que sur des échantillons d'entreprises informelles (des microentreprises pour la plupart) provenant d'études spécialisées sur la région. L'indicateur mesure le pourcentage d'entreprises qui considèrent les compétences comme une contrainte plus importante que les quatorze autres facteurs étudiés de l'environnement commercial. En moyenne, environ un tiers des entreprises de la région estiment que les compétences sont une contrainte supérieure à la moyenne, avec cependant des variations selon les pays. Les grandes entreprises sont plus nombreuses à évaluer les compétences comme une contrainte au-dessus de la moyenne, avec des chiffres qui atteignent 50 à 70 % dans plusieurs pays (graphique 1.2.a.). Même parmi les microentreprises, la part d'entre elles qui considèrent les compétences comme une contrainte supérieure à la moyenne atteint 30 % ou plus dans la plupart des pays. L'indicateur de sévérité relative suggère que les compétences dans le monde sont perçues comme une contrainte supérieure à la moyenne lorsque les pays sont en développement (graphique 1.2.b.). L'indicateur de la région est similaire à celui d'autres économies à faible revenu et atteint 50 % au-dessus de la tendance mondiale dans les économies à revenu moyen de l'Afrique subsaharienne.

Les entreprises de la région indiquent que leurs difficultés à recruter une main-d'œuvre qualifiée augmentent avec le développement économique. Ces dernières années, un plus grand nombre d'entreprises subsahariennes ont noté que les compétences ont été une contrainte supérieure à la moyenne lorsque les économies de leur pays se sont développées, en phase avec la tendance mondiale (graphique 1.3). Cette tendance s'est manifestée dans des pays comme le Ghana, le Rwanda, le Sénégal et la Tanzanie. Le lien observé dans le monde entier, et en particulier dans la région subsaharienne, entre le niveau de développement d'une économie et l'importance accordée aux compétences suggère que les lacunes en matière de compétences, qui constituent déjà un problème en Afrique subsaharienne, vont devenir de plus en plus contraignantes au fur et à

Graphiques 1.2 Part des entreprises considérant les compétences de la main d'œuvre comme une contrainte supérieure à la moyenne par rapport à quatorze autres facteurs de l'environnement des affaires en Afrique subsaharienne et dans le monde, selon la taille d'entreprise et le PIB par habitant

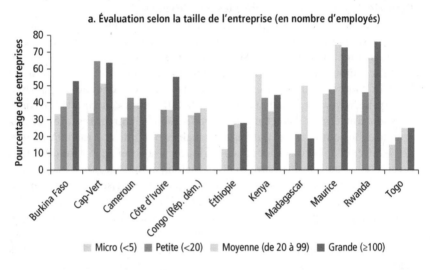

a. Évaluation selon la taille de l'entreprise (en nombre d'employés)

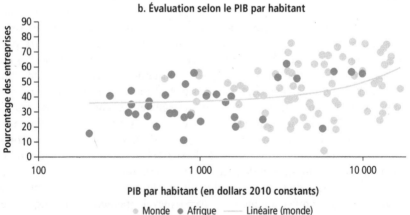

b. Évaluation selon le PIB par habitant

Source : Perotti, 2017, d'après les Enterprise Surveys de la Banque mondiale.
Note : Les deux graphiques exploitent des données d'études standard des Enterprise Surveys qui couvrent principalement des entreprises formelles et excluent les microentreprises. Le graphique 1.2.b. comprend également des données sur les microentreprises provenant d'études spécialisées des Enterprise Surveys sur l'Afrique subsaharienne. L'indicateur mesure le pourcentage d'entreprises qui mettent les compétences (sur une échelle de 1 = pas importantes à 5 = importantes) au-dessus de la valeur moyenne qu'elles donnent à l'ensemble des quatorze autres contraintes étudiées.

Graphique 1.3 Part des entreprises considérant les compétences de la main d'œuvre comme une contrainte supérieure à la moyenne par rapport à quatorze autres facteurs de l'environnement des affaires en Afrique subsaharienne selon le PIB par habitant

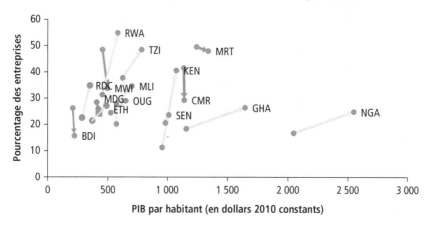

Source : Perotti, 2017, d'après les Enterprise Surveys de la Banque mondiale (données couvrant principalement les entreprises formelles et excluant les microentreprises).
Note : Les flèches indiquent des tendances dans le développement économique, d'après les évaluations des entreprises. BDI = Burundi ; CMR = Cameroun ; RDC = République démocratique du Congo ; ETH = Éthiopie ; GHA = Ghana ; KEN = Kenya ; MDG = Madagascar ; MLI = Mali ; MRT = Mauritanie ; MWI = Malawi ; NGA = Nigeria ; RWA = Rwanda ; SEN = Sénégal ; TZI = Tanzanie ; OUG = Ouganda.

mesure que les pays se développent. Une analyse plus détaillée des données des entreprises indique que celles qui sont le mieux intégrées à des marchés externes (sociétés d'export, étrangères, ou les deux) et recrutent le plus disent que les compétences sont relativement plus contraignantes (Perotti, 2017).

Tandis que d'autres contraintes qui pèsent sur l'activité des entreprises deviennent moins fortes, les employeurs sentent de plus en plus l'entrave que constituent les lacunes en matière de compétences. Comme le montrent les graphiques 1.4, les entreprises de l'Afrique subsaharienne considèrent généralement les compétences comme l'une des contraintes les plus importantes parmi les quinze étudiées ; l'électricité, les infrastructures, le gouvernement, les impôts et l'accès aux capitaux se situent cependant à un rang plus élevé. Les données sur les moyennes par pays de cent onze économies à revenu faible ou intermédiaire révèlent une tendance mondiale et subsaharienne selon laquelle les compétences sont relativement plus importantes pour les entreprises lorsque des facteurs plus immédiats de l'environnement commercial – notamment l'accès aux capitaux – sont relativement moins importants. Ce rapport d'inversion entre la lourdeur des déficits de compétences et l'accès aux capitaux demeure même en prenant en compte le niveau moyen d'éducation d'un pays et son produit intérieur brut (PIB) par habitant et en considérant toutes les contraintes concomitamment (Perotti, 2017). En revanche, il n'y a pas de corrélation systématique

Graphiques 1.4 **Part des entreprises considérant les compétences de la main d'œuvre et d'autres facteurs de l'environnement des affaires comme une contrainte supérieure à la moyenne en Afrique subsaharienne et dans le monde**

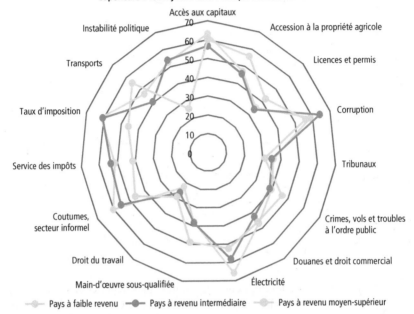

a. Pourcentage des entreprises qui considèrent la contrainte
supérieure à la moyenne dans l'Afrique subsaharienne

⊸⊙⊸ Pays à faible revenu ⊸●⊸ Pays à revenu intermédiaire ⊸○⊸ Pays à revenu moyen-supérieur

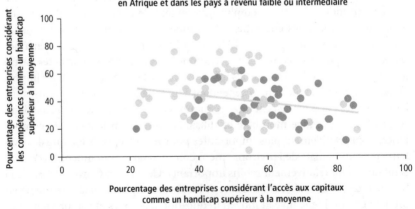

b. Corrélation entre les entreprises considérant les compétences et les entreprises
considérant l'accès aux capitaux comme un handicap supérieur à la moyenne,
en Afrique et dans les pays à revenu faible ou intermédiaire

Pourcentage des entreprises considérant
les compétences comme un handicap
supérieur à la moyenne

Pourcentage des entreprises considérant l'accès aux capitaux
comme un handicap supérieur à la moyenne

⬤ dans le monde ⬤ en Afrique

Source : Perotti, 2017, d'après les Enterprise Surveys de la Banque mondiale.
Note : Les deux graphiques exploitent des données des études standard des Enterprise Surveys couvrant principalement les entreprises formelles et excluant les microentreprises. Le graphique 1.4.b. inclut des données sur les microentreprises issues d'études spécialisées des Enterprise Surveys sur l'Afrique subsaharienne ; monde = pays à revenu faible ou intermédiaire d'autres régions du monde.

entre le pourcentage d'entreprises qui considèrent les compétences comme une contrainte relativement plus importante et le pourcentage d'entreprises qui donnent à d'autres facteurs de l'environnement commercial une importance supérieure à la moyenne.

Il n'y a pas de corrélation, dans un pays donné, entre l'importance du déficit de compétences et la part de main-d'œuvre adulte à faible niveau d'éducation. Cette absence de corrélation est cohérente avec le fait que les entreprises attachent de l'importance à la qualité des écoles, qui en fin de compte créent des compétences plus qu'elles ne produisent de la quantité. En outre, comme on le verra au chapitre 5, il y a plus de chance que les entreprises manufacturières (pour lesquelles les données sont disponibles) assurent elles-mêmes la formation lorsqu'elles s'aperçoivent que l'absence de certaines compétences représente un obstacle supérieur à la moyenne (Perotti, 2017); une telle formation peut compléter les lacunes scolaires. En résumé, même si ces données ne permettent pas une interprétation causale, elles suggèrent que les entreprises de l'Afrique subsaharienne considèrent les lacunes en matière de compétences comme une plus grande entrave à leur activité au fur et à mesure qu'elles se développent et se modernisent, en même temps que les économies dans lesquelles elles se trouvent.

Lorsque des employeurs se plaignent que la main-d'œuvre n'a pas les bonnes compétences, ils ne se réfèrent pas simplement aux diplômes scolaires ou aux qualifications techniques. Comme on peut le lire dans Filmer et Fox (2014), les employeurs de la région subsaharienne, comme ailleurs, attachent de l'importance à de multiples compétences, aussi bien de base que techniques. Ceci est confirmé par de récentes études sur les employeurs qui analysent plus profondément quelles sont les compétences les plus rares ou ayant le plus de valeur. Le graphique 1.5 présente les résultats des études de l'Organisation internationale du travail (OIT) sur la transition école-travail (*School-to-Work Transition Surveys*), dans lesquelles on a demandé aux employeurs de quatre pays quelles compétences sont rares ou ont le plus de valeur. On voit clairement que les employeurs de ces pays considèrent les compétences cognitives et socio-émotionnelles de base comme au moins aussi importantes que les compétences techniques. Des données comparables sur des employeurs d'autres économies à revenu faible ou intermédiaire et de pays de l'OCDE montrent l'importance des compétences cognitives et socio-émotionnelles de base en plus des compétences techniques dans la manière dont les entreprises recrutent (Cunningham et Villaseñor, 2014). Plusieurs études exploitant de nouvelles données sur la main-d'œuvre ont montré que ces compétences ont une valeur marchande significative sur le marché du travail, autant dans les économies à revenu élevé que dans celles à revenu faible ou intermédiaire[4]. En outre, lorsque les employeurs se plaignent de lacunes en matière de compétences, ils font allusion à ce qu'ils perçoivent comme une pénurie de compétences de base et de compétences techniques parmi les nouveaux entrants et la main-d'œuvre adulte[5]. Les lacunes en matière de compétences peuvent prendre de nombreuses formes, partant des

Graphique 1.5 Part des employeurs qualifiant la compétence d'importante ou de très importante au Bénin, au Libéria, au Malawi et en Zambie

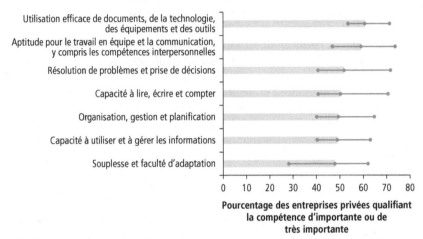

Source : Études de l'Organisation internationale du travail auprès des employeurs *School-to-Work Transition Surveys* (autour de 2014).
Note : Les trois points sur les lignes représentent les valeurs minimum, moyenne et maximum dans l'échantillon de pays, les valeurs aberrantes ayant été exclues.

lacunes dans les compétences de base (cognitives et socio-émotionnelles) jusqu'aux lacunes dans les compétences techniques, et peuvent affecter autant la main-d'œuvre actuelle que future. Les compétences techniques ne sont pas le seul facteur augmentant les chances d'être recruté.

Ces perceptions des employeurs doivent être interprétées avec précaution. Il faut tempérer la manière dont on interprète les données sur les exigences de compétences du fait que les investissements en compétences produisent des fruits à longue échéance. Dans dix ou vingt ans, les économies africaines ne ressembleront probablement pas à ce qu'elles sont aujourd'hui. En outre, s'attendre à ce que le système éducatif fournisse une main-d'œuvre « prête à l'emploi », notamment s'agissant de jeunes recrues, n'est pas réaliste car une bonne partie de l'apprentissage se fait au travail. Demander des candidats à l'emploi qu'ils soient prêts à être formés semble un objectif plus atteignable. Comme il est expliqué au chapitre 5, il faut encourager les entreprises à investir dans la formation de la main-d'œuvre. Les changements technologiques vont probablement pousser dans ce sens du fait que les compétences requises vont elles aussi changer et le système éducatif et de formation est lent à s'adapter. L'investissement dans les compétences en Afrique doit prendre en compte le caractère extrêmement informel des économies d'aujourd'hui et une agriculture vivrière familiale. Il doit soutenir le processus de transformation économique et se mettre en phase avec les types de métiers qui seront offerts aux nouvelles générations d'Africains.

Rendement de l'éducation et des compétences sur le marché du travail

Le rendement de la formation, pris comme indicateur de la valeur des compétences, est élevé en Afrique subsaharienne. Dans une étude globale et circonstanciée sur les bénéfices personnels de la formation, qui s'expriment par un salaire horaire plus élevé, Montenegro et Patrinos (2014) ont établi que le rendement moyen d'une année de scolarisation est le plus élevé en Afrique subsaharienne (12,4 % contre 9,7 % pour le monde entier) et, conformément à la tendance mondiale, plus élevé pour les femmes (14,5 %) que pour les hommes (11,3 %). Dans leur échantillon de 139 pays, les cinq économies présentant le rendement moyen le plus élevé se situent dans la région subsaharienne : ce sont celles du Burundi, de l'Éthiopie, de la Namibie, du Rwanda et de l'Afrique du Sud. Le rendement marginal moyen est plus élevé en Afrique subsaharienne que dans d'autres régions du monde à tous les niveaux d'études : elle est plus élevée pour les études supérieures (21 % contre 14,6 %) et le primaire (14,4 % contre 11,5 %) que pour le secondaire (10,6 % contre 6,8 %). Ainsi, en moyenne, une personne qui fait une année supplémentaire d'études supérieures aura des revenus plus élevés de 21 % qu'une personne qui s'arrête à la fin des études secondaires. De même, une personne qui fait une année supplémentaire d'enseignement primaire aura des revenus plus élevés de 14,4 % qu'une personne qui n'a pas été scolarisée.

Le rendement moyen de la scolarisation varie d'un pays à l'autre en fonction des progrès économiques et du niveau d'éducation des nouvelles générations. Les graphiques 1.6 mettent en rapport les estimations les plus récentes (autour de 2010) de Montenegro et Patrinos (2014) sur le rendement moyen de la scolarisation dans les pays subsahariens avec, d'une part, le niveau d'éducation de la génération des 25–29 ans (pour mesurer les progrès dans le développement de l'éducation), d'autre part, un indicateur reflétant les critères de développement économique jugés pertinents pour l'investissement dans la formation, à savoir : le revenu par habitant, la structure économique, les liens avec les marchés externes, l'urbanisation et la transition démographique (voir la note des graphiques 1.6 pour plus de détails). Les deux indicateurs sont normalisés (la moyenne est 0 et l'écart type est 1) ; plus le chiffre est élevé, plus un pays a progressé dans son développement économique (est devenu plus riche, moins dépendant de l'agriculture à faible rendement, plus ouvert et urbanisé…) ou plus il a augmenté le pourcentage de jeunes ayant accès à l'éducation.

Le rendement moyen pour une année supplémentaire de formation va d'environ 5 % à 20 % et a tendance à être plus élevé dans les économies qui se transforment plus rapidement. Le rendement augmente pour les études supérieures (il atteint ou dépasse 20 %) et baisse pour le primaire et le secondaire (proche d'une moyenne de 10 %) au fur et à mesure que l'économie se transforme et gagne en richesse. On observe un schéma analogue, mais moins marqué dans la relation entre le rendement moyen selon le niveau d'éducation et le niveau d'éducation général des nouvelles générations d'un pays. Les graphiques révèlent une situation très différenciée d'un pays à l'autre dans le rendement de la formation, ce qui tient en partie, comme on le verra plus loin dans le chapitre, à des différences dans la manière dont chaque pays crée des

Graphiques 1.6 Rendement moyen de la formation pour l'emploi salarié en Afrique subsaharienne autour de 2010

a. Rendement moyen de la formation selon le niveau de développement initial de chaque pays

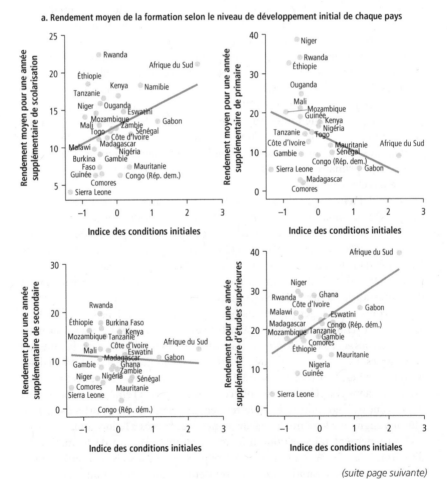

(suite page suivante)

Graphiques 1.6 (suite)

b. Rendement moyen de la formation selon le niveau d'éducation de la main-d'œuvre

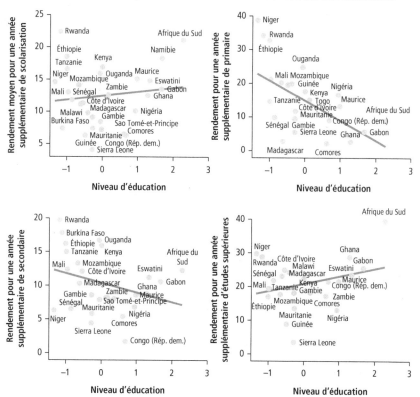

Source : Montenegro et Patrinos, 2014, sur la base d'études de la main-d'œuvre.
Note : L'indice des conditions initiales est un indicateur reflétant les critères de développement économique jugés pertinents pour les investissements dans la formation, à savoir : le revenu par habitant ; la structure économique (par exemple la part de valeur ajoutée et de productivité dans l'agriculture) ; les liens avec les marchés externes (par exemple l'ouverture sur le commerce et sur l'investissement étranger) : l'urbanisation et la transition démographique (ratio de dépendance). Le niveau d'éducation est mesuré en fonction du pourcentage de la population âgée de 25 à 29 ans ayant au moins été jusqu'au bout de l'enseignement primaire (certains ayant suivi le secondaire et au-delà).

conditions favorables pour que les investissements dans la formation puissent porter leurs fruits.

Le rendement moyen de la formation a tendance à être plus bas pour les travailleurs indépendants et les salariés de l'économie informelle, mais il est généralement positif et financièrement significatif. Les résultats que nous présentons concernent uniquement le travail salarié (et donc une fraction de la main-d'œuvre de la région). En effet, les données exploitées par Montenegro et

Patrinos (2014) ne comprennent pas les travailleurs indépendants (agricoles ou non) ni la main-d'œuvre du secteur informel. Cependant, Van der Sluis, van Praag et Vijverberg (2005) ont fait un compte rendu systématique de plus de cent études empiriques sur l'impact de la formation sur la performance des travailleurs indépendants et des entrepreneurs dans les économies à revenu faible ou intermédiaire (dont un tiers en Afrique) et ont conclu qu'une année supplémentaire d'enseignement débouche en moyenne sur des gains plus élevés de 5,5 % pour les travailleurs indépendants, le rendement étant plus élevé pour les femmes et pour les citoyens de pays plus agricoles. Comme le montrent les études par pays de la région subsaharienne, les bénéfices de la formation sont souvent moins élevés pour les travailleurs indépendants que pour les salariés. C'est le cas au Ghana, au Kenya, au Nigeria et en Tanzanie, mais pas en Afrique du Sud ni en Ouganda où les bénéfices sont comparables pour les deux types de main-d'œuvre (pour le Ghana et la Tanzanie, voir Rankin, Sandeful et Teal, 2010 ; pour le Kenya, voir Banque mondiale, 2016a ; pour l'Ouganda, voir Kavuma, Morrissey et Upward, 2015 ; pour l'Afrique du Sud, voir Koch et Ntege, 2008 ; pour le Nigéria, voir Uwaifo Oyelere, 2008). Parmi les salariés, le rendement de la formation a tendance à être plus élevé dans le secteur formel, notamment dans le secteur public. Toutefois, la prime financière que donne la formation est significative pour les travailleurs indépendants. Ces résultats doivent être interprétés avec précaution dans la mesure où les facteurs qui déterminent un type d'emploi pour un individu donné – ses compétences – sont en général également en corrélation avec ses gains potentiels dans n'importe quel travail.

Le bénéfice financier de la scolarisation reflète en grande partie l'avantage que donnent les compétences cognitives, socio-émotionnelles et techniques, acquises ou innées, des personnes mieux instruites. Une étude récente de Valerio *et al.* (2016) exploite des données sur les capacités de lecture et les compétences socio-émotionnelles de base pour évaluer les rendements de ces compétences dans plusieurs pays à revenu faible ou intermédiaire. L'étude couvre les salariés et les travailleurs indépendants en zones urbaines. Comme le montrent les graphiques 1.7, le bénéfice de savoir lire et écrire est de taille, en particulier au Ghana et au Kenya, les deux pays africains figurant dans l'étude, où les travailleurs qui sont un cran au-dessus de la valeur moyenne de la faculté de lire et d'écrire reçoivent en moyenne un salaire horaire environ 30 % supérieur. Les compétences socio-émotionnelles (au Kenya) et techniques ont aussi des répercussions positives qui vont au-delà du niveau d'éducation. Les résultats de Valerio *et al.* (2016) montrent que le rendement moyen de la scolarisation est réduit environ de moitié une fois les compétences prises en compte. Cela rejoint les conclusions d'autres études internationales, à savoir qu'une partie significative des rendements de la scolarisation reflète le fait que la formation va de pair avec l'acquisition de compétences de base et de compétences techniques qui

Graphiques 1.7 Impact de la faculté de lire et écrire et de l'apprentissage au travail sur les revenus en Afrique subsaharienne

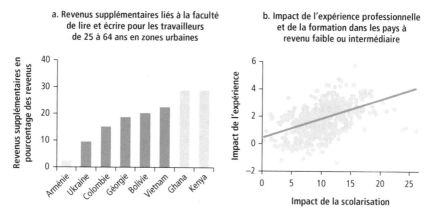

a. Revenus supplémentaires liés à la faculté de lire et écrire pour les travailleurs de 25 à 64 ans en zones urbaines

b. Impact de l'expérience professionnelle et de la formation dans les pays à revenu faible ou intermédiaire

Sources : graphique 1.7.a. : Valerio *et al.*, 2016, d'après les études de la Banque mondiale *Compétences pour l'employabilité et la productivité* (STEP) (http://microdata.worldbank.org/index.php/catalog/step/about) ; graphique 1.7. b : Montenegro et Patrinos, 2014.

augmentent la productivité au travail (voir par exemple Bowles, Gintis et Osborne, 2001 ; Heckman, Stixrud et Urzua, 2006).

L'avantage qu'apportent les compétences acquises avec l'expérience professionnelle est également significatif. L'impact des années d'expérience professionnelle, qui prennent en compte les compétences acquises au travail dans le domaine spécifiquement technique ainsi que socio-émotionnel, est positif et plus grand dans les économies à revenu faible ou intermédiaire (Montenegro et Patrinos, 2014). L'apprentissage au travail peut être une source relativement plus importante d'acquisition de compétences dans les économies à revenu faible ou intermédiaire que dans des pays à revenu élevé du fait du bas niveau de scolarisation. Le graphique 1.7.b. présente les résultats de Montenegro et Patrinos (2014) et révèle une corrélation fortement positive entre l'impact de la scolarisation et l'impact de l'expérience professionnelle. Le bénéfice de l'expérience professionnelle prend souvent la forme d'un U renversé. Les revenus augmentent de moins en moins rapidement, à un rythme de 2 à 4 % environ en moyenne pour les premières années jusqu'à la quarantaine (suivant le pays et le type d'emploi), après quoi ils déclinent tous les ans. On a également constaté une corrélation entre l'expérience professionnelle et les performances des petites entreprises. Par exemple, Gokcekus, Anyane-Ntow et Richmond (2001) ont établi, en étudiant un échantillon de microentreprises de l'industrie du bois au Ghana, que, en plus de la scolarisation, l'apprentissage au travail d'un entrepreneur a un effet positif sur l'efficacité technique de son entreprise, soulignant à nouveau l'impact potentiel de l'apprentissage au travail. Cette source importante de gain de compétences ne doit pas être négligée. Au chapitre 5 est commenté l'impact de bourses et de formations créées pour améliorer les perspectives d'emploi. Ces interventions seraient une opportunité pour former des compétences par un apprentissage au travail.

Les compétences socio-émotionnelles sont importantes pour un entrepreneur. Klinger, Khwaja et del Carpio (2013) ont analysé la situation de 1 580 petits entrepreneurs qui ont fait des emprunts à des banques et des services de microfinance en Colombie, au Kenya, au Pérou et en Afrique du Sud, et ils ont constaté que les profits qu'ils réalisent et leur attitude vis-à-vis du remboursement sont étroitement liés à leurs traits de caractère, souvent considérés comme des compétences socio-émotionnelles. Par exemple, le fait d'être consciencieux, le besoin d'autonomie, la persévérance, l'attitude face à un objectif et l'honnêteté permettent de dire qui a les plus grandes chances de réussite comme entrepreneur. De Mel, McKenzie et Woodruff (2008) concluent que la finance n'est pas la seule contrainte dans le développement des microentreprises au Sri Lanka. Leurs résultats permettent d'utiliser des critères fiables pour mesurer les compétences socio-émotionnelles et évaluer des entrepreneurs potentiels en vue d'un soutien financier. Par ailleurs, dans la mesure où certaines de ces compétences (comme l'attitude face à un objectif) peuvent être enseignées, il faudrait qu'elles figurent aux programmes de formation des entrepreneurs.

L'impact de l'éducation et des compétences sur la productivité et les revenus dans l'agriculture

On a constaté que la formation joue un rôle-clé dans l'adoption de nouvelles technologies par les agriculteurs. Des ouvrages récents ont montré que l'apprentissage, l'aversion pour le risque lié à un crédit, et les faillites dans le marché de l'assurance comptent dans la décision des agriculteurs d'adopter des technologies et dans les répercussions que cela aura. On relève que les agriculteurs mieux instruits sont plus enclins à se former aux nouvelles technologies et à les adopter (Foster et Rosenzweig, 1995). Ceci reflète probablement le fait que les compétences cognitives comme les facultés de lire, écrire et compter permettent d'acquérir et d'utiliser des informations rapidement, pas seulement sur la disponibilité de nouvelles technologies, mais aussi sur leurs avantages et la manière de les employer dans un contexte donné (Huffman, 2001). On découvrira au chapitre 5 des actions prometteuses pour développer l'apprentissage de la lecture et de l'écriture chez les jeunes non scolarisés et les adultes.

L'apprentissage social, c'est-à-dire la formation par son entourage, qui requiert des compétences pour créer le lien avec ses interlocuteurs et bien communiquer, est un aspect sous-estimé chez les petits propriétaires d'Afrique subsaharienne. C'est par leurs voisins ou des gens de leur entourage que les agriculteurs entendent parler des avantages ou des inconvénients d'adopter une nouvelle technologie, et c'est sur cette base qu'ils décident ensuite de sauter le pas ou non (Conley et Udry, 2010). Évaluer le réseau social d'un agriculteur américain au xxᵉ siècle est le moyen le plus efficace de déterminer s'il adoptera de nouvelles technologies-clés (Skinner et Staiger, 2005). On a constaté chez les agriculteurs éthiopiens que leur réseau social joue un rôle plus important dans l'adoption de nouvelles technologies et de méthodes agricoles, comme l'usage d'engrais et de semences optimisées, qu'un agent de développement agricole (Krishnan et Patnam, 2014 ; Liverpool-Tasie et Winter-Nelson, 2012).

D'autres compétences socio-émotionnelles liées à l'attitude face à un objectif, l'ardeur au travail, la souplesse et la persévérance sont également importantes dans le comportement des agriculteurs vis-à-vis de la technologie. Les facultés des agriculteurs de s'en remettre à eux-mêmes pour décider quelles méthodes de production et de récolte adopter, de persévérer dans leur effort, et d'accepter les risques, sont considérées comme essentielles pour comprendre les performances agricoles (de Janvry, Sadoulet et Suri, 2016). Plusieurs études récentes sur l'Afrique subsaharienne illustrent cette corrélation. Abay, Blalock et Berhane (2017) ont analysé les données d'une étude de 7 500 exploitations agricoles familiales en Éthiopie et constaté que les agriculteurs ayant un « centre de maîtrise interne » (c'est-à-dire qui pensent pouvoir influer sur les événements) sont plus susceptibles d'adopter de nouvelles méthodes de production, par exemple l'usage d'engrais et de semences optimisées et le recours à l'irrigation. Laajaj et Macours (2017) ont étudié 900 agriculteurs dans l'ouest du Kenya et mesuré un vaste éventail de compétences techniques (la connaissance des meilleures techniques de récolte), cognitives (par exemple lire, écrire et compter) et socio-émotionnelles (par exemple les cinq traits centraux de la personnalité). Tout en montrant les difficultés d'obtenir des mesures fiables de la plupart de ces compétences dans des contextes ruraux, leurs meilleures estimations suggèrent que toutes ces compétences jouent un rôle comparable, de manière indépendante, dans la productivité des agriculteurs.

Les graphiques 1.8 présentent les résultats de deux autres études. Frese *et al.* (2017) constatent que, sur la base de 500 exploitations agricoles du Malawi gérées par des couples, les compétences socio-émotionnelles des femmes liées à la persévérance, la place centrale accordée au travail et l'optimisme jouent un rôle significatif dans le choix de cultiver le tabac (graphique 1.8.a.), une culture rentable destinée exclusivement à l'export. En tenant compte d'un certain nombre de caractéristiques socio-économiques et agricoles, une augmentation d'un cran dans les compétences socio-émotionnelles des femmes correspond à une probabilité plus grande d'un tiers de cultiver du tabac en faisant appel à des moyens efficaces comme l'usage d'engrais ou le recours à un conseiller agricole.

Une autre étude portant sur 1200 cultivateurs de riz au Ghana (Ali, Bowen et Deininger, 2017) montre que plusieurs compétences socio-émotionnelles (liées à la motivation et l'attitude par rapport au travail) jouent un rôle

Graphiques 1.8 Corrélation entre les compétences socio-émotionnelles et la productivité agricole en Afrique subsaharienne

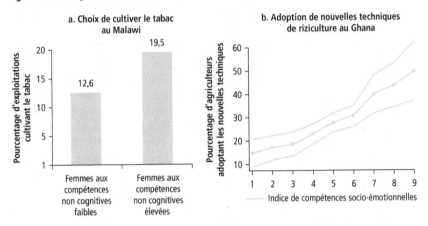

Sources : Frese *et al.,* 2017 (graphique 1.8.a.) ; Ali, Bowen et Deininger, 2017 (graphique 1.8.b.).
Note : Dans le graphique 1.8.a., les femmes aux compétences non cognitives faibles sont celles qui se situent sous la moyenne du point de vue de la persévérance, de la place centrale accordée au travail et de l'optimisme, et vice versa pour les femmes aux compétences non cognitives élevées. Dans le graphique 1.8.b, l'indice de compétences socio-émotionnelles comprend des évaluations de la place centrale accordée au travail, de la ténacité, de la réussite, du besoin de pouvoir, du lieu de maîtrise, de l'impulsivité, de la polychronicité, de l'optimisme, de l'organisation et de la confiance.

important dans l'adoption du repiquage, une technique permettant un meilleur rendement qui est proposée aux agriculteurs ghanéens dans le cadre de programmes de formation locaux, mais que peu adoptent. Le graphique 1.8.b. présente les résultats : dans le pourcentage d'agriculteurs adoptant le repiquage, il y a une différence de 34 points entre ceux qui figurent en haut de l'échelle dans l'évaluation des compétences socio-émotionnelles (les 10 % supérieurs) et ceux qui figurent en bas (les 10 % inférieurs). L'impact est deux fois plus important que celui du niveau d'éducation, d'expérience et de capacités cognitives chez ces mêmes agriculteurs. Il y a aussi une corrélation entre les compétences socio-émotionnelles et le bénéfice que procure une plus grande efficacité technique en riziculture. Les agriculteurs qui sont plus polychroniques (capables de jongler avec de multiples tâches) et plus optimistes sont plus susceptibles d'adopter le repiquage, et ceux qui sont plus polychroniques et qui attachent plus d'importance au travail ont une plus grande efficacité productive. On relève en outre une corrélation entre, d'une part, une plus grande propension à agir pour atteindre des objectifs et à planifier, contrôler ou influencer les autres et, d'autre part, de plus grands bénéfices dans l'adoption de nouvelles techniques.

Mettre plus l'accent sur les compétences socio-émotionnelles peut contribuer à accélérer l'innovation en agriculture. En mettant en évidence un certain nombre de corrélations, ces études soulignent la nécessité d'inclure les compétences socio-émotionnelles dans la formation et les programmes de soutien à l'agriculture dans la région subsaharienne. Ces compétences peuvent aider les agriculteurs à réagir avec souplesse face aux nouvelles opportunités, à accepter les risques et les incertitudes, à apprendre de leurs erreurs, à persévérer à la tâche face aux obstacles, à se confronter à des situations nouvelles et à gérer les interactions sociales. Elles ont pourtant bénéficié d'une moindre attention dans ces programmes agricoles. Elles pourraient en outre être utilisées pour identifier les personnes les plus susceptibles d'adopter et de diffuser de nouvelles technologies, et ces personnes pourraient devenir des agents du progrès parmi leurs pairs et accélérer la divulgation de ces technologies. Le chapitre 5 évoque des actions visant à développer les compétences socio-émotionnelles parmi les jeunes et fait part des premiers résultats d'évaluations rigoureuses.

Comment l'éducation et les compétences de base des enfants sont perçues?

Les Subsahariens accordent une grande importance à l'éducation, mais l'opinion que l'on a de son importance diffère d'un endroit à l'autre, de même que les avis divergent quant à savoir si l'école prépare bien la jeunesse au travail. Une étude Gallup de 2013 portant sur 32 pays subsahariens (Dago et Ray, 2014) présente les résultats d'un sondage où l'on a demandé aux gens de choisir le facteur qui est à leurs yeux essentiel pour déterminer le succès dans la vie. 40 % ont cité l'éducation, 30 % les relations et les liens, environ 20 % l'intelligence, et 10 % l'éthique professionnelle. Cependant, les avis divergent sensiblement suivant les endroits. Plus d'Africains anglophones (59 %) croient à l'importance de l'éducation que d'Africains francophones (23 %), tandis que plus d'Africains francophones (49 %) voient dans les relations et les liens familiaux la clé du succès. Dans l'ensemble de la région subsaharienne, presque deux tiers des sondés estiment que l'enseignement secondaire prépare bien les élèves au monde du travail, les variations allant de 86 % au Rwanda à 38 % en Tanzanie.

Les Subsahariens diffèrent d'habitants d'autres régions du monde par l'importance qu'ils attachent aux qualités socio-émotionnelles des enfants. Le graphique 1.9 présente des données des *World Values Surveys* (http://www .worldvaluessurvey.org/wvs.jsp) sur la valeur accordée, à travers le monde, au développement de certaines qualités socio-émotionnelles chez les enfants (voir aussi l'encadré 1.3). Des différences apparaissent. Dans l'ensemble, les Subsahariens accordent relativement plus d'importance à l'ardeur au travail[6] et à l'obéissance, et relativement moins à la responsabilité, à l'indépendance, et, dans une moindre mesure, à la tolérance que d'autres populations du monde. Ces différences sont particulièrement marquées par rapport aux habitants d'Asie de l'Est et de la région Pacifique, ou des pays à revenu élevé. Par exemple, environ un tiers des Subsahariens place la détermination (sœur de la persévérance, essentielle pour atteindre un objectif à long terme) parmi les cinq qualités les

Graphique 1.9 **Évaluation moyenne des qualités socio-émotionnelles des enfants en Afrique subsaharienne et dans d'autres régions du monde**

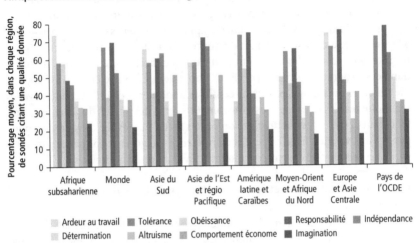

Source : *World Values Surveys* du Berkeley Center, année la plus récente.
Note : La question suivante a été posée : « Voici une liste de qualités que l'on peut enseigner aux enfants à la maison. Lesquelles considérez-vous particulièrement importantes ? Vous pouvez en sélectionner cinq au maximum. » Le graphique présente pour chaque région du monde la moyenne du pourcentage de sondés ayant cité une qualité donnée.

ENCADRÉ 1.3

Importance accordée aux qualités socio-émotionnelles des enfants : les enquêtes de « *World Values Surveys* »

World Values Surveys (http://www.worldvaluessurvey.org/wvs.jsp) est un projet global de recherche qui recueille des données, étalées souvent sur une période de dix à vingt ans, sur les valeurs et les opinions des gens partout dans le monde. L'analyse présentée dans ce rapport exploite les données les plus récentes de quatre-vingt-neuf pays, dont onze pays subsahariens : le Burkina Faso, l'Éthiopie, le Ghana, le Mali, le Nigéria, le Rwanda, l'Afrique du Sud, la Tanzanie, l'Ouganda, la Zambie et le Zimbabwe. Les échantillons prélevés dans chaque pays auprès d'environ mille personnes âgées de 15 ans ou plus sont censés être représentatifs au niveau national.

L'enquête dont rend compte le présent chapitre a été menée en posant la question suivante : « Voici une liste de qualités que l'on peut enseigner aux enfants à la maison. Lesquelles considérez-vous particulièrement importantes ? Vous pouvez en sélectionner cinq au maximum. » Les sondés étaient invités à choisir dans la liste suivante : l'ardeur au travail, la responsabilité, la détermination et la persévérance, l'indépendance, la tolérance et le respect des autres, l'imagination, l'obéissance, l'altruisme, un comportement économe vis-à-vis de l'argent et des choses, l'expression personnelle, la foi religieuse. Certaines contraintes (la limitation du nombre de données et l'envergure de l'analyse) nous ont obligés à laisser de côté les deux dernières qualités.

plus importantes, bien en dessous du pourcentage de sondés en Asie de l'Est et région Pacifique, et dans les pays de l'OCDE.

La plupart des différences dans l'évaluation des qualités socio-émotionnelles des enfants reflètent des différences de contexte entre les pays étudiés plutôt que des différences dans les caractéristiques socio-économiques des populations. Les différences d'appréciation des qualités socio-émotionnelles des enfants peuvent provenir de différences dans les caractéristiques socio-économiques et démographiques des sondés comme le niveau de revenu, l'éducation, l'âge... Par exemple, des personnes mieux instruites vont peut-être attacher plus de prix à la détermination et moins d'importance à l'obéissance. Ces évaluations peuvent changer en fonction du niveau de développement des pays. Le graphique 1.10 présente les résultats d'une enquête qui a cherché à identifier le rôle de ces facteurs. Il met en rapport, dans chaque pays, les pourcentages de sondés citant une qualité socio-émotionnelle donnée avec le revenu par habitant, après avoir corrigé les différences de caractéristiques démographiques et socio-économiques.

On constate principalement deux choses. Premièrement, le niveau de développement des pays joue un rôle fondamental, et les différences dans l'évaluation des qualités socio-émotionnelles des enfants ne sont que faiblement liées aux caractéristiques des populations. Par exemple, si les populations au niveau d'éducation et au statut socio-économique plus élevés sont moins susceptibles de citer l'obéissance parmi les cinq qualités les plus importantes, quel que soit le pays, la relation est faible. Deuxièmement, le rapport entre l'évaluation des qualités socio-émotionnelles des enfants et le PIB par habitant varie (graphiques 1.10). Lorsqu'un pays devient plus riche, ses habitants sont bien moins susceptibles de placer l'ardeur au travail et l'obéissance parmi les cinq qualités les plus importantes. La plupart des pays subsahariens s'inscrivent dans ce schéma à l'exception de l'Éthiopie, où les sondés ont tendance à attacher moins d'importance à ces qualités qu'on pourrait s'y attendre vu le niveau de revenu du pays. La corrélation d'autres qualités avec le niveau de revenu du pays est plus faible. Les habitants des économies les plus riches sont plus susceptibles de placer en haut du palmarès la responsabilité des enfants et, dans une moindre mesure, la tolérance. L'importance attachée aux autres qualités n'est pas liée au niveau de revenu d'un pays (les résultats ne figurent pas dans ce rapport).

Derrière les variations observées dans l'évaluation des qualités socio-émotionnelles des enfants se cachent probablement des facteurs culturels. La littérature sociologique et anthropologique nous apprend que l'histoire, la religion et le lieu géographique imprègnent la culture et les traditions d'un pays et exercent une influence importante sur l'échelle de valeurs de sa population (Amos, 2013 ; Banda, 2014 ; Kağıtçıbaşı, 2007). Les sociétés traditionnelles dans lesquelles les familles sont très soudées ou dans lesquelles on vit en communauté, et qui sont plus susceptibles de s'appuyer sur l'interdépendance matérielle et émotionnelle, vont peut-être placer l'obéissance plus haut, tandis que les

Graphiques 1.10 Relation entre l'évaluation des qualités socio-émotionnelles des enfants et le niveau de développement des pays

a. Ardeur au travail

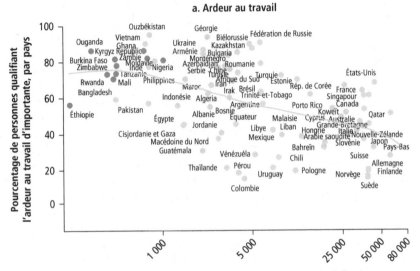

b. Obéissance

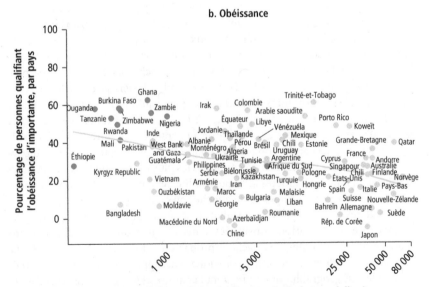

(suite page suivante)

Graphiques 1.10 (suite)

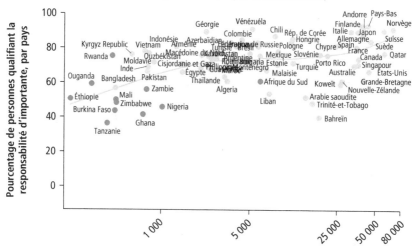

c. Responsabilité (moyenne conditionnelle)

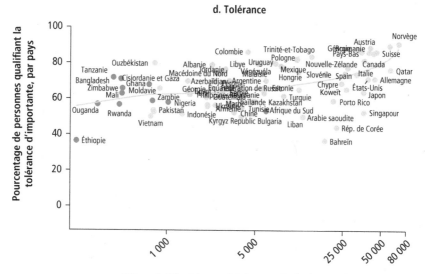

d. Tolérance

Source : World Values Surveys du Berkeley Center, sur la base de l'année la plus récente.
Note : Sur les graphiques ont été placés, en utilisant la méthode des moindres carrés ordinaire, les coefficients des effets fixes de chaque pays selon une régression de la probabilité de citer une qualité particulière parmi les cinq plus importantes ; ont été prises en compte plusieurs caractéristiques individuelles, notamment l'âge, le nombre d'enfants, la situation de famille, le niveau d'éducation et, selon une auto-évaluation, les revenus et la situation financière.

sociétés occidentales postindustrielles, qui ont tendance à être plus individua-
listes et à être caractérisées par une plus grande indépendance matérielle et
émotionnelle dans les liens familiaux, vont peut-être plus valoriser l'indépendance. Ces facteurs expliquent peut-être certaines différences d'évaluation d'un
pays à l'autre[7]. Par exemple, l'évaluation des qualités socio-émotionnelles au
Burkina Faso et au Mali (en Afrique francophone), d'une part, et au Ghana et
au Nigeria (en Afrique anglophone), d'autre part, est comparable pour la plupart des qualités. Ces pays ne sont pas seulement proches géographiquement,
ils partagent une histoire et une culture communes. De même, les résultats de
l'évaluation en Afrique du Sud, en Ouganda, en Zambie et au Zimbabwe (tous
anglophones et proches géographiquement) sont comparables pour la plupart
des qualités socio-émotionnelles. Dans le cas de l'Afrique du Sud, ces similarités
existent bien que le pays ait un revenu par habitant bien plus élevé. Le Rwanda
et la Tanzanie, en Afrique de l'Est, se rejoignent eux aussi dans l'évaluation de la
plupart des qualités socio-émotionnelles. En Éthiopie, par contre, on a tendance
à attacher beaucoup plus d'importance à l'indépendance et moins d'importance
à l'obéissance et à l'ardeur au travail que dans les autres pays subsahariens et les
autres pays à faible revenu de l'échantillon étudié. Ceci s'explique peut-être par
les caractéristiques historiques, religieuses et culturelles particulières de ce pays.

Certaines qualités socio-émotionnelles peuvent jouer un rôle dans les résultats économiques. Par exemple, des études sur les économies à revenu élevé
d'une part, à revenu faible ou intermédiaire d'autre part, ont établi une corrélation entre le besoin d'autonomie (indépendance) et l'esprit d'entreprise (Andreas
et Frese, 2007 ; de Mel, McKenzie et Woodruff, 2008 ; Klinger, Khwaja et del
Carpio, 2013 ; Leutner *et al.*, 2014). Cultiver ce genre de compétences peut
apporter un bénéfice, mais se heurter à d'autres compétences comme l'obéissance. Comme on l'a noté auparavant, d'autres compétences socio-émotionnelles
permettent de prédire une performance entrepreneuriale. Certaines compétences socio-émotionnelles comme l'autorégulation et les compétences sociales
deviendront probablement plus importantes dans un contexte mondialisé qui
évolue rapidement et où l'auto-apprentissage et les interactions sociales entre
diverses équipes à l'œuvre sont de plus en plus répandus.

On peut mettre en place des politiques pour soutenir les familles et modeler
les normes sociétales afin de stimuler les qualités socio-émotionnelles. Le
schéma 1.11 illustre les leviers d'action. Interactions avec les parents, les aides et
les éducateurs, stages d'éducation parentale et investissement à la maison et à
l'école jouent un rôle crucial dans le développement socio-émotionnel des
enfants (National Research Council et Institute of Medicine, 2000). Le système
de valeurs des parents, des aides et des éducateurs influe sur le choix des
compétences auxquelles ils donnent la priorité, ce qui influe ensuite sur l'investissement (financier et non financier) dans le développement des compétences
des enfants. L'importance que parents et éducateurs donnent aux qualités

Schéma 1.11 **Les familles et les compétences socio-émotionnelles : leviers politiques**

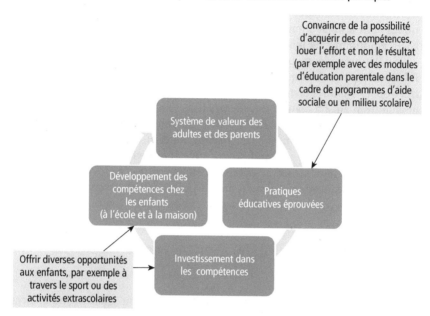

socio-émotionnelles est elle-même influencée par les valeurs sociétales, corollaire des contextes culturels et socio-économiques (Kağıtçıbaşı, 2007). Le processus de développement des compétences s'auto-renforce au sein de chaque génération et d'une génération à l'autre parce que les résultats positifs de l'éducation d'un enfant incitent à faire d'autres investissements et parce que des fondements plus solides vont probablement avoir un effet positif sur le système de valeurs, les pratiques éducatives et l'investissement lorsque ces enfants deviendront parents (Cunha *et al.*, 2006). Le lien n'a pas été établi entre les réponses de *World Values Survey* (http://www.worldvaluessurvey.org/wvs.jsp) et les pratiques éducatives. Plus de recherches sont nécessaires sur la manière dont les adultes transposent les qualités socio-émotionnelles qu'ils jugent importantes dans l'éducation des enfants, à la maison et à l'école.

Pour que les initiatives d'aide aux parents soient efficaces en Afrique subsaharienne, il faut être conscient du fait que les pratiques éducatives varient dans les sociétés multiculturelles et hétérogènes de la région et sont liées à des valeurs et à des traditions. Si certaines compétences socio-émotionnelles jouent un rôle, elles n'ont pas nécessairement une plus grande valeur intrinsèque, indépendante du contexte dans lequel grandissent les enfants. Il est important de documenter les pratiques éducatives existantes, la manière dont les parents prennent soin de leurs enfants et les élèvent, et de s'appuyer sur elles. Il faut collaborer avec les représentants des communautés pour comprendre la valeur intrinsèque de certaines pratiques parentales et les rediriger vers d'autres pratiques dont les faits montrent qu'elles sont plus favorables au développement socio-émotionnel de l'enfant (Garcia, Pence et Evans, 2008 ; Pence et Shafer, 2006). Par exemple, on peut enseigner à des parents qui donnent la priorité à l'obéissance et veulent que leurs enfants soient « bien élevés » des moyens de développer l'autorégulation socio-émotionnelle chez leurs enfants, lesquels apprendront ainsi à réguler eux-mêmes leur comportement, ce qui en même temps flattera leur sentiment d'autonomie. Comme on le verra au chapitre 2, de plus en plus d'études montrent que parents, aides et éducateurs peuvent tirer des enseignements de méthodes éducatives éprouvées (par exemple louer l'effort et non l'intelligence). Ces enseignements peuvent être dispensés dans des modules d'éducation parentale, dans le cadre de programmes d'aide sociale, ou par des interventions en milieu scolaire et dans des activités extrascolaires.

Compétences et transformation économique en Afrique subsaharienne

Les responsables d'Afrique subsaharienne qui investissent dans les compétences doivent être conscients des impacts des grandes tendances régionales et mondiales qui ne manqueront pas d'influencer la transformation économique de la région. Les pays africains, comme les autres pays du monde, font face à trois grandes tendances qui transforment l'économie mondiale, changent rapidement la demande en compétences, offrent des opportunités et en même temps représentent un défi pour les politiques de formation. Ces tendances sont la transformation démographique (la promesse que représentent le dividende démographique et l'urbanisation de la région) ; l'intégration dans des chaînes de valeur mondiales susceptibles de se transformer ; et les nouvelles technologies (la numérisation et, plus largement, le changement technologique et organisationnel). Ces phénomènes vont déterminer le type de métiers disponibles ainsi que la demande en compétences et les opportunités de formation, notamment pour les nouvelles générations de Subsahariens.

La transformation démographique

Le capital humain qui s'accumule avec les générations montantes offre à de nombreux pays de la région subsaharienne une chance unique de constituer une main-d'œuvre plus productive. Comme le montre en détail un rapport récent sur la transition démographique en Afrique subsaharienne (Canning, Raja et Yazbeck, 2015), l'Afrique est la région du monde qui devrait bénéficier du plus fort dividende démographique. L'augmentation de la part des jeunes cohortes dans la population en âge de travailler et la baisse du taux de fécondité libèrent des ressources pour investir dans le développement cognitif et socio-émotionnel des enfants et une éducation de qualité, pouvant entrainer une réduction de la part des travailleurs peu qualifiés dans la main-d'œuvre. Cependant, l'entrée d'un plus grand nombre d'enfants dans le système éducatif constitue un défi de taille qui s'ajoute au financement de l'expansion de l'éducation et des exigences de qualité.

L'urbanisation, autre grande tendance, a un impact important sur la formation de compétences en Afrique subsaharienne. La région s'urbanise rapidement (voir graphique 1.12), plus d'un tiers de la population vit déjà dans des zones urbaines. Un mouvement continu de main-d'œuvre vers les zones urbaines peut améliorer la répartition des ressources, permettre une meilleure adéquation entre les emplois et la main-d'œuvre, permettre aussi d'atteindre le niveau d'agglomération critique qui enclenche une croissance de la productivité (Lall, Henderson et Venables, 2017).

Des études menées dans divers pays mettent en évidence les retombées potentielles qui déclenchent un effet multiplicateur : les emplois très qualifiés dans les activités économiques-clés augmentent l'emploi local et les niveaux de

Graphique 1.12 Urbanisation en Afrique subsaharienne et dans le reste du monde, selon le PIB par habitant

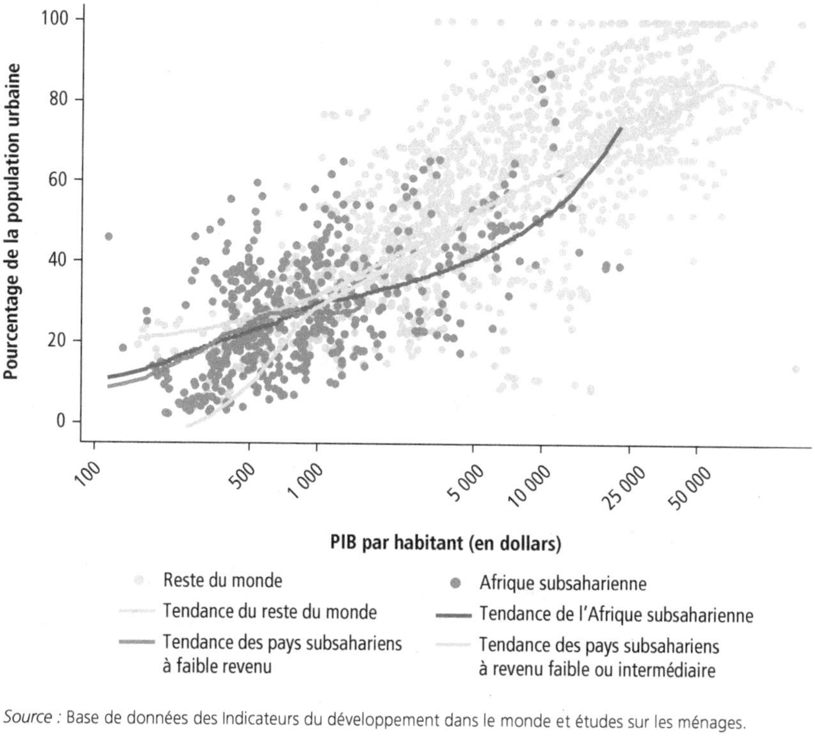

Source : Base de données des Indicateurs du développement dans le monde et études sur les ménages.

salaire, principalement en renforçant la demande en services. Des évaluations en Suède et aux États-Unis révèlent qu'un emploi très qualifié supplémentaire dans un secteur-clé génère indirectement entre trois et cinq emplois (Moretti, 2012 ; Moretti et Thulin, 2013). L'ampleur du multiplicateur d'emplois dépend de plusieurs facteurs, notamment de la qualification adéquate de la main-d'œuvre : a-t-elle les compétences requises pour les emplois susceptibles d'être créés indirectement ? La souplesse de l'offre de main-d'œuvre locale est en jeu ici. En outre, Moretti (2004) a constaté que la croissance de la productivité des entreprises aux États-Unis était sensiblement plus élevée dans les villes où l'augmentation de la part de diplômés était plus forte, et que les retombées de la productivité dans toute l'industrie étaient plus importantes lorsque les entreprises étaient liées économiquement par une chaîne de valeur, des intrants, ou une technologie. Enfin, l'histoire des États-Unis montre que la croissance des centres urbains est liée à une augmentation des emplois faisant plus intensément appel aux compétences interpersonnelles (Bacolod, Blum et Strange, 2009). Les politiques de développement des compétences dans les régions rurales et urbaines de la région subsaharienne doivent permettre à ces forces de l'agglomération urbaine de s'exercer et s'y adapter.

Intégration à l'économie mondiale

La deuxième tendance est l'imbrication de plus en plus grande de l'économie mondiale. Biens manufacturés et services sont produits dans des chaînes de valeur mondiales où les différentes étapes sont imbriquées les unes dans les autres, la Chine et d'autres pays d'Asie de l'Est ayant réussi à se tailler la part du lion dans les industries tournées vers l'export. Cette tendance va de pair avec une concurrence de plus en plus féroce. Dans plusieurs pays, l'intégration croissante aux marchés internationaux durant les années 2000 (avec notamment un boom dans l'exportation des produits de consommation courante) a provoqué un changement d'orientation permanent de la valeur ajoutée et de l'emploi vers les activités et les services fondés sur l'exportation. L'évolution mondiale de la demande en compétences va de pair avec la création et la destruction d'emplois, les entreprises se modernisant et les secteurs en déclin (par exemple l'agriculture) perdant du personnel au profit des secteurs en expansion (en particulier les services). Ce processus est susceptible de créer des disparités entre l'offre et la demande en compétences, ce qui pourrait être exacerbé lorsque la croissance emmenée par l'export s'accélérera et que les entreprises se lanceront dans des activités nouvelles à plus forte valeur ajoutée et fortement tournées vers l'export.

Les nouvelles technologies

La troisième tendance est l'impact des technologies numériques et des robots, et l'évolution rapide du monde du travail. La demande en compétences est influencée par trois facteurs : (a) la diffusion de technologies informatiques (TIC) et non informatiques, une évolution qui favorise les travailleurs qualifiés ;

(b) l'évolution vers des formes plus souples d'organisation du travail, ce qui réduit la demande en travailleurs peu qualifiés ; (c) l'externalisation ou la délocalisation partielle ou totale de la production de biens et de services vers des pays bénéficiant d'une main-d'œuvre meilleur marché, ce que l'on nomme également « l'échange de missions ». Les nouvelles technologies risquent de détruire plus d'emplois qu'elles n'en créent, du moins à court terme. Dans les économies à revenu élevé et dans certaines économies à revenu faible ou intermédiaire, du fait d'une meilleure pénétration des technologies numériques, les emplois comportent moins de tâches répétitives et manuelles, celles-ci pouvant être facilement automatisées, et plus de tâches non répétitives. La « polarisation des emplois », c'est-à-dire l'accroissement des emplois très qualifiés et peu qualifiés d'une part, et la stagnation ou le déclin des emplois intermédiaires d'autre part, a été mise en évidence dans les pays à revenu élevé et dans certains pays à revenu faible ou intermédiaire.

L'Afrique subsaharienne n'est pas à l'abri de l'impact de l'automatisation. Il semble que dans certaines économies à revenu faible ou intermédiaire une automatisation de certaines tâches répétitives soit à l'œuvre dans le secteur des emplois intermédiaires (graphique 1.13). Selon des estimations publiées dans le *Rapport sur le développement dans le monde 2016 : les dividendes du numérique*, plus de 40 % des emplois d'aujourd'hui sont menacés d'être profondément

Graphique 1.13 **Impact des technologies numériques sur le niveau de qualification des emplois dans certains pays**

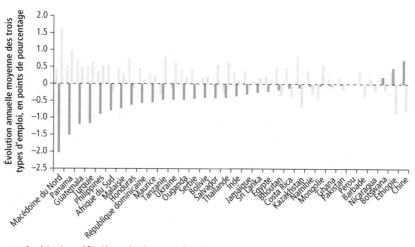

☐ Emplois très qualifiés (demandant beaucoup de compétences cognitives non répétitives et interpersonnelles)
■ Emplois intermédiaires (demandant beaucoup de compétences cognitives et manuelles répétitives)
☐ Emplois peu qualifiés (demandant beaucoup de compétences manuelles non répétitives)

Source : Banque mondiale, 2016b.

transformés ou remplacés par des technologies numériques durant les vingt ou trente prochaines années dans des pays comme le Nigéria et l'Afrique du Sud (Banque mondiale, 2016b). Si l'automatisation n'est pas forcément synonyme de destruction d'emplois à caractère répétitif en Afrique subsaharienne, nombre de ces emplois vont peut-être disparaître dans des pays comme la Chine avant que les économies africaines ne puissent attirer les industries dont ils dépendent grâce à une main-d'œuvre meilleur marché. Même lorsque ces emplois ne sont pas détruits, les technologies changent les compétences nécessaires pour les exercer, ce qui est tout aussi critique. Le coût des technologies numériques étant en chute exponentielle, il est important, lorsqu'on investit dans la formation de la main-d'œuvre de demain, d'être cohérent à long terme sur les compétences-clés requises dans un marché du travail dynamique. Ce qui implique de réorienter les formations vers les tâches réelles des travailleurs et vers le faisceau de compétences requis pour accomplir ces tâches. Il semble que, dans les pays de l'OCDE et certains pays à revenu faible ou intermédiaire, au sein d'un environnement économique en évolution permanente, de nombreux emplois soient devenus moins répétitifs et plus interactifs, ayant ainsi des répercussions sur les compétences requises.

La transformation économique : nouvelles opportunités et nouveaux défis

Ces deux dernières tendances s'ajoutent l'une à l'autre et posent le défi d'une désindustrialisation prématurée. On observe dans ce processus une contraction de la production manufacturière qui cesse d'être la force de transformation prenant la main-d'œuvre au secteur agricole (Rodrik, 2016), comme le montre le graphique 1.14. De manière croissante, dans la région, le moteur de la transformation et de la création d'emplois viendra des services, et souvent du secteur informel des travailleurs indépendants et des microentreprises. Les emplois du secteur formel (en particulier de l'industrie manufacturière) seront probablement en nombre limité dans les prochaines décennies. Plus nombreux sont ceux qui devront être prêts à créer leur propre activité, principalement dans les services. Il faut donc trouver un équilibre dans les politiques d'éducation et de formation de manière à ce que les nouvelles générations aient les compétences adaptées aux réalités économiques d'aujourd'hui : celles requises pour permettre la transformation économique, et celles qui leur permettront de s'adapter dans un marché du travail en rapide évolution.

Malgré une urbanisation croissante, l'agriculture continue d'être la plus grande source d'emplois en Afrique subsaharienne et un foyer de pauvreté. Comme le montre un récent rapport sur l'emploi des jeunes en Afrique subsaharienne (Filmer et Fox, 2014), la transformation économique va probablement être progressive dans la plupart des pays de la région si bien que l'emploi dans l'agriculture, notamment dans les entreprises familiales vivrières, va continuer

Graphique 1.14 Pic de la part des emplois dans l'industrie manufacturière, selon le PIB par habitant

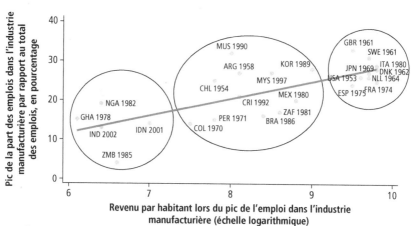

Source : Rodrik, 2016.

à représenter une part importante de la main-d'œuvre (graphiques 1.15). Trois quarts des pauvres vivent dans des zones rurales, et une vaste majorité d'entre eux s'adonnent à des travaux agricoles pour subvenir à leurs besoins. Le *Rapport sur le développement dans le monde 2008* a établi que la croissance du PIB dans l'agriculture est au moins deux fois plus efficace pour réduire la pauvreté que la croissance dans les secteurs non agricoles (Banque mondiale 2007). Une meilleure productivité agricole n'est pas seulement une source de croissance économique, c'est aussi un facteur de développement d'industries liées à l'agriculture – qui représentent dans certains cas environ un tiers du PIB – et plus largement de l'économie rurale non agricole. Les liens entre l'agriculture et l'industrie illustrent l'importance de la croissance agricole. La croissance de la productivité agricole empêche les prix alimentaires de monter, ce qui maintient les salaires à un bas niveau et contribue à rendre les secteurs non agricoles compétitifs. La croissance de l'agriculture a aussi des effets multiplicateurs sur le reste de l'économie.

Les plus brillantes réussites économiques sont généralement liées à une transformation de l'agriculture. De nombreuses possibilités se présentent aux pauvres des zones rurales, notamment prendre un emploi dans l'économie rurale non agricole, se convertir à une activité agricole plus rentable ou bien migrer du milieu rural vers le milieu urbain. Soutenir l'économie rurale non agricole en investissant dans les compétences nécessaires doit être au centre de

Graphiques 1.15 Répartition de l'emploi par secteur en Afrique subsaharienne

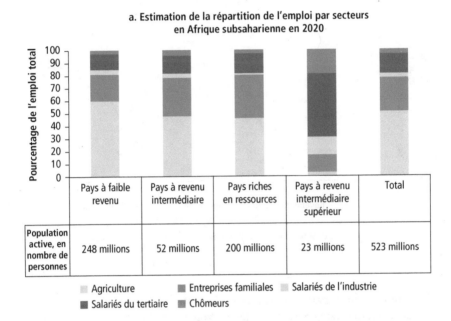

a. Estimation de la répartition de l'emploi par secteurs
en Afrique subsaharienne en 2020

■ Agriculture   ■ Entreprises familiales   Salariés de l'industrie
■ Salariés du tertiaire   ■ Chômeurs

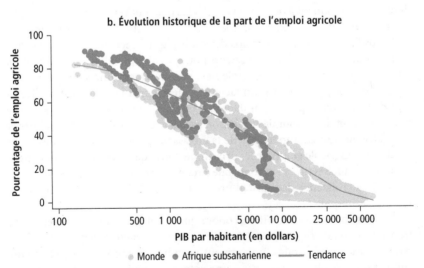

b. Évolution historique de la part de l'emploi agricole

● Monde   ● Afrique subsaharienne   —— Tendance

Sources : Filmer et Fox, 2014 (graphique 1.15.a.) ; *Groningen Growth and Development Centre 10-Sector Database* (graphique 1.15.b.).

toute stratégie. Dans la région, ce sont l'Éthiopie et le Ghana qui montrent le chemin.

Les compétences de la main-d'œuvre joueront un rôle important dans la manière dont les tendances mondiales façonneront la transformation économique en Afrique subsaharienne. Développer les compétences nécessaires dans les secteurs moteurs de l'économie est crucial pour cette transformation, laquelle peut générer les forces d'agglomération requises pour la croissance de la productivité et avoir un effet multiplicateur : les emplois les mieux rémunérés des secteurs-clés sont susceptibles de stimuler l'emploi et les niveaux de salaire dans d'autres secteurs liés par une chaîne de valeur ou par les retombées de la consommation. Les progrès de la technologie et du commerce mondial créent également des opportunités pour améliorer la productivité de l'agriculture, du travail indépendant non agricole en zones rurales et des entreprises familiales, soit par l'externalisation, soit par l'utilisation de plates-formes de travail numériques.

Ceci a des implications sur les compétences requises (Banque mondiale, 2016b). Une main-d'œuvre ayant les compétences nécessaires pourra mettre à profit les technologies plus rapidement et sera plus à même d'accéder à de nouveaux emplois (encadré 1.4). Considérons un agriculteur qui augmente sa production, par diversification dans des cultures plus profitables, ou qui se convertit à un travail indépendant non agricole dans une zone rurale ou dans une ville. Il doit apprendre des techniques agricoles nouvelles et plus efficaces, il doit

ENCADRÉ 1.4

Emplois, tâches et changements dans la demande en compétences dans l'économie mondiale numérique

La rapidité des changements advenus ces vingt dernières années dans le secteur technologique, l'organisation des entreprises et le commerce a suscité un débat animé sur les compétences-clés requises dans un marché du travail dynamique. Les compétences nécessaires pour un emploi sont en grande partie déterminées par les technologies utilisées dans les processus de production. Au fur et à mesure que la technologie évolue, de nouveaux métiers apparaissent, et le faisceau de compétences requis change ainsi continuellement. La structure des économies les plus riches a connu une évolution constante en termes de valeur ajoutée et d'emploi vers des activités et des services nécessitant de solides connaissances (par exemple la finance, l'hôtellerie, le commerce de détail). Les changements dans la demande en compétences qui ont suivi ont été attribués en premier lieu à trois forces : (a) la propagation des technologies de l'information et de la communication, changement qui favorise les travailleurs qualifiés ;

(suite page suivante)

Encadré 1.4 (suite)

(b) une évolution vers des formes plus souples d'organisation du travail, qui réduit la demande en travailleurs peu qualifiés ; (c) la délocalisation partielle ou totale des tâches nécessaires à la production de biens et de services dans des pays dont la main-d'œuvre est meilleur marché.

Ce processus a conduit les économistes du travail à dépasser les habituels critères du niveau d'éducation et de l'expérience pour mesurer les compétences et à aborder les questions des compétences et de l'emploi par le biais des tâches professionnelles. Il s'agit d'identifier les tâches qu'exécute un travailleur dans un emploi donné et l'ensemble des compétences requis pour les accomplir. Le premier exemple de cette approche est l'étude phare de Autor, Levy, et Murnane (2003) dans laquelle les auteurs analysent les tâches qui vont généralement de pair avec un emploi donné et les compétences qu'elles requièrent afin de montrer comment les changements dans la structure des catégories professionnelles induit des changements dans la demande en compétences : les nouvelles technologies réduisent la demande en tâches cognitives et manuelles répétitives, lesquelles peuvent être aisément automatisées, et augmentent la demande en tâches non répétitives. On voit apparaître de plus en plus de nouveaux métiers exigeant un haut niveau de compétences analytiques et interpersonnelles, tandis que les métiers qui comportent de nombreuses tâches répétitives ont tendance à disparaître au profit des ordinateurs. Acemoglu et Autor (2011) relient ce processus aux ouvrages sur « l'échange de missions » et le changement technologique, et montrent ses répercussions sur l'emploi, la demande en compétences et les niveaux de rémunération. Une des conséquences est la « polarisation des emplois », c'est-à-dire l'accroissement des emplois très qualifiés et peu qualifiés parallèlement à la stagnation ou au déclin des emplois intermédiaires, ce qui est bien documenté dans de nombreux pays à revenu élevé, notamment dans la plus grande partie de l'Europe occidentale (Goos et Manning, 2007 ; Goos, Manning et Salomons, 2009 ; Handel, 2012).

Dans une étude plus récente (Autor et Handel, 2013), les auteurs élargissent la démarche et analysent les tâches requises dans un métier donné, d'une part, et communes à tous les métiers, d'autre part. Ils ont ainsi recueilli des données sur un échantillon représentatif de travailleurs des États-Unis pour trois grandes catégories de tâches : cognitive, répétitive et manuelle. Leurs résultats montrent la pertinence de l'approche par tâches professionnelles pour comprendre comment la dynamique du marché du travail affecte la demande en compétences. Par exemple, dans leur échantillon, 24 % des travailleurs salariés font usage de mathématiques de haut niveau dans leur travail, 37 % lisent régulièrement des documents de plus de six pages, et 29 % ont pour tâche principale de diriger une équipe ou de superviser d'autres employés. S'il y a une forte correspondance entre la formation et les tâches requises pour un emploi, le rapport est plus étroit entre les grandes catégories professionnelles et la fréquence de certaines tâches qu'entre ces catégories et le niveau d'éducation. En outre, les tâches sont des indicateurs significatifs du salaire une fois prises en compte la formation et autres qualifications du travailleur.

Ces études permettent de mieux comprendre les répercussions du changement technologique et du développement économique sur la demande de travail et les politiques de formation, et peuvent améliorer la conception de programmes d'éducation et de formation.

---

apprendre à vendre ses produits, il doit acquérir de nouvelles compétences professionnelles pour tirer le meilleur profit de ses prestations. Pour être en mesure d'acquérir et d'utiliser ces compétences techniques, il a besoin d'un niveau minium de capacités de lecture, d'écriture et de calcul, de compétences interpersonnelles (pouvoir apprendre des autres), d'organisation, mais aussi de résilience et de persévérance, qualités indispensables pour orienter et maintenir son effort face aux échecs qu'il subira pendant la période de transition. De solides compétences de base et de bonnes compétences techniques sont nécessaires pour s'engager sur la voie du travail indépendant ou dans des emplois salariés de secteurs économiques dynamiques qui peuvent absorber la main-d'œuvre rurale et générer des transformations productives.

Les pays subsahariens ne sont pas les seuls à affronter ces changements. À travers le monde, les systèmes éducatifs et les programmes de formation sont placés face au défi de donner aux travailleurs les compétences qui leur permettront de s'adapter à un marché du travail en rapide évolution. Une certaine disparité entre les compétences acquises et les compétences requises est normale et inévitable dans toute économie en développement, ou en cours de restructuration, à cause des coûts d'adaptation et du retard avec lequel réagissent les systèmes d'éducation nationaux. Notamment dans le secteur technologique, qui évolue rapidement, le temps nécessaire pour l'adaptation des compétences crée souvent un décalage entre l'offre et la demande de main-d'œuvre, même dans un marché du travail performant. Se reclasser est souvent difficile pour ceux qui ont changé de lieu de vie parce que les compétences requises pour les emplois nouvellement créés diffèrent sensiblement de celles des emplois qui ont été détruits.

Afin de fournir un cadre général à l'analyse plus détaillée du rapport, nous allons maintenant examiner dans quelle mesure, dans la région subsaharienne, les possibilités d'acquérir des compétences ont été à la hauteur des besoins d'aujourd'hui et répondent aux défis de demain.

Les progrès du développement de compétences en Afrique subsaharienne

Si la région subsaharienne a fait des pas de géant ces dernières décennies pour améliorer l'accès à l'éducation élémentaire, l'objectif fondamental d'une éducation élémentaire universelle demeure hors de portée. En 1950, plus des trois quarts des enfants subsahariens n'allaient pas à l'école. En 2010, cette proportion était tombée à moins du tiers. D'après l'UNESCO (2016), dans la majorité des pays, plus de 80 % des enfants en âge d'aller à l'école primaire sont scolarisés aujourd'hui. Malgré tout, l'accès à l'éducation élémentaire demeure inachevé. Si le nombre d'enfants non scolarisés a fortement diminué ces vingt dernières années en Afrique subsaharienne, 31 millions d'enfants en âge d'aller à l'école primaire et presque 57 millions d'adolescents en âge de faire des études secondaires n'étaient pas scolarisés en 2014 (UNESCO, 2016). Plus de huit enfants en âge d'aller à l'école primaire sur dix étaient scolarisés, et deux adolescents sur trois allaient au collège. Cependant, seulement environ 55 % des enfants finissent l'école primaire et moins d'un adolescent sur trois va jusqu'au bout du collège. Les taux d'inscription au secondaire et d'achèvement des études secondaires sont encore bas, mais ils s'améliorent. En 2014, dans l'ensemble de la région subsaharienne, quatre adolescents sur dix étaient inscrits en second cycle et seulement 15 % allaient jusqu'au bout. Le taux général d'achèvement des études primaires est bien plus bas qu'en Asie de l'Est/région Pacifique, en Amérique latine/Caraïbes et que dans d'autres régions du monde.

Niveau d'éducation

Les progrès pour élever le niveau d'éducation en Afrique subsaharienne n'ont pas été aussi rapides que dans d'autres régions du monde à revenu faible ou intermédiaire. L'Afrique subsaharienne se retrouve loin derrière le reste du monde pour ce qui est du niveau d'éducation de sa population. Les graphiques 1.16 présentent les pyramides d'éducation pour l'Afrique subsaharienne et d'autres régions du monde, ainsi que pour des économies à revenu élevé. La structure idéale du niveau d'éducation a la forme d'un losange : la majorité de la population va au bout de l'enseignement élémentaire et acquiert les compétences de base, tandis qu'une fraction de la population atteint les études supérieures (l'université ou l'enseignement professionnel supérieur) – cette fraction augmentera progressivement au fur et à mesure que le pays devient plus riche. On observe ce schéma dans la plupart des pays de l'Asie de l'Est/région Pacifique, une partie du monde qui ressemblait en 1950 à l'Afrique subsaharienne d'aujourd'hui. Malgré de récents progrès, la structure du niveau d'éducation de l'Afrique subsaharienne s'apparente toujours à une pyramide, la part de la population adulte peu éduquée formant une large base.

L'Afrique subsaharienne risque d'être encore plus à la traîne pour ce qui est du niveau d'éducation dans les décennies à venir. Sur la base des tendances actuelles, l'UNESCO (2016) estime qu'en 2030 environ trois enfants sur quatre iront au bout de l'école primaire, six sur dix termineront le collège, et quatre sur dix achèveront le secondaire. Elle estime en outre que seulement huit pays de la région atteindront l'objectif de 100 % de scolarisation jusqu'à la fin du collège en 2030 à condition qu'ils se développent au rythme le plus rapide qu'on ait jamais observé dans la région. Cela signifie que l'éducation devra progresser à une vitesse sans précédent pour atteindre l'objectif défini par les Nations Unies en matière de compétences de base universelles. Il est à craindre cependant, au rythme où vont les choses actuellement, que la région continue à être distancée par l'Asie de l'Est/région Pacifique et par l'Amérique latine/ Caraïbes dans les vingt prochaines années pour ce qui est de la part respective,

Graphiques 1.16 Évolution des pyramides d'éducation en Afrique subsaharienne et dans d'autres régions du monde (comparaison entre 1950 et 2010)

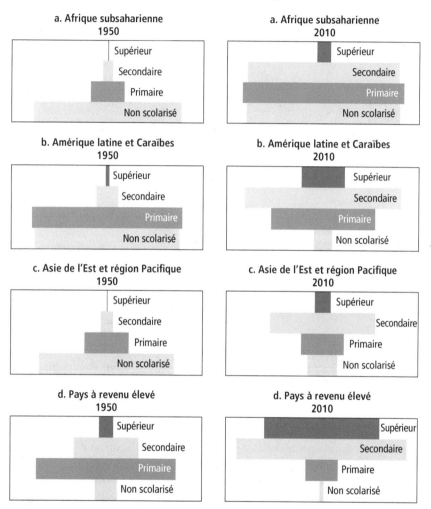

Source : Barro et Lee, 2013 (mise à jour en ligne du 4 février 2016).
Note : Les graphiques présentent le pourcentage d'adultes (âgés de 25 à 65 ans) ayant atteint les niveaux d'éducation respectifs (mais n'ayant pas forcément été jusqu'au bout).

dans la population adulte, de ceux qui ont achevé des études primaires, secondaires et supérieures (graphiques 1.17). Les lacunes historiquement énormes de l'éducation élémentaire en Afrique subsaharienne sont le principal obstacle au développement de l'enseignement supérieur, qui part d'un niveau actuel extrêmement bas.

Graphiques 1.17 Projection de l'écart du niveau d'éducation de la main-d'œuvre entre l'Afrique subsaharienne et d'autres régions du monde

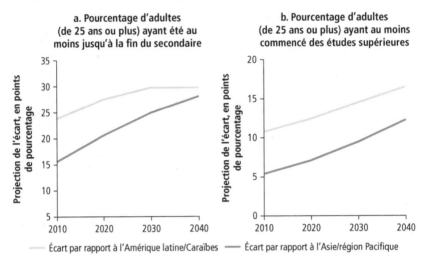

a. Pourcentage d'adultes (de 25 ans ou plus) ayant été au moins jusqu'à la fin du secondaire

b. Pourcentage d'adultes (de 25 ans ou plus) ayant au moins commencé des études supérieures

—— Écart par rapport à l'Amérique latine/Caraïbes   —— Écart par rapport à l'Asie/région Pacifique

Source : Barro et Lee, 2013 (mise à jour en ligne du 4 février 2016).
Note : Les pourcentages sont de simples moyennes entre les pays (et non des pourcentages de la population globale). L'Asie comprend aussi bien l'Asie du Sud (par exemple l'Inde) que l'Asie de l'Est (par exemple la Chine).

Acquisition de compétences

Même lorsque les pays réussissent à scolariser plus d'enfants et à les maintenir scolarisés, la plupart des élèves ne parviennent pas à acquérir ne serait-ce que les compétences les plus élémentaires. Plus de la moitié des enfants sont incapables de maîtriser un simple exercice de lecture ou de calcul à la fin du primaire. Le chapitre 2 analyse les difficultés qui proviennent d'investissements inadéquats dans la petite enfance, frein à l'efficacité de l'école, et d'une mauvaise qualité de l'enseignement, marqué par de graves lacunes.

La pression monte. La croissance du nombre d'élèves terminant le primaire et la croissance démographique créent une demande de plus en plus forte sur l'enseignement secondaire dans tout le continent. Entre 1990 et 2010, le nombre d'enfants de 5 à 14 ans a augmenté de 65 % en Afrique subsaharienne. Les pays vont devoir construire de nouveaux établissements d'enseignement secondaire, veiller à ce qu'ils aient le personnel et les ressources nécessaires, et s'assurer que les élèves apprennent vraiment. Nous allons maintenant examiner les efforts que font les pays subsahariens pour investir dans les compétences, pour répondre aux besoins créés par une éducation en expansion continuelle, et pour combler les lacunes dans les compétences des jeunes et des adultes sortis du système scolaire.

La dépense publique dans l'éducation en Afrique subsaharienne

Les pays subsahariens ont fait des efforts colossaux ces dix dernières années pour accroître leurs investissements dans l'éducation. Les graphiques 1.18 présentent une série de comparaisons de la dépense publique dans l'éducation entre les pays d'Afrique subsaharienne et le reste du monde. Cette dépense ne représente pas le total des investissements dans les compétences : elle ne comprend pas les investissements dans la petite enfance, dans les formations du marché du travail, ni dans les programmes de soutien à l'agriculture, et elle ne prend pas en compte les investissements privés de familles et d'entreprises dans l'éducation et autres formations. Les données sur la dépense privée dans ces domaines sont rares pour la plupart des pays de la région et ne sont pas directement utilisables pour des comparaisons. Cependant, la dépense publique représente généralement l'essentiel des investissements dans la formation de compétences dans les pays où le secteur public joue un rôle majeur pour fournir une éducation ou une formation, ce qui est le cas en Afrique subsaharienne. Les efforts de chaque pays dans le domaine de l'éducation sont mesurés par le niveau de dépense publique

Graphiques 1.18 Dépense publique moyenne dans l'éducation en Afrique subsaharienne et dans d'autres régions du monde

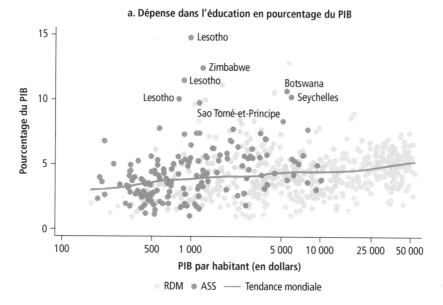

a. Dépense dans l'éducation en pourcentage du PIB

(suite page suivante)

Graphiques 1.18 (suite)

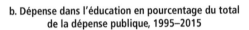

b. Dépense dans l'éducation en pourcentage du total de la dépense publique, 1995–2015

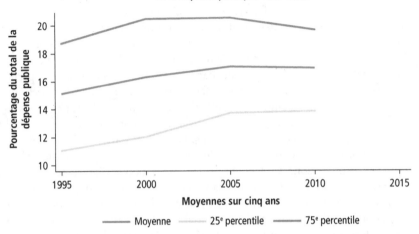

c. Dépense dans l'éducation par degré d'enseignement

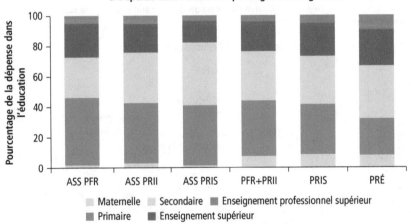

(suite page suivante)

Graphiques 1.18 (suite)

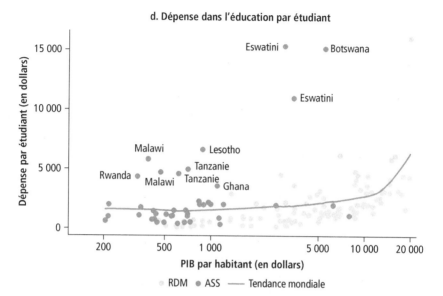

d. Dépense dans l'éducation par étudiant

Source : Estimations basées sur les données des Nations Unies.
Notes : ASS = Afrique subsaharienne ; RDM : reste du monde ; PFR = pays à faible revenu ; PRII = pays à revenu intermédiaire inférieur ; PRIS = pays à revenu intermédiaire supérieur ; PRÉ = pays à revenu élevé. Les graphiques 1.18.a. et 1.18.d. exploitent toutes les données disponibles dans la période 1990–2015 (elles remontent à 1970 pour la dépense en pourcentage du PIB), ce qui explique que certains pays apparaissent plusieurs fois. L'évolution de la dépense publique est mesurée d'après la moyenne des trois derniers relevés des dix dernières années.

dans l'éducation en pourcentage du PIB et en pourcentage du total de la dépense publique. Selon des critères internationaux, il est recommandé que les gouvernements investissent de 15 à 20 % du total de la dépense publique et de 4 à 6 % du PIB dans l'éducation.

Dans l'ensemble, le niveau de dépense des pays est à la mesure de ce que leur permettent leurs capacités financières. L'Afrique subsaharienne consacre déjà une part significative des ressources publiques à l'éducation. En moyenne, les pays subsahariens allouent environ 18 % de la dépense publique et 5 % du PIB à l'éducation, plus que dans d'autres régions du monde à revenu faible ou intermédiaire. En d'autres termes, les pays de la région consacrent une proportion relativement importante de leurs ressources à l'éducation malgré un faible PIB par habitant et des besoins en infrastructures et en services publics tout aussi importants pour la croissance économique et le bien-être de la population. Ceci a été mis en évidence par des analyses détaillées de la dépense publique dans la région, notamment de l'UNESCO (2011) et de la Global Education Commission (2017).

Parmi les régions du monde à revenu faible ou intermédiaire, l'Afrique sub-saharienne est celle qui a le plus augmenté ses dépenses ces dix dernières années. Dans les pays pour lesquels on dispose de données, la dépense publique réelle a augmenté durant cette période d'environ 6 % par an en moyenne, et de 0.7 % point du PIB. Cet accroissement de la dépense dans l'éducation a permis à ces pays de maintenir voire d'augmenter la dépense par élève alors que la scolarisation progressait dans le primaire et même dans le supérieur. Actuellement, la dépense par élève pour l'éducation de base correspond au niveau d'autres pays à faible revenu.

Il y a bien sûr des différences dans les efforts de dépense d'un pays à l'autre, comme le montrent les graphiques 1.18. La dépense dans l'éducation varie d'environ 11 % à 28 % du total de la dépense publique et peut aller d'un modeste 2 % du PIB jusqu'à atteindre 15 % du PIB. Certains pays riches en ressources naturelles peuvent se permettre d'augmenter leurs dépenses dans l'éducation et doivent le faire (en pourcentage du PIB et de la dépense publique), tout en améliorant l'efficacité de l'investissement. Plusieurs pays à faible revenu ont encore de la marge pour augmenter leurs dépenses, mais ils devront probablement faire appel à une aide extérieure et à des partenariats public-privé (PPP) pour boucler le financement de l'enseignement, notamment dans le primaire et le secondaire.

Pour la plupart des pays, il n'est pas réaliste de compter sur la seule augmentation des investissements publics dans les compétences. Vu la nécessité d'élargir les efforts de formation, tous les pays doivent améliorer l'efficacité de la dépense publique. Comme cela est évoqué tout au long de ce rapport, ils doivent mettre en place des mécanismes de contrôle plus solides, notamment une meilleure gestion financière et un système fiable de gestion des données sur l'éducation pour limiter le gaspillage et réduire le coût des intrants et la dépense en infrastructures. Comme on le verra au chapitre 2, il est essentiel de soutenir les interventions efficaces ayant pour objectif, d'une part, de permettre aux professeurs de consacrer leur temps à l'enseignement, et d'autre part, de s'attaquer aux causes systémiques de l'absentéisme. Pour répondre à l'énorme déficit de compétences des jeunes et adultes sortis du système scolaire, traité au chapitre 5, il est possible de faire appel à des fonds alloués à des programmes de subvention et de formation dans le cadre de l'aide à l'agriculture.

En outre, il y a de la marge pour réorienter la dépense publique d'éducation prioritairement vers les compétences de base et les populations défavorisées. Les pays peuvent améliorer le ciblage des ressources vers ces deux priorités. Même si l'Afrique subsaharienne consacre déjà la plus large part de la dépense publique à l'éducation élémentaire, les ressources allouées à la maternelle représentent seulement environ 0.3 % de la dépense pour l'éducation (graphiques 1.18). Comme on le verra au chapitre 2, de nombreux pays ont des taux de retard de croissance trop élevés et doivent augmenter leurs investissements dans des actions efficaces, notamment en finançant le soin prénatal et en versant des allocations liées aux services de santé et d'alimentation. Le chapitre 4 suggère que, pour trouver des ressources pour ces dépenses supplémentaires, les gouvernements peuvent réduire les aides à l'enseignement supérieur pour les populations aisées en mettant en œuvre une politique de remboursement sélectif des frais d'études, en allongeant les programmes de prêt aux étudiants lorsque les conditions de réussite sont remplies, et en faisant appel à des contrats à impact social. La dépense publique dans l'enseignement supérieur et l'enseignement technique et professionnel supérieur peut viser les populations défavorisées sur la base du mérite et privilégier les filières correspondant aux secteurs ayant le plus grand potentiel de croissance et de productivité comme les sciences, la technologie, l'ingénierie et l'agriculture.

Enfin, les pays doivent faire converger les investissements du secteur privé vers la formation de compétences. Les PPP peuvent aider à réunir des ressources pour répondre aux besoins d'infrastructures et de services, notamment pour développer l'enseignement secondaire. L'enseignement privé a fait couler beaucoup d'encre ces dernières années avec notamment l'émergence de chaînes d'écoles à but lucratif et la mise à disposition par certains gouvernements de fonds publics pour financer des écoles privées à travers des PPP. Comme on le verra au chapitre 2, le plus important est que l'État garantisse un accès à un enseignement de qualité pour tous les jeunes. Dans des contextes où l'offre publique est extrêmement limitée, les écoles privées peuvent contribuer à combler le manque, mais de véritables contrôles sont nécessaires pour s'assurer de leurs résultats. Comme on l'a déjà vu, l'apprentissage au travail et la formation sur le tas (FLT) sont une source importante d'acquisition de compétences. On verra au chapitre 5 que les entreprises subsahariennes ont tendance à moins investir dans la FLT que les entreprises d'autres régions du monde. Les raisons possibles de cette tendance sont multiples et varient probablement d'un pays à l'autre. Des améliorations dans les infrastructures, l'environnement commercial et la gestion des entreprises pourraient donner un coup de pouce à la FLT. Dans la mesure où certaines défaillances du marché sont incontournables, comme les contraintes de crédit pour les entreprises, le secteur public a peut-être un rôle à jouer : il pourrait encourager la formation sur le lieu de travail par des avantages fiscaux et une politique d'incitation à l'investissement.

Compétences prioritaires pour l'Afrique subsaharienne : un cadre et une typologie des pays

En nous fondant sur l'analyse précédente, nous allons maintenant proposer un cadre d'action et une typologie des pays pour donner un fil conducteur à l'ensemble du rapport et établir les compétences prioritaires dans les politiques d'éducation et de formation en Afrique subsaharienne. Une stratégie judicieuse de développement des compétences suppose de déterminer quelles sont les compétences nécessaires, pour quel objectif, qui en a besoin, et comment elles peuvent être enseignées au bon moment et de la bonne manière. Le schéma 1.19 est une illustration du cadre destiné à guider les priorités d'investissement et les politiques de formation de compétences pour le développement du jeune enfant (DJE), puis pour l'éducation et la formation. Il met en évidence la corrélation

Schéma 1.19 Un cadre pour définir les priorités dans les politiques de formation en Afrique subsaharienne

Investir dans les compétences : un cadre d'action

En investissant dans les compétences, les pays sont confrontés à un dilemme

Productivité/
Politique inclusive

Compétences pour
les besoins d'aujourd'hui/les besoins de demain

L'efficacité de l'investissement varie d'une compétence à l'autre au cours de la vie

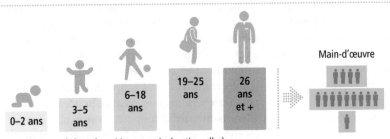

Main-d'œuvre

0–2 ans

3–5
ans

6–18
ans

19–25
ans

26
ans
et +

Compétences de base (cognitives et socio-émotionnelles)

Compétences techniques

Les stratégies pour développer les compétences doivent avoir trois objectifs

Ouverture/Égalité des chances   Qualité/Pertinence   Efficacité

des différentes politiques d'investissement dans les compétences, quels que soient les grands objectifs recherchés ; le lien entre ces objectifs et les objectifs traditionnels du système éducatif et des programmes de formation ; et le rôle des différents acteurs impliqués dans la formation de compétences, à savoir la famille, l'État, et le secteur privé (autant les entreprises que les prestataires). On peut en tirer trois considérations principales.

La première est qu'il y a trois objectifs principaux dans les politiques de développement des compétences : accélérer la croissance de la productivité et la transformation économique en redistribuant les ressources productives et en faisant appel aux nouvelles technologies ; améliorer l'inclusion sociale en fournissant des perspectives d'emplois et de sources de revenus, notamment pour les populations pauvres ; développer les capacités d'adaptation et de résilience afin que chacun puisse traverser sans encombre les aléas économiques et les changements de métier dans un marché du travail en rapide évolution.

En visant ces objectifs, les responsables des politiques d'investissement dans les compétences risquent de se retrouver face à deux alternatives : premièrement, vaut-il mieux investir dans des compétences qui vont plus certainement maximiser les gains de productivité et développer l'économie, ou dans des compétences qui permettront une meilleure inclusion économique de tous, en d'autres termes, vaut-il mieux investir dans des compétences nécessaires aux secteurs moteurs de la transformation économique, ou dans les compétences qui répondent aux besoins des économies subsahariennes d'aujourd'hui, fondées en grande partie sur l'agriculture et le travail indépendant ? Deuxièmement, vaut-il mieux investir dans des compétences dont on a besoin aujourd'hui ou dans celles dont on aura besoin demain ? Autrement dit, il y a un arbitrage entre investir dans les compétences des nouvelles générations (les enfants d'aujourd'hui) ou dans les compétences de la main-d'œuvre actuelle (les jeunes non scolarisés et la population adulte) ; il y a aussi un autre arbitrage à réaliser entre investir dans des compétences susceptibles d'aider les gens à apprendre plus rapidement des métiers d'aujourd'hui ou dans des compétences qui leur permettront de mieux s'adapter dans un monde du travail en rapide évolution ? Ces alternatives sont liées mais distinctes, et il faudra les considérer avant de prendre toutes sortes de décisions au moment des choix d'investissements dans les compétences.

Face à la première alternative, il faut déterminer où mettre l'accent dans la formation de la population actuellement en âge de travailler, c'est-à-dire les jeunes et les adultes. D'une part, il faut répondre, dans l'enseignement secondaire, supérieur, et professionnel supérieur, aux besoins en compétences des secteurs moteurs de l'économie pour développer la croissance et amorcer la transformation économique – laquelle se nourrit de la croissance de la productivité créée par une redistribution de la main d'œuvre d'un secteur à l'autre, par exemple de l'agriculture vers les services. Cet investissement peut stimuler les emplois bien rémunérés dans les secteurs en pointe et créer un effet multiplicateur sur l'emploi et le niveau des salaires dans d'autres secteurs liés par des chaînes de valeur ou les retombées de la consommation. En même temps, comme la transformation sera progressive, de nombreux travailleurs auront encore besoin de compétences qui leur donnent des perspectives d'emploi et de revenus dans l'agriculture, le travail indépendant non agricole et les entreprises familiales en zones rurales – ces compétences leur seront fournies par divers programmes de formation.

Face à la deuxième alternative, on reconnaîtra que, même s'il est toujours plus rentable d'investir tôt lorsqu'on dispose d'une certaine enveloppe de ressources, il faut trouver un équilibre entre investir dans les nouvelles générations et investir dans la main-d'œuvre actuelle. Tout d'abord, il faut trouver un équilibre entre : l'investissement dans le développement du jeune enfant et l'enseignement élémentaire d'une part, et l'investissement dans l'enseignement secondaire et supérieur, ainsi que la formation des jeunes et des adultes qui sont sortis du système éducatif d'autre part. Ensuite, parmi les jeunes générations et la population aujourd'hui en âge de travailler, il faut trouver un équilibre entre : mettre l'accent sur les compétences de base nécessaires à de futurs apprentissages et une vie professionnelle plus sereine, et mettre l'accent sur des compétences techniques et professionnelles plus ciblées qui facilitent l'entrée dans le monde du travail, mais sont susceptibles de devenir rapidement obsolètes. Cette alternative est à considérer lorsqu'il s'agit de décider à quel moment envoyer des élèves dans des formations professionnelles au cours de l'enseignement secondaire, et jusqu'à quel point les programmes pour jeunes et adultes doivent combler les lacunes dans les compétences fondamentales de lecture, d'écriture, de calcul et socio-émotionnelles.

La deuxième considération est que de multiples compétences sont nécessaires pour atteindre des objectifs équilibrés dans des économies en voie de modernisation. Comme on l'a exposé auparavant, ces compétences comprennent, en gros : (a) des compétences cognitives, socio-émotionnelles et numériques de base ; (b) des compétences techniques ou spécifiques à un métier, y compris les compétences managériales. Ces compétences sont importantes autant pour les générations montantes qui deviendront les travailleurs de demain (ceux qui sont en âge scolaire et les jeunes encore dans le système éducatif) que pour les adultes de tout âge sortis du système éducatif. Une politique de compétences équilibrée devra donc investir dans les compétences cognitives et socio-émotionnelles de base pour les enfants et les adolescents, et dans les compétences techniques pour les jeunes et les adultes ; elle devra aussi renforcer les compétences par la formation de la main-d'œuvre, l'apprentissage sur le lieu de travail, et des programmes de formation pour jeunes et adultes.

La troisième et dernière considération est que trois objectifs traditionnels des systèmes éducatifs et des programmes de formation doivent guider les décideurs publics dans leurs choix d'investissements pour toutes les générations.

Il leur faudra : assurer *l'égalité des chances* dans leurs arbitrages entre les objectifs, entre les investissements et entre les réformes, afin de fournir au plus grand nombre la possibilité d'acquérir des compétences ; assurer la *qualité* et la pertinence de l'enseignement en veillant au respect de certains critères et en répondant aux besoins du marché du travail ; assurer l'*efficacité* en veillant à ce que le financement et l'organisation de l'enseignement et de la formation soient à la hauteur de la valeur qu'ils génèrent.

Dès lors qu'il s'agit de développer les compétences, les gouvernements d'Afrique subsaharienne font face à des choix difficiles entre différents investissements pressants et concurrents, les obligeant à définir des priorités en fonction du contexte particulier de leur pays. Les responsables des politiques d'éducation et de formation sont ainsi forcés de trouver un équilibre entre des compétences en phase avec les réalités économiques d'aujourd'hui, celles qui sont nécessaires pour permettre la transformation de l'économie, et celles dont les travailleurs ont besoin pour s'adapter avec souplesse dans un monde du travail en rapide évolution. Les priorités dépendront du niveau de compétence de la population d'un pays, du niveau de développement économique et du contexte politique. Afin de fournir un guide plus spécifique dans le choix des priorités, le présent rapport se fonde sur les critères suivants : niveau de compétence actuel (pourcentage de la population en âge de travailler qui a suivi au moins en partie l'enseignement secondaire) ; niveau de développement économique (revenu par habitant, part de l'emploi agricole, importance des ressources naturelles) ; capacité du pays à récolter les fruits des investissements dans les compétences (climat de l'investissement d'après *Doing Business*, base de données de la Banque mondiale). Le graphique 1.20 évalue un groupe de pays de la région subsaharienne selon ces trois critères et prend le PIB par habitant comme indicateur du niveau de développement économique parce que celui-ci est étroitement lié à la part de l'emploi agricole pour laquelle les données ne sont pas disponibles pour tous les pays.

Le présent rapport distingue cinq groupes de pays suivant les grands choix à faire dans la formation de compétences :

- *Pays avancés dans la transition et réformateurs* (par exemple le Botswana, Maurice, les Seychelles, l'Afrique du Sud). Ce sont les pays subsahariens à revenu intermédiaire supérieur ou élevé qui ont fait le plus de progrès dans la réorientation de la main-d'œuvre agricole vers des activités plus productives et dans la mise en œuvre de réformes destinées à améliorer l'environnement commercial pour le secteur privé. Ces pays sont les mieux placés pour récolter les fruits des investissements dans les compétences techniques par le biais de l'EFTP, l'enseignement supérieur, et la formation sur le lieu de travail.

- *Pays en transition, mais en retard pour les réformes* (par exemple le Ghana et la Namibie). Ces pays ont fait des progrès dans la reconversion de la

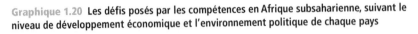

Graphique 1.20 Les défis posés par les compétences en Afrique subsaharienne, suivant le niveau de développement économique et l'environnement politique de chaque pays

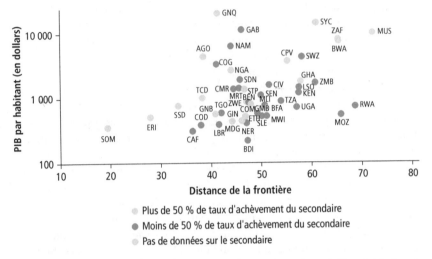

Sources : Estimations basées sur les Indicateurs du développement dans le monde pour le PIB par habitant (année la plus récente, en dollars constants), données 2015 de Doing Business (Banque mondiale) pour la distance à la frontière.

main-d'œuvre agricole et dans le développement de leur économie, mais ils doivent redoubler d'efforts pour mettre en place des réformes dans l'économie et la réglementation, tout en continuant à investir dans les compétences techniques au niveau de l'enseignement supérieur.

- *Pays riches en ressources naturelles, mais en retard pour les réformes* (par exemple l'Angola, le Cameroun, la République du Congo, le Gabon, la Mauritanie, le Nigéria). Ce sont les pays de la région riches en ressources naturelles et dont l'économie, bien qu'étant plus riche, est moins diversifiée. La plupart de ces États sont également en retard dans les réformes. Ils peuvent se permettre d'investir au niveau de l'enseignement supérieur dans les compétences techniques requises par l'exploitation des ressources naturelles et les secteurs afférents, et utiliser les dividendes de leurs ressources pour diversifier leur économie.

- *Pays réformateurs, mais avec un retard économique* (par exemple le Mozambique et le Rwanda). Ces pays ont fait des efforts significatifs pour améliorer l'environnement commercial, mais ils sont en retard d'un point de vue économique. Ils peuvent se permettre certains investissements, au niveau de l'enseignement supérieur, dans les compétences techniques étroitement liées aux secteurs à potentiel de croissance et tirer profit de partenariats avec le secteur privé, mais ils doivent encore faire des efforts conséquents pour améliorer les compétences des jeunes et des adultes afin d'augmenter les revenus dans les secteurs à faible productivité.

- *Pays en retard sur le plan économique et pour les réformes* (par exemple, la République centrafricaine, la République démocratique du Congo, la Guinée-Bissau, la Somalie). Ces pays ont beaucoup de travail à mener : il leur faut créer un environnement commercial qui encourage l'investissement privé, favorise et récompense les investissements dans les compétences, et permette d'obtenir une croissance durable et de transformer l'économie de manière productive. Plus que dans d'autres pays, ils doivent investir dans l'aide aux populations pauvres afin de garantir une cohésion sociale.

L'objectif de ces regroupements de pays est de montrer des convergences dans les politiques à mettre prioritairement en place. Loin d'enfermer les pays dans des catégories rigides, cette typologie cherche à mettre en évidence, pour chaque groupe, les directions stratégiques à prendre. Les pays dont l'économie se transforme rapidement doivent mieux veiller à l'adaptabilité et à la reconversion de la main-d'œuvre. Les pays qui ont un environnement favorable aux affaires recueilleront de meilleurs dividendes des investissements dans les compétences des étudiants, qui dynamisent l'économie. Les pays à faible revenu affectés par une situation fragile et des conflits gagneront à investir dans les compétences qui permettent d'améliorer les moyens de subsistance de la population et d'éviter les pièges de la pauvreté, susceptibles d'entraver la croissance économique. Les pays qui partent d'un faible niveau d'éducation élémentaire (et de faibles compétences de base) chez les jeunes générations seraient bien mal conseillés d'investir dans l'enseignement supérieur et les compétences des adultes.

Face aux alternatives qui s'offrent pour investir dans les compétences, les pays doivent exploiter les atouts et les ressources de multiples acteurs. Les groupements d'investisseurs – les familles, le gouvernement et le secteur privé (entreprises et prestataires) – sont essentiels pour tirer le meilleur profit des investissements dans l'éducation et la formation au cours de la phase initiale. Les divers acteurs ont des rôles distincts, mais complémentaires. Les familles peuvent jouer un rôle actif dans le développement cognitif et socio-émotionnel des enfants en leur prodiguant des soins attentifs, en leur donnant une éducation de qualité, et en s'assurant que les écoles dispensent un enseignement efficace. Le secteur privé peut participer efficacement à l'offre éducative pour en améliorer l'accès et la qualité, investir dans la formation sur le lieu de travail pour développer des compétences et collaborer avec les services d'éducation et de formation pour garantir que les programmes sont alignés sur leurs besoins. Il peut également s'investir dans le dialogue social au niveau national pour donner la priorité au développement des compétences et aux réformes afin de créer un environnement politique favorable qui permettra à l'investissement dans les compétences de porter ses fruits. La formation de compétences est minée par de nombreuses défaillances du marché et des manques de coordination (Almeida, Behrman et Robalino, 2012). Le secteur public a là un rôle à jouer : il doit assurer l'égalité des chances et corriger ces défaillances par des investissements et des politiques complémentaires qui garantissent à chacun une bonne préparation (des compétences de base) et des opportunités (un accès équitable) ; il doit encourager les investissements dans les compétences par des politiques complémentaires de régulation et d'information sur les résultats de ces investissements ; il doit soutenir les populations les plus vulnérables qui ne parviennent pas à acquérir les compétences de base cruciales.

Afin de réaliser des progrès significatifs dans le développement de compétences en Afrique subsaharienne, il faut changer le système en profondeur. Comme le montre le *Rapport sur le développement dans le monde 2017 : la gouvernance et la loi* (Banque mondiale, 2017), si de nombreux programmes et réformes de petite envergure, comme ceux évoqués précédemment, ont eu du succès, ils n'ont pas permis d'atteindre les résultats souhaités à grande échelle. Pour parvenir à un accès plus équitable aux systèmes de formation à des compétences, améliorer leur qualité, leur pertinence et leur efficacité, il ne suffit pas de transposer à grande échelle les meilleures méthodes. Il faut prendre en compte le cadre de gouvernance dans lequel elles sont mises en œuvre. Le développement des compétences concerne de nombreux secteurs et nécessite de coordonner les politiques mises en place. D'une manière générale, les compétences sont « le problème de chacun, mais la responsabilité de personne », comme il est dit couramment des politiques alimentaires. De multiples agences au niveau national et local sont impliquées dans les stratégies de développement des compétences. Pour que les politiques et les réformes donnent des résultats durables, il faut donc faire appel à l'engagement et à la coopération de tous les acteurs et veiller à une bonne coordination. Autrement dit, il faut s'attaquer à l'aspect politique des programmes d'action et créer les conditions nécessaires à l'alignement de tous les intervenants dans la poursuite des objectifs de développement de compétences au niveau national.

Le reste de ce rapport étudie la formation à des compétences dans les trois grandes étapes de la vie comme suit :

- *Chapitre 2.* Donner les compétences de base à toute la population

- *Chapitre 3.* Acquérir des compétences favorisant la transition école-travail

- *Chapitre 4.* Acquérir des compétences favorisant la productivité grâce à l'enseignement supérieur

- *Chapitre 5.* Corriger les déficits de compétence : formation continue et remise à niveau pour adultes et jeunes sortis du système scolaire

Chaque chapitre traite une série de questions particulières et exploite les analyses et synthèses d'études existantes pour étudier : (a) comment sont acquises les compétences nécessaires à chaque étape de la vie et quelles sont les défaillances du marché et des institutions qui affectent la formation de compétences ; (b) quels sont les systèmes requis pour que chacun puisse acquérir ces compétences (l'investissement de la famille, les programmes d'institutions du secteur privé, des écoles et autres organismes publics) ; (c) comment renforcer ces systèmes ; (d) comment aider les personnes les plus vulnérables qui sont sorties du système officiel et ont manqué des parties essentielles de l'apprentissage de compétences.

Notes

1. Les autres composantes des stratégies de croissance mises en évidence par cette commission sont les investissements dans l'infrastructure et les politiques qui promeuvent la stabilité macroéconomique, l'efficacité des investissements, les exportations, l'innovation et la solidarité (Commission sur la croissance et le développement, 2008).

2. De manière plus générale, les compétences cognitives sont liées à l'intelligence et mesurées par des tests de QI qui évaluent les capacités verbales, mathématiques, spatiales, visuelles ou perceptives, mémorielles, ainsi que la rapidité, le raisonnement logique et la reconnaissance de schémas. On fait la distinction entre « l'intelligence cristallisée », qui est la capacité d'utiliser les connaissances, les informations et les concepts acquis, et « l'intelligence fluide », qui est la capacité « brute » de raisonner, de résoudre un problème et d'acquérir une aptitude, indépendamment des connaissances acquises.

3. Un ensemble d'études fiables dans les domaines de la biologie (l'épigénétique), des neurosciences, de la psychologie et de l'éducation ont montré que l'opposition entre « l'inné » et « l'acquis » est dépassée et ainsi donné raison aux politiques d'intervention publique destinées à agir sur les capacités cognitives et socio-émotionnelles (Cunha *et al.*, 2006 ; National Research Council et Institute of Medicine, 2000).

4. Pour un compte rendu de la littérature sur le sujet, voir Borghans, Meijers et ter Weel (2008) ; pour l'Europe, voir Brunnelo et Schlotter (2011) ; pour les États-Unis, voir Heckman, Stixrud et Urzua (2006) ; pour l'Amérique latine, voir Cunningham, Acosta et Muller (2016).

5. Dans les études sur les entreprises, les questions posées aux employeurs sur les lacunes en matière de compétences ne portent généralement pas sur un secteur spécifique de la main-d'œuvre.

6. Ces résultats concordent avec ceux de l'étude Gallup de 2013 selon laquelle les Subsahariens, plus que les sondés de n'importe quelle autre région du monde, attachent plus d'importance à l'ardeur au travail pour réussir dans la vie (Dago and Ray, 2014).

7. Pour les pays africains pour lesquels on dispose des données de plusieurs vagues d'études des World Values Surveys (http://www.worldvaluessurvey.org/wvs.jsp), à savoir le Ghana, le Nigéria, le Rwanda, l'Afrique du Sud et le Zimbabwe, les évaluations sur les qualités qui importent chez l'enfant demeurent stables dans le temps.

Bibliographie

Abay K. A., Blalock G. et Berhane G. (2017), « Locus of Control and Technology Adoption in Sub-Saharan Africa: Evidence from Ethiopia. », document de travail de l'Institut international de recherche sur les politiques alimentaires (IFPRI), Washington.

Acemoglu D. et Autor D. (2011), « Skills, Tasks, and Technologies: Implications for Employment and Earnings », *Handbook of Labor Economics*, Elsevier, Amsterdam.

Ali D. A., Bowen D. et Deininger K. (2017), « Personality Traits, Technology Adoption, and Technical Efficiency: Evidence from Smallholder Rice Farms in Ghana », Policy Research Working Paper n° 7959, Banque mondiale, Washington.

Almeida R., Behrman J. et Robalino D. (2012), *The Right Skills for the Job? Rethinking Training Policies for Workers*, Banque mondiale, Washington.

Amos P. M. (2013), « Parenting and Culture: Evidence from Some African Communities », *in* Seidl-de-Moura M. L. (dir.), *Parenting in South American and African Contexts*, chap. 4, IntechOpen, Londres. doi:10.5772/56967.

Anderson L. W. et Krathwohl D. R. (dir.) (2001), *A Taxonomy for Learning, Teaching, and Assessing: A Revision of Bloom's Taxonomy of Educational Objectives*, Pearson, Allyn & Bacon, New York.

Autor D. et Handel M. J. (2013), « Putting Tasks to the Test: Human Capital, Job Tasks, and Wages », *Journal of Labor Economics*, vol. 31, n° 2 (2ᵉ part.), S59–S96.

Autor D., Levy F. et Murnane R. (2003), « The Skill Content of Recent Technological Change: An Empirical Exploration », *Quarterly Journal of Economics*, vol. 118, n° 4, p. 1279–1333.

Bacolod M., Blum B. et Strange W. C. (2009), « Skills and the City », *Journal of Urban Economics*, vol. 65, n° 2, p. 127–135.

Banda C. (2014), « African Family Values in a Globalised World: The Speed and Intensity of Change in Post-Colonial Africa », *Development in Practice*, vol. 24, n° 5–6, p. 648–655. doi:10.1080/09614524.2014.939060.

Banque mondiale (2007), *Rapport sur le développement dans le monde 2008 – L'Agriculture pour le développement*, Banque mondiale, Washington.

Banque mondiale (2016a), « Kenya : Jobs for Youth », rapport n° 101685-KE, *Social Protection and Labor Global Practice, Africa Region*, Banque mondiale, Washington.

Banque mondiale (2016b), *Rapport sur le développement dans le monde 2016 – Les Dividendes du numérique*, Banque mondiale, Washington.

Banque mondiale (2017), *Rapport sur le développement dans le monde 2017 – La Gouvernance et la loi*, Banque mondiale, Washington.

Banque mondiale (diverses années), base de données Doing Business, Banque mondiale, Washington.

Banque mondiale (diverses années), base de données Enterprise Surveys, Banque mondiale, Washington. http://www.enterprisesurveys.org.

Banque mondiale (diverses années), base de données Indicateurs du développement dans le monde, Banque mondiale, Washington.

Barro R. et Lee J.-W. (2013), « A New Data Set of Educational Attainment in the World, 1950–2010 », *Journal of Development Economics*, vol. 104, part. C, p. 184–198.

Bloom D., Canning D., Chan K. et Luca D. L. (2014), « Higher Education and Economic Development in Africa », *International Journal of African Higher Education*, vol. 1, n° 1, p. 23–57. http://ent.arp.harvard.edu/AfricaHigherEducation/Reports/Bloom AndCanning.pdf.

Borghans L., Meijers H. et Weel B. t. (2008), « The Role of Noncognitive Skills in Explaining Cognitive Test Scores », *Economic Inquiry*, vol. 46, n° 1, p. 2–12.

Bowles S., Gintis H. et Osborne M. (2001), « The Determinants of Earnings: A Behavioral Approach », *Journal of Economic Literature*, vol. 39, n° 4, p. 1137–1176.

Brunello G. et Schlotter M. (2011), « Non Cognitive Skills and Personality Traits: Labour Market Relevance and Their Development in Education and Training Systems », document de travail n° 5743, Institute of Labor Economics (IZA), Bonn.

Canning D., Raja S. et Yazbeck A. (2015), *Africa's Demographic Transition: Dividend or Disaster?*, Forum du développement africain, Banque mondiale, Washington et Agence française de développement, Paris.

Center on the Developing Child (2016), « Building Core Capabilities for Life: The Science behind the Skills Adults Need to Succeed in Parenting and in the Workplace », Harvard University, Cambridge (Massachusetts). www.developingchild .harvard.edu.

Commission sur la croissance et le développement (2008), *Rapport sur la croissance – Stratégies à l'appui d'une croissance durable et d'un développement solidaire,* Banque mondiale, Washington. https://openknowledge.worldbank.org/handle/10986/6507.

Conley T. G. et Udry C. R. (2010), « Learning about a New Technology: Pineapple in Ghana », *American Economic Review*, vol. 100, n° 1, p. 35–69.

Cunha F., Heckman J. J., Lochner L. J. et Masterov D. V. (2006), « Interpreting the Evidence on Life Cycle Skill Formation », *in* Hanushek E. A. et Welch F., Elsevier (éd.), *Handbook of the Economics of Education,* Amsterdam, p. 697–812.

Cunningham W., Acosta P. et Muller N. (2016), *Minds and Behaviors at Work: Boosting Socioemotional Skills for Latin America's Workforce,* coll. Directions in Development – Human Development, Banque mondiale, Washington.

Cunningham W. et Villaseñor P. (2014), « Employer Voices, Employer Demands, and Implications for Public Skills Development Policy », Policy Research Working Paper n° 6853, Banque mondiale, Washington.

Dago A. et Ray J. (2014), « Belief in Work Ethic Strong across Africa », Gallup, 1er août. https://news.gallup.com/poll/174263/belief-work-ethic-strong-across-africa.aspx.

Education Commission, the (2017), « La Génération d'apprenants – Investir dans l'éducation pour un monde en pleine évolution », rapport de la Commission internationale sur le financement des opportunités éducatives dans le monde, New York.

Filmer D. et Fox L. (2014), *Youth Employment in Sub-Saharan Africa*, Banque mondiale, Washington.

Foster A. et Rosenzweig M. (1995), « Learning by Doing and Learning from Others: Human Capital and Technical Change in Agriculture », *Journal of Political Economy*, vol. 103 (déc.), p. 1176–1209.

Frese M., Goldstein M., Kilic T. et Montalvao J. (2017), « Female Noncognitive Skills and Cash Crop Adoption: Evidence from Rural Malawi », document de travail n° 8095, Banque mondiale, Washington. https://editorialexpress.com/cgi-bin/conference /download.cgi?db_name=CSAE2016&paper_id=1077.

Galasso E. et Wagstaff A., avec Nadeau S. et Shekar M. (2017), « The Economic Costs of Stunting and How to Reduce Them », Policy Research Note n° 5, Banque mondiale, Washington.

Garcia M., Pence A. R. et Evans J. L. (2008), *Africa's Future, Africa's Challenge: Early Childhood Care and Development in Sub-Saharan Africa*, coll. Directions in Development – Human Development, Banque mondiale, Washington.

Gokcekus O., Anyane-Ntow K. et Richmond T. T. (2001), « Human Capital and Efficiency: The Role of Education and Experience in Micro-Enterprises of Ghana's Wood-Products Industry », *Journal of Economic Development*, vol. 26, n° 1, p. 103–13.

Goos M. et Manning A. (2007), « Lousy and Lovely Jobs: The Rising Polarization of Work in Britain », *Review of Economics and Statistics*, vol. 89, n° 1, p. 118–33.

Goos M., Manning A. et Salomons A. (2009), « Job Polarization in Europe », *American Economic Review*, vol. 99, n° 2, p. 58–63.

Groningen Growth and Development Centre (diverses années), Base de données couvrant dix secteurs, Université de Groningue (Pays-Bas), faculté d'économie et de gestion.

Handel M. J. (2012), « Trends in Job Skill Demands in OECD Countries », Documents de travail sur les questions sociales, l'emploi et les migrations, Organisation pour la coopération et le développement économique (OCDE), Paris.doi:0.1787 /5k8zk8pcq6td-en.

Hanushek E. A. et Woessmann L. (2009), « Do Better Schools Lead to More Growth? Cognitive Skills, Economic Outcomes, and Causation », document de travail n° 14633, National Bureau of Economic Research (NBER), Cambridge (Massachusetts).

Heckman J. J., Lochner L. et Taber C. (1998), « Explaining Rising Wage Inequality: Explorations with a Dynamic General Equilibrium Model of Labor Earnings with Heterogeneous Agents », *Review of Economic Dynamics* vol. 1, n° 1, p. 1–58.

Heckman J. J., Stixrud J. et Urzua S. (2006), « The Effects of Cognitive and Noncognitive Abilities on Labor Market Outcomes and Social Behavior », *Journal of Labor Economics*, vol. 24, n° 3 (juill.), p. 411–482.

Huffman W. E. (2001), « Human Capital: Education and Agriculture », *in* Gardner B. L. et Rausser G. C. (dir.), *Handbook of Agricultural Economics*, Elsevier, Amsterdam, vol. 1, chap. 7, p. 333–381.

Organisation internationale du travail (OIT) (diverses années), *School-to-Work Transition Survey*, OIT, Genève.

Janvry A. de, Sadoulet E. et Suri T. (2016), « Field Experiments in Developing Country Agriculture », *in* Abhijit Banerjee et Esther Duflo (dir.), *Handbook of Economic Field Experiments*, vol. 1, Elsevier, Amsterdam.

Kağıtçıbaşı C. (2007), *Family, Self, and Human Development across Cultures: Theory and Applications*, Psychology Press, New York.

Kautz T., Heckman J. J., Diris R., Weel B. t. et Borghans L.(2014), «Fostering and Measuring Skills: Improving Cognitive and Noncognitive Skills to Promote Lifetime Success», Organisation pour la coopération et le développement économique (OCDE), Paris.

Kavuma S., Morrissey O. et Upward R. (2015), «Private Returns to Education for Wage-Employees and the Self-Employed in Uganda», document de travail n° 21, Université des Nations Unies, World Institute for Development (WIDER), Helsinki.

Klinger B., Khwaja A. I. et Carpio C. del (2013), *Enterprising Psychometrics and Poverty*, SpringerBriefs in Innovations in Poverty Reduction, Springer-Verlag, New York.

Koch S. F. et Ntege S. (2008), «Returns to Schooling: Skills Accumulation or Information Revelation?», document de travail n° 87, Université de Pretoria.

Krishnan P. et Patnam M. (2014), «Neighbors and Extension Agents in Ethiopia: Who Matters More for Technology Adoption?», *American Journal of Agricultural Economics*, vol. 96, n° 1, p. 308–327.

Laajaj R. et Macours K. (2017), «Measuring Skills in Developing Countries», Policy Research Working Paper n° 8000, Banque mondiale, Washington. https://open knowledge.worldbank.org/handle/10986/26250.

Lall S. V., Henderson J. V. et Venables A. J. (2017), *Africa's Cities: Opening Doors to the World*. Banque mondiale, Washington.

Leutner F., Ahmetoglu G., Akhtar R. et Chamorro-Premuzic T. (2014), «The Relationship between the Entrepreneurial Personality and the Big Five Personality Traits», *Personality and Individual Differences*, vol. 63 (juin), p. 58–63.

Liverpool-Tasie S. et Winter-Nelson A. (2012), «Social Learning and Farm Technologies in Ethiopia», *Journal of Development Studies*, vol. 48, n° 10, p. 1501–1521.

Mel S. de, McKenzie D. et Woodruff C. (2008), «Returns to Capital in Microenterprises: Evidence from a Field Experiment», *Quarterly Journal of Economics*, vol. 123, n° 4, p. 329–372.

Montenegro C. E. et Patrinos H. A. (2014), «Comparable Estimates of Returns to Schooling around the World», Policy Research Working Paper n° 7020, Banque mondiale, Washington.

Moretti E. (2004), «Workers' Education, Spillovers, and Productivity Evidence from Plant-Level Production Functions», *American Economic Review*, vol. 94, n° 3, p. 656–690.

Moretti E. (2012), *The New Geography of Jobs*, Houghton Mifflin Harcourt, Boston.

Moretti E. et Thulin P. (2013), «Local Multipliers and Human Capital in the United States and Sweden», *Industrial and Corporate Change*, vol. 22, n° 1, p. 339–362.

National Research Council and Institute of Medicine (2000), *From Neurons to Neighborhoods: The Science of Early Childhood Development*, Shonkoff J. P. et Phillips D. A. (dir.), The National Academies Press, Washington.

Pence A. et Shafer J. (2006), «Indigenous Knowledge and Early Childhood Development in Africa: The Early Childhood Development Virtual University», *Journal for Education in International Development*, vol. 2, n° 3, p. 1–17.

Perotti V. (2017), «Training, Skills, and Firm Productivity in Formal African Firms», article de fond destiné à ce rapport, Banque mondiale, Washington.

Rankin N., Sandeful J. et Teal F. (2010), « Learning and Earning in Africa: Where Are the Returns to Education High? », document de travail n ° 2010-02, Centre for the Study of African Economies (CSAE), Oxford.

Rauch A. et Frese M. (2007) « Let's Put the Person Back into Entrepreneurship Research: A Meta-Analysis on the Relationship between Business Owners' Personality Traits, Business Creation, and Success », *European Journal of Work and Organizational Psychology*, vol. 16, n° 4, p. 353–385.

Roberts B. W., Kuncel N., Shiner R. N., Caspi A. et Goldberg L. R. (2007), « The Power of Personality: The Comparative Validity of Personality Traits, Socio-Economic Status, and Cognitive Ability for Predicting Important Life Outcomes », *Perspectives in Psychological Science*, vol. 2, n° 4, p. 313–345.

Roberts B. W., Wood D. et Caspi A. (2008), « The Development of Personality Traits in Adulthood », *in* John O. P., Robins R. W. et Pervin L. A. (dir.), *Handbook of Personality : Theory and Research*, 3ᵉ édition, Guilford, New York, p. 375–398.

Rodrik D. (2016), « Premature Deindustrialization », *Journal of Economic* Growth, vol. 21, n° 1, p. 1–33.

Skinner J. et Staiger D. (2005), « Technology Adoption from Hybrid Corn to Beta Blockers », document de travail n° 11251, National Bureau of Economic Research (NBER), Cambridge (Massachusetts).

UNESCO (Organisation des Nations Unies pour l'éducation, la science et la culture) (2011), « Le Financement de l'éducation en Afrique subsaharienne : relever les défis de l'expansion, de l'équité et de la qualité », Institut de statistiques de l'UNESCO, Montréal.

UNESCO (2016), *L'Education pour les peuples et la planète : créer des avenirs durables pour tous*, Rapport mondial de suivi sur l'éducation, UNESCO, Paris.

Uwaifo Oyelere R. (2008), « Understanding Low Average Returns to Education in Africa: The Role of Heterogeneity across Education Levels and the Importance of Political and Economic Reforms », document de travail n° 3766, Institute of Labor Economics (IZA), Bonn.

Valerio A., Sanchez Puerta M. L., Tognatta N. et Monroy-Taborda S. (2016), « Are There Skills Payoffs in Low-and Middle-Income Countries? Empirical Evidence Using STEP Data », Policy Research Working Paper n° 7879, Banque mondiale, Washington.

Sluis J. van der, Praag M. van et Vijverberg W. (2005), « Entrepreneurship Selection and Performance: A Meta-Analysis of the Impact of Education in Developing Economies », *World Bank Economic Review*, vol. 19, n° 2, p. 225–261.

Chapitre **2**

Développer les compétences de base universelles en Afrique subsaharienne

Moussa Pouguinimpo Blimpo, David K. Evans et Mũthoni Ngatia

Les compétences de base universelles sont cruciales pour assurer une croissance économique durable et pour que tous les membres de la société puissent bénéficier d'opportunités égales. Il est donc avisé d'investir dans ce domaine. Même en cas de récession économique, cet investissement portera ses fruits à terme. Dans de nombreux pays subsahariens, les systèmes actuels mis en place pour développer les compétences de base ne sont pas performants. Les transformer en profondeur sera coûteux, mais le bénéfice escompté est élevé. Cependant, il est essentiel d'agir en sachant précisément quels sont les facteurs créateurs de capital humain afin d'être sûr que les investissements consentis produiront le résultat souhaité, c'est-à-dire une population et une main-d'œuvre compétente.

Ces investissements commencent dès la petite enfance, dans l'alimentation et la stimulation de l'enfant. Tout indique que pour améliorer la qualité de l'école primaire, il est plus important d'améliorer l'enseignement que les infrastructures ou les intrants. Bien sûr, des investissements dans les infrastructures peuvent être bénéfiques dans des endroits où le niveau est extrêmement bas, notamment dans les établissements secondaires. L'arrivée massive d'élèves dans les classes du secondaire, un phénomène déjà observé récemment et qui va se poursuivre, est l'occasion d'améliorer la qualité et l'accès à ce niveau d'enseignement, et constitue en même temps un énorme défi. S'il est nécessaire d'améliorer la qualité de l'enseignement dans tout le continent, certains pays devront trouver un équilibre entre le financement de la qualité et celui de l'élargissement de l'accès à l'éducation.

Les compétences fondamentales sont cruciales pour atteindre trois objectifs politiques : la productivité, l'inclusion sociale, et la capacité d'adaptation. Ces objectifs requerront peut-être aussi des compétences d'ordre supérieur, mais il est en premier lieu essentiel de procurer un fondement solide de compétences cognitives et socio-émotionnelles pour faire croître l'économie, pour donner des opportunités aux populations pauvres, et pour permettre à chacun de s'adapter aux aléas économiques. En même temps, les compétences de base permettent de contourner le principal dilemme des politiques d'investissement : faut-il investir dans les compétences liées à la productivité ou celles liées à l'inclusion sociale ? Les mêmes grandes compétences de base sont nécessaires pour atteindre ces deux objectifs. Ce chapitre examine trois objectifs à atteindre en Afrique subsaharienne d'aujourd'hui et de demain, s'agissant de la formation de compétences : un accès à l'éducation pour tous et l'égalité des chances ; la qualité et la pertinence des formations ; leur efficacité.

Regard rétrospectif sur l'évolution de l'accès à l'éducation et de l'égalité des chances concernant le développement des compétences formelles en Afrique subsaharienne

L'accès à l'éducation de base est en constante progression depuis cinquante ans en Afrique subsaharienne. Le taux d'achèvement du primaire a plus que doublé entre 1971 et 2014, et celui du premier cycle du secondaire a plus que quintuplé au cours de la même période. Mais cette augmentation continuelle d'élèves allant jusqu'à la fin du premier cycle du secondaire cache d'énormes disparités au sein d'un continent hétérogène (graphique 2.1). Si le taux d'achèvement du primaire atteignait presque 75 % en 2014, ce taux descendait à moins de 60 % dans les 20 % de pays situés en bas de l'échelle et montait à plus de 93 % dans les 20 % de pays situés en haut de l'échelle. Dans plusieurs pays, dont le Botswana, le Cap-Vert, le Ghana, le Kenya, les Seychelles et l'Afrique du Sud, pratiquement tous les élèves vont au bout du primaire. Mais dans le Soudan du Sud, moins de la moitié des élèves atteignent le même niveau, et plusieurs autres pays ont un taux d'achèvement proche des 50 %. De même, si aujourd'hui presque la moitié des enfants africains vont jusqu'au bout du premier cycle du secondaire, le taux d'achèvement tombe à moins de 30 % dans les 20 % des pays les moins bien classés tandis qu'il atteint 70 % dans le quintile de tête.

Ces disparités se sont creusées au cours des années. En 1965, dans la plupart des pays africains la grande majorité des jeunes adultes (les 20–24 ans) n'étaient pas allés plus loin que le primaire – le taux variait de 74 % au Ghana à 99 % au Niger. En 2010, le paysage était devenu bien plus hétérogène : 70 % des jeunes adultes étaient allés jusqu'au secondaire ou plus loin au Ghana, tandis qu'au Niger plus de 90 % des jeunes adultes n'avaient suivi que l'enseignement primaire (graphiques 2.2).

Cependant, dans de nombreux pays africains, il y a encore bien trop d'enfants qui n'ont qu'un accès limité à l'éducation formelle. Dans treize pays, plus d'un tiers des jeunes adultes n'ont reçu aucune éducation. Certes, aller à l'école n'est

Graphique 2.1 Taux d'achèvement de l'éducation de base en Afrique subsaharienne, de 1971 à 2013

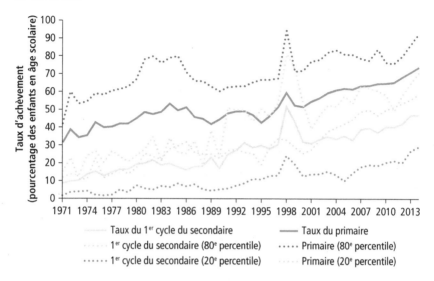

Source : Indicateurs du développement dans le monde.
Note : Simple moyenne des pays pour lesquels il existe des données. On dispose en moyenne d'indications pour vingt (premier cycle du secondaire) à vingt-sept (primaire) pays par année.

Graphiques 2.2 Accès à l'éducation au Ghana, au Niger et en Ouganda en 1965 et en 2010

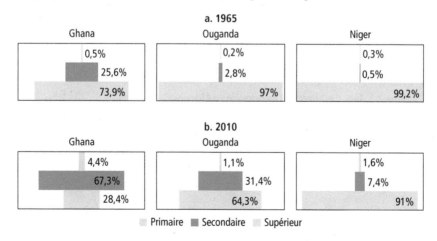

Source : Barro et Lee, 2015.

pas la seule manière d'acquérir des compétences, mais c'est pour un gouvernement le principal moyen de développer les compétences de base à grande échelle, et tous les pays à haut niveau de compétence ont un taux d'achèvement scolaire élevé. La scolarisation est une condition nécessaire mais insuffisante. Le nombre d'enfants non scolarisés dépasse peut-être même les mesures actuelles. Les jeunes les plus vulnérables ne sont pas comptabilisés par les études sur les ménages, et selon une estimation récente la part probable des enfants non scolarisés serait 70 % supérieure aux chiffres courants (Carr-Hill, 2012).

À l'autre bout du spectre, le taux d'inscription aux études supérieures – sujet du chapitre 4 –, qui repose sur une réussite des études primaires et secondaires, demeure étonnamment bas. Seulement trois pays présentent un taux d'inscription de plus de 20 %. Un accès universel à l'enseignement supérieur n'est pas forcément souhaitable, mais la prochaine génération de médecins, professeurs et ingénieurs viendra du supérieur ; le système éducatif de chaque pays doit donc préparer les élèves à cette opportunité. Ce sont principalement les populations les plus pauvres qui n'ont qu'un accès très limité au supérieur. Ainsi les opportunités manquées se répercutent-elles sur la génération suivante.

> « Dans la moitié des pays subsahariens, moins de deux enfants sur trois vont jusqu'au bout de l'école primaire. »

L'accès à l'école primaire n'est toujours pas généralisé. Si les ouvrages sur l'enseignement primaire en Afrique soulignent souvent les progrès significatifs réalisés, l'école reste inaccessible pour de nombreux enfants. Les 10 % des pays subsahariens situés en haut de l'échelle ont certes un taux d'achèvement du primaire pratiquement de 100 %, mais le taux médian n'est que de 67,5 % (tableau 2.1). Autrement dit, dans la moitié des pays subsahariens, moins de deux enfants sur trois vont jusqu'au bout de l'école primaire.

La plupart des parents sont très ambitieux s'agissant de l'éducation de leurs enfants. Même des parents n'ayant qu'une formation rudimentaire espèrent que leurs enfants termineront l'école primaire et iront plus loin. Des études menées en Éthiopie et en Gambie montrent par exemple que plus de 90 % des parents

Tableau 2.1 **Taux d'achèvement du primaire en Afrique subsaharienne**

Percentile	Pays	Taux d'achèvement
10ᵉ	Mozambique	47,5 %
	Angola	49,7 %
25ᵉ	Côte d'Ivoire	56,9 %
Taux médian	Mauritanie	67,5 %
75ᵉ	Malawi	79,3 %
90ᵉ	Maurice	97,5 %
	Botswana	99,7 %

Source : Indicateurs du développement dans le monde, année la plus récente disponible, qui est 2013 ou 2014 pour la plupart des pays.

espèrent que leurs enfants iront jusqu'à la fin des études secondaires (Blimpo, Evans et Lahire, 2015 ; Tafere, 2014). Les enfants ont eux-mêmes de grandes ambitions : en Éthiopie, 70 % des élèves de 12 ans souhaitent faire des études universitaires et plus de 90 % espèrent aller jusqu'à la fin du secondaire. Le fait qu'un tiers des enfants ne va pas au bout du primaire n'est donc pas dû à un manque d'intérêt.

Les études secondaires jouent de multiples rôles dans l'épanouissement des jeunes, ainsi que dans le développement des communautés locales et dans celui des pays. D'un point de vue économique, le rendement du secondaire, certes plus bas que celui du primaire et du supérieur, est quand même de 10,6 % en moyenne (10,1 % pour le sexe masculin et 12,7 % pour le sexe féminin ; Montenegro et Patrinos, 2014). Achever les études secondaires a un impact significatif sur le capital humain, mesuré par les résultats à des tests de vocabulaire et de raisonnement passés à l'âge adulte (Özler *et al.*, 2016). Quant aux répercussions sociales, des études de plusieurs pays africains montrent que les jeunes filles scolarisées sont moins susceptibles de tomber enceintes (Baird *et al.*, 2010 ; Gupta et Mahy, 2003 ; Were, 2007).

Les taux de scolarisation et d'achèvement progressent dans le secondaire mais demeurent faibles. La hausse du taux d'achèvement du primaire et l'accroissement démographique créent une forte demande sur l'enseignement secondaire dans toute l'Afrique (tableau 2.2). Les progressions ont été les plus importantes dans les pays les plus pauvres. Au Mali par exemple, le taux brut de scolarisation dans le secondaire a augmenté de 39 points de pourcentage ; au Mozambique, il est passé de 7 à 34 % entre 1999 et 2012. En Guinée, le pourcentage brut d'entrée dans le second cycle est passé de 6 à 28 % entre 1999 et 2012 (UNESCO, 2015).

L'accès à l'enseignement secondaire demeure inéquitable en Afrique, même si le taux de scolarisation augmente dans le secondaire. Presque partout, ce taux est inégal entre les sexes ; seul un pays, l'Eswatini, a atteint la parité

Tableau 2.2 **Taux d'achèvement du secondaire en Afrique subsaharienne**

Percentile	Pays	Taux d'achèvement
10ᵉ	Malawi	21 %
	Mozambique	21,7 %
25ᵉ	Côte d'Ivoire	32,4 %
Taux médian	Bénin	41,9 %
75ᵉ	Zambie	55,1 %
	Érythrée	55,4 %
90ᵉ	Cap-Vert	75,7 %
	Kenya	83,1 %

Source : Indicateurs du développement dans le monde. L'année la plus récente disponible est 2012, 2013 ou 2014 pour la plupart des pays.

(UNESCO, 2015). En Centrafrique et au Tchad, affectés l'un comme l'autre par un conflit récent, il y avait dans le secondaire deux fois moins de filles scolarisées que de garçons en 2012. La même année, au Lesotho, c'était l'inverse : il n'y avait que 71 garçons scolarisés pour 100 filles, un ratio inchangé depuis 1999 parce que dans ce pays, comme dans d'autres pays d'Afrique australe, notamment le Botswana et la Namibie, on retire les garçons de l'école pour les envoyer garder les troupeaux. Des quinze pays du monde qui ont un indice de parité entre les sexes inférieur à 0,80, onze sont en Afrique subsaharienne (UNESCO, 2015). Parmi eux, le Bénin, le Burkina Faso, le Tchad, la Guinée et le Mali continuent d'avoir un faible indice de parité entre les sexes mais ils ont fait de grands progrès. En Angola, l'écart aux dépens des filles a augmenté, passant d'un ratio de 76 % à 65 % entre 1999 et 2011.

Perspectives d'avenir : l'accès à l'éducation et l'égalité des chances futures concernant le développement des compétences formelles

Dans les années qui viennent, l'expansion massive de l'enseignement primaire observée ces dernières décennies va se répercuter sur l'enseignement secondaire (graphique 2.3), avec la proportion d'adultes sortis du système éducatif, au moins au niveau secondaire, qui augmentera de près de 70 % – passant de 29 % à 49 % – durant les vingt prochaines années (Barro et Lee, 2015). La progression escomptée dans le supérieur sera plus grande en données relatives, mais plus petite en chiffres absolus (passant de 3 % à 10 %).

Même avec cette progression, l'Afrique risque de demeurer la région du monde la moins instruite dans vingt-cinq ans, la différence risque même de se creuser par rapport aux autres continents au niveau du supérieur. On observe non pas une convergence, mais bien une divergence. Alors que des efforts sont faits dans les pays africains pour sortir de l'agriculture et entrer dans les services, l'industrie légère et, dans la mesure où une proportion importante de la population reste dans le secteur agricole, pour développer une agriculture plus productive, un haut niveau de compétence sera de plus en plus essentiel. Ces statistiques ne représentent par ailleurs que l'accès au système éducatif et ne donnent par conséquent qu'une image très limitée de l'acquisition de compétences.

Les compétences de base vont prendre plus d'importance avec la transformation structurelle et sous l'effet des grandes tendances mondiales auxquelles l'Afrique subsaharienne est confrontée (encadré 2.1). De solides capacités de lecture, d'écriture et de calcul sont le fondement nécessaire pour acquérir d'autres compétences et être capable de s'adapter. Accéder à un nouvel emploi nécessite de bonnes capacités de lecture pour pouvoir prendre connaissance de

Graphique 2.3 Projection du niveau d'éducation de la population adulte en Afrique, de 2010 à 2040

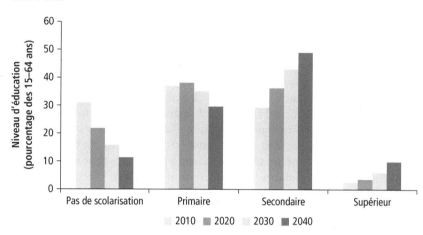

Source : Barro et Lee, 2015.
Note : Est considérée ici la population adulte (les 15–64 ans) ayant suivi, en partie ou pas, l'enseignement primaire, secondaire, supérieur. Le résultat est analogue, mais moins marqué, si l'on ne prend en compte que l'*achèvement* de chacun des degrés.

ENCADRÉ 2.1

Grandes tendances mondiales et compétences de base

Les grandes tendances mondiales qui transforment les économies africaines offrent des opportunités et en même temps constituent un défi pour le développement des compétences de base.

La *mondialisation* donne au continent un meilleur accès au marché mondial se traduisant par davantage d'opportunités mais seulement si la main-d'œuvre a une formation de base, socle sur lequel pourront s'ajouter les compétences techniques nécessaires. Un emploi dans l'industrie manufacturière nécessite des compétences techniques qu'il est difficile d'enseigner à une population qui n'a pas les bases en lecture, écriture et calcul, ni la capacité d'apprendre.

L'*urbanisation* permet aux pays de scolariser à moindre coût puisque les élèves sont moins dispersés géographiquement. Cependant, elle fait courir le risque qu'on investisse toutes les ressources destinées à l'éducation dans les zones urbaines et qu'on laisse à l'abandon la nombreuse population rurale. En outre, le coût du foncier dans les zones urbaines pousse le gouvernement à construire des écoles plus grandes qui peuvent s'avérer plus difficiles à gérer efficacement.

L'*évolution technologique* représente une grande chance pour l'éducation, notamment dans la mesure où les outils informatiques peuvent être un complément aux cours des professeurs. En même temps, les responsables politiques et les populations risquent d'y voir le remède miracle, ce qui peut conduire à de gros investissements dans du matériel inadapté aux infrastructures existantes.

nouveaux documents et être à l'aise dans l'univers numérique. En Afrique, de plus en plus d'emplois disparaissent dans l'agriculture et apparaissent dans les services, et on peut espérer une croissance dans l'industrie légère. Là aussi, la formation technique suppose des compétences de base en lecture, écriture et calcul.

Le nombre d'emplois dans le secteur formel sera limité dans les vingt prochaines années, certains devront donc créer leur propre emploi. Selon des estimations portant sur toute l'Afrique, très peu d'emplois salariés seront créés entre 2010 et 2020 (Fox *et al.*, 2013). Un nombre d'emplois bien plus important va probablement disparaître dans l'agriculture d'ici 2040 (Tschirley *et al.*, 2015). Mais si la tendance actuelle se poursuit, une large proportion de reconversions va s'opérer vers le secteur des services, menant à une grande concentration d'entrepreneurs. Pour être efficace, un entrepreneur a besoin de fortes compétences de base. Les formations africaines en gestion d'entreprise ont tendance à mettre l'accent sur les compétences financières, comme la comptabilité et la gestion budgétaire, et les compétences en affaires, comme le marketing et les ressources humaines (Valerio, Parton et Robb, 2014). Ces compétences d'ordre supérieur requièrent évidemment des capacités opérationnelles de lecture, écriture et calcul. En conséquence, les entrepreneurs auront probablement besoin d'un éventail plus large de compétences de base que, par exemple, quelqu'un qui est employé pendant de longues années par une entreprise pour accomplir une seule tâche bien définie. Les entrepreneurs, eux, se chargeront de toutes les tâches de l'entreprise.

Pour la plupart des pays subsahariens, l'évolution démographique des prochaines années va accentuer la pression sur le système éducatif. Quelques pays – le Botswana, l'Afrique du Sud et le Zimbabwe – ont connu une baisse du taux de natalité qui va réduire ou en tout cas ne pas augmenter la population en âge de scolarisation dans les quinze prochaines années. Mais en moyenne, sur le continent, le nombre d'enfants qui auront 5 ans en 2030 sera 25 % plus élevé que le nombre d'enfants qui ont eu 5 ans en 2015. Pour de nombreux pays – dont la République démocratique du Congo, le Mali, le Niger et la Zambie –, ce chiffre dépassera les 33 %, ce qui demandera un effort plus important pour élargir l'accès à l'éducation et en même temps améliorer sa qualité (UNDESA, 2015).

En Afrique subsaharienne, l'investissement financier dans les compétences de base varie énormément suivant le niveau de revenu du pays. Le chapitre 1 montre que les dépenses pour l'éducation ont augmenté en chiffres absolus avec la croissance économique : elles ont atteint plus de 16 % du total des dépenses publiques. Les dépenses pour l'enseignement primaire et secondaire représentent en gros 670 dollars par élève. Mais elles varient de 235 dollars par élève dans les pays africains à faible revenu à 2650 dollars par élève pour les pays à revenu intermédiaire supérieur, un rapport de plus de un à dix. Ces chiffres sont comparables à ceux des autres pays du monde à revenu équivalent : ailleurs qu'en Afrique subsaharienne, la dépense par élève est de 753 dollars pour les pays à revenu faible ou intermédiaire, et de 2500 dollars pour les pays à revenu intermédiaire supérieur. Y a-t-il un niveau de dépense minimum pour développer les compétences de base ? Les données ne permettent pas de définir un seuil précis, mais à tous les niveaux de dépenses, certains pays obtiennent de meilleurs résultats que d'autres. Ceci dit, étant donné les besoins importants d'investissement dans la petite enfance et l'enseignement secondaire, en Afrique, il faudra continuer à augmenter les ressources pour l'éducation. Comme les économies africaines sont prises en tenailles par la faiblesse des prix des produits de base, du moins à court terme, la pression pour améliorer l'efficacité de la dépense va augmenter. En définitive, les pays ayant le plus faible niveau de dépense devront accroître à la fois le montant de la dépense et son efficacité, tandis que les pays à niveau de dépense élevé devront simplement s'efforcer d'améliorer son efficacité.

Qualité : la nécessité d'offrir un véritable apprentissage

Les enfants vont à l'école mais sont loin d'apprendre autant qu'ils le devraient, comme on peut aisément l'observer lorsqu'ils atteignent la fin du primaire. Par exemple, le PASEC (Programme d'analyse des systèmes éducatifs de la CONFEMEN), l'un des grands organismes d'enquêtes africains qui effectue des tests dans de nombreux pays francophones, a montré qu'à la fin du primaire plus de la moitié des élèves ne sont pas en mesure de venir à bout d'un exercice de lecture facile, et un nombre d'élèves équivalent n'arrive pas à résoudre des exercices de mathématiques élémentaires (graphiques 2.4) ; les mêmes déficiences ont été constatées dans des pays anglophones (Hungi et al., 2010 ; PASEC, 2015). Trois pays africains, le Botswana, le Ghana et l'Afrique du Sud, qui participaient à un test mondial de mathématiques (Trends in International Mathematics and Science Study), sont arrivés dans les quatre derniers parmi quarante-cinq pays en lice (Bethell, 2016). Les résultats ne sont pas différents pour les adultes, produits du système éducatif : récemment, le Ghana et le Kenya ont participé à un examen évaluant les capacités cognitives d'adultes de milieux urbains et ont obtenu des résultats moins bons que l'Arménie, la Colombie, la Géorgie, l'Ukraine et le Vietnam (Valerio et al., 2016).

Le fait que les élèves n'apprennent pas autant qu'ils le devraient est manifeste dès les petites classes. Des tests de lecture effectués en cours élémentaire 1re année (CE1) dans de multiples pays montrent que dans certains pays, plus de 50 % des élèves n'arrivent pas à lire un seul mot dans un texte (graphique 2.5). De même, des tests réalisés dans les petites classes du primaire en Afrique francophone révèlent que presque 50 % des élèves sont en dessous du seuil de compétence suffisant. En Afrique de l'Est, en 2013, moins d'un tiers des élèves

Graphiques 2.4 Proportion d'élèves ayant des résultats inférieurs au seuil de compétence suffisant en mathématiques et dans la langue enseignée en Afrique francophone

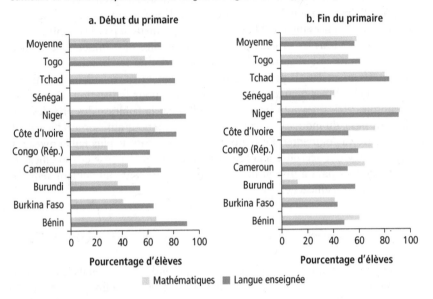

Source : PASEC, 2015.

Graphique 2.5 Proportion d'élèves de CE1 qui n'arrivent pas à lire un seul mot dans un texte, dans certains pays

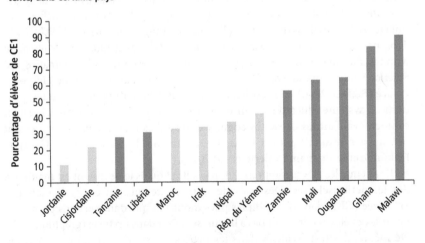

Source : USAID, 2017b.
Note : Le bleu renvoie à des pays subsahariens, le turquoise à des pays d'autres régions du monde, pris comme base de comparaison, pour lesquels des données sont disponibles.

de CE2 réussissaient un test élémentaire de lecture/écriture ou de calcul (Uwezo). Ces résultats médiocres dès les petites classes reflètent de multiples déficiences du système, notamment un manque d'investissements préparatoires, une mauvaise qualité de l'enseignement, et, dans certains cas, un problème linguistique : l'enseignement est dispensé dans une langue que les élèves ne comprennent pas.

Des niveaux d'apprentissage médiocres, en moyenne, se traduisent par des résultats particulièrement médiocres pour les enfants les plus pauvres (graphique 2.6). Par exemple, en Tanzanie, les enfants au-dessus du seuil de pauvreté ont un taux de réussite en gros deux fois plus élevé que les enfants très pauvres. Les différences sont presque aussi fortes au Kenya et en Ouganda. La plupart des enfants ne bénéficient pas d'un enseignement de qualité, et les plus pauvres reçoivent l'enseignement le plus médiocre de tous.

Le rendement de l'éducation pourrait être meilleur en Afrique subsaharienne, même s'il est le plus élevé de toutes les régions du monde : une année supplémentaire de scolarisation entraîne un accroissement du niveau de salaire plus important que dans toute autre région du monde (Montenegro et Patrinos, 2014). Les cinq pays du monde au rendement le plus élevé sont africains : ce sont le Burundi, l'Éthiopie, la Namibie, le Rwanda et l'Afrique du Sud. Pour le primaire, l'accroissement moyen dépasse 14 %. Cependant, la qualité de l'enseignement est médiocre dans nombre de ces pays, y compris les cinq mentionnés, par rapport au reste du monde, et de nombreux élèves n'ont pas les compétences

Graphique 2.6 **Taux de réussite moyen des enfants âgés de 10 ans et plus à des tests de lecture, écriture et calcul au Kenya, en Tanzanie et en Ouganda, selon le degré de pauvreté de leur famille**

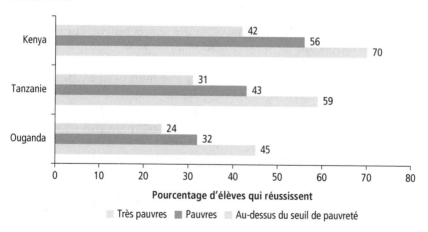

souhaitées à la fin du primaire. L'enseignement primaire pourrait être bien plus efficace qu'il ne l'est.

Pourquoi les enfants n'apprennent-ils pas ?

Le faible niveau d'apprentissage vient du manque d'investissements dans la petite enfance, qui empêche les enfants de tirer ensuite tous les bénéfices de l'école, et de la mauvaise qualité de l'enseignement. Dans toute l'Afrique, on n'investit pas assez dès le jeune âge et la qualité de l'enseignement à l'école est souvent médiocre : les professeurs sont souvent insuffisamment formés et peu motivés, et disposent de peu de moyens ainsi que d'un soutien limité des directeurs ou directrices d'école.

Pourquoi les enfants ne sont-ils pas prêts à apprendre lorsqu'ils arrivent à l'école?

Si un environnement favorable au développement est nécessaire à tout âge pour la formation du capital humain, il est particulièrement crucial dans les premières années de la vie. L'aptitude d'un enfant à apprendre dépend de ce qu'il a vécu depuis sa naissance, et certaines carences à un jeune âge peuvent avoir une influence sur ses futures possibilités. Le développement du jeune enfant (DJE) peut être défini à grands traits comme tout ce qui concerne le bien-être de l'enfant depuis le ventre de la mère jusqu'à l'entrée dans le système éducatif formel à 5, 6 ou 7 ans suivant le contexte. Les investissements dans la petite enfance se déclinent en un vaste éventail d'interventions comme le soin prénatal, une bonne alimentation pour les jeunes enfants et une stimulation cognitive dès les premières années. Ces interventions peuvent être effectuées par différents biais : parents et aidants jouent évidemment un rôle crucial, mais les visites à domicile par des experts et les soins dispensés dans des centres peuvent être également importants en fonction de l'âge de l'enfant et du contexte. Chacun de ces investissements joue un rôle-clé.

Les investissements dans la petite enfance sont insuffisants en Afrique, et on en voit les effets à la fois dans le développement physique et le développement cognitif. Du point de vue physique, deux enfants sur cinq ont un retard de croissance en Afrique (UNICEF, 2013) ; dans quinze pays, plus d'un tiers des enfants ont un retard de croissance (graphiques 2.7)[1]. C'est deux fois plus que dans la région du monde ayant le deuxième taux de retard de croissance le plus élevé. Les études menées dans différents pays mettent en évidence le lien entre retard de croissance, résultats plus médiocres à l'école, capacités cognitives inférieures, et rémunération plus basse à l'âge adulte (Galasso *et al.*, 2016). Même dans des pays où il n'y a pas de gros problèmes d'alimentation, les enfants ne reçoivent souvent pas toute la stimulation cognitive dont ils auraient besoin

Graphiques 2.7 Taux de retard de croissance chez les moins de 5 ans dans certains pays

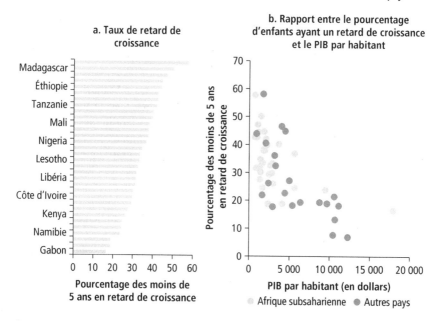

Source : USAID, 2017a, Demographic and Health Surveys. L'année la plus récente a été prise en compte.
Note : Seuls certains pays ont été repris sur le graphique 2.7.a.

pour s'épanouir. L'accès aux institutions préscolaires est faible. En 2013, moins d'un enfant sur cinq allait à l'école maternelle, avec des taux inférieurs à 5 % dans certains pays comme le Burkina Faso et la République du Congo.

Les données sur le développement du jeune enfant montrent qu'un large fossé socio-économique s'est déjà creusé au moment de l'entrée au cours préparatoire (CP). Au Kenya, les enfants de 7 ans ou moins inscrits au CP dans la région nord-est du pays sont huit fois plus susceptibles d'être incapables de lire les lettres de l'alphabet que leurs camarades de Nairobi (16 % contre 2 % ; Uwezo, 2015). Les comparaisons entre les enfants les plus pauvres et les plus riches dans différents pays révèlent qu'à l'âge de 5 ans les enfants riches sont plus de deux fois plus susceptibles d'avoir certaines aptitudes cognitives que les enfants pauvres (Filmer et Fox, 2014). Ainsi, lorsqu'on commence à investir dans l'enseignement primaire pour corriger cela, on se retrouve déjà face à une montagne. Les enfants qui ont participé à des programmes de DJE ont de plus grandes capacités de calcul à 5 ans, 8 ans et au-delà (pour des données sur l'Éthiopie, l'Inde, le Pérou et le Vietnam, voir Favara, 2016).

Si le niveau général de développement des enfants est faible en moyenne, il y a de fortes disparités d'un pays à l'autre et à l'intérieur d'un même pays. Le taux de retard de croissance en Afrique est bien plus élevé dans les pays fragiles et à faible revenu[2]. En Afrique subsaharienne, presque 40 % des enfants ont un retard de croissance dans les pays à faible revenu. Ce chiffre tombe juste en dessous de 25 % dans les pays à revenu intermédiaire supérieur, un meilleur résultat, certes, mais tout de même extrêmement préoccupant (graphique 2.8.a.).

De même, si le taux de retard de croissance pour les enfants de moins de 5 ans est de 36 % dans un groupe de plus de trente pays subsahariens, ce chiffre tombe à 22 % pour les 20 % de ménages les plus riches. C'est là aussi un chiffre qui interpelle quand on se rend compte qu'il s'agit des familles les mieux loties et que la moyenne nationale pour un pays à revenu comparable comme Haïti se situe à peu près à la même hauteur. Comme le montre le graphique 2.8.b., le taux de retard de croissance diminue du quintile des ménages les plus pauvres vers celui des plus riches : 43 % des enfants des ménages du premier quintile (bas de l'échelle) ont un retard de croissance contre 22 % des ménages du dernier quintile (haut de l'échelle). Le retard de croissance est aussi lié au lieu de résidence : 40 % des enfants des zones rurales ont un retard de croissance, 27 % de ceux des zones urbaines. Pour les enfants dont la mère a achevé un niveau quelconque d'études, le taux de retard de croissance descend de 9 points de pourcentage. D'énormes progrès sont nécessaires dans toute l'Afrique, notamment pour les populations les plus pauvres (encadré 2.2).

Graphiques 2.8 **Le retard de croissance chez les moins de 5 ans, par groupe de pays et par groupe de richesse**

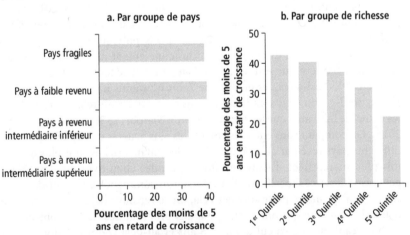

Source : USAID 2017 a. Les données proviennent des dernières vagues d'enquêtes des Demographic and Health Surveys (de 2007 à 2017) sur les pays subsahariens à l'exception de l'Afrique du Sud, de l'Angola, du Botswana, du Cap-Vert, de la Centrafrique, de Djibouti, de l'Érythrée, de la Guinée-Bissau, de la Guinée équatoriale, de Maurice, de la Mauritanie, de la Réunion, des Seychelles, de la Somalie et du Soudan.

Retard de croissance en Afrique : ce qu'il en coûte et comment le réduire

L'Afrique a le taux de retard de croissance le plus élevé du monde (voir carte E2.2.1). Cela a de lourdes conséquences pour les jeunes Africains, diminuant les capacités dont ils ont besoin pour acquérir les compétences nécessaires. Le retard de croissance entrave non seulement le développement physique de l'enfant mais aussi réduit ses capacités cognitives et ses compétences socio-émotionnelles, ainsi que celles qu'il aura à l'âge adulte. Et cela se traduit par une réduction d'environ 9 % du revenu par habitant (Galasso et al., 2016).

Néanmoins, divers pays du monde, dont certains pays africains, ont fait des progrès significatifs dans la réduction du taux de retard de croissance. En quinze ans, le Kenya a réduit le taux d'un tiers, de 40 % à 26 %. L'Éthiopie et la Tanzanie ont également progressé de manière significative sur la même période (voir graphique E2.2.1).

Deux pays, l'un en Afrique, l'autre en Amérique latine, ont montré comment il est possible de réduire significativement le taux de retard de croissance. Au Pérou, a été lancée une grande campagne médiatique pour souligner l'importance des services de santé et d'alimentation, et le versement d'allocations a été conditionné de manière

Carte E2.2.1 **Taux de retard de croissance au niveau mondial**

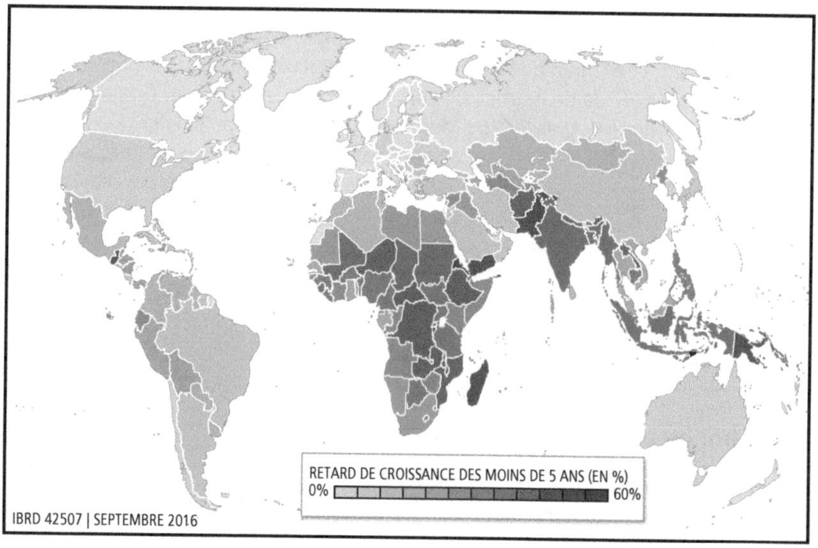

RETARD DE CROISSANCE DES MOINS DE 5 ANS (EN %)
0%   60%

IBRD 42507 | SEPTEMBRE 2016

Source : Galasso et al., 2016.

(suite page suivante)

Encadré 2.2 (suite)

Graphique E2.2.1 **Réduction du taux de retard de croissance dans certains pays**

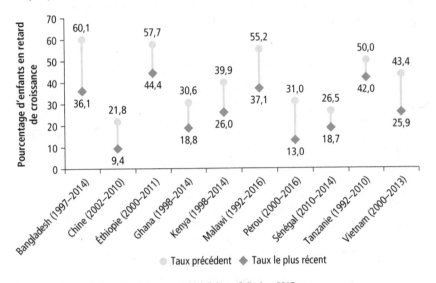

Taux précédent   ◆ Taux le plus récent

Sources : Shekar *et al.*, 2017 ; pour le Pérou, Marini, Rokx et Gallagher, 2017.

plus rigoureuse à l'utilisation de services d'alimentation. En même temps, des états des lieux réguliers sur l'évolution de la situation ont permis de garantir un soutien politique durable. Sur une période de neuf ans, le taux de retard de croissance est descendu de 33 % à 14 % (Marini et Arias, 2016 ; Marini, Rokx et Gallagher, 2017).

Au Sénégal, le taux de retard de croissance a considérablement chuté, devenant l'un des plus bas d'Afrique subsaharienne malgré une croissance économique inégale. Comment est-ce possible ? Le gouvernement a créé une commission au sein du cabinet du premier ministre pour lutter contre la malnutrition. Cette commission coordonne les efforts des différents secteurs et réduit les coûts en faisant appel à des ressources locales. Elle fait campagne pour un allaitement exclusif, un apport complémentaire en vitamines A, et le recours aux services d'alimentation et de santé (Sibanda et Mehta, 2017).

Pourquoi les élèves n'apprennent-ils pas à l'école ?

Le manque de connaissances des enseignants

Les connaissances des professeurs sont étonnamment faibles. Des tests récents effectués dans sept pays ont montré que peu de professeurs connaissent ne serait-ce que 80 % de ce qu'ils sont censés enseigner (graphique 2.9 ; Bold *et al.*, 2016). Une autre évaluation portant sur la Gambie a donné des résultats comparables (Blimpo, Evans et Lahire, 2015). Même dans un pays à revenu

Graphique 2.9 Connaissances des professeurs en Afrique subsaharienne

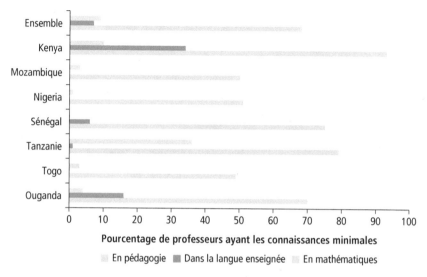

Source : Bold et al., 2016.

intermédiaire comme l'Afrique du Sud, près de 80 % des professeurs de mathématiques de sixième ne comprennent pas le programme enseigné dans sa
totalité (Venkat et Spaull, 2015). On a reproché à la formation des professeurs,
aussi bien initiale que continue, d'être trop théorique, pas assez cohérente et trop
restreinte pour que les enseignants puissent combler leurs lacunes (Lauwerier
et Akkari, 2015).

L'absentéisme des professeurs et le manque de motivation
Une bonne partie du temps, les professeurs sont absents de l'école ou de leur
classe de manière prolongée. En moyenne, dans sept pays, ils sont absents de
leur classe (ils n'étaient pas dans leur classe lorsqu'un visiteur s'est présenté
durant les heures de cours sans avoir été annoncé) pendant plus de 40 % du
temps en moyenne, et ils ne sont pas dans l'établissement scolaire pendant
presque un quart du temps (graphique 2.10 ; Bold *et al.*, 2016). Les élèves ne
peuvent pas apprendre si les professeurs sont absents ou connaissent mal la
matière de leur enseignement. Ces absences ne sont pas toutes injustifiées. Par
exemple, une étude sur l'Inde, autre pays qui lutte contre un fort absentéisme du
corps enseignant, montre que les professeurs sont absents de l'école pendant
presque 20 % du temps, mais moins d'un septième de ce temps est un véritable
absentéisme : le reste s'explique soit par une obligation professionnelle, soit
par un congé autorisé (Fondation Azim Premji, 2017). Qu'une absence soit

Graphique 2.10 **Absentéisme des professeurs en Afrique**

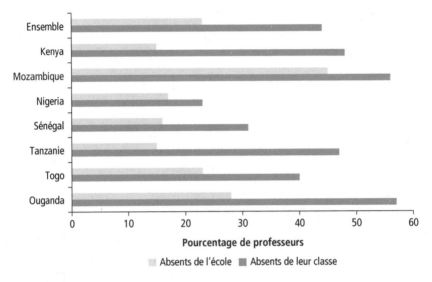

Source : Bold et al., 2016.

autorisée ou non ne fait guère de différence pour les élèves en manque d'enseignants, mais cela affecte les interventions potentielles.

Les convictions des professeurs sur les capacités d'apprentissage de leurs élèves peuvent jouer un rôle dans ce manque de motivation. Dans une enquête effectuée dans six pays africains, on a questionné les professeurs sur la capacité des élèves à apprendre et à utiliser les mathématiques (graphique 2.11 ; Bethell, 2016). Dans tous ces pays sauf la République démocratique du Congo, presque tous les professeurs ont répondu que « les compétences mathématiques sont utiles pour tout le monde ». Mais il y a un grand décalage entre cette réponse et celle donnée par les professeurs quand on leur demande si tout élève peut être bon en mathématiques. Un tiers des professeurs ne pensent pas que ce soit le cas[3]. Il n'est sans doute pas surprenant, vu ce résultat, que l'enseignement soit très inégal dans de nombreuses classes africaines. Les professeurs de Tanzanie pensent quant à eux que le contexte familial est crucial pour les performances des élèves, à tel point que leurs attentes sont bien moindres vis-à-vis des enfants les plus pauvres, ce qui peut renforcer le lien déjà existant entre pauvreté et moins bonnes performances scolaires (Humble et Dixon, 2017).

Le contexte

Au vu de ces résultats, il serait tentant de conclure que ces professeurs sont tous mauvais, qu'ils manquent de connaissances et de motivation, et qu'il faudrait encourager de meilleurs candidats à devenir enseignants. Mais les professeurs

Graphique 2.11 Ce que pensent les professeurs des capacités mathématiques de leurs élèves

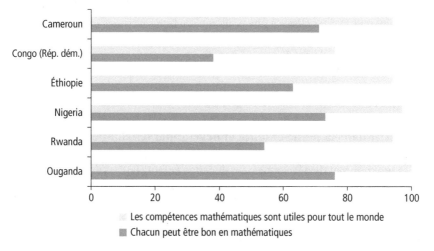

Source : Bethell, 2016.

sont le produit du contexte dans lequel ils évoluent (Evans et Yuan, 2018). Ils enseignent dans des conditions difficiles, parfois loin de leur lieu de résidence, et disposent de peu de matériel pédagogique sur lequel s'appuyer pour leurs cours. Souvent, seuls quelques élèves ont un manuel et le professeur doit utiliser l'un des rares manuels comme guide pour son cours. Des études récentes ont montré que moins de deux tiers des élèves ont des manuels à Madagascar, et il y a un manuel pour plus de quatorze élèves en Ouganda (République de Madagascar, 2012 ; Banque mondiale, 2013). Les salaires des professeurs sont souvent versés avec retard, le niveau de rémunération est parfois lent à rattraper celui d'autres catégories professionnelles de qualification comparable. Dans la plupart des pays, les professeurs ne sont pas récompensés s'ils ont de bons résultats ni tenus pour responsables dans le cas inverse. « Récompenser » ne fait pas référence seulement à l'aspect financier. Une récompense peut aussi se traduire par l'expression d'une reconnaissance ou par la proposition de devenir le mentor de ses collègues. En résumé, la faible formation des professeurs et leur manque de motivation expliquent probablement en partie pourquoi les écoles ne fournissent pas les résultats escomptés ; il serait cependant facile de faire porter aux enseignants toute la responsabilité de cet échec et d'oublier le système qui incite à ce genre de comportement.

Des programmes trop ambitieux et datés
Dans de nombreux pays, le programme du primaire est beaucoup trop ambitieux par rapport au rythme d'apprentissage. Résultat : de nombreux élèves sont complètement dépassés (Pritchett et Beatty, 2015). Dans le secondaire, de nombreux programmes n'ont pas été adaptés aux changements économiques

et mettent l'accent sur la formation pré-emploi (Verspoor, 2008). Ces programmes sont gouvernés par l'offre économique, négligent le secteur informel et préparent mal les élèves à une poursuite de l'apprentissage et de l'acquisition de compétences. En outre, de nombreux élèves n'acquièrent pas les compétences répertoriées dans le programme national.

La bonne manière de procéder

Investir dans la petite enfance et développer les compétences de base

Les programmes de développement du jeune enfant (DJE), s'ils sont de qualité, ont un effet direct très net sur les enfants ainsi qu'un effet indirect significatif sur la participation des femmes à la vie active et sur le revenu des ménages. Dans les pays à revenu élevé, les enfants qui bénéficient de bons programmes de soutien à la petite enfance obtiendront des résultats bien meilleurs tout au long de leur vie (García *et al.*, 2016 ; Heckman *et al.*, 2010). La même chose vaut pour les pays à revenu intermédiaire (Gertler *et al.*, 2014 ; Grantham-McGregor *et al.*, 1991). Au Mozambique, on constate que la scolarisation en maternelle donne de bien meilleurs résultats dans l'épanouissement des enfants. En outre, elle augmente les chances que les personnes responsables des enfants travaillent et que les frères et sœurs aînés aillent à l'école (Martinez, Naudeau et Pereira, 2012). Des études d'autres pays du monde comme le Brésil et la Colombie mettent également en évidence une série de bénéfices pour les enfants et leurs parents (Attanasio *et al.*, 2014 ; Rubio-Codina, Attanasio et Grantham-McGregor, 2016).

Les parents sont essentiels à la réussite de tout programme d'investissement dans la petite enfance. L'univers familial détermine souvent le succès des programmes de DJE. Si nous ne disposons encore que de très peu de données sur ce sujet en Afrique, les données mondiales l'indiquent clairement. L'investissement des parents –qu'il s'agisse de parler et chanter à ses enfants ou de prendre en charge leur soin – est crucial pour leur réussite (Heckman et Mosso, 2014). En Colombie, on a constaté qu'un plus grand investissement matériel et temporel des parents avait un effet bénéfique sur un programme multidimensionnel destiné à améliorer le développement de l'enfant (Attanasio *et al.*, 2015). L'investissement des parents est important pour le développement des compétences socio-émotionnelles des enfants. Cependant, les parents les plus pauvres ont en moyenne le moins de temps et le moins de moyens à consacrer à leurs enfants. Soutenir les familles les plus vulnérables permettra par conséquent d'avoir un plus grand impact sur la situation actuelle.

Les programmes d'éducation parentale sont divers. Il y a ceux qui encouragent l'implication des parents, la stimulation cognitive ou des habitudes nutritionnelles cohérentes, depuis l'allaitement jusqu'aux apports alimentaires. Certains de ces programmes peuvent être très rentables pour l'État ; le seul fait de fournir des informations, ce qui est généralement bon marché, a parfois des effets positifs (Cárdenas, Evans et Holland, 2015). Parmi les programmes des pays à revenu faible ou intermédiaire destinés à la petite enfance, l'un des plus connus consistait à fournir aux enfants de moins de 2 ans en retard de croissance, d'une part des apports alimentaires, d'autre part une stimulation cognitive au cours de séances de jeu hebdomadaires. Quinze ans plus tard, l'aide alimentaire seule n'avait pas eu d'effet mais la stimulation cognitive avait exercé une influence positive et durable sur le plan socio-émotionnel (Walker *et al.*, 2007). L'expérience d'enfants d'immigrants arrivés aux États-Unis à différents âges, qui ont donc été exposés à divers degrés au contexte nord-américain, montre que les parents sont bien plus importants que le pays (Schoellman, 2016). Au Malawi, les efforts menés pour améliorer la qualité des programmes de DJE ont été plus efficaces dès lors qu'on a fait appel au soutien des parents (Özler *et al.*, 2016). L'éducation parentale est le dénominateur commun de plusieurs programmes qui ont fait leurs preuves en Afrique et ailleurs dans le monde. De tout ceci, on peut conclure que le rôle des parents et la qualité de l'éducation qu'ils donnent sont essentiels dans la vie des enfants ; il faut donc les responsabiliser dans les programmes de DJE.

Un aspect fondamental de tous les programmes de DJE est la qualité. Il ne s'agit pas seulement de mettre en œuvre les bons programmes, encore faut-il le faire correctement. À travers le monde, on constate un fossé entre les objectifs des programmes de DJE et leur mise en œuvre. Une vaste étude effectuée au Brésil révèle une divergence fréquente entre le cadre théorique et la pratique (Campos, Füllgraf et Wiggers, 2006). Un exemple analogue vient du Cambodge où trois programmes destinés à la petite enfance n'ont eu que peu d'impact à cause d'énormes problèmes de réalisation (Bouguen *et al.*, 2013). De nombreuses études de grande ampleur réalisées en Afrique montrent également de grosses difficultés de mise en œuvre. Si les programmes s'avèrent inefficaces, c'est bien souvent dû à un fossé entre la théorie et la pratique : l'objectif était trop ambitieux, ou on a négligé de prendre en compte des défis bien réels comme le recrutement du personnel adéquat. Par exemple, la qualité des professeurs et la gestion des classes sont importantes dans l'enseignement élémentaire, comme on l'a constaté récemment en Équateur (Araujo *et al.*, 2015). C'est un secteur qui mériterait une grande attention au niveau de la conception des programmes. Si ceux-ci doivent être d'une qualité irréprochable, la réalité de leur mise en œuvre varie énormément d'un contexte à l'autre et doit être prise en compte dès le stade de la conception. Un programme pour la petite enfance modeste mais parfaitement réalisable vaut mieux qu'un programme ambitieux qui ne pourra pas être mis en œuvre.

Les pays africains ne doivent pas démarrer des programmes complètement nouveaux sans avoir soigneusement étudié et compris les meilleures méthodes de mise en œuvre. Identifier les méthodes éprouvées et s'appuyer sur elles est un moyen efficace pour avoir un impact immédiat à grande échelle. La littérature sur le sujet s'est souvent donné comme priorité d'évaluer des projets bien conçus. Il reste à faire un grand travail qualitatif sur la manière dont les populations africaines élèvent leurs enfants et prennent soin d'eux ; il faudra ensuite s'efforcer d'éliminer les mauvaises méthodes et d'en promouvoir de bonnes. Le simple fait d'organiser une campagne pour informer sur ces mauvaises méthodes, depuis les pratiques alimentaires malsaines jusqu'à la maltraitance, peut permettre d'améliorer sensiblement la vie des enfants.

Dans la mesure où il est difficile de juger du succès d'un programme avant de l'avoir essayé, il est important que les pays adoptent une méthode pragmatique qui intègre une évaluation périodique lorsqu'ils mettent en œuvre leurs programmes à grande échelle. Dans un contexte donné, les réalités opérationnelles et les capacités des parents et de la communauté locale seront telles qu'il faudra commencer par privilégier l'éducation parentale, ou la crèche, ou quelque chose entre les deux comme un système d'organisation de parents à l'échelle de la communauté locale. En Gambie, le gouvernement a essayé d'identifier le moyen le plus efficace d'intégrer le DJE dans le système éducatif formel en faisant une série de tests pour affiner la méthode (encadré 2.3). Au Mozambique, un programme de maternelle destiné à une communauté locale a donné des résultats positifs, il a donc été étendu, puis une évaluation a été réalisée à grande échelle (Martinez et Bain, 2013 ; Banque mondiale, 2012). Piloter, évaluer, changer d'échelle avec précaution et continuer d'évaluer donne les meilleures chances de succès. Il faut associer les connaissances et l'expérience locales aux enseignements des études globales.

Développer les compétences de base à l'école

Faire en sorte que les jeunes aillent à l'école

Réduire les frais d'inscription est le moyen le plus efficace pour élargir l'accès à l'enseignement primaire. Si l'enseignement primaire est gratuit dans la vaste majorité des pays africains, l'Afrique a le plus grand nombre de pays où ce n'est pas le cas : la Guinée, la Somalie, l'Afrique du Sud, la Zambie et le Zimbabwe (World Policy Center, 2016). Avec l'élimination des frais d'inscription, le taux de scolarisation a bondi au Kenya, au Malawi et en Ouganda, et il a augmenté plus modestement au Cameroun, en Tanzanie et en Zambie (Banque mondiale, 2017). Mais au-delà des frais d'inscription, la scolarité a un coût : il y a le transport, les livres et autres matériels, l'uniforme dans certains pays, et le manque à gagner qui augmente au fur et à mesure que les enfants grandissent.

Dans un large éventail de pays à travers le monde, des allocations versées aux ménages les plus pauvres (parfois conditionnées à la scolarisation et au suivi des

Comment choisir les meilleurs investissements dans la petite enfance pour un contexte donné ? Réponse : les tester

Au début des années 2010, le ministère de l'Enseignement primaire et secondaire de Gambie a conçu un nouveau programme de développement du jeune enfant (DJE) dans le cadre de son projet destiné à améliorer l'accès à l'éducation. Adossés à des écoles maternelles privées dans les zones urbaines, le pays comptait alors deux autres dispositifs de DJE : (a) un système informel au niveau local où des volontaires de la communauté locale aidaient les familles à répondre aux besoins des enfants ; (b) un dispositif plus formel baptisé annexe DJE, qui consistait en l'adjonction dans les écoles primaires d'une classe de maternelle pour les enfants de 3 à 6 ans.

Afin de tester le nouveau programme et de déterminer quel type de dispositif il valait mieux étendre, le gouvernement s'est associé à la Banque mondiale pour mener parallèlement deux expériences. Pour la première, portant sur les endroits où existait une annexe DJE, on a sélectionné au hasard certaines annexes où on a introduit le nouveau programme et organisé une formation intensive des enseignants ; dans les autres annexes, on a seulement introduit le nouveau programme. Pour la seconde expérience, portant sur les endroits sans annexe DJE, on a attribué à certaines communautés locales sélectionnées au hasard un nouveau dispositif DJE s'appuyant sur la communauté locale, aux autres non. Le gouvernement a ensuite décidé dans quelle direction aller en fonction de différents facteurs, notamment de l'efficacité du programme dans l'amélioration des résultats des enfants, du succès auprès de la population, des problèmes de recrutement de personnel, et des performances dans l'assurance qualité et le suivi.

Pour ce qui est des performances d'apprentissage, on n'a constaté aucun impact significatif à court terme, seulement une amélioration modérée dans les annexes DJE. S'agissant des autres aspects, une image contrastée s'est dessinée : on a constaté une nette préférence pour les DJE au niveau local plutôt que pour les annexes, les familles résidant souvent assez loin de l'école. Cependant, pour les aspects relevant de la qualité, les annexes ont obtenu de meilleurs résultats. Au vu de ces conclusions, le gouvernement a décidé de développer les annexes tout en examinant les moyens de répondre progressivement au défi de l'accessibilité. C'est l'importance que le gouvernement attache à la qualité et à l'apprentissage qui a motivé cette décision (Blimpo *et al.*, 2017).

cours, mais pas toujours) ont fait monter de manière significative le taux de scolarisation ou d'achèvement des études. Parmi plus de vingt évaluations de l'impact de programmes de versement d'allocations à travers l'Afrique (du Burkina Faso au Zimbabwe), toutes sauf une révèlent une amélioration significative des résultats dans le domaine éducatif (Evans et Popova, 2017). On constate ces impacts positifs autant pour les programmes conditionnels que pour les autres. L'évaluation du Burkina Faso montre que les allocations conditionnelles peuvent diminuer le taux d'enfants susceptibles d'abandonner l'école – les filles, en général, et les garçons ayant de moins bons résultats scolaires (Akresh, de Walque et Kazianga, 2013). Construire une école peut être le moyen de réduire les coûts de transport dans les endroits de faible densité scolaire, l'impact étant particulièrement positif pour les filles, comme en témoignent des études récentes portant sur l'Afghanistan et le Burkina Faso (pour l'Afghanistan, voir Burde et Linden, 2013 ; pour le Burkina Faso, voir Kazianga *et al.*, 2013 et Sawada *et al.*, 2016).

Six pays africains ont réussi à augmenter la proportion d'enfants scolarisés ces dernières années (graphiques 2.12) et peuvent servir de modèle à d'autres pays du continent. Tous ces pays, qui avaient un faible taux de scolarisation et l'ont accru de manière significative, sortaient d'un conflit, une partie de l'accroissement s'explique donc peut-être simplement par le retour à la paix. L'enseignement est gratuit dans tous ces pays ; tous sauf le Burundi avaient une croissance économique supérieure à la moyenne régionale ; tous sauf le Burundi et la Sierra Leone ont augmenté le budget de l'éducation proportionnellement ; trois d'entre eux, l'Éthiopie, le Lesotho et le Malawi, ont versé des allocations dans le cadre d'une stratégie destinée à accroître le taux de scolarisation.

Réduire les frais d'inscription permet également d'élargir l'accès à l'enseignement secondaire, mais cela n'aide pas forcément les élèves déjà en échec scolaire. Au Ghana, des bourses versées pour les études secondaires afin de diminuer la pression des frais scolaires ont permis de faire grimper le taux d'achèvement du lycée de plus de 50 %. Cela a aussi réduit le taux de natalité et augmenté les revenus (Duflo, Dupas et Kremer, 2017). Au même moment, en Afrique du Sud, l'élimination des frais d'inscription au niveau du secondaire n'a pas eu d'impact mesurable sur le nombre d'élèves inscrits. Pour quelle raison ? Les résultats scolaires antérieurs représentent un facteur majeur d'abandon des études : les élèves en échec scolaire depuis de nombreuses années vont probablement sortir du système éducatif même en l'absence de contraintes financières (Branson et Lam, 2017). Cela rejoint les conclusions d'une étude sur la dernière année du primaire, au Kenya, selon lesquelles les résultats sont le facteur déterminant de l'abandon des études (Zuilkowski *et al.*, 2016). D'autres contraintes, comme l'éloignement de l'école, peuvent jouer un rôle (encadré 2.4). Outre la réduction des frais d'inscription, l'un des meilleurs moyens de faire en sorte que les jeunes ne quittent pas l'enseignement secondaire est de les aider à réussir à l'école primaire.

Fournir un enseignement de qualité

Une fois que les enfants sont à l'école, il faut les y maintenir par un enseignement pertinent et de qualité. Dans plusieurs pays, dont le Burkina Faso, la Guinée et le Niger, la faible qualité de l'enseignement est l'une des principales raisons données par les familles pour expliquer le fait que les enfants de 12 ans et plus quittent le collège (Inoue *et al.*, 2015). Parmi les enfants qui ne vont pas jusqu'à

Graphiques 2.12 **Dans quels pays le taux de scolarisation a-t-il le plus progressé ces vingt dernières années ?**

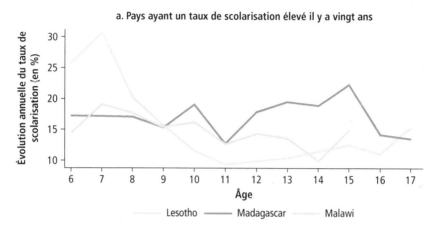

a. Pays ayant un taux de scolarisation élevé il y a vingt ans

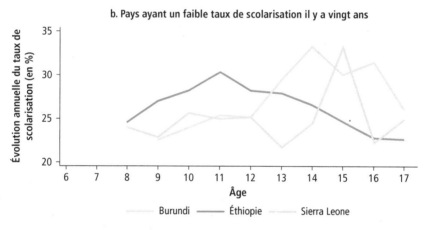

b. Pays ayant un faible taux de scolarisation il y a vingt ans

Source : Filmer, 2010.
Note : Le taux de scolarisation de départ, il y a vingt ans, est mesuré par rapport à la moyenne des pays de l'échantillon considéré ; il est élevé s'il est au-dessus de la moyenne, faible s'il est en dessous.

la fin de l'école primaire – environ un tiers des élèves –, la plupart abandonnent au bout de quelques années seulement. Ceci s'explique peut-être en partie par le fait que ces élèves ou leur famille n'ont pas conscience de la valeur des études. On en a un exemple à Madagascar, dans le primaire, où une campagne d'information à l'intention des familles, détaillant en chiffres précis les bénéfices apportés par l'école, a accru la présence et les performances des élèves (Nguyen, 2008). Des interventions analogues dans d'autres régions du monde ont également eu un impact positif : au Mexique, sur les résultats scolaires, et en

Le recours à la bicyclette pour atteindre la parité de genre dans l'accès au secondaire

Les disparités de genre dans l'inscription au secondaire demeurent répandues. Un programme novateur lancé au Bihar, en Inde, a permis d'améliorer l'accès à l'éducation sans construire d'écoles supplémentaires (Muralidharan et Prakash, 2013). On a fourni à toutes les filles s'inscrivant en troisième l'argent nécessaire pour acheter une bicyclette afin qu'il leur soit plus facile d'aller à l'école.

Ce programme a accru de 30 % la probabilité qu'une fille de 14 ou 15 ans soit scolarisée ou aille jusqu'au bout de la troisième ; il a réduit de 40 % l'écart entre le nombre de filles et de garçons inscrits dans le secondaire ; il a permis que les filles aient 9,5 % plus de chances de passer l'examen du certificat d'études secondaires et que le taux de réussite demeure constant. Ainsi a-t-il accru non seulement le taux de scolarisation, mais aussi le nombre de filles restées suffisamment longtemps dans l'enseignement secondaire pour pouvoir passer l'examen du certificat.

Cette réussite a été possible parce que le programme a été mis en œuvre avec efficacité : dans un contexte où les programmes publics sont généralement victimes d'une corruption endémique, la perte financière a été minimale. Sur la base de discussions avec les responsables politiques et les officiels sur le terrain, les agents chargés de l'évaluation ont identifié les facteurs suivants comme principales raisons de cette faible perte financière :

1. *Aucune restriction*. Toutes les filles inscrites en troisième ayant droit à une bicyclette, les officiels perdaient leur pouvoir discrétionnaire de désigner des bénéficiaires.

2. *Facilité de mise en œuvre et de contrôle*. Le versement était transparent et a été effectué en une fois, ce qui est plus facile à contrôler que plusieurs petits versements consécutifs. Le programme avait une grande visibilité pour les bénéficiaires et les communautés locales et était relativement facile à mettre en œuvre.

3. *Transparence*. Des cérémonies officielles de remise de l'argent destiné à l'achat des bicyclettes ont été organisées dans les écoles, ce qui a permis aux bénéficiaires de remarquer toute irrégularité et de la signaler le cas échéant.

4. *Engagement des responsables politiques*. Le programme a bénéficié de l'engagement des responsables politiques du Bihar qui ne pouvaient qu'en tirer les retombées politiques.

Ce type de solution novatrice est prometteur pour certaines régions d'Afrique en manque d'infrastructures.

République dominicaine, sur l'achèvement des études (pour le Mexique, voir Avitabile et De Hoyos Navarro, 2015 ; pour la République dominicaine, voir Jensen, 2010 ; encadré 2.5). D'autres interventions encore, qui révèlent les bénéfices de l'apprentissage scolaire de manière plus indirecte – par exemple, en Inde, la mise à disposition d'agences de recrutement ou l'instauration de quotas pour promouvoir les femmes à des postes de responsabilité politique – ont également accru le taux de scolarisation et le niveau d'éducation (pour les données sur les agences de recrutement, voir Jensen, 2012 ; pour les données sur les femmes aux postes de responsabilité, voir Beaman *et al.*, 2012). Cependant, donner à l'élève un enseignement de qualité et lui fournir des connaissances pertinentes accroîtra probablement les chances qu'il aille jusqu'au bout du primaire. Même si plusieurs facteurs jouent un rôle, il y a certainement un lien entre la qualité de l'enseignement et l'achèvement des études primaires.

Il n'y a pas de solution unique pour améliorer la qualité, mais la pédagogie est plus importante que les bâtiments scolaires. Ces dernières années, on a assisté à une multiplication des études sur les actions entreprises pour améliorer l'apprentissage dans les pays à revenu faible ou intermédiaire, et nombre de ces études portent sur l'Afrique (Evans et Popova, 2016). Un message clair se dégage de toute une série d'efforts visant à synthétiser ces études : le moyen le plus efficace pour améliorer l'apprentissage est d'améliorer la pédagogie. Autrement dit, si un meilleur matériel pédagogique et informatique peut

---

ENCADRÉ 2.5

Associer les parents et les communautés locales

Les parents et les communautés locales sont essentiels à un développement efficace des compétences. Pratiquement aucun enfant n'est scolarisé sans le soutien de ses parents. Mais les parents ne sont pas toujours très bien informés. Par exemple, certains veulent que la formation de leurs jeunes enfants se fasse en anglais ou en français plutôt que dans la langue maternelle bien que des études aient montré que l'instruction dans la langue maternelle est meilleure pour la lecture et l'écriture, comme l'ont récemment vérifié des parents au Kenya (Piper, Schroeder et Trudell, 2016). Par ailleurs, certains parents sous-estiment les bénéfices de la scolarisation. À Madagascar, dans une étude de 2008, un tiers des parents étaient incapables de dire ce que seraient les futurs revenus de leur enfant s'il terminait l'école, et parmi les deux tiers restants, les avis divergeaient fortement ; nombreux étaient ceux qui sous-estimaient ces revenus. Mieux informer les parents sur les rendements de l'apprentissage, a permis d'améliorer la présence à l'école et les performances scolaires (Nguyen). Des programmes similaires informant sur les bénéfices de la scolarisation, en République dominicaine et au Mexique, ont eu un impact positif (Avitabile et De Hoyos Navarro, 2015 ; Jensen, 2010).

permettre d'améliorer les cours prodigués, les progrès dans l'apprentissage sont les plus probants lorsqu'on intègre la qualité de la pédagogie. Ceci se vérifie dans les données sur l'Afrique et dans celles à l'échelle mondiale (pour une analyse des études spécifiquement africaines, voir Conn, 2014 ; pour des études à l'échelle mondiale aboutissant aux mêmes conclusions, voir Kremer, Brannen et Glennerster, 2013 et Snilstveit *et al.*, 2016 ; pour une synthèse des études, voir Evans et Popova, 2016).

Rehausser la qualité de l'enseignement suppose de donner aux professeurs une formation professionnelle de qualité et régulière (encadré 2.6). Pour améliorer les performances des élèves, la formation professionnelle doit être continue, c'est-à-dire qu'il faut apporter aux professeurs une aide permanente et non les envoyer dans un stage unique d'une journée dont on espère qu'il les incitera ensuite à mettre en œuvre une nouvelle méthode. Elle doit être concrète, c'est-à-dire inclure la présence en classe d'un auxiliaire qui guide le professeur dans l'utilisation de nouvelles techniques. Elle doit être spécifique, c'est-à-dire ciblée sur l'apprentissage d'une méthode d'enseignement particulière, et non chercher à inculquer une grande théorie pédagogique (Popova, Evans et Arancibia, 2016).

ENCADRÉ 2.6

Intégrer les meilleurs enseignants dans le système éducatif

Au Kenya, au cours d'une discussion sur la manière d'améliorer la qualité de l'enseignement, un responsable de l'éducation a posé la question : « Enseigner est-il donné à n'importe qui ? » (Evans, 2017). Il fait partie des nombreuses personnes qui pensent que l'amélioration des performances du corps enseignant passe impérativement par une meilleure qualité des candidats qui entrent dans la profession, et aussi par un système qui permette d'écarter plus facilement les professeurs qui ont de piètres résultats et ne s'améliorent pas malgré des séances de formation et de soutien. Une analyse déjà datée des conditions requises pour suivre le programme de formation des professeurs montre que le niveau est très bas (tableau E2.6.1). Dans les pays au système éducatif très performant comme la Finlande et Singapour, il y a une forte sélection à l'entrée des programmes de formation des professeurs.

Différents moyens d'attirer de bons candidats dans la profession d'enseignant ont été expérimentés à travers le monde. Au Chili, par exemple, on a offert des avantages particuliers aux étudiants les plus brillants pour les inciter à entrer dans l'enseignement ; au Pérou, on a revu à la hausse le niveau d'entrée dans les écoles de formation des professeurs (Bruns et Luque, 2015). Relever le niveau d'entrée dans la profession peut permettre d'améliorer les résultats. Cependant, l'expérience a montré que les diplômes et autres qualifications des candidats à la profession ne sont pas

(suite page suivante)

Encadré 2.6 (suite)

des indicateurs fiables sur la qualité future de leur enseignement. Une brève leçon donnée par un candidat devant un jury révélera mieux ce que seront ses performances en classe, selon une étude récente provenant d'Argentine (Ganimian, 2015). Chaque pays doit déterminer la méthode la plus efficace pour améliorer la qualité de l'enseignement en fonction du contexte local. Du fait qu'il est très difficile de prédire la qualité d'un futur enseignant, une méthode efficace consisterait à mettre à l'essai des apprentis professeurs qui seraient ensuite recrutés s'ils ont fait leurs preuves (Muralidharan, 2016).

Tableau E2.6.1 **Conditions d'admission à la formation d'enseignant en école primaire**

Pays	Conditions d'admission
Érythrée	Diplôme de fin d'études d'Érythrée (niveau terminale) avec une moyenne de 0,6 ou moins sur une échelle de 0 (note maximale) à 4
Gambie	Examen scolaire avancé de l'Afrique de l'Ouest (niveau terminale) avec une mention dans une matière et la moyenne dans trois matières, dont l'anglais
Lesotho	*Cambridge overseas school certificate* (niveau 1) avec une mention dans quatre matières et la moyenne dans une matière, et au moins la moyenne en anglais
Libéria	La méthode de sélection est en train d'être définie. Elle consistera probablement en un examen d'admission qui évaluera les compétences en anglais et en mathématiques
Malawi	Certificat d'études du Malawi (niveau terminale) avec une mention en anglais et la moyenne en mathématiques et dans deux sciences
Ouganda	Examen au niveau de la première avec la moyenne dans six matières dont l'anglais, les mathématiques et une science
Zambie	Certificat de terminale avec au moins une mention dans trois matières et la moyenne dans deux matières, et au moins la moyenne en anglais et en mathématiques
Zanzibar	Variables selon les institutions

Source : Mulkeen, 2010.

Dans maints pays, de nombreux élèves n'arrivent pas à suivre parce qu'on applique de manière inflexible un programme ambitieux. Au Ghana, au Kenya et ailleurs, une approche pédagogique cohérente, fondée sur des données concrètes, aide les professeurs à se mettre au niveau de l'enfant (Pritchett et Beatty, 2015). L'aide fournie aux professeurs pour cibler leur enseignement sur les besoins des élèves a été très bénéfique. Au Ghana, la mise à disposition au niveau local d'un assistant pour aider les élèves les plus faibles a permis des gains appréciables en lecture, écriture et calcul, surtout quand cette aide a été donnée après l'école, donc lorsqu'elle en a été un complément et non un substitut (Duflo et Kiessel, 2012). Toujours au Ghana, on a amélioré de manière significative les performances des élèves en lecture et en écriture en apprenant aux professeurs à enseigner à de petits groupes d'élèves et à se mettre à leur niveau (Duflo et Kiessel, 2012). Dans les régions rurales du Kenya, la répartition des élèves du primaire en groupes de niveau a permis à tout le monde de progresser, autant les meilleurs que les plus faibles (Duflo, Dupas et Kremer, 2011). En Inde, la répartition des élèves en groupes de niveaux une heure par jour seulement, quels que soient leur âge et leur classe, a également permis de les faire largement progresser dans la maîtrise de la langue (Banerjee *et al.*, 2016). Il ne s'agit plus de simples programmes pilotes : au Ghana et en Inde, ils sont en train d'être généralisés dans les écoles publiques.

La technologie est-elle un bienfait ou un piège ? Notons tout d'abord qu'elle permet aux élèves d'apprendre de manière individualisée. Récemment, en Inde, on a évalué l'efficacité d'un logiciel d'apprentissage des mathématiques s'adaptant à l'utilisateur, c'est-à-dire changeant la nature des questions posées suivant les performances. Aux utilisateurs qui avaient plus de mal, le logiciel posait des questions plus faciles pour les aider à renforcer leurs compétences de base. Ceux qui avaient plus de facilité étaient poussés. Les progrès étaient impressionnants : plus de 0,5 point d'écart type (Muralidharan, Singh et Ganimian, 2016). D'autres programmes plus rudimentaires d'apprentissage assisté par ordinateur ont donné des résultats positifs dans la mesure où ils permettent simplement à chacun d'avancer à son rythme (Banerjee *et al.*, 2007). Cependant, faire appel à la technologie comporte des pièges. De nombreux pays se sont précipités pour investir dans des systèmes informatiques complexes avant de s'apercevoir que les infrastructures locales étaient insuffisantes pour permettre de les faire fonctionner à plein régime ou d'assurer leur maintenance. D'une manière générale, tenter de remplacer les professeurs par la technologie a été moins concluant que les doter d'un outil complémentaire (Snilstveit *et al.*, 2016). Un équipement technologique est cher à mettre en place, il est donc crucial de s'assurer qu'il en vaut la peine. Une tentative récente, au Honduras, de remplacer des manuels scolaires par l'équivalent électronique sur des ordinateurs portables a montré que c'était rentable seulement si la version électronique pouvait remplacer au moins cinq manuels (Bando *et al.*, 2016). La technologie ne tiendra ses promesses que si on étudie au préalable la rentabilité du système envisagé et fait preuve de la plus grande prudence quant à son adaptabilité aux infrastructures existantes dans le pays.

Aller à l'école ne permet pas seulement d'apprendre à lire, écrire et compter. Une bonne scolarité contribue aussi à former les compétences socio-émotionnelles. De plus en plus d'études montrent que ces compétences – notamment la persévérance, l'autorégulation et le fait d'être consciencieux – sont parmi les plus importantes qu'enfants et adolescents acquièrent au cours de leur épanouissement, et elles sont plus développées chez les enfants scolarisés (Heckman et Rubinstein, 2001 ; Heckman, Stixrud et Urzua, 2006). Cependant, toutes les écoles et tous les professeurs n'obtiennent pas les mêmes résultats dans ce domaine (Jackson, 2016). Si les études sur la manière dont on peut renforcer ces compétences n'en sont qu'à leurs balbutiements, les écoles africaines vont devoir prêter plus d'attention à leur développement dans les prochaines années, même si la plupart des efforts au niveau élémentaire sont consacrés à renforcer les capacités de lecture, d'écriture, de calcul et de résolution de problèmes (encadré 2.7). Une étude péruvienne montre qu'une intervention à moindre coût pour développer les capacités socio-émotionnelles peut avoir des effets bénéfiques sur les compétences cognitives (Vakis, 2017). Il y a probablement un certain degré de corrélation entre ces deux types de compétences.

Les écoles privées font partie du paysage éducatif africain depuis de nombreuses années (encadré 2.8). En Afrique subsaharienne, un élève du primaire sur six est inscrit dans une école privée. Cependant, de récents développements dans ce secteur ont fait la « une » des journaux, notamment l'émergence de chaînes d'établissements privés à but lucratif et le fait que certains

ENCADRÉ 2.7

Comment développer les compétences socio-émotionnelles dans des pays à faible revenu ?

Le bénéfice que l'on tire des compétences socio-émotionnelles est particulièrement élevé. Celles-ci se forment d'abord dans le contexte familial puis se renforcent dans un cadre éducatif formel. Leur évaluation, notamment dans un contexte où les résultats ont des implications sur l'allocation de ressources financières, par exemple destinées aux écoles, n'est pas encore achevée, mais elle progresse. D'aucuns avancent qu'il faut commencer par développer les compétences socio-émotionnelles avant de s'attaquer à la lecture, à l'écriture et au calcul. Cette dichotomie n'a pas de sens. Dans les pays à revenu élevé, la plupart des enfants acquièrent les compétences socio-émotionnelles en même temps que d'autres compétences. Des efforts sont menés actuellement pour développer le socio-émotionnel au Chili, en Macédoine du Nord et au Pérou (Arias et al., 2017 ; Claro, Paunesku et Dweck, 2016 ; Vakis, 2017). À l'avenir, lorsque les gouvernements réformeront la formation des professeurs, y compris la formation continue, ils devront donner autant d'importance à l'enseignement des compétences socio-émotionnelles qu'à l'apprentissage de la lecture, de l'écriture et du calcul. Ils devront également faire preuve d'humilité et reconnaître qu'il y a encore beaucoup à apprendre dans ce domaine.

Les compétences socio-émotionnelles ont une grande valeur en elles-mêmes, mais aussi dans la mesure où elles renforcent les compétences cognitives. Au Pérou, dans le cadre d'une intervention destinée à faire comprendre à la jeune génération que tout un chacun a d'énormes possibilités d'apprentissage, des élèves ont été invités à lire un article intitulé « Savez-vous que vous pouvez développer votre intelligence ? », ont participé à une discussion d'une heure et demie, puis ont écrit à un ami une lettre sur l'article. Les notes de leurs contrôles ont augmenté de 0,2 point d'écart type. Cette enquête a été réalisée sur plus de 50 000 élèves à un coût de 20 centimes par élève (Vakis 2017).

Les écoles privées sont-elles la solution?

Quel est le rôle des écoles privées dans l'enseignement élémentaire en Afrique subsaharienne?

Tous les enfants ont droit à un enseignement gratuit de qualité (Gaeta et Vasilara, 1998). Mais dans de nombreux pays, les pouvoirs publics ont du mal à offrir une qualité convenable, notamment aux enfants les plus pauvres. Nombreux sont les enfants non scolarisés, et nombreux sont ceux qui n'ont pas les bases en lecture, écriture et calcul bien qu'ils aient passé des années sur les bancs de l'école. De nombreuses familles se tournent vers le privé : un élève de primaire sur sept et presque un élève de secondaire sur cinq, sont inscrits dans une école privée en Afrique (Baum, Cooper et Lusk-Stover, 2018). Et ces chiffres sont en augmentation. Plusieurs aspects sont à considérer s'agissant de l'enseignement privé au niveau élémentaire.

Le premier est le rôle régulateur de l'État et sa capacité à garantir un niveau minimum de qualité. Le deuxième est son rôle financier : il verse des fonds aux écoles privées par le biais de partenariats public-privé (PPP). Le troisième a trait aux effets des écoles privées sur l'équilibre général. Dans ce qui suit, le terme école privée englobe toutes les écoles non publiques, autant les établissements à but lucratif que les autres.

Le rôle régulateur de l'État. Dans le privé comme dans le public, l'État doit garantir la qualité de l'enseignement et la sécurité des élèves. Ce rôle de régulateur est plus important dans le système éducatif que dans d'autres domaines parce que les élèves et leur famille ne sont pas forcément en mesure de juger de la qualité de l'enseignement dispensé (à l'inverse de ce qui se passe pour un produit de marché standard comme un téléphone portable ou un fruit dont la qualité est facilement reconnaissable).

Les notes des élèves servent d'indicateur de qualité de l'enseignement et, pour l'évaluer, l'État peut utiliser le contrôle continu et sanctionner, voire fermer les écoles privées qui ont des résultats inférieurs à un certain seuil (s'il s'agit d'écoles publiques, il réagira certainement en renforçant le soutien apporté). Cependant, les notes des élèves ne sauraient être l'unique critère de qualité. D'autres aspects jouent un rôle essentiel (par exemple la sécurité physique fait aussi la qualité d'une école). Des inspections régulières peuvent être utiles. Mais la majorité de la population espérant beaucoup du système éducatif (l'apprentissage de compétences cognitives et socio-émotionnelles, la sensibilisation aux valeurs civiques, le développement d'un sentiment d'appartenance à la société, la sécurité des enfants…), définir précisément la qualité en ce domaine, la mesurer et la réguler est une tâche difficile. L'État a tout intérêt à coupler ses efforts de régulation avec des efforts pour informer le public sur la qualité des écoles de façon à ce que les élèves et leur famille puissent prendre des décisions en conséquence.

Fournir des ressources financières aux écoles privées par le biais de PPP. La majeure partie des fonds publics destinés à l'éducation doivent être investis dans des écoles publiques de qualité (pour information, 95 % des versements de la Banque mondiale pour l'éducation vont au secteur public). Cela se justifie en partie par le fait que les acteurs privés peuvent avoir d'autres objectifs que l'État (par exemple faire un profit ou

(suite page suivante)

Encadré 2.8 (suite)

instruire conformément à une conception religieuse), ainsi est-il difficile de formuler un contrat global qui permette d'aligner les visées des institutions privées sur celles de l'État. Les contrats doivent comporter des clauses garantissant l'accès à l'enseignement et sa qualité.

Dans des régions où l'État n'est pas en mesure de fournir une offre éducative à court terme, allouer des fonds publics à des acteurs privés prend tout son sens. Il peut s'agir par exemple d'endroits éloignés où le gouvernement n'a pas encore les moyens de construire de nouvelles infrastructures. Là où il existe des écoles publiques, la décision de financer le privé est moins immédiate. Elle dépend des bénéfices que représente la construction de nouvelles infrastructures et de l'afflux d'élèves escompté. Dans un cas comme dans l'autre, un contrat couvrant tous les aspects est essentiel. En général, les acteurs privés à but non lucratif ont des objectifs mieux alignés sur ceux de l'État que ceux à but lucratif et peuvent donc être préférés, mais il peut y avoir des exceptions à cela.

Les effets d'échelle et d'équilibre général. Un dernier aspect à considérer lorsqu'on envisage de financer une offre privée d'éducation élémentaire – et lorsqu'il faut décider de la hauteur de l'investissement et du type de dispositif financier – est à quelle échelle elle est envisagée, et quels effets elle est susceptible d'avoir sur l'équilibre général. Si cette offre privée couvre 10 % de la population d'élèves, elle risque de ne pas avoir les mêmes effets immédiats et différés que si elle en couvre 70 %. Tous ces aspects jouent un rôle dans les décisions stratégiques que doit prendre un gouvernement. D'un point de vue général, l'offre privée doit être considérée comme un moyen d'améliorer le système éducatif global.

Apprendre et innover. Le secteur privé peut être une précieuse source de connaissances et d'innovation. Mais comme avec tout programme, public ou privé, il est important d'évaluer les résultats et d'en tirer les leçons. A priori, un système ne produit pas automatiquement un enseignement de qualité, qu'il soit public ou non, et une évaluation comparative public/privé de l'apprentissage des élèves, une fois les données corrigées pour tenir compte des différences de profil entre les élèves des deux secteurs, n'a pas donné de résultats probants. Au Libéria, une externalisation de l'enseignement public vers le privé dans un projet pilote portant sur quatre-vingt-treize écoles a permis une augmentation notable du niveau global d'apprentissage des élèves et de réduire l'absentéisme des professeurs. Mais cette externalisation a aussi eu un coût bien plus important par élève. En outre, les gains d'apprentissage ont été énormes dans certaines écoles, faibles ou inexistants dans d'autres (Romero, Sandefur et Sandholtz, 2017). Il y a encore beaucoup à apprendre sur l'offre éducative privée en Afrique, mais ces premiers résultats, qui proviennent d'un seul pays, semblent indiquer que le succès dépendra des caractéristiques de chaque acteur privé, soulignant l'importance de mener un suivi efficace.

L'éducation est un droit fondamental qui doit être garanti à tout enfant et tout adolescent. Cependant, certaines familles continueront de scolariser leurs enfants dans le privé moyennant un investissement financier, et dans certaines régions où l'offre publique est pratiquement inexistante, les écoles privées comblent un vide et répondent à un énorme besoin. Les PPP sont peut-être un moyen de satisfaire ce besoin.

gouvernements ont versé des fonds publics à des écoles privées par l'intermédiaire de partenariats public-privé (PPP) (encadré 2.9). Le Libéria, par exemple, a annoncé au début de 2016 une initiative à grande échelle pour transformer son système éducatif en adoptant le modèle de l'école privée sous contrat. L'amplitude du changement a ensuite été réduite : quatre-vingt-dix écoles avaient sauté le pas dans l'année scolaire 2016–2017 (Hares et Sandefur, 2016). La plupart des évaluations comparatives entre public et privé sont compliquées, s'agissant des résultats scolaires, du fait que les élèves inscrits dans le privé ont parfois un profil différent de ceux inscrits dans le public. Des évaluations fiables d'écoles maternelles à but lucratif au Kenya et d'écoles privées sous contrat au Liberia sont en cours (Hares et Sandefur, 2016 ; Banque mondiale, 2015). Qu'ils choisissent ou non d'investir dans des écoles privées, les gouvernements africains joueront un rôle crucial de régulateur et devront veiller à ce que les établissements créent des conditions d'apprentissage sûres et un enseignement efficace pour les élèves.

S'il ne fait aucun doute qu'il faut investir dans l'enseignement secondaire, le défi est immense. Trop peu d'établissements secondaires, des professeurs mal formés, et des programmes de plus en plus dépassés sont autant d'éléments qui

---

ENCADRÉ 2.9

Les partenariats public-privé dans l'enseignement secondaire

Les partenariats public-privé (PPP) représentent une stratégie prometteuse pour associer le secteur privé à l'effort éducatif. Il s'agit en l'occurrence de relations contractuelles à long terme entre le gouvernement et des acteurs privés en vue de la fourniture d'une offre éducative – à la fois les infrastructures et les prestations. C'est une manière d'utiliser des fonds publics pour améliorer l'accès à l'éducation et renforcer l'égalité des chances en s'appuyant sur l'efficacité d'une offre éducative privée.

En particulier, un modèle de PPP prometteur consiste à charger des écoles privées de fournir un enseignement à des enfants de familles à faible revenu par le biais d'un contrat conclu avec le gouvernement. Ce modèle permet au gouvernement de profiter d'infrastructures existantes à un coût raisonnable. Une étude en Ouganda (Barrera-Osorio et al., 2016), portant sur un PPP où le gouvernement versait une subvention par élève aux écoles privées participant au programme, a montré que ce PPP a permis de scolariser un grand nombre d'élèves dans le secondaire. Au bout d'un an, le taux d'inscription avait augmenté d'un peu plus de cent élèves dans chacune de ces écoles. En outre, cet accroissement du nombre d'élèves était réparti équitablement entre filles et garçons, et les résultats scolaires s'étaient améliorés dans ces écoles. L'inconvénient de ce genre de modèle est que les investissements dans les écoles privées échappent au système éducatif public : par exemple, les matériels et les professeurs expérimentés restent dans ces écoles privées une fois le partenariat terminé. Au total, cependant, vu les contraintes des infrastructures, les PPP sont sans doute la meilleure voie à suivre.

font que de nombreux élèves reçoivent un enseignement de piètre qualité. Par ailleurs, le nombre d'élèves entrant au collège a considérablement augmenté, nourri par le taux élevé d'achèvement du primaire et la croissance démographique. Développer l'enseignement secondaire dans de vastes proportions sera difficile et coûteux. De nombreux pays subsahariens devront simultanément construire plus d'écoles, améliorer la qualité de l'enseignement et réformer les organes régissant les établissements.

Des fonds considérables vont donc être nécessaires pour développer l'enseignement secondaire. Les trois principaux réservoirs de ressources se trouvent : (a) dans une plus grande efficacité – réduire le gaspillage et ainsi obtenir plus avec le même niveau de dépense ; (b) dans une participation supplémentaire de l'État (budget du gouvernement et PPP) et des bailleurs de fonds étrangers ; (c) dans la croissance économique (Verspoor, 2008).

Des gains peuvent être réalisés en utilisant les ressources de manière plus efficace et en s'appuyant sur les méthodes éprouvées. En Afrique subsaharienne, l'enseignement secondaire porte encore un peu partout l'empreinte d'un passé colonial : le système est élitaire, il forme une fraction de la population seulement, et il est onéreux par rapport à d'autres régions du monde – ce dernier aspect vaut aussi pour le primaire (Lewin, 2008 ; Mingat, Ledoux et Rakotomalala, 2010). Le coût de l'enseignement secondaire représente 40 % du produit intérieur brut (PIB) par habitant en Afrique subsaharienne, comparé à 12 % dans les pays à faible revenu du reste du monde (Mingat, Ledoux et Rakotomalala 2010). Les pays subsahariens consacrent une part plus importante du budget de l'État à l'éducation (en moyenne 18,4 % en 2012) que les autres régions du monde à revenu faible ou intermédiaire (UNESCO, 2015). Même si nombre de ces pays africains ont une assiette fiscale étroite, il y a une marge d'amélioration, comme on le voit dans divers endroits du continent, par exemple en Zambie (Bwalya *et al.*, 2014).

La gouvernance du système éducatif et des écoles joue un rôle déterminant dans la qualité de l'enseignement. Elle a notamment pour fonction «de définir les objectifs du système éducatif ; de motiver les différents acteurs pour qu'ils atteignent ces objectifs ; de leur demander des comptes s'ils échouent ; de veiller à la qualité de la gestion des écoles et du système éducatif» (Muralidharan, 2017). Des études ont montré qu'elle influe sur les résultats des élèves, et de nombreuses interventions à moindre coût peuvent l'améliorer. En Inde, multiplier les visites impromptues dans les classes a entraîné une baisse de l'absentéisme des professeurs (Muralidharan *et al.*, 2017). L'utilisation d'outils technologiques comme le téléphone portable est un moyen prometteur de suivi à moindre coût. Au Niger, des élèves qui recevaient toutes les semaines des coups de téléphone de leur professeur principal (qui appelait aussi le chef du village) ont obtenu de meilleures notes en lecture et en mathématiques (Aker, Ksoll et Lybbert, 2012).

Les communautés locales ont également un rôle-clé à jouer dans la gouvernance des écoles. La plupart des écoles sont gérées par un chef d'établissement en association avec un conseil scolaire de représentants de la communauté locale. Si les chefs d'établissement sont généralement plus instruits que les professeurs, rares sont ceux qui ont reçu une formation spécifique de gestion scolaire (Mbiti, 2016). Améliorer les compétences du chef d'établissement et du conseil devrait mécaniquement améliorer leur gestion conjointe de l'école, notamment permettre une utilisation plus efficace des fonds pour améliorer l'apprentissage des élèves. Mais on a constaté que c'est plus compliqué que cela. En Gambie, une vaste expérience a été menée dans un certain nombre d'écoles sur une période de quatre ans : une bourse et une formation complète de gestion scolaire ont été offertes aux chefs d'établissement, aux professeurs et aux représentants des communautés locales (Blimpo, Evans et Lahire, 2015). Trois ou quatre ans après le lancement de cette expérience, on constatait une réduction de l'absentéisme des élèves et des professeurs, mais aucune évolution dans les résultats scolaires. Au Sénégal, une subvention a été versée aux écoles en leur laissant la liberté de dépenser les fonds comme elles l'entendaient (Carneiro et al., 2015). Celles qui ont investi dans des matériels ont enregistré des améliorations limitées dans les performances des élèves ; par contre, celles qui ont investi dans la formation de la direction et des enseignants, les envoyant en stage pour accroître leur productivité, ont eu des résultats plus significatifs. En Indonésie, on a testé à grande échelle deux manières de renforcer les conseils scolaires dans les écoles publiques (Pradhan et al., 2014). La première méthode a consisté à demander à certaines écoles choisies au hasard d'organiser des élections pour désigner les membres de leur conseil scolaire ; la seconde méthode, baptisée « création de réseaux », encourageait des réunions conjointes de planification entre le conseil scolaire et le conseil du village. Les auteurs (Pradhan et al., 2014) ont conclu que les réformes institutionnelles (en particulier la création de réseaux et les élections associées à la création de réseaux) étaient le plus rentable pour améliorer l'apprentissage, ce qui semble plaider pour que les conseils scolaires réclament un soutien supplémentaire de la communauté locale afin d'obtenir de meilleures performances des élèves.

La voie à suivre

Investir dans les compétences de base est crucial pour obtenir une croissance économique durable et créer des opportunités qui bénéficient à toute la société. Ces compétences forment le socle sur lequel s'appuient tous les apprentissages ultérieurs et sont indispensables au futur développement du continent. Il y a des arbitrages à opérer entre l'efficacité et l'égalité des chances pour déterminer une stratégie d'investissement dans l'éducation et le développement des compétences de base, et de nombreux pays subsahariens n'ont que des ressources publiques limitées pour réaliser les progrès nécessaires. Cependant, un usage plus efficace de ces ressources, en même temps qu'une mise à contribution du secteur privé, pourra aider les gouvernements à développer l'accès à l'éducation et à améliorer le niveau général en compétences de base. Pour y arriver, ils devront jouer un rôle de régulateur. Ils devront tenir les écoles responsables de leurs résultats. Ils devront suivre tous les acteurs, publics et privés, et prendre les mesures qui s'imposent lorsque la qualité n'est pas au rendez-vous. Le cadre réglementaire pour le public et le privé devra être clair et inclusif afin de promouvoir la diversité de l'offre éducative tout en garantissant de bonnes performances des élèves et leur sécurité.

Il est important de faire passer la pédagogie avant les infrastructures pour le bénéfice de l'élève moyen, mais aussi des élèves les plus pauvres. De plus en plus d'études révèlent les méthodes efficaces pour améliorer l'apprentissage dans les pays à revenu faible ou intermédiaire. Améliorer la pédagogie est plus efficace qu'améliorer les infrastructures pour obtenir de meilleurs résultats dans l'apprentissage. Les stratégies pédagogiques qui permettent aux professeurs de s'adapter au niveau de leurs élèves – en divisant la classe en groupes de niveau ou en donnant des heures de soutien aux élèves en difficulté – réduiront les inégalités et donneront aux élèves en échec une chance de rattraper leur retard.

Réduire les frais de scolarité permettra d'augmenter le taux de scolarisation. Éliminer les frais d'inscription pour l'enseignement élémentaire doit être un objectif dans tous les pays. À moyen terme, ceux-ci devront utiliser judicieusement leurs ressources destinées à l'éducation ; dans certains cas, des bourses ou autres allocations ciblées peuvent être tout aussi efficaces pour scolariser certains enfants. Au niveau du secondaire, éliminer les frais d'inscription aidera ceux qui veulent aller au collège, mais n'en ont pas les moyens, mais cela ne permettra sans doute pas à ceux qui ont plusieurs années de retard de combler leurs lacunes. C'est la raison pour laquelle l'investissement dans la petite enfance et dans la qualité de l'enseignement primaire est à ce point crucial, car il détermine les futures performances des élèves.

Les investissements dans la petite enfance, qui sont essentiels, ne peuvent être réalisés sans les efforts des parents. Dans un monde idéal, chaque pays aurait un programme complet d'investissement dans la petite enfance, depuis les visites à domicile pour les plus jeunes jusqu'à la crèche ou la maternelle et l'apport nutritionnel. Tandis que chaque pays cherche à atteindre ces objectifs, la première nécessité est d'informer les parents sur la manière d'investir efficacement dans l'épanouissement de leurs enfants.

Il y a une grande marge d'amélioration de la gouvernance dans le secteur éducatif à tous les niveaux, les mesures à prendre allant de l'augmentation du nombre d'inspections dans les écoles jusqu'à l'implication des parents dans la vie scolaire. La plupart des pays ont déjà des inspecteurs, mais les visites sont souvent irrégulières et n'ont qu'une répercussion limitée sur la qualité de l'enseignement. Augmenter le nombre et la qualité des inspections peut améliorer la motivation et la responsabilisation. Dans de nombreux pays, il y a une forte tradition de participation des parents dans le domaine scolaire. Les écoles doivent être responsables devant les parents, et les parents doivent travailler main dans la main avec les écoles pour garantir l'apprentissage de leurs enfants. Même si la participation des parents peut s'avérer plus difficile s'ils sont plus pauvres et moins instruits, il semble que lorsqu'on les informe correctement ils prennent eux aussi les bonnes décisions pour leurs enfants (Nguyen, 2008). Dans le développement des compétences de base, le secteur privé peut jouer un rôle et combler une partie du déficit non comblé par le secteur public. Le privé a pris beaucoup d'importance dans le domaine de l'éducation et certaines expériences sont prometteuses, mais les partenariats public-privé (PPP) exigent une supervision attentive de l'État.

En faisant appel aux capitaux privés pour développer les compétences de base, les gouvernements doivent jouer le rôle de pilote et coordinateur. De multiples acteurs étant à l'œuvre à travers le continent, il est important que chaque gouvernement coordonne les efforts afin de réduire au minimum les risques de redondance et de garantir une politique d'éducation cohérente qui réponde aux besoins du pays. Il revient également aux gouvernements de définir les critères de qualité pour les professeurs, dans le privé comme dans le public, et de veiller à ce qu'ils soient respectés.

Dans chaque pays, le gouvernement a un rôle important à jouer dans la définition des priorités face aux besoins nationaux. Il doit garantir un développement pertinent des compétences de base, mais est confronté à de nombreuses priorités concurrentes, à des choix difficiles, et ses ressources sont limitées. Il est donc d'autant plus essentiel de définir une politique claire fondée sur le contexte national et de se demander quelles compétences sont nécessaires et quelles méthodes employer pour les développer.

Notes

1. Selon les critères de l'Organisation mondiale de la Santé, le retard de croissance est défini par un écart type de −2 par rapport à la moyenne.
2. Dans cette série de données, les catégories de pays sont définies par la Banque mondiale. Chaque pays n'appartient qu'à une seule catégorie. Les *pays fragiles* sont le Burundi, les Comores, la République démocratique du Congo, la Côte d'Ivoire, la Gambie, le Libéria, Madagascar, le Mali, la Sierra Leone et le Togo ; les *pays à faible revenu* sont le Bénin, le Burkina Faso, l'Éthiopie, la Guinée, le Malawi, le Mozambique, le Niger, le Rwanda, le Sénégal, la Tanzanie, l'Ouganda et le Zimbabwe ; les *pays à revenu intermédiaire inférieur* sont le Cameroun, la République du Congo, l'Eswatini, le Ghana, le Kenya, le Lesotho, le Nigéria, Sao Tomé-et-Principe et la

Zambie ; les *pays à revenu intermédiaire supérieur* sont le Gabon et la Namibie. Les *pays fragiles* sont définis comme tels selon deux critères : soit (a) leur taux moyen harmonisé d'évaluation des politiques et des institutions du pays est inférieur ou égal à 3,2 ; soit (b) une mission des Nations Unies ou une mission régionale de maintien ou de consolidation de la paix a été présente durant les trois dernières années.

3. La moyenne de tous les pays est de 33 %.

Bibliographie

Aker J. C., Ksoll C. et Lybbert T. J. (2012), « Can Mobile Phones Improve Learning? Evidence from a Field Experiment in Niger », *American Economic Journal: Applied Economics*, vol. 4, n° 4, p. 94–120.

Akresh R., Walque D. de, et Kazianga H. (2013), « Cash Transfers and Child Schooling: Evidence from a Randomized Evaluation of the Role of Conditionality », Policy Research Working Paper n° 6340, Banque mondiale, Washington. http://documents .worldbank.org/curated/en/587731468005971189/pdf/wps6340.pdf.

Araujo M. C., López-Boo F., Novella R., Schodt S. et Tomé R. (2015), « La calidad de los centros infantiles del buen vivir en Ecuador », Banque interaméricaine de développement, Washington.

Arias O., Carneiro P., Duckworth A., Eskreis-Winkler L., Krekel C., Munoz Boudet A. M. et Santos I. (2017), « Can Grit Be Taught? Learning from a Field Experiment with Middle School Students in FYR Macedonia », AEA RCT Registry, American Economic Association, Nashville. https://www.socialscienceregistry.org/trials/2094/history /15128.

Attanasio O., Cattan S., Fitzsimons E., Meghir C. et Rubio-Codina M. (2015), « Estimating the Production Function for Human Capital: Results from a Randomized Control Trial in Colombia », document de travail n° 20965, National Bureau of Economic Research (NBER), Cambridge (Massachusetts).

Attanasio O., Paes de Barros R., Carneiro P., Evans D., Lima L., Mendonca R., Olinto P. et Schady N. (2014), « Free Access to Child Care, Labor Supply, and Child Development », Rapport final du bénéficiaire, International Initiative for Impact Evaluation, New Delhi. http://www.3ieimpact.org/evidence-hub/publications /impact-evaluations/impact-free-availability-public-childcare-labour.

Avitabile C. et De Hoyos Navarro R. E. (2015), « The Heterogeneous Effect of Information on Student Performance: Evidence from a Randomized Control Trial in Mexico », Policy Research Working Paper, Banque mondiale, Washington.

Azim Premji Foundation (2017), « Teacher Absenteeism Study: Field Studies in Education », Azim Premji University, Bangalore. http://azimpremjiuniversity.edu.in /SitePages/pdf/Field-Studies-in-Education-Teacher-Absenteeism-Study.pdf.

Baird S., Chirwa E., McIntosh C. et Özler B. (2010), « The Short-Term Impacts of a Schooling Conditional Cash Transfer Program on the Sexual Behavior of Young Women », *Health Economics*, vol. 19, n° S1, p. 55–68.

Bando R., Gallego F., Gertler P. et Romero D. (2016), « Books or Laptops? The Cost-Effectiveness of Shifting from Printed to Digital Delivery of Educational Content », document de travail n° 22928, National Bureau of Economic Research (NBER), Cambridge (Massachusetts). http://www.nber.org/papers/w22928.

Banerjee A., Banerji R., Berry J., Duflo E., Kannan H., Mukerji S., Shotland M. et Walton M. (2016), « Mainstreaming an Effective Intervention: Evidence from Randomized Evaluations of 'Teaching at the Right Level' in India », Abdul Latif Jameel Poverty Action Lab, Cambridge (Massachusetts). https://www.povertyactionlab.org/sites /default/files/publications/TaRL_Paper_August2016.pdf.

Banerjee A. V., Cole S., Duflo E. et Linden L. L. (2007), « Remedying Education: Evidence from Two Randomized Experiments in India », Quarterly Journal of Economics, vol. 122, n° 3, p. 1235–1264. http://qje.oxfordjournals.org/content/122/3/1235.short.

Banque mondiale (2012), « Mozambique Education Sector Support Project », rapport de projet n° 65968-MZ, Banque mondiale, Washington.

Banque mondiale (2013), Service Delivery Indicators, Banque mondiale, Washington.

Banque mondiale (2015), « Where Does ELP Work? », Education Brief, Banque mondiale, Washington. http://www.worldbank.org/en/topic/education/brief/early-learning -partnership-countries#Kenya.

Banque mondiale (2017), Rapport sur le développement dans le monde 2017 – La Gouvernance et la loi, Banque mondiale, Washington.

Banque mondiale (diverses années), base de données Indicateurs du développement dans le monde, Banque mondiale, Washington.

Barrera-Osorio F., Galbert P. de, Habyarimana J. P. et Sabarwal S. (2016), « Impact of Public-Private Partnerships on Private School Performance: Evidence from a Randomized Controlled Trial in Uganda », Policy Research Working Paper n° 790, Banque mondiale, Washington. https://openknowledge.worldbank.org/bitstream /handle/10986/25804/WPS7905.pdf?sequence=1&isAllowed=y.

Barro R. J. et Lee J.-W. (2015), Education Matters : Global Schooling Gains from the 19th to the 21st Century, Oxford University Press, New-York.

Baum D. R., Cooper R. et Lusk-Stover O. (2018), « Regulating Market Entry of Low-Cost Private Schools in Sub-Saharan Africa: Towards a Theory of Private Education Regulation », International Journal of Educational Development, n° 60 (mai), p. 100–112.

Beaman L., Duflo E., Pande R. et Topalova P. (2012), « Female Leadership Raises Aspirations and Educational Attainment for Girls: A Policy Experiment in India », Science, vol. 335, n° 6068, p. 582–586. https://www.ncbi.nlm.nih.gov/pmc/articles /PMC3394179/.

Bethell G. (2016), « Mathematics Education in Sub-Saharan Africa », rapport n° ACS19117, Banque mondiale, Washington. https://openknowledge.worldbank.org /handle/10986/25289.

Blimpo M. P., Carneiro P., Jerviz Ortiz P. et Todd Pugatch (2017), « Scaling up Children's School Readiness in The Gambia: Lessons from an Experimental Study », document de travail, Banque mondiale, Washington.

Blimpo M. P., Evans D. K. et Lahire N. (2015), « Parental Human Capital and Effective School Management: Evidence from The Gambia », Policy Research Working Paper n° 7238, Banque mondiale, Washington.

Bold T., Filmer D., Martin G., Molina E., Stacy B., Rockmore C., Svensson J. et Wane W. (2016), « What Do Teachers Know and Do?: Evidence from Primary Schools in Africa », Policy Research Working Paper n° 7956, Banque mondiale, Washington. https://openknowledge.worldbank.org/handle/10986/25964.

Bouguen A., Filmer D., Macours K. et Naudeau S. (2013), « Impact Evaluation of Three Types of Early Childhood Development Interventions in Cambodia », Policy Research Working Paper n° 6540, Banque mondiale, Washington.

Branson N. et Lam D. (2017), « The Impact of the No-Fee School Policy on Enrolment and School Performance: Evidence from NIDS Waves 1–3 », Southern Africa Labour and Development Research Unit, Le Cap. http://opensaldru.uct.ac.za/bitstream /handle/11090/856/2017_197_Saldruwp.pdf?sequence=1.

Bruns B. et Luque J. (2015), *Great Teachers: How to Raise Student Learning in Latin America and the Caribbean*, Banque mondiale, Washington. https://open knowledge .worldbank.org/handle/10986/20488.

Burde D. et Linden L. L. (2013), « Bringing Education to Afghan Girls: A Randomized Controlled Trial of Village-Based Schools », *American Economic Journal: Applied Economics*, vol. 5, n° 3, p. 27–40. http://pubs.aeaweb.org/doi/pdfplus/10.1257 /app.5.3.27

Bwalya S., Devarajan S., Nagaraj V. et Raballand G. (2014), « Increasing Public Revenue and Expenditure Efficiency in Zambia », *in* Adam C., Collier P. et Gondwe M. (dir.), *Zambia : Building Prosperity from Resource Wealth*, Oxford Scholarship Online. https://books.google.com/books?hl=en&lr=&id=ZRCSBAAAQBAJ&oi=fnd&pg=PA59 &dq=zambia+tax&ots=EUjqSJBEE-&sig=JhvMZgWe-Ajo8J5T8xZWkxAoBGg#v =onepage&q=zambia%20tax&f=false.

Campos M. M., Füllgraf J. et Wiggers V. (2006), « Brazilian Early Childhood Education Quality: Some Research Results », *Cadernos de Pesquisa*, vol. 36, n° 127, p. 87–128. http://www.scielo.br/pdf/cp/v36n127/en_a0536127.pdf.

Cárdenas S., Evans D. K. et Holland P. (2015), « Early Childhood Benefits at Low Cost— Evidence from a Randomized Trial in Mexico », Society for Research on Educational Effectiveness, Evanston (Illinois).

Carneiro P., Koussihouèdé O., Lahire N., Meghir C. et Mommaerts C. (2015), « Decentralizing Education Resources: School Grants in Senegal », document de travail n° 21063, National Bureau of Economic Research (NBER), Cambridge (Massachusetts). http://www.nber.org/papers/w21063.

Carr-Hill R. (2012), « Finding and Then Counting Out-of-School Children », *Compare: A Journal of Comparative and International Education*, vol. 42, n° 2, p. 187–212. http:// www.tandfonline.com/doi/abs/10.1080/03057925.2012.652806.

Claro S., Paunesku D. et Dweck C. S. (2016), « Growth Mindset Tempers the Effects of Poverty on Academic Achievement », *Proceedings of the National Academy of Sciences*, vol. 113, n° 31, p. 8664–8668. http://www.pnas.org/content/113/31/8664.full.

Conn K. M. (2014), « Identifying Effective Education Interventions in Sub-Saharan Africa: A Meta-Analysis of Rigorous Impact Evaluations », Economics and Education, Columbia University, New York.

Duflo A. et Kiessel J. (2012), « Teacher Community Assistant Initiative (TCAI) », Policy Brief, International Growth Centre, London. http://www.theigc.org/wp-content /uploads/2015/07/Duflo-Kiessel-2012-Policy-Brief.pdf.

Duflo E., Dupas P. et Kremer M. (2011), « Peer Effects, Teacher Incentives, and the Impact of Tracking: Evidence from a Randomized Evaluation in Kenya », *American Economic Review*, vol. 101, n° 5, p. 1739-1774. https://www.aeaweb.org/articles? id=10.1257/aer.101.5.1739.

Duflo E., Dupas P. et Kremer M. (2017), « The Impact of Free Secondary Education: Experimental Evidence from Ghana », Massachusetts Institute of Technology, Cambridge (Massachusetts) ; Stanford University, Stanford (Californie) ; Harvard University, Cambridge (Massachusetts). https://web.stanford.edu/~pdupas/DDK _GhanaScholarships.pdf.

Evans D. K. (2017), *Rapport sur le développement dans le monde 2018, Kenya Consultation Notes*, Banque mondiale, Washington.

Evans D. K. et Popova A. (2016), « What Really Works to Improve Learning in Developing Countries? An Analysis of Divergent Findings in Systematic Reviews », *World Bank Research Observer*, vol. 31, n° 2, p. 242-270. https://openknowledge.worldbank.org /bitstream/handle/10986/21642/WPS7203.pdf?sequence=1.

Evans D. K. et Popova A. (2017), « Cash Transfers and Temptation Goods », *Economic Development and Cultural Change*, vol. 65, n° 2, p. 189-221.

Evans D. K. et Yuan F. (2018), « Working Conditions of Teachers in Low- and Middle-Income Countries », document de travail, Banque mondiale, Washington.

Favara M. (2016), « Do Dreams Come True? Aspirations and Educational Attainments of Ethiopian Boys and Girls », document de travail n° 146, Young Lives, Oxford. http:// www.younglives.org.uk/sites/www.younglives.org.uk/files/YL-WP145-Favara.pdf.

Filmer D. (2010), « Education Attainment and Enrollment around the World: An International Database », Banque mondiale, Washington. http://iresearch.worldbank .org/edattain/

Filmer D. et Fox L. (2014), *L'Emploi des jeunes en Afrique subsaharienne*, Banque mondiale, Washington.

Fox L., Haines C., Huerta Muñoz J. et Thomas A. (2013), « Africa's Got Work to Do: Employment Prospects in the New Century », document de travail n° 13/201, Fond monétaire international (FMI), Washington. https://www.imf.org/external/pubs/ft /wp/2013/wp13201.pdf.

Gaeta A. et Vasilara M. (1998), *Développement et droits de l'homme : le rôle de la Banque mondiale*, Banque mondiale, Washington. http://siteresources.worldbank.org /BRAZILINPOREXTN/Resources/3817166-1185895645304/4044168-1186409169154 /08DHR.pdf.

Galasso E., Wagstaff A., Naudeau S. et Shekar M. (2016), « The Economic Costs of Stunting and How to Reduce Them », Policy Research Note, Banque mondiale, Washington. http://pubdocs.worldbank.org/en/536661487971403516/PRN05 -March2017-Economic-Costs-of-Stunting.pdf?utm_content=bufferde6d1&utm _medium=social&utm_source=twitter.com&utm_campaign=buffer.

Ganimian A. J. (2015), *The Predictive Validity of Information from Clinical Practice Lessons: Experimental Evidence from Argentina*, thèse de doctorat, Harvard Graduate School of Education, Cambridge (Massachusetts).

García J. L., Heckman J. J., Ermini Leaf D. et Prados M. J. (2016), « The Life-Cycle Benefits of an Influential Early Childhood Program », document de travail n° 2016-035, Human Capital and Economic Opportunity Global Working Group (HCEO), Université de Chicago. https://heckmanequation.org/assets/2017/01 /Garcia_Heckman_Leaf_etal_2016_life-cycle-benefits-ecp_r1-p.pdf.

Gertler P., Heckman J., Pinto R., Zanolini A., Vermeersch C., Walker S., Chang S. M. et Grantham-McGregor S. (2014), « Labor Market Returns to an Early Childhood Stimulation Intervention in Jamaica », *Science*, vol. 344, n° 6187, p. 998–1001. http:// science.sciencemag.org/content/344/6187/998.short.

Grantham-McGregor S. M., Powell C. A., Walker S. P. et Himes J. H. (1991), « Nutritional Supplementation, Psychosocial Stimulation, and Mental Development of Stunted Children: The Jamaican Study », *The Lancet*, vol. 338, n° 8758, p. 1–5.

Gupta N. et Mahy M. (2003), « Adolescent Childbearing in Sub-Saharan Africa: Can Increased Schooling Alone Raise Ages at First Birth? », *Demographic Research*, vol. 8, n° 4, p. 93–106. http://www.demographic-research.org/volumes/vol8/4/8-4.pdf.

Hares S. et Sandefur J. (2016), « 'Trying Small': Liberia's Bold Education Experiment », Center for Global Development (blog). https://www.cgdev.org/blog/trying-small -liberias-bold-education-experiment.

Heckman J. J., Moon S. H., Pinto R., Savelyev P. A. et Yavitz A. (2010), « The Rate of Return to the Highscope Perry Preschool Program », *Journal of Public Economics*, vol. 94, n° 1, p. 114–28. http://www.sciencedirect.com/science/article/pii /S0047272709001418.

Heckman J. J. et Mosso S. (2014), « The Economics of Human Development and Social Mobility », *Annual Review of Economics*, vol. 6, n° 1, p. 689–733.

Heckman J. J. et Rubinstein Y. (2001), « The Importance of Noncognitive Skills: Lessons from the GED Testing Program », *American Economic Review*, vol. 91, n° 2, p. 145–149. http://jenni.uchicago.edu/papers/Heckman_Rubinstein_AER_2001_91_2.pdf.

Heckman, James J., Stixrud J. et Urzua S. (2006), « The Effects of Cognitive and Noncognitive Abilities on Labor Market Outcomes and Social Behavior », *Journal of Labor Economics*, vol. 24, n° 3 (juillet), p. 411–482.

Humble S. et Dixon P. (2017), « The Effects of Schooling, Family, and Poverty on Children's Attainment, Potential, and Confidence—Evidence from Kinondoni, Dar Es Salaam, Tanzania », *International Journal of Educational Research*, vol. 83, p. 94–106. http:// www.sciencedirect.com/science/article/pii/S0883035517300228.

Hungi N., Makuwa D., Ross K., Saito M., Dolata S., Cappelle F. van, Paviot L. et Vellient J. (2010), « SACMEQ III Project Results: Pupil Achievement Levels in Reading and Mathematics », Southern and Eastern Africa Consortium for Monitoring Educational Quality, Gaborone. https://nicspaull.files.wordpress.com/2011/04/wd01_sacmeq_iii _results_pupil_achievement.pdf.

Inoue K., Gropello E. Di, Sayin Taylor Y. et Gresham J. (2015), *Out-of-School Youth in Sub-Saharan Africa: A Policy Perspective*, Banque mondiale, Washington.

Jackson C. K. (2016), « What Do Test Scores Miss? The Importance of Teacher Effects on Non-Test Score Outcomes », document de travail n° 22226, National Bureau of Economic Research (NBER), Cambridge (Massachusetts). http://www.nber.org/papers/w22226.

Jensen R. (2010), « The (Perceived) Returns to Education and the Demand for Schooling », *Quarterly Journal of Economics*, vol. 125, n° 2, p. 515–548. doi:10.1162 /qjec.2010.125.2.515.

Jensen R. (2012), « Do Labor Market Opportunities Affect Young Women's Work and Family Decisions? Experimental Evidence from India », *Quarterly Journal of Economics*, vol. 127, n° 2, p. 753–792. http://qje.oxfordjournals.org/content/127/2/753.full.

Kazianga H., Levy D., Linden L. L. et Sloan M. (2013), « The Effects of 'Girl-Friendly' Schools: Evidence from the Bright School Construction Program in Burkina Faso », *American Economic Journal: Applied Economics*, vol. 5, n° 3, p. 41–62. http:// www.leighlinden.com/BRIGHT_Schools.pdf.

Kremer M., Brannen C. et Glennerster R. (2013), « The Challenge of Education and Learning in the Developing World », *Science*, vol. 340, n° 6130, p. 297–300. http://science.sciencemag.org/content/340/6130/297.

Lauwerier T. et Akkari A. (2015), « Les Enseignants et la qualité de l'enseignement de base en Afrique subsaharienne », Recherche et prospective en éducation, Réflexions thématiques, n° 11, UNESCO, Paris. http://archive-ouverte.unige.ch/unige:73216/ATTACHMENT01.

Lewin K. M. (2008), « Strategies for Sustainable Financing of Secondary Education in Sub-Saharan Africa », document de travail n° 136, Banque mondiale, Washington.

Marini A. et Arias O. (2016), « Peru's Success in Reducing Stunting », *An Investment Framework for Nutrition*, Shekar M., Kakietek J., Dayton Eberwein J. et Walters D. (éd.), Banque mondiale, Washington. http://documents.worldbank.org/curated/en/758331475269503930/pdf/108645-v2-PUBLIC-Investment-Framework-for-Nutrition.pdf.

Marini A., Rokx C. et Gallagher P. (2017), « Standing Tall: Peru's Success in Overcoming Its Stunting Crisis », Banque mondiale, Washington.

Martinez M. E. et Bain S. F. (2013), « The Costs of Remedial and Developmental Education in Postsecondary Education », *Research in Higher Education Journal*, vol. 22 (février), p. 1–40.

Martinez S., Naudeau S. et Pereira V. (2012), « The Promise of Preschool in Africa: A Randomized Impact Evaluation of Early Childhood Development in Rural Mozambique », Banque interaméricaine de développement, Washington ; Banque mondiale, Washington ; Université pontificale catholique de Rio de Janeiro. http://www.issuelab.org/resources/20195/20195.pdf.

Mbiti I. M. (2016), « The Need for Accountability in Education in Developing Countries », *Journal of Economic Perspectives*, vol. 30, n° 3, p. 109–132.

Mingat A., Ledoux B. et Rakotomalala R. (2010), « Developing Post-Primary Education in Sub-Saharan Africa: Assessing the Financial Sustainability of Alternative Pathways », African Human Development Series, Banque mondiale, Washington.

Montenegro C. E. et Patrinos H. A. (2014), « Comparable Estimates of Returns to Schooling around the World », Policy Research Working Paper n° 7020, Banque mondiale, Washington. http://documents.worldbank.org/curated/en/830831468147839247/Comparable-estimates-of-returns-to-schooling-around-the-world.

Mulkeen A. (2010), *Teachers in Anglophone Africa: Issues in Teacher Supply, Training, and Management*, Banque mondiale, Washington. http://siteresources.worldbank.org/EDUCATION/Resources/278200-1099079877269/Teachers_Anglophone_Africa.pdf.

Muralidharan K. (2016), « A New Approach to Public Sector Hiring in India for Improved Service Delivery », document préparé pour le « India Policy Forum » des 14 et 15 juillet 2015, National Council of Applied Economic Research, New Delhi. http://www.ncaer.org/uploads/photo-gallery/files/1436783346IPF%202015%20Karthik %20 Conference%20Version%20Draft.pdf.

Muralidharan K. (2017), « Field Experiments in Education in Developing Countries », in Duflo E. et Banerjee A. (dir.), *Handbook of Economic Field Experiments*, North-Holland, Amsterdam.

Muralidharan K., Das J., Holla A. et Mohpal A. (2017), « The Fiscal Cost of Weak Governance: Evidence from Teacher Absence in India », *Journal of Public Economics*, vol. 145 (janvier), p. 116–135.

Muralidharan K. et Prakash N. (2013), « Cycling to School: Increasing Secondary School Enrollment for Girls in India », document de travail n° 19305, National Bureau of Economic Research (NBER), Cambridge (Massachusetts).

Muralidharan K., Singh A. et Ganimian A. (2016), « Disrupting Education? Experimental Evidence on Technology-Aided Instruction in India », Université de Californie, San Diego. http://econweb.ucsd.edu/~kamurali/papers/Working%20Papers /Disrupting%20Education%20(Current%20WP).pdf.

Nguyen T. (2008), « Information, Role Models, and Perceived Returns to Education: Experimental Evidence from Madagascar », Economics Department, Massachusetts Institute of Technology, Cambridge (Massachusetts). http://xxpt.ynjgy.com/resource /data/20091115/U/MIT20091115040/OcwWeb/Economics/14-771Fall-2008/Readings /PaperJM%20TRANG%20NGUYEN%2022jan08.pdf.

Özler B., Fernald L. C. H., Kariger P. K., McConnell C., Neuman M. J. et Fraga E. (2016), « Combining Preschool Teacher Training with Parenting Education: A Cluster-Randomized Controlled Trial », Banque mondiale, Washington. http://documents .worldbank.org/curated/en/580351473691118169/Combining-preschool-teacher-training -with-parenting-education-a-cluster-ran domized-controlled-trial.

PASEC (Programme d'analyse des systèmes éducatifs de la CONFEMEN) (2015), *PASEC 2014 – Performances des systèmes éducatifs en Afrique subsaharienne francophone : compétences et facteurs de réussite au primaire*, Dakar. http://www.pasec .confemen.org/wp-content/uploads/2015/12/Rapport_Pasec2014_GB_webv2.pdf.

Piper B., Schroeder L. et Trudell B. (2016), « Oral Reading Fluency and Comprehension in Kenya: Reading Acquisition in a Multilingual Environment », *Journal of Research in Reading*, vol. 39, n° 2, p. 133–152. http://onlinelibrary.wiley.com/doi/10.1111/1467 -9817.12052/full.

Popova A., Evans D. K. et Arancibia V. (2016), « Training Teachers on the Job: What Works and How to Measure It », Policy Research Working Paper n° 7834, Banque mondiale, Washington. https://openknowledge.worldbank.org/handle/10986 /25150.

Pradhan M., Suryadarma D., Beatty A., Wong M., Alishjabana A., Gaduh A. et Prama Artha R. (2014), « Improving Educational Quality through Enhancing Community Participation: Results from a Randomized Field Experiment in Indonesia, *American Economic Journal: Applied Economics* vol. 6, n° 2, p. 105–126. https://www.aeaweb.org /articles?id=10.1257/app.6.2.105.

Pritchett L. et Beatty A. (2015), « Slow Down, You're Going Too Fast: Matching Curricula to Student Skill Levels », *International Journal of Educational Development*, vol. 40 (janvier), p. 276–288. http://www.sciencedirect.com/science/article/pii/S0738059314001217.

République de Madagascar (2012), « Plan intérimaire pour l'éducation 2013–2015 », Ministère de l'Éducation, Tananarive.

Romero M., Sandefur J. et Sandholtz W. A. (2017), « Outsourcing Service Delivery in a Fragile State: Experimental Evidence from Liberia », document de travail, Université de Californie, San Diego.

Rubio-Codina M., Attanasio O. et Grantham-McGregor S. (2016), « Mediating Pathways in the Socio-Economic Gradient of Child Development: Evidence from Children 6–42 Months in Bogota », *International Journal of Behavioral Development*, vol. 40, n° 6, p. 483–491.

Sawada Y., Aida T., Griffen A., Kazianga H., Kozuka E., Nogushi H. et Todo Y. (2016), « On the Role of Community Management in Correcting Market Failures of Rural Developing Areas: Evidence from a Randomized Field Experiment of COGES Project in Burkina Faso », document préparé pour la conférence de Boston « Agricultural and Applied Economics Association Annual Meeting » (31 juillet – 2 août 2016). http://ageconsearch.umn.edu/bitstream/236323/2/SelectedPaper_9662.pdf.

Schoellman T. (2016), « Early Childhood Human Capital and Development », *American Economic Journal: Macroeconomics*, vol. 8, n° 3, p. 145–174. https://www.aeaweb.org/articles?id=10.1257/mac.20150117.

Shekar M., Kakietek J., Dayton Eberwein J. et Walters D. (2017), *An Investment Framework for Nutrition: Reaching the Global Targets for Stunting, Anemia, Breastfeeding, and Wasting (vol. 2)*, Banque mondiale, Washington. http://documents.worldbank.org/curated/en/758331475269503930/main-report.

Sibanda M. M. et Mehta M. (2017), « Senegal's Nutrition Policy Development Process: A Work in Progress », *in* Shekar M., Kakietek J., Dayton Eberwein J. et Walters D. (dir.), *An Investment Framework for Nutrition : Reaching the Global Targets for Stunting, Anemia, Breastfeeding, and Wasting*, Directions in Development – Human Development, Banque mondiale, Washington. http://documents.worldbank.org/curated/en/758331475269503930/pdf/108645-v2-PUBLIC-Investment-Framework-for-Nutrition.pdf.

Snilstveit B., Stevenson J., Menon R., Phillips D., Gallagher E., Geleen M., Jobse H., Schmidt T. et Jimenez E. (2016), *The Impact of Education Programmes on Learning and School Participation in Low- and Middle-Income Countries: A Systematic Review Summary Report*, International Initiative for Impact Evaluation (3ie), New Delhi. http://www.3ieimpact.org/media/filer_public/2016/09/20/srs7-education-report.pdf.

Tafere Y. (2014), « Education Aspirations and Barriers to Achievement for Young People in Ethiopia », document de travail n° 120, Young Lives, Oxford. http://www.younglives-ethiopia.org/files/working-papers/education-aspirations-and-barriers-to-achievement-for-young-people-in-ethiopia.

Tschirley D. L., Snyder J., Dolislager M., Reardon T., Haggblade S., Goeb J., Traub L. et Ejobi F. (2015), « Africa's Unfolding Diet Transformation: Implications for Agrifood System Employment » *Journal of Agribusiness in Developing and Emerging Economies*,

vol. 5, n° 2, p. 102–136. http://fsg.afre.msu.edu/JADEE_2015_Tschirley_ESA
AfricaDietChange.pdf.

UNDESA (Département des affaires sociales et économiques des Nations Unies) (2015),
« Population 2030 : Demographic Challenges and Opportunities for Sustainable
Development Planning », document n° St/Esa/Ser.A/389, UNDESA, Population
Division, New York. http://www.un.org/en/development/desa/population/publications
/pdf/trends/Popu lation2030.pdf.

UNESCO (Organisation des Nations Unies pour la science, l'éducation et la culture)
(2015), « Rapport mondial de suivi sur l'EPT, 2015. État des lieux en Afrique subsaharienne », UNESCO, Paris.

UNICEF (Fonds des Nations Unies pour l'enfance) (2013), « Improving Child Nutrition:
The Achievable Imperative of Global Progress », UNICEF, New York. https://www
.unicef.org/gambia/Improving_Child_Nutrition_-_the_achievable_imperative_for
_global_progress.pdf.

USAID (Agence des États-Unis pour le développement international), 2017a.
The Demographic and Health Survey Program, USAID, Washington. https://www
.dhsprogram.com/.

USAID, 2017b. Early Grade Reading Barometer, USAID, Washington. http://www
.earlygradereadingbarometer.org/.

Uwezo (2013), *Are Our Children Learning? Literacy and Numeracy across East Africa*,
Twaweza East Africa, Nairobi. http://www.uwezo.net/wp-content/uploads/2012
/08/2013-Annual-Report-Final-Web-version.pdf.

Uwezo (2015). *Are Our Children Learning? The State of Education in Kenya in 2015 and
Beyond*. Twaweza East Africa, Nairobi. http://www.uwezo.net/wp-content
/uploads/2016/05/05-16-Kenya-small-size.pdf.

Vakis R. (25 avril 2017), « Peru: If You Think You Can Get Smarter, You Will », Projects
and Operations, Banque mondiale, Washington. http://www.worldbank.org/en
/results/2017/04/25/peru-if-you-think-you-can-get-smarter-you-will.

Valerio A., Parton B. et Robb A. (2014), *Entrepreneurship Education and Training
Programs around the World: Dimensions for Success*, Banque mondiale, Washington.
https://openknowledge.worldbank.org/handle/10986/18031.

Valerio A., Sanchez Puerta M. L., Tognatta N. et Monroy-Taborda S. (2016), « Are There
Skills Payoffs in Low- and Middle-Income Countries? Empirical Evidence Using STEP
Data », Policy Research Working Paper n° 7879, Banque mondiale, Washington.

Venkat H. et Spaull N. (2015), « What Do We Know about Primary Teachers'
Mathematical Content Knowledge in South Africa? An Analysis of SACMEQ 2007 »,
International Journal of Educational Development, vol. 41 (mars), p. 121–130. https://
nicspaull.files.wordpress.com/2011/04/venkat-spaull-2015-ijed-what-do-we-know
-about-primary-teachers-maths-ck-in-sa.pdf.

Verspoor A. (2008), « At the Crossroads: Choices for Secondary Education in Sub-
Saharan Africa », African Human Development Series, Banque mondiale, Washington.

Walker S. P., Wachs T. D., Meeks Gardner J., Lozoff B., Wasserman G. A., Pollitt E., Carter J.
A. et l'International Child Development Steering Group (2007), « Child Development:

Risk Factors for Adverse Outcomes in Developing Countries », *Lancet*, vol. 369, n° 9556, p. 145–157.

Were M. (2007), « Determinants of Teenage Pregnancies: The Case of Busia District in Kenya », *Economics and Human Biology*, vol. 5, n° 2, p. 322–339. http://www.sciencedirect.com/science/article/pii/S1570677X07000287.

World Policy Center (2016), « Is Education Tuition-Free? », World Policy Center, New York. http://www.worldpolicycenter.org/policies/is-education-tuition-free/is-beginning-secondary-education-tuition-free.

Zuilkowski S. S., Jukes M. C. H. et Dubeck M. M. (2016), « 'I Failed, No Matter How Hard I Tried': A Mixed-Methods Study of the Role of Achievement in Primary School Dropout in Rural Kenya », *International Journal of Educational Development*, vol. 50 (septembre), p. 100–107. http://www.sciencedirect.com/science/article/pii/S0738059316301638.

Chapitre **3**

Développer les compétences favorisant la transition école-travail en Afrique subsaharienne

Indhira Santos, Daniel Alonso Soto et Shobhana Sosale

Malgré le potentiel de l'EFTP (l'enseignement et la formation techniques et professionnels) pour améliorer la transition école-travail et promouvoir la productivité générale et l'inclusion, les systèmes d'EFTP dans la plus grande partie de l'Afrique subsaharienne restent fragmentés et déconnectés des besoins du marché du travail. En conséquence, l'EFTP est trop souvent perçu comme inadapté aux besoins des élèves, des employeurs et des contribuables. Les investissements dans l'EFTP supposent de trouver un équilibre entre investir dans les compétences adaptées aux besoins économiques d'aujourd'hui et dans celles de demain. Les systèmes d'EFTP ont tendance à orienter prématurément les élèves vers des domaines hyperspécialisés, ce qui les pénalise sur le marché du travail par rapport à l'enseignement général qui prend de plus en plus d'importance avec le temps.

Pour cette raison, à mesure que l'EFTP se développe, les efforts devraient porter sur les aspects suivants :(a) le renforcement des connaissances pour fonder toute prise de décision, (b) la priorisation de certains secteurs porteurs tout en soutenant l'EFTP dans le secteur informel, (c) le resserrement des liens entre l'EFTP et les besoins du marché en privilégiant les compétences fondamentales et entrepreneuriales ; la création de partenariats avec le secteur privé, notamment en vue de l'offre d'apprentissages ; la prévention des orientations prématurées ; et l'harmonisation plus poussée des dispositions financières et institutionnelles d'une part et des résultats ou réformes visant à améliorer les mesures incitatives, d'autre part. Un EFTP suivant ces principes pourrait tenir sa promesse de facilitation de la transition école-travail et d'amélioration des perspectives de réussite des jeunes.

Acquisition des compétences pour la transition école-travail par le biais de l'EFTP

L'EFTP préalable à l'emploi[1] comprend des programmes de développement des compétences dont le but principal est de servir de tremplin vers le monde du travail. Bien que ce ne soit pas nécessairement le cas, la plupart des programmes d'EFTP formels sont destinés aux jeunes qui arrivent au terme de l'enseignement primaire ou du premier cycle de l'enseignement secondaire et qui sont sur le point d'arrêter l'école. Par ailleurs, les collèges polytechniques et les universités techniques proposent un enseignement technique de niveau du supérieur. L'EFTP diffère de l'enseignement général principalement en ce qu'il se concentre sur les compétences techniques et professionnelles considérées comme plus immédiatement adaptées au marché du travail plutôt que sur les compétences théoriques et fondamentales visant souvent à préparer les jeunes à poursuivre leurs études plutôt qu'à les intégrer directement sur le marché du travail.

La durée de l'enseignement scolaire technique et professionnel est de trois à six ans, selon le pays et le modèle. Afin de préparer les jeunes aux compétences préalables à l'emploi, des pays comme le Burkina Faso, le Libéria et le Mozambique ont intégré des compétences professionnelles élémentaires dans le cursus général du premier cycle de l'enseignement secondaire, tandis que d'autres pays attendent le deuxième cycle de l'enseignement secondaire pour orienter les élèves vers l'EFTP.

Une grande partie de l'EFTP en Afrique subsaharienne se produit en dehors du système éducatif formel dispensé par les organisations publiques, privées ou non-gouvernementales, et souvent de façon informelle (Adams, Johansson et Razmara, 2013 ; Billetoft, 2016 ; Filmer et Fox, 2014). Certaines formations de l'EFTP sont dispensées sur le lieu de travail, par le biais des apprentissages ou des formations continues (graphique 3.1). La formation en entreprise, l'auto-formation et les apprentissages traditionnels dans le secteur informel peuvent représenter jusqu'à 95 % de l'ensemble de l'EFTP, selon une étude menée en

Tableau 3.1 Une typologie de l'offre de l'EFTP

Type d'EFTP	Autres caractéristiques
En classe	Dans le cadre de l'enseignement formel ou en dehors de l'enseignement formel
En classe et sur le lieu de travail	Combiné, vraisemblablement un système mixte
Sur le lieu de travail	Préalable à l'emploi : apprentissages (formels ou informels) ou stages
	Formation continue en cours d'emploi

Source : D'après le Rapport mondial de suivi sur l'éducation pour tous 2015 (UNESCO, 2015).
Note : EFTP = Enseignement et formation techniques et professionnels.

Angola, au Bénin, au Cameroun, en Éthiopie, au Sénégal et en Afrique du Sud (Walther et Filipiak, 2007). Ce chapitre porte sur l'EFTP qui se produit au sein du système éducatif formel (dans la classe et sur le lieu de travail) tandis que le chapitre 5 porte sur l'EFTP qui se déroule en dehors du système éducatif, principalement dans le secteur informel.

En Afrique subsaharienne, l'intérêt porté à l'EFTP est en hausse. En 2014, 12,2 % des élèves (11,5 % de sexe féminin) du deuxième cycle de l'enseignement secondaire étaient inscrits à un programme de formation professionnelle[2]. L'EFTP est de plus en plus considéré comme essentiel pour relever le défi de l'emploi chez les jeunes dans cette région (Filmer et Fox, 2014). En effet, la transition école-travail est problématique pour de nombreux jeunes Africains (graphique 3.1). L'optimisme quant au rôle que l'EFTP peut jouer dans l'amélioration de la productivité et de l'inclusion découle du rôle souvent attribué à l'EFTP dans la transformation économique de l'Asie de l'Est et de la faiblesse du taux de chômage dans les pays ayant des systèmes solides d'EFTP comme l'Allemagne[3]. De plus, en Afrique subsaharienne, l'EFTP est considéré comme une voie encourageante pour la majorité des jeunes Africains, qui n'ont ni les compétences fondamentales, ni les moyens, ni même l'envie de s'engager dans une voie plus universitaire.

Graphique 3.1 Transition école-travail des jeunes dans certains pays d'Afrique subsaharienne, vers 2014

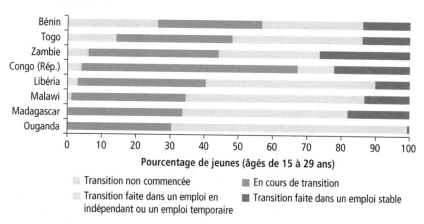

Pourcentage de jeunes (âgés de 15 à 29 ans)

- Transition non commencée
- En cours de transition
- Transition faite dans un emploi en indépendant ou un emploi temporaire
- Transition faite dans un emploi stable

Source : Études réalisées sur la transition école-travail.
Note : Parmi les jeunes qui n'étudient plus, « Transition non commencée » signifie qu'ils ne sont pas actifs, qu'ils ne suivent ni programme d'enseignement ni formation et qu'ils n'ont aucune intention de chercher du travail. « En cours de transition » signifie qu'ils sont actuellement sans emploi ou qu'ils ont un emploi temporaire et insatisfaisant, qu'ils ont un emploi en indépendant insatisfaisant, qu'ils ne sont pas actifs, qu'ils ne suivent ni programme d'enseignement ni formation et qu'ils ont l'intention de reprendre une scolarisation ultérieurement ; « Transition faite » signifie qu'ils sont actuellement employés dans un poste stable, dans un emploi satisfaisant, mais temporaire ou qu'ils sont satisfaits de travailler comme indépendant. Voir OIT (2014) pour en savoir plus sur les définitions.

Le système d'EFTP est relativement restreint aujourd'hui, mais les tendances démographiques (chapitre 1) et les taux de réussite dans l'enseignement primaire et dans le premier cycle du secondaire (chapitre 2) indiquent qu'il devrait fortement se développer au cours des prochaines décennies dans la plupart des pays africains. Même si la proportion de jeunes qui choisissent l'enseignement général plutôt que l'enseignement technique ne connaît aucun changement, on peut s'attendre à ce que le nombre de jeunes ayant accès à l'EFTP au niveau secondaire soit plus de quatre fois plus élevé au cours des deux prochaines décennies dans des pays comme le Mali, le Mozambique, la Tanzanie et l'Ouganda (graphiques 3.2).

Les attentes élevées quant aux résultats potentiels de l'EFTP impliquent qu'il est essentiel d'assurer le développement du système de manière judicieuse, de trouver les bons équilibres et de procéder aux réformes nécessaires. Le chapitre 1 du présent rapport met en avant deux grandes alternatives stratégiques auxquelles les décideurs politiques en Afrique subsaharienne font face en matière de développement des compétences. Ces alternatives sont également présentes dans l'EFTP. La première revient à choisir entre investir dans des compétences qui optimisent la croissance globale de la productivité d'une part, surtout dans les secteurs moteurs qui peuvent aider les travailleurs à abandonner des activités de faible productivité, et investir dans des compétences qui donnent la priorité à l'inclusion et aux moyens d'existence, d'autre part.

Les compétences techniques et professionnelles peuvent contribuer à la productivité générale, comme le suggère l'expérience en Asie de l'Est[4]. De récentes études réalisées auprès des employeurs dans le cadre des enquêtes de l'Organisation internationale du Travail (OIT) sur la transition école-travail au Bénin, au Libéria, au Malawi et en Zambie montrent que plus de 60 % des entreprises estiment que les compétences techniques sont très ou extrêmement importantes pour leur performance - la plus élevée des sept compétences possibles (chapitre 1). Pourtant, ces compétences sont rares en Afrique subsaharienne, notamment dans des secteurs tels que l'exploitation minière, la construction ou l'agro-industrie. Le Nigeria, par exemple, a dû importer des soudeurs, des monteurs et des installateurs d'échafaudages des Philippines et du Royaume-Uni pour la construction du champ pétrolier de Bonga (McKinsey Global Institute, 2012). De même, en raison d'une pénurie de techniciens et d'ingénieurs qualifiés, le Gabon importe régulièrement des travailleurs, en particulier dans les secteurs à forte intensité de qualification comme l'exploitation minière, pétrolière et les technologies de l'information et des communications (TIC) (Banque mondiale, 2016b). Pour contribuer davantage à la productivité générale, l'EFTP doit être mieux adapté aux besoins de ces secteurs moteurs.

Toutefois, les ressources étant limitées, une question clé pour les gouvernements est de savoir combien investir dans les compétences pour les secteurs moteurs (principalement pour les travailleurs qualifiés, du moins en termes

Graphiques 3.2 **Nombre de jeunes (âgés de 15 à 24 ans) disposant au moins de l'EFTP secondaire dans certains pays d'Afrique subsaharienne, 2015-2040**

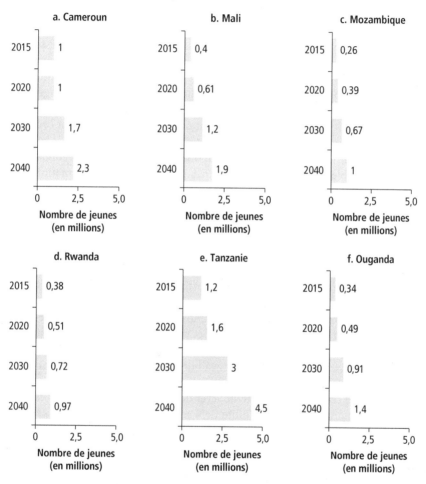

Sources : Base de données de l'Institut de statistique de l'UNESCO (UIS.Stat) ; Barro et Lee, 2015.
Note : EFTP = Enseignement et formation techniques et professionnels.

d'emploi direct) et combien investir dans les compétences techniques et complémentaires pour un grand nombre de jeunes et d'adultes travaillant dans des activités à faible productivité (souvent dans le secteur informel et avec peu de chances de passer à des activités à productivité plus élevée). Pour ce dernier groupe, le renforcement des compétences consiste à améliorer les moyens d'existence et la productivité à la marge. L'EFTP peut permettre d'atteindre cet objectif.

L'équilibre est encore plus difficile à trouver lorsque l'on considère l'EFTP dans le contexte des tentatives des gouvernements d'investir à la fois dans les compétences pour les besoins économiques d'aujourd'hui et pour les besoins de demain. Comme traité dans ce chapitre, et conformément aux données internationales (Hampf et Woessmann, 2016 ; Hanushek *et al,* 2017), l'EFTP semble être plus apte que l'enseignement général à aider les travailleurs à trouver leur premier emploi et à passer de l'école à la vie active, mais les revenus acquis sur toute une vie sont plus élevés parmi ceux qui suivent un enseignement général. Les revenus plus faibles des diplômés de l'EFTP tout au long de leur vie reflètent en partie le fait que les élèves qui entrent dans l'EFTP sont souvent ceux qui n'ont pas les moyens de suivre une formation générale (ce qui retarde souvent leur entrée sur le marché du travail), qui ont déjà des compétences fondamentales plus faibles ou qui ne se sentent pas prêts à suivre une formation plus théorique. Toutefois, une partie de l'explication tient probablement aussi au fait que l'EFTP a tendance à développer des compétences techniques hyperspécialisées qui sont utiles pour accéder à une profession particulière, mais qui préparent moins bien les travailleurs à passer d'une profession ou d'un emploi à un autre ou à gravir les échelons de l'échelle des revenus (Hanushek *et al,* 2017). Si la demande de compétences en Afrique subsaharienne évolue comme dans le reste du monde, où une plus grande importance est accordée aux compétences transférables et à l'adaptabilité qui reposent sur des compétences cognitives et socio-émotionnelles de base solides (chapitre 1), et si les systèmes de l'EFTP ne se modernisent pas, l'écart entre l'EFTP et la formation générale pourrait bien se creuser. En conséquence, les avantages de la formation professionnelle pour faciliter l'arrivée sur le marché du travail doivent être comparés aux inconvénients ultérieurs sur le marché du travail.

Si trouver ces équilibres exige d'opérer des choix difficiles, les pays de cette région du monde ont la possibilité de « prendre l'avantage » dans certains aspects de l'EFTP, en premier lieu parce que les pays d'Afrique subsaharienne peuvent éviter certaines des erreurs faites par les pays d'autres régions du monde lors du développement de leurs propres systèmes d'EFTP. Certains pays ont la possibilité de bâtir un système sur des fondations solides plutôt que de s'engager sur la voie périlleuse d'une réforme ultérieure, une fois que le système est d'importance et encore plus difficile à réformer. D'une manière générale, les pays de l'Afrique subsaharienne font face à la fois à des opportunités et des défis liés au renforcement de l'EFTP à une époque marquée par la rapidité de l'évolution de la transformation économique, de l'urbanisation et des changements démographiques et technologiques (encadré 3.1).

Toutefois, la relance de l'EFTP exige des efforts soutenus de la part des secteurs privé et public. D'une part, les marchés ne peuvent à eux seuls produire une répartition efficace des compétences en raison des imperfections du marché du travail (externalités, manque d'information), du marché des capitaux

Grandes tendances mondiales et acquisition de compétences par le biais de l'EFTP

D'excellentes compétences techniques et professionnelles qui s'appuient sur de solides compétences de base peuvent aider les pays d'Afrique subsaharienne à réaliser le potentiel des principales grandes tendances mondiales, à savoir le progrès technologique, l'urbanisation, la mondialisation et la transformation économique en général. Premièrement, les compétences techniques sont importantes puisqu'elles permettent aux entreprises d'adopter de nouvelles technologies, de les adapter aux contextes locaux et de les utiliser de manière productive, notamment dans le secteur informel (Banque mondiale, 2016a). Deuxièmement, un système d'EFTP à deux volets - l'un comprenant un axe stratégique bien aligné sur les besoins des secteurs moteurs à forte productivité et l'autre soutenant le vaste secteur informel où travaillent la plupart des gens - peut améliorer la compétitivité de l'Afrique dans les secteurs stratégiques, tout en favorisant l'urbanisation et la transformation économique.

Ces grandes tendances mondiales ont des implications pour l'EFTP dans trois principaux domaines :

Les compétences à mettre en valeur. Outre le besoin de compétences techniques dans les secteurs traditionnels comme l'agriculture, la fabrication à faible niveau de qualifications et la construction, les créneaux à haute productivité dans l'agro-industrie, l'exploitation minière, et l'industrie du pétrole et du gaz augmentent le besoin de techniciens et d'ingénieurs qualifiés à l'échelle internationale. Ceci dit, les compétences techniques spécialisées qui peuvent être utiles à une personne dans une profession particulière risquent de laisser les travailleurs, en particulier les jeunes qui ont une longue vie professionnelle devant eux, peu préparés aux changements structurels qui peuvent exiger une mobilité professionnelle et géographique. Les grandes tendances mondiales rendent donc plus pertinente que jamais la nécessité pour les élèves et étudiants de l'EFTP d'avoir de solides compétences de base et des spécialisations plus larges. En outre, les grandes tendances mondiales et des signes préoccupants de désindustrialisation prématurée font que les systèmes d'EFTP devront muter au moins en partie pour répondre aux besoins du secteur des services.

Le moment d'acquérir ces compétences. Si des changements plus rapides signifient plus d'apprentissage tout au long de la vie, il est important que l'EFTP intègre de solides compétences de base qui permettent aux individus d'acquérir de nouvelles compétences, de leur offrir une diversité d'options d'apprentissage et de permettre à l'EFTP d'ouvrir, plutôt que de fermer, des perspectives économiques à moyen et long termes. Pour ce faire, il faut assouplir l'EFTP et les filières d'enseignement pour donner aux élèves et étudiants les moyens de combiner travail et études, de passer des périodes hors du système éducatif et d'y revenir, ou bien de passer d'une filière technique à une filière générale si les conditions sont réunies.

(suite page suivante)

Encadré 3.1 (suite)

La manière d'acquérir ces compétences. La domination du secteur tertiaire dans l'économie a des implications sur la manière dont l'expérience professionnelle est fournie au sein de l'EFTP. L'expérience professionnelle dans le secteur tertiaire est sans doute plus proche de la formation en cours d'emploi (qui exige souvent un apprentissage ou un stage chez un employeur) que de l'expérience professionnelle dans le secteur manufacturier, où les machines et les simulations peuvent reproduire une grande partie de l'expérience professionnelle. Mais les grandes tendances mondiales ouvrent aussi des possibilités de prestation de services et de gestion de l'EFTP axées sur les résultats. Deux exemples clés sont l'urbanisation et l'évolution technologique. Une urbanisation rapide peut se traduire par des économies d'échelle et une baisse des coûts de l'offre, ainsi que par une augmentation de la demande urbaine susceptible d'inciter à proposer une offre plus large et plus diversifiée d'EFTP. De même, les progrès technologiques peuvent créer des débouchés dans toute une gamme de domaines, notamment l'utilisation de cours en ligne pour compléter la formation en classe et en personne et pour accéder à des supports pédagogiques de pointe partout dans le monde, l'utilisation de la technologie pour les simulations dans le cadre de cours pouvant fournir des expériences proches de la réalité et la collecte et la diffusion efficaces et rapides d'informations dans tout le système.

(contraintes de crédit), de l'insuffisance de coordination (innovation, externalités de postes vacants) et des manquements dans la prise de décision (informations imprécises sur le rendement des investissements en formation ou sur la qualité des prestataires, préférences horaires incohérentes, limites cognitives et socio-émotionnelles). L'action publique a donc un rôle à jouer. D'autre part, comme dans le cas des marchés, des défaillances des gouvernements et des institutions, souvent indirectement liées aux marchés du travail, existent également et entravent la responsabilisation et la capacité de renforcer les liens avec le secteur privé[5]. Ces défaillances exigent également une attention publique renouvelée.

Ce chapitre analyse l'EFTP dans les pays d'Afrique subsaharienne dans le but d'examiner comment renforcer les systèmes actuels pour offrir un EFTP *plus équitable, plus pertinent et plus efficace*. En premier lieu, le chapitre donne un aperçu de l'état de l'EFTP dans cette région du monde, et aborde notamment les questions d'inscription, de rendement et celle des liens avec le reste du système d'enseignement et de formation. En second lieu, il met en lumière les principaux défis politiques liés à l'offre d'un EFTP préalable à l'emploi. L'analyse exploite les données récentes de l'Approche systémique pour de meilleurs résultats en matière d'éducation - Développement de la main-d'œuvre (SABER-WfD), un exercice novateur d'analyse comparative transnational qui permet d'analyser les forces et les faiblesses des systèmes d'EFTP en tenant compte des trois objectifs clés d'égalité des chances, de pertinence et d'efficacité. En dernier lieu, ce chapitre examine les priorités stratégiques globales pour l'amélioration de l'EFTP ainsi que des exemples de la manière dont les réformes et les améliorations nécessaires peuvent être entreprises.

Le contexte de l'EFTP en Afrique subsaharienne

Le système formel d'EFTP de la plupart des pays africains reste limité, tant du point de vue des inscriptions que des dépenses publiques. En 2014, une moyenne d'environ 12,2 % des élèves du deuxième cycle de l'enseignement secondaire étaient inscrits dans des programmes de formation professionnelle, ce qui n'a pas beaucoup changé par rapport au chiffre de 13,4 % en 2010. Dans le premier cycle de l'enseignement secondaire, la proportion d'élèves inscrits dans des programmes professionnels est passée d'une moyenne de 2,7 % en 2010 à 3,1 % en 2014. Parmi les femmes, la proportion de celles qui choisissent la filière professionnelle est relativement plus faible : 11,5 % en moyenne dans le deuxième cycle du secondaire et 2,4 % dans le premier cycle[6]. Ces niveaux sont inférieurs à ceux auxquels on pourrait s'attendre compte tenu du niveau de revenu et de l'expérience historique des pays (graphique 3.3).

Les chiffres moyens masquent des disparités significatives entre les différents pays. Des nations comme l'Angola et le Cameroun ont une forte tradition d'enseignement technique et professionnel, tandis que d'autres, comme le Kenya ou la Mauritanie, ont des systèmes d'EFTP très limités (graphiques 3.4). En fait, c'est dans l'EFTP du supérieur que l'Afrique subsaharienne accuse un net retard par rapport aux autres régions du monde : le taux brut moyen d'inscriptions dans l'enseignement technique et professionnel supérieur n'est que de 4 % en Afrique subsaharienne, contre 20 % en Amérique latine et environ 30 % dans les pays à revenu élevé. En termes de dépenses par élève, la région se situe également en dessous des comparateurs internationaux, mais pas dans la même mesure par rapport à des pays ayant un niveau de revenu similaire.

Comme dans d'autres régions, les femmes et les hommes s'engagent dans des domaines très différents de l'EFTP, les femmes exerçant souvent des professions dont le revenu moyen est inférieur. Au Nigeria, le ratio d'inscription des hommes et des femmes dans les filières monotechniques et polytechniques au niveau de l'enseignement supérieur est de près de 2 : 1 (Banque mondiale 2015a). L'écart entre les sexes est particulièrement important dans les domaines de l'architecture, des TIC, des services d'hébergement ou de restauration, et de la mécanique, des domaines dominés par les hommes. De même, au Burkina Faso, les femmes sont plus nombreuses que les hommes dans le commerce, tandis que les hommes sont cinq fois plus nombreux que

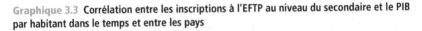

Graphique 3.3 Corrélation entre les inscriptions à l'EFTP au niveau du secondaire et le PIB par habitant dans le temps et entre les pays

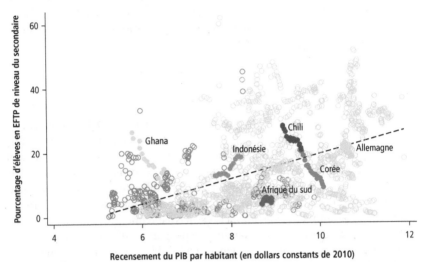

Sources : Base de données de l'Institut de statistique de l'UNESCO (UIS.Stat) ; Indicateurs du développement mondial.
Note : EFTP = Enseignement et formation techniques et professionnels.

les femmes dans les secteurs industriels (mécanique, électronique, construction) (Banque mondiale, 2017b). En Ouganda, trois programmes, à savoir construction, entretien des véhicules automobiles et menuiserie, représentent les deux tiers des inscriptions des hommes, tandis que la cuisine ou la restauration, l'esthétique, les études commerciales et la couture représentent les deux tiers des inscriptions des femmes (Johanson et Okema, 2011). Ces différences entre les sexes sont importantes pour les revenus futurs. Une étude réalisée en Ouganda révèle que les femmes qui passent dans des secteurs à prédominance masculine gagnent autant que les hommes et trois fois plus que les femmes qui restent dans des secteurs à prédominance féminine (Campos *et al.*, 2015). À l'origine de ces disparités entre les sexes se trouvent des problèmes d'information concernant les possibilités offertes par les industries dominées par les hommes et les facteurs psychosociaux concernant les normes sexospécifiques qui entrent en jeu très tôt dans la vie (voir chapitre 2) (Campos *et al.*, 2015 ; Banque mondiale, 2011). En conséquence, un défi majeur pour l'EFTP, et pour la société en général, est de surmonter les obstacles qui empêchent de nombreuses personnes, en particulier les femmes, d'accéder à des emplois plus productifs[7].

Graphiques 3.4 Inscriptions en EFTP de niveau secondaire, par région du monde et dans les pays d'Afrique subsaharienne

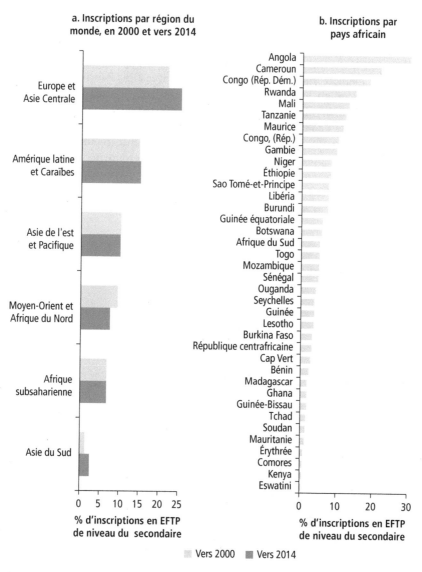

a. Inscriptions par région du monde, en 2000 et vers 2014

b. Inscriptions par pays africain

Source : Base de données de l'Institut de statistique de l'UNESCO (UIS.Stat).
Note : EFTP = Enseignement et formation techniques et professionnels. Sur le graphique b, Angola = 45,2.

En général, l'EFTP dans l'Afrique subsaharienne accorde trop peu d'attention à la formation pratique. Certains pays, notamment ceux de l'Afrique de l'Ouest, ont une tradition d'apprentissage. Au Ghana, par exemple, plus d'un tiers des jeunes âgés de 25 à 34 ans déclarent avoir fait un apprentissage (ou un stage). Cependant, en moyenne dans plusieurs pays de la région, seul un cinquième des élèves entreprennent un apprentissage ou un stage (graphique 3.5). La plupart le font de manière informelle, souvent sans lien avec l'EFTP formel ou une formation quelconque en classe (voir chapitre 5 ; Adams, Johansson et Razmara, 2013 ; Franz, 2017). Dans des pays comme le Malawi ou le Rwanda, moins de 15 % des élèves de l'EFTP ont déjà effectué un apprentissage ou un stage ; au Burkina Faso, en 2011-2012, seuls 4 % des élèves de l'enseignement secondaire ont entrepris un apprentissage (Tiyab, 2014). Au Cameroun, par exemple, l'évaluation des compétences pour les grandes professions est principalement théorique, et les certifications, qui ne sont reconnues que par le secteur public, sont perçues comme ayant peu d'impact sur l'emploi et les revenus (Sosale et

Graphique 3.5 **Proportion d'adultes âgés de 25 à 34 ans déclarant avoir déjà effectué un stage ou un apprentissage dans certains pays d'Afrique subsaharienne**

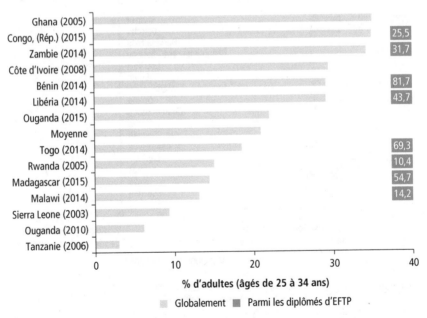

Sources : Études sur la transition école-travail ; Filmer et Fox, 2014.
Note : EFTP = Enseignement et formation techniques et professionnels. Aucune donnée n'est disponible pour les diplômés de l'EFTP pour la Côte d'Ivoire (2008), l'Ouganda (2010 et 2015), et la Tanzanie (2006).

Majgaard, 2016). En fait, de nombreux établissements d'EFTP éprouvent des difficultés à trouver des stages ou des apprentissages pour les élèves, de sorte que ces stages ne sont souvent pas obligatoires (Banque mondiale, 2017b). Les employeurs et autres parties prenantes considèrent souvent ce manque de formation pratique comme l'une des principales faiblesses des systèmes d'EFTP dans cette région du monde, comme en témoignent les études nationales et régionales approfondies[8].

Pour les pays où des données comparables sont disponibles, la participation à l'EFTP a un rendement moyen positif sur le marché du travail au début de la transition école-travail, bien que ce rendement soit souvent inférieur à celui de l'enseignement secondaire ou supérieur général. S'il est difficile de mesurer ces résultats avec précision[9], le rendement moyen de l'EFTP est positif au début de la transition école-travail (graphique 3.6a). En République démocratique du Congo et en Zambie, par exemple, une année supplémentaire d'EFTP est associée à une hausse de près de 25 % des salaires des travailleurs salariés. Mais il existe des disparités : au Bénin et à Madagascar, le rendement moyen est inférieur à 10 % par année supplémentaire d'EFTP. Toutefois, même lorsque le rendement de l'EFTP est positif, il est généralement inférieur à celui de l'enseignement général, en particulier dans l'enseignement supérieur (graphique 3.6b). C'est le cas non seulement de l'ensemble de la population, mais aussi des jeunes travailleurs.

Comme d'ordinaire, les moyennes masquent une hétérogénéité significative. Le choix d'une filière technique au lieu d'une filière générale dans le secondaire peut s'avérer judicieux pour les personnes ayant un potentiel de revenu plus faible et peu de chances de poursuivre des études universitaires. L'analyse pour le Ghana et le Kenya indique que pour déterminer si c'est l'EFTP ou l'enseignement général qui est la meilleure voie pour un individu, il faut prendre en considération les caractéristiques de cet individu et, surtout, ses chances de poursuivre des études universitaires (où le rendement est le plus élevé). Dans les deux pays, l'EFTP secondaire présente un rendement plus important que l'enseignement secondaire général pour les individus ayant une perspective de revenu plus faible. Pour les individus de ce groupe - qui n'ont peut-être pas l'aptitude ou les ressources nécessaires pour poursuivre des études et surtout pour aller jusqu'au niveau universitaire - l'EFTP peut être une meilleure option, étant donné les restrictions auxquelles ils sont confrontés au moment de l'orientation. Cette tendance est prévisible, étant donné le rendement moyen élevé associé à un diplôme universitaire et la faible probabilité d'atteinte de ce niveau - en particulier dans une université de haute qualité - dans la plupart des pays d'Afrique subsaharienne (chapitre 4).

Le rendement moyen plus faible de l'EFTP par rapport à l'enseignement général, et peut-être certaines des préoccupations concernant la qualité et les préjugés relatifs à l'EFTP, sont susceptibles de refléter un milieu relativement

Graphiques 3.6 Rendements de l'enseignement général et de l'EFTP dans l'emploi salarié au début de la transition école-travail pour les travailleurs dans certains pays d'Afrique subsaharienne

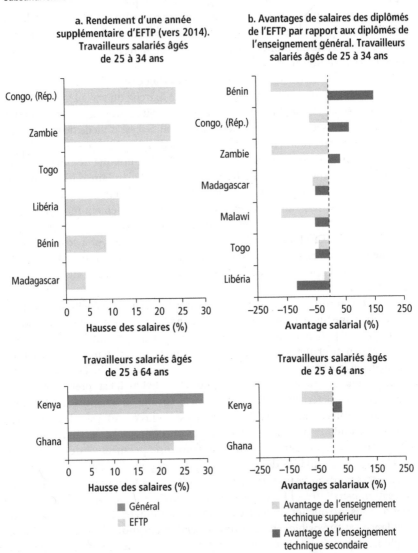

a. Rendement d'une année supplémentaire d'EFTP (vers 2014). Travailleurs salariés âgés de 25 à 34 ans

b. Avantages de salaires des diplômés de l'EFTP par rapport aux diplômés de l'enseignement général. Travailleurs salariés âgés de 25 à 34 ans

Travailleurs salariés âgés de 25 à 64 ans

Travailleurs salariés âgés de 25 à 64 ans

■ Général
■ EFTP

■ Avantage de l'enseignement technique supérieur
■ Avantage de l'enseignement technique secondaire

Sources : Études réalisées sur la transition école-travail ; Études réalisées auprès des ménages sur les Compétences pour l'employabilité et la productivité (STEP).
Note : EFTP = Enseignement et formation techniques et professionnels. Les estimations concernent les travailleurs salariés à partir de régressions linéaires tenant compte du sexe, de l'âge et de l'expérience de travail potentielle. Tous les coefficients sont significatifs au niveau de 1 %. Le graphique a montré le rendement d'une année supplémentaire d'EFTP ou d'enseignement général. Le graphique b montre l'avantage salarial de l'EFTP secondaire ou supérieur par rapport à l'enseignement général (secondaire ou supérieur). Un avantage positif signifie que l'EFTP est plus bénéfique que l'enseignement général. Pour le Ghana et le Kenya, les rendements estimés pour une année supplémentaire d'EFTP (tant pour l'emploi salarié que pour l'emploi indépendant et le travail familial, non compris dans le graphique) sont respectivement de 12 et 9 % (contre 13 et 10 %, respectivement, pour l'enseignement général).

Graphiques 3.7 Revenus horaires potentiels au Ghana et au Kenya, par filière et centile estimé des revenus

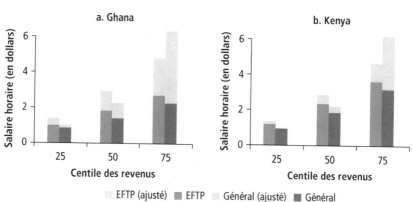

Source : Études réalisées auprès des ménages sur les Compétences pour l'employabilité et la productivité (STEP).
Note : EFTP = Enseignement et formation techniques et professionnels Les estimations sont tirées d'une régression par quintiles des revenus en tenant compte du sexe et de l'expérience professionnelle potentielle. Les valeurs indiquées sont pour un homme typique sans travail. Les valeurs ajustées tiennent compte des revenus potentiels après l'achèvement des études techniques du supérieur ou des études universitaires, ajustées en fonction de la probabilité d'accès à ces études étant donné le statut socioéconomique du travailleur. La probabilité est estimée en tant que proportion de diplômés universitaires (EFTP du supérieur) parmi l'ensemble des travailleurs ayant plus d'un diplôme d'enseignement secondaire général (EFTP secondaire), par statut socioéconomique.

plus défavorisé et un niveau plus faible d'aptitudes parmi les élèves de l'EFTP. Les élèves qui suivent un EFTP, par rapport à ceux qui entrent dans une filière d'enseignement général, ont tendance à venir de familles ayant un statut socioéconomique inférieur (bien qu'ils ne soient pas parmi les plus démunis de la population générale), mesuré par le niveau d'instruction des parents (graphique 3.8). Les élèves de l'EFTP sont également susceptibles d'avoir des compétences de base plus faibles, ce qui suggère un niveau d'aptitude plus faible et un manque d'attention suffisante pour les compétences de l'EFTP[10]. Au Ghana, par exemple, les diplômés de l'EFTP obtiennent presque 4 écarts-types en dessous des diplômés du secondaire général à un test d'alphabétisation. En termes de probabilité d'inscription, le fait d'avoir un score d'un écart-type de plus au test d'alphabétisation réduit la probabilité d'inscription à l'EFTP (par rapport à l'enseignement général) de 75 % au Ghana et de plus de 10 % au Kenya.

Ce résultat est, bien sûr, en partie voulu, car l'accès aux différentes filières est souvent basé sur les résultats des élèves dans le premier cycle du secondaire. La sélection dans l'EFTP par des jeunes ayant des compétences de base plus faibles et issus de ménages à faible revenu est conforme à ce que l'on trouve dans d'autres études de référence et met en lumière la raison pour laquelle

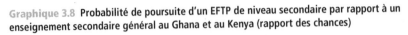

Graphique 3.8 **Probabilité de poursuite d'un EFTP de niveau secondaire par rapport à un enseignement secondaire général au Ghana et au Kenya (rapport des chances)**

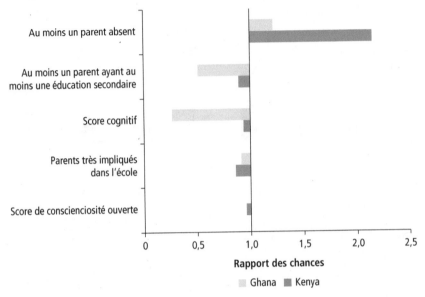

Source : Études réalisées auprès des ménages sur les Compétences pour l'employabilité et la productivité (STEP).
Note : EFTP = Enseignement et formation techniques et professionnels. Estimations à partir d'une régression logistique multinominale tenant compte du sexe, si un élève a commencé la première année à l'âge de sept ans ou plus, de la tranche d'âge, de la langue et du nombre de frères et sœurs à 15 ans. Le score cognitif et le score socio-émotionnel (consciencisité ouverte) sont mesurés en écart-type. Ce chiffre représente le rapport des chances, en l'occurrence le rapport entre la probabilité de poursuivre un EFTP de niveau secondaire et un enseignement secondaire général. Si le rapport est égal à 1, il n'y a pas de différence de probabilité entre les deux filières ; les valeurs positives reflètent des facteurs qui sont associés à une probabilité plus élevée d'inscription à l'EFTP, et vice versa.

l'EFTP peut être une importante porte d'entrée dans le monde du travail. Si l'on tient compte de plusieurs autres facteurs, les élèves des écoles professionnelles et techniques obtiennent des résultats nettement inférieurs à ceux des élèves de l'enseignement général au Programme international pour le suivi des acquis des élèves (PISA), un test international axé sur les compétences de base (Altinok, 2011). Conformément à l'analyse précédente, les élèves issus de milieux socioéconomiques défavorisés dans les écoles professionnelles obtiennent de meilleurs résultats dans le cadre du PISA que les élèves similaires des établissements d'enseignement général, tandis que l'inverse est vrai pour les élèves issus de familles plus aisées. De même, en Afrique du Sud, Pugatch (2014) constate une baisse d'un point de pourcentage des inscriptions professionnelles en réponse à l'échec scolaire, contre une baisse de 40 points de pourcentage pour les inscriptions universitaires. L'EFTP est considéré comme un choix de second ordre pour les individus ayant des aptitudes intellectuelles, mais il peut constituer une voie plus prometteuse pour les autres. Autrement dit, étant donné la fragilité des compétences de base et autres désavantages et la faible probabilité de pouvoir fréquenter les établissements d'enseignement général de haute qualité que les élèves plus riches et mieux préparés peuvent fréquenter, l'EFTP peut constituer une voie attrayante pour les moins nantis. C'est particulièrement le cas dans les pays où l'accès aux universités reste essentiellement réservé aux élites. Bien sûr, cette ségrégation n'est pas idéale, et la priorité est de s'assurer que tous les élèves reçoivent les fondamentaux en primaire et au collège.

Au-delà des questions de sélection adverse, la qualité de l'EFTP continue de susciter des inquiétudes. Des données empiriques suggèrent que les employeurs et le grand public pensent généralement qu'une large proportion de l'EFTP est de faible qualité (Johanson et Okema, 2011 ; Banque mondiale, 2015a, 2017b ; Zimmermann *et al.*, 2013). Cela semble en effet être le cas étant donné les variations importantes du rendement moyen de l'EFTP d'un domaine d'études à l'autre, et surtout au sein d'un même domaine d'études (graphiques 3.9). Ces grandes variations indiquent que certains diplômes d'EFTP, dans certains établissements, pour certaines personnes, sont nettement moins bons que d'autres compte tenu des conditions du marché du travail local. En Gambie, par exemple, une étude de suivi parmi les diplômés de l'EFTP public a révélé que les taux de chômage variaient considérablement d'un domaine d'études à un autre : de zéro dans des disciplines comme les études scientifiques à 30 % dans la restauration et les bars et plus de 40 % dans les applications informatiques (Couralet, Djallo et Akinocho, 2013). Pour cette raison, (a) l'assurance de la qualité pour élever les normes et (b) les informations pour aider les élèves et les familles à faire de meilleurs choix et aider les décideurs politiques et le marché à responsabiliser les prestataires, sont essentielles.

Les perspectives d'emploi à moyen et à long terme des diplômés de l'EFTP sont source de préoccupations. Les jeunes travailleurs qui ont suivi un EFTP sont plus susceptibles que les diplômés de l'enseignement général de penser que leur éducation ou leurs qualifications correspondent bien à leur emploi actuel[11]. Toutefois, si l'EFTP peut aider les jeunes à trouver un premier emploi plus rapidement et leur permettre d'avoir des revenus plus élevés dans les premières années de la transition école-travail, les diplômés de l'EFTP sont, avec le temps, plus susceptibles que leurs homologues dans l'enseignement général d'occuper des emplois moins rémunérateurs (graphiques 3.10). Les écarts sont particulièrement marqués au niveau de l'enseignement supérieur, mais ils sont également présents au niveau du secondaire. Cette tendance est observée dans des pays du monde entier (Hampf et Woessmann, 2016 ; Hanushek *et al.*, 2017 ; Lamo, Messina, et Wasmer, 2011). Cette vision à l'échelle d'un cycle de vie entier met en lumière un autre défi majeur pour l'EFTP, en particulier pour l'avenir :

Graphiques 3.9 Rendements relatifs de l'EFTP au Kenya et au Ghana, par domaine d'études

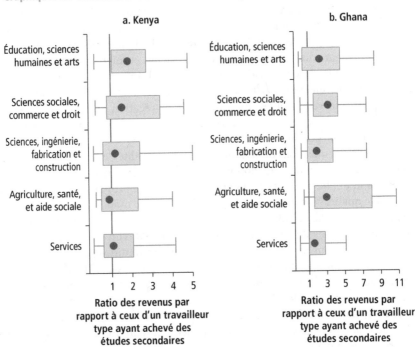

Source : Études réalisées auprès des ménages sur les Compétences pour l'employabilité et la productivité (STEP).
Note : EFTP = Enseignement et formation techniques et professionnels. La ligne verticale rouge au point 1 indique la parité des revenus. Le point rouge représente la médiane de la répartition. L'extrémité inférieure de la case représente le 25ᵉ centile, et l'extrémité supérieure représente le 75ᵉ centile. Les lignes à l'extérieur de la case représentent le ratio pour les valeurs les plus élevées et les plus basses des revenus, les valeurs aberrantes ayant été exclues.

comment garantir que les diplômés d'EFTP acquièrent une base solide et une bonne capacité d'adaptation pour permettre aux travailleurs de répondre aux conditions changeantes du marché du travail et de gagner en productivité ? Les décideurs doivent donc trouver un équilibre entre investir dans les compétences pour répondre aux besoins d'aujourd'hui et investir dans les compétences pour répondre aux besoins de demain.

Dans certains pays, l'EFTP peut commencer trop tôt, au détriment de l'acquisition des compétences de base indispensables. Dans une majorité de pays africains, l'orientation en EFTP commence au niveau du premier cycle de l'enseignement secondaire (tableau 3.2). Le cursus de l'EFTP dans le secondaire combine généralement l'enseignement général et l'enseignement technique, mais la priorité est accordée à l'enseignement technique. Le placement des élèves dans des filières professionnelles spécialisées au moment du premier cycle de

Graphiques 3.10 Revenus tout au long de la vie en pourcentage des revenus d'un salarié moyen n'étant pas allé plus loin que l'école primaire au Kenya et au Ghana

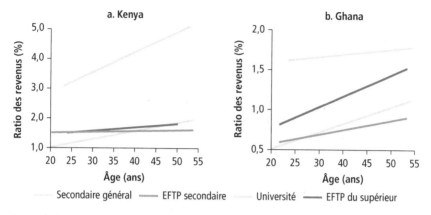

Source : Études réalisées auprès des ménages sur les Compétences pour l'employabilité et la productivité (STEP).
Note : EFTP = Enseignement et formation techniques et professionnels Résultats d'une régression linéaire des revenus selon l'âge (population âgée de 18 à 55 ans), selon le type de scolarité.

Tableau 3.2 Caractérisation des systèmes d'EFTP en Afrique subsaharienne, selon le moment de l'orientation et les parcours vers l'enseignement supérieur

Possibilité d'un enseignement supérieur supplémentaire	Moment de l'orientation vers l'EFTP		
	Avant le second cycle de l'enseignement secondaire	Au moment du second cycle de l'enseignement secondaire	Après l'enseignement secondaire
Technique seulement	Bénin ; Lesotho; Madagascar ; Mozambique ; Tanzanie ; Zimbabwe	Éthiopie	Eswatini
Technique et général (bien que pas nécessairement *de facto*)	Burkina Faso ; Burundi ; Cameroun ; Côte d'Ivoire ; Congo (Rép.) ; Gabon ; Guinée ; Kenya ; Libéria ; Mali ; Madagascar ; Mauritanie ; Maurice ; Namibie ; Niger ; Sierra Leone ; Togo ; Ouganda	Botswana ; Tchad ; Congo (Rép, Dém.) ; Gambie ; Ghana ; Malawi ; Nigeria ; Sénégal ; Afrique du Sud ; Zambie	

Sources : Données mondiales EFTP ; consultations auprès d'experts.
Note : Pour certains pays, certains parcours techniques peuvent donner accès à l'université, d'autres non. Lorsque c'est le cas, comme au Ghana par exemple, le pays est classé comme donnant la possibilité d'assister à des cours d'enseignement général supérieur après un enseignement technique secondaire.

l'enseignement secondaire est peut-être prématuré pour la plupart des pays d'Afrique subsaharienne où un grand nombre d'élèves n'ont pas de solides compétences de base à la fin du primaire ou même du secondaire (chapitre 2). Par conséquent, un placement prématuré dans l'EFTP se fera probablement au détriment de l'acquisition et du renforcement de compétences de base essentielles et pourra réduire le potentiel de revenu et les possibilités d'emploi ultérieures (Kutner et Gortazar, 2014). Le placement prématuré dans l'EFTP est souvent aggravé par le fait qu'il est difficile de passer ensuite à l'enseignement général.

La faiblesse des compétences de base limite par ailleurs la capacité des travailleurs à acquérir et à améliorer les compétences techniques que l'EFTP cherche à développer. Dans un article récent sur le Kenya, Laajajaj et Macours (2017) constatent que, même dans les domaines techniques, comme la culture du maïs, il est important d'avoir un ensemble de compétences cognitives, socio-émotionnelles et techniques. Conjuguées, ces compétences expliquent environ 12 à 17 % de la variation du rendement. De plus, ils constatent que les compétences socio-émotionnelles et cognitives fonctionnent en partie grâce aux compétences techniques, c'est-à-dire que les compétences engendrent des compétences. D'autres ont également mis en évidence ces fortes complémentarités entre différents ensembles de compétences (Psacharopoulos, 1994). Il est donc essentiel de s'assurer que tous les élèves arrivent au stade de l'orientation armés de solides compétences de base, afin que le manque de préparation ne soit pas la raison pour laquelle ils entrent dans l'EFTP. En conséquence, quand ils y entrent, ils disposent d'une base solide pour acquérir des compétences techniques et pour s'adapter aux changements du marché du travail.

Que faut-il faire pour améliorer la qualité de l'EFTP ? Compte tenu des contraintes globales qui pèsent sur les dépenses publiques d'éducation dans la plupart des pays de l'Afrique subsaharienne (chapitre 1), il n'est probablement pas réaliste de s'attendre à un effort accru en matière de dépenses publiques dans l'EFTP dans un avenir proche. En outre, le développement d'un système de qualité médiocre ne profite à personne. Étant donné que l'offre d'EFTP est estimée deux fois et demie à trois fois plus chère que l'enseignement général dans cette partie du monde, il est particulièrement important de définir des priorités (BAD, 2008 ; Mingat, Ledoux et Rakotomalala, 2010 ; Tsang, 1997). De nombreux centres d'EFTP utilisent des technologies dépassées, ont des enseignants sous-formés et offrent peu de possibilités de formation pratique (Billetoft, 2016). Plus de ressources doivent manifestement être allouées pour résoudre ces problèmes. Mais le système présente également en son sein de nombreuses inefficacités, notamment l'absence de débouchés sur le marché de domaines d'études auxquels sont consacrées des dépenses, la difficulté de mise en œuvre et les avantages potentiellement limités des cadres nationaux de certification complexes, et l'offre publique d'EFTP dans les cas où le secteur privé est susceptible de présenter un avantage concurrentiel. La section suivante examine les priorités et options politiques dont le but est d'améliorer les performances de l'EFTP formel en termes d'égalité des chances, d'efficacité et de pertinence.

Enjeux politiques dans l'EFTP préalable à l'emploi

Doter les jeunes de compétences pertinentes pour l'emploi par le biais de l'EFTP est un défi de taille. Malgré le succès des systèmes d'EFTP dans des pays comme l'Allemagne ou la République de Corée, ou des programmes de formation professionnelle comme Jobs Corps aux États-Unis ou Jovenes en Amérique latine (Schochet, Burghardt et McConnell, 2008), les programmes de formation professionnelle ont souvent donné des résultats décevants. La plupart des évaluations concernent des petits programmes de courte durée qui fonctionnent parallèlement au système formel d'EFTP, souvent destinés aux jeunes de milieux défavorisés. Même dans ces cas, l'EFTP s'avère souvent difficile à mettre en œuvre correctement. Lorsque ces programmes sont judicieusement conçus, ciblés de manière adéquate et étroitement liés à la demande de main-d'œuvre, ils peuvent présenter des avantages qui augmentent avec le temps[12]. En Colombie, par exemple, trois à huit ans après avoir bénéficié d'une formation, les participants étaient plus susceptibles d'entrer et de rester dans le secteur formel et avaient des revenus supérieurs d'au moins 11 % à ceux des non-participants à ces programmes (Kugler *et al.*, 2015). La mise en œuvre est forcément plus difficile lorsque l'on intervient à l'échelle du système. En Turquie, une évaluation récente des programmes de formation professionnelle à grande échelle n'a montré aucun impact moyen sur l'emploi trois ans après la formation et seuls quelques impacts transitoires sur la qualité de l'emploi (Hirshleifer *et al.*, 2014). En outre, une abondante documentation mondiale traite des défis de l'EFTP (Zimmermann *et al.*, 2013).

En Afrique subsaharienne, ce défi s'explique par les faiblesses du cadre stratégique, de la surveillance du système et de la prestation des services des pays, qui traversent l'ensemble du système d'EFTP. Ces faiblesses sont mises en évidence par la recherche et dans l'exercice d'analyse comparative SABER-WfD[13] (Approche systémique pour de meilleurs résultats en matière d'éducation - Développement de la force de travail), voir l'encadré 3.2. L'approche SABER permet d'obtenir des données et une évaluation systématiques des facteurs politiques et institutionnels qui influencent la performance des systèmes de développement de la main-d'œuvre (dont l'EFTP est l'élément le plus important). Les pays d'Afrique subsaharienne pour lesquels l'approche SABER est disponible, à savoir le Burundi, le Cameroun, le Tchad, la Tanzanie et l'Ouganda, présentent de graves faiblesses en matière de surveillance et de prestation de services, même si leurs résultats sont relativement meilleurs en matière d'orientation stratégique des politiques de développement de la main-d'œuvre. Alors que les gouvernements de la région subsaharienne mettent davantage l'accent sur le développement de la main-d'œuvre, comme l'indiquent leurs résultats relativement bons en matière d'orientation stratégique et les stratégies d'EFTP récemment appliquées[14], la capacité des systèmes à passer de la conceptualisation à la mise en œuvre des politiques reste faible (graphiques 3.11).

La mise en œuvre des stratégies d'EFTP est entravée par un manque de coordination et de clarté des fonctions entre les différents acteurs du système. Certains pays, dont le Malawi, Maurice et la Tanzanie, ont créé des organes de coordination et des organismes autonomes de contrôle. Cependant, les lois et les accords visant à promouvoir la coordination entre les intervenants et les multiples ministères et institutions impliqués dans l'EFTP ne sont pas toujours pleinement opérationnels ; leurs mandats se chevauchent et ils dépendent de

---

ENCADRÉ 3.2

Analyse comparative des systèmes d'EFTP : l'approche systémique pour de meilleurs résultats en matière d'éducation

Dans le cadre de l'initiative de la Banque mondiale intitulée Approche systémique pour de meilleurs résultats en matière d'éducation, SABER-WfD se concentre sur l'efficacité avec laquelle le système prépare les individus à répondre à la demande de compétences sur le marché du travail et fournit des données et une évaluation systématiques des facteurs politiques et institutionnels qui influencent la performance des systèmes d'enseignement et de formation.

Cet outil est basé sur un cadre analytique qui définit trois dimensions fonctionnelles des politiques et des institutions du développement de la main-d'œuvre : (1) *le cadre stratégique*, qui se rapporte aux politiques qui déterminent l'orientation du développement de la main-d'œuvre et définissent son environnement d'habilitation ; (2) *la surveillance du système*, qui se rapporte aux « règles du jeu » (y compris les régimes de financement) qui guident le fonctionnement du système ; et (3) *la prestation de services*, qui se rapporte à la fourniture de services de formation à des individus pour les doter des compétences adaptées au marché et à l'emploi.

Ces trois dimensions conjuguées permettent d'effectuer une analyse systématique du fonctionnement d'un système de développement de la main-d'œuvre. L'accent est mis sur les structures et les pratiques institutionnelles de l'élaboration des politiques publiques et sur ce qu'elles révèlent sur la capacité du système à conceptualiser, concevoir, coordonner et mettre en œuvre des politiques afin d'obtenir des résultats sur le terrain. Chaque dimension est composée de trois « objectifs politiques » qui correspondent à des aspects fonctionnels importants des systèmes de développement de la main-d'œuvre (décrits en détail plus loin dans le tableau 3.3). Les données sont recueillies au moyen d'un outil structuré de collecte de données SABER-WfD. Pour chaque thème, l'outil pose une série de questions à choix multiples ; les réponses sont apportées à partir de documents justificatifs et d'entretiens

---

(suite page suivante)

Encadré 3.2 (suite)

réalisés avec des participants bien informés. Les réponses permettent à chaque thème d'être noté sur une échelle de quatre points par rapport à des rubriques normalisées fondées sur les connaissances disponibles au sujet des bonnes pratiques mondiales. Les valeurs plus élevées représentent des systèmes plus matures. Les notes moyennes des thèmes sont ensuite calculées pour produire les notes d'objectifs stratégiques, qui sont elles-mêmes agrégées pour produire les notes de dimension. Les résultats sont ensuite validés par les homologues nationaux concernés, y compris les participants eux-mêmes.

En ce qui concerne la rapidité avec laquelle les pays peuvent améliorer le cadre institutionnel et le fonctionnement de leurs systèmes d'EFTP, les cas du Chili, de la Corée, de la Malaisie et de Singapour, pour lesquels un historique de données est disponible, sont particulièrement intéressants. Ces pays, qui étaient dans une situation assez similaire à celle des pays d'Afrique subsaharienne il y a quelques décennies, ont fait des progrès importants dans les trois dimensions : cadre stratégique, surveillance du système et prestation de services. Leur expérience, en plus de l'expérience acquise en Afrique subsaharienne, peut éclairer les efforts de réforme dans cette partie du monde.

Source : Banque mondiale, 2013.

Graphiques 3.11 Performance relative des pays africains en EFTP

a. Dimensions globales du Développement de la main-d'œuvre

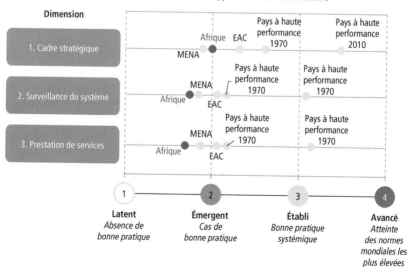

(suite page suivante)

Graphiques 3.11 (suite)

b. Résultats du développement de la main-d'œuvre en fonction d'objectifs politiques spécifiques, par région

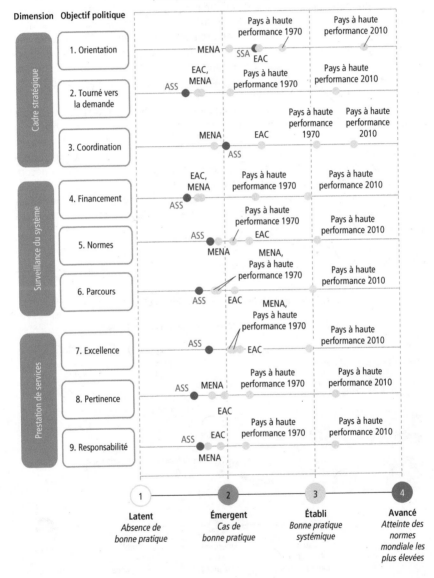

(suite page suivante)

Graphiques 3.11 (suite)

c. Performances nationales en matière de développement de la main-d'œuvre

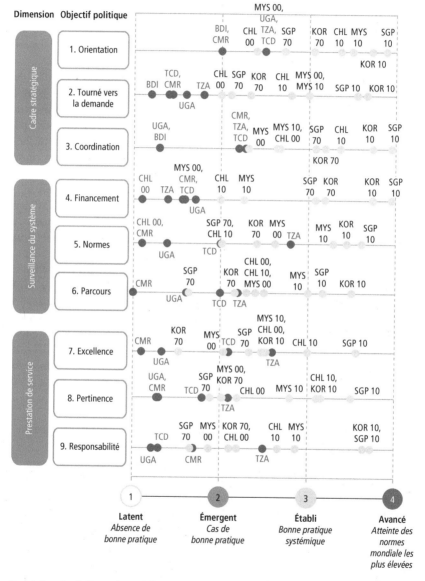

Source : Données de l'Approche systémique pour de meilleurs résultats en matière d'éducation, SABER-WfD.
Note : EAC = Europe et Asie Centrale, y compris l'Arménie, la Bulgarie, la Géorgie, la Macédoine du Nord, la Moldavie, la Roumanie et la Turquie ; MENA = Moyen-Orient et Afrique du Nord, y compris la Cisjordanie et la Palestine, l'Égypte, l'Irak, la Jordanie, le Maroc, la Palestine, la Tunisie et le Yémen ; ASS = Afrique subsaharienne, y compris le Burundi, le Cameroun, le Tchad, la Tanzanie et l'Ouganda. Pays à haute performance 1970 = l'Irlande (1980), la Rép. de Corée (1970) et Singapour (1970) ; Pays à haute performance 2010 = le Chili (2011), l'Irlande (2000), la Rép. de Corée (2010), la Malaisie (2010) et Singapour (2010).

mécanismes *ad hoc* de coordination (Sosale et Majgaard, 2016 ; Banque mondiale, 2012, 2015b, 2015c, 2015d et 2015e). Au Cameroun, par exemple, il n'y a pas d'engagement collectif entre les ministères et les institutions qui assurent l'éducation ou la formation, ou bien entre le secteur public et le secteur privé ; il manque également un système efficace de normes et d'accréditation ou une agence centrale autonome de supervision et d'accréditation (Sosale et Majgaard, 2016).

Toutefois, les plus grands défis sont liés à trois domaines : l'égalité des chances, l'efficacité et la pertinence. Premièrement, l'égalité des chances : compte tenu de l'auto-sélection dans l'enseignement général, en particulier à l'université, de personnes plus aisées et plus aptes sur le plan scolaire, l'EFTP est souvent la seule option disponible pour les autres. Même parmi ceux qui entrent dans l'EFTP, les disparités entre les sexes sont nombreuses, notamment en ce qui concerne le domaine d'études choisi. Deuxièmement, l'efficacité : comme le montrent les graphiques 3.11, la faiblesse des mécanismes de financement et de responsabilisation est un élément de fragilité certain des systèmes d'EFTP dans la région. Les systèmes de financement qui ne sont pas liés à la performance et qui n'encouragent pas la responsabilité ou l'innovation exacerbent les défis aussi bien en termes d'égalité des chances que de pertinence. Troisièmement, la pertinence : le manque de pertinence semble être la faiblesse la plus frappante, en particulier dans des pays comme le Cameroun et l'Ouganda, mais plus largement sur le continent, comme en témoignent les études régionales et nationales. Ce manque de pertinence s'explique, du moins en partie, par l'insuffisance des liens entre l'EFTP et les besoins du marché. Ces faiblesses signifient que la contribution du système à la productivité générale, à l'inclusion et à l'adaptabilité des travailleurs est insuffisante. La présente section examine les principaux domaines de réforme en matière d'égalité des chances, d'efficacité et de pertinence de l'EFTP.

Générer des opportunités de revenus pour les plus défavorisés afin de répondre à la problématique de l'égalité des chances

Dans une grande partie de l'Afrique subsaharienne, les jeunes issus de milieux défavorisés ont peu de chances de s'inscrire dans l'enseignement secondaire, qu'il soit technique ou non. Pourtant, par rapport à l'enseignement général et parmi les élèves qui achèvent le primaire, l'EFTP prend en charge de manière disproportionnée des élèves issus de milieux défavorisés ou des jeunes qui ne sont pas prêts pour l'enseignement général. Un système efficace d'EFTP peut donc aider ce segment clé de la société en facilitant sa transition vers le marché du travail et en lui permettant d'acquérir des compétences professionnelles.

Cependant, assurer l'accès à l'EFTP et son adéquation aux besoins de cette population peut s'avérer difficile. Les élèves défavorisés n'ont pas seulement des contraintes de liquidités et de crédit, mais souvent, ils manquent aussi d'accès aux informations pertinentes sur l'éducation et le marché du travail[15]. Au Kenya, par exemple, les gens croient que l'augmentation moyenne des revenus associés à la formation est de 65 pour cent supérieure aux estimations des données d'étude. Les gens se méprennent aussi sur les métiers les mieux rémunérés (Hicks *et al.*, 2011). Le manque de modèles de réussite et de réseaux peut expliquer en partie ces malentendus[16]. Souvent, les individus sont loin des centres d'EFTP qui répondent à leurs besoins, ou les cours ne sont pas offerts à des moments adaptés à leurs obligations professionnelles ou familiales, ce qui affecte les plus pauvres, qui ont besoin de travailler, ou les femmes, qui sont les plus durement touchées par la garde des enfants et des ménages (Cho *et al.*, 2015 ; Glennerster *et al.*, 2011).

Pour ces raisons, l'amélioration de l'accès chez les plus vulnérables nécessitera un ensemble de mesures politiques répondant à une multiplicité de contraintes. L'amélioration de l'accessibilité sur le plan financier en est un élément. Au Kenya, les frais de scolarité dans les écoles d'EFTP publiques les moins chères représentent environ 15 % des dépenses annuelles des ménages par habitant. Au Kenya également, l'octroi de bons de formation professionnelle aux jeunes non scolarisés augmente sensiblement le taux d'inscription et les bénéficiaires acquièrent en moyenne 0,55 année d'éducation supplémentaire (Hicks *et al.*, 2015). Les bourses d'études et subventions accordées aux jeunes vulnérables qui leur permettent de choisir parmi des prestataires reconnus, privés ou publics, peuvent être plus efficaces que le financement direct des établissements pour combler les déficits de fonds propres. Par ailleurs, les gouvernements pourraient verser une prime aux établissements qui aident les élèves défavorisés à s'inscrire et à obtenir un diplôme. Ces primes pourraient faire partie d'un financement qui soit fonction des résultats.

Il est primordial d'améliorer l'offre de compétences de base afin que l'EFTP puisse s'appuyer sur ces compétences pour développer de solides aptitudes techniques et professionnelles. L'approche à privilégier consiste à travailler sur les compétences de base aux niveaux antérieurs et à retarder l'orientation en EFTP tant que ces compétences n'ont pas été acquises. Étant donné que ce processus peut prendre du temps et que la plupart des programmes formels d'EFTP exigent un diplôme d'études primaires ou secondaires de premier cycle, des programmes de transition ciblés qui aident à établir ces bases et à mieux préparer les enfants et les jeunes à l'EFTP peuvent également être nécessaires. Aux États-Unis, par exemple, les *community colleges* offrent des programmes de rattrapage axés sur les compétences de base, car on estime que les deux tiers des nouveaux étudiants ne possèdent pas les compétences de base nécessaires pour réussir le programme d'EFTP (OCDE, 2014b). Cet ensemble de mesures devrait comprendre un conseil d'orientation professionnelle et universitaire pour remédier dès le début aux asymétries d'informations, ainsi que des réformes des processus d'admission et de demande dans l'enseignement secondaire général afin d'améliorer la transparence et de réduire les préjugés à l'encontre des démunis.

Enfin, des mesures complémentaires qui améliorent l'accès par assouplissement de l'offre d'EFTP sont également nécessaires. Dans de nombreux programmes d'EFTP à l'échelle mondiale, les femmes sont beaucoup plus susceptibles de décrocher, du moins en partie, en raison de leurs responsabilités familiales et domestiques (Honorati, 2015). En particulier pour les personnes démunies, qui subissent de fortes pressions pour commencer à travailler tôt, il est important que l'EFTP soit « cumulable » et modulaire : les cours doivent pouvoir être organisés par blocs d'apprentissage, qu'il n'est pas nécessaire de suivre les uns après les autres, et les qualifications doivent bénéficier d'une pleine reconnaissance de l'apprentissage. La flexibilité deviendra de plus en plus importante dans le contexte des grandes tendances régionales et mondiales et du besoin d'apprentissage tout au long de la vie. Cette approche est suivie, par exemple, au Chicago College to Careers, un programme qui forge des partenariats entre les *community colleges* et les grands noms de l'industrie afin de mieux harmoniser les programmes d'études avec la demande dans les secteurs en croissance, tout en tenant compte des contraintes auxquelles sont confrontés les jeunes qui s'inscrivent dans ces instituts. En particulier, les programmes sont à la fois modulaires et cumulables, comme décrit ci-dessus[17]. De même, les technologies numériques qui favorisent l'apprentissage en ligne et ouvrent de nouvelles possibilités de formation pratique grâce à des simulations en laboratoire et en atelier peuvent aider à gérer les coûts de l'EFTP en le rendant plus accessible. Le Brésil, par exemple, a une longue histoire d'apprentissage à distance dans l'éducation et la formation professionnelles (Herd et Richardson, 2011).

Pour accroître la flexibilité de l'EFTP, il faut également mieux articuler les filières d'EFTP formelles, non formelles et informelles et intégrer l'enseignement professionnel et général afin d'accroître la mobilité ainsi que les possibilités à moyen et long terme des étudiants en EFTP. Si des changements plus rapides dans le monde du travail entraînent plus d'apprentissage tout au long de la vie, il est de plus en plus important pour l'EFTP de disposer de voies claires et flexibles pour les transferts entre cours, la progression vers des niveaux de formation supérieurs et l'accès à des programmes dans d'autres domaines. Dans la plupart des cas, les filières formelles, non formelles et informelles de l'EFTP sont dissociées les unes des autres. L'absence de certification de l'apprentissage en classe informelle ou de formation en cours d'emploi est problématique (chapitre 5). Il existe également un décalage entre les filières techniques et générales, en particulier lors de la transition vers l'enseignement supérieur et au sein de l'enseignement supérieur. Dans la plupart des pays d'Afrique subsaharienne, il est très difficile de passer des unes aux autres[18]. Pour accroître l'attrait de l'EFTP, de nombreux pays à revenu intermédiaire et élevé ont mis en place des dispositifs « passerelles » qui permettent aux diplômés de l'EFTP de poursuivre leurs études dans des établissements universitaires supérieurs. En Afrique subsaharienne, la République démocratique du Congo dispose de programmes de deux, trois et quatre ans au niveau secondaire supérieur qui offrent aux diplômés de l'EFTP des passerelles vers l'université.

Améliorer l'efficacité de l'EFTP préalable à l'emploi

Deux aspects doivent être renforcés : le financement et la responsabilité. Les politiques et dispositions institutionnelles actuelles ne parviennent pas à assurer un financement stable pour des programmes efficaces ; elles ne favorisent pas non plus les partenariats productifs avec le secteur privé (Sosale et Majgaard, 2016 ; Banque mondiale, 2012, 2015b, 2015c, 2015d et 2015e). Il est largement admis que certains domaines de l'EFTP, notamment la formation des enseignants, les installations, l'équipement, l'élaboration des cursus et leur mise à niveau, sont sous-financés, alors que, dans le même temps, de grandes inefficacités entravent le système. Pour améliorer ces dimensions, il est indispensable de diversifier les modes de financement et de prestation de l'EFTP. De nombreux pays de la région subsaharienne financent l'EFTP au moyen de l'aide étrangère, d'activités génératrices de revenus, du budget public général, de taxes au titre de la formation, de droits de scolarité et de partenariats public-privé (PPP), entre autres ; mais le financement par le budget général ou les taxes au titre de la formation sont la norme dans la plupart des cas[19].

Les efforts de réforme pourraient d'abord concerner le fonctionnement des fonds destinés à la formation, en particulier en raison de leur impact sur les coûts de la main-d'œuvre[20]. Les taxes au titre de la formation jouent un rôle important dans le financement de l'EFTP public dans des pays comme le Botswana, le Malawi, le Mozambique, la Namibie, la Tanzanie et le Zimbabwe. La Tanzanie en est un bon exemple. Plus de 80 % du Fonds destiné à l'enseignement et la formation professionnels sont financés par une taxe de développement des compétences. Les employeurs comptant quatre employés ou plus paient la taxe sous forme de frais mensuels correspondant à 6 % de la masse salariale totale. Un tiers de l'argent collecté va à la Vocational Education and Training Authority (VETA - autorité chargée de la formation professionnelle), tandis que les deux autres tiers vont au budget général[21]. Les employeurs ont fortement critiqué cette taxe (Billetoft, 2016). Premièrement, en plus de l'augmentation des coûts de main-d'œuvre, la taxe a été introduite sans consultations suffisantes. Deuxièmement, elle sert principalement à financer des dépenses non liées à l'EFTP ou à subventionner les services de gestion et de formation de la VETA elle-même. Seule une très petite partie (5 %) bénéficie à des centres qui ne relèvent pas de la VETA. Troisièmement, le secteur privé n'a que peu ou pas son mot à dire sur la façon dont les ressources sont utilisées. Des préoccupations similaires sont exprimées dans les régions où ces prélèvements existent. Une difficulté fondamentale est que le secteur privé formel qui peut contribuer à ces fonds est très modeste, ce qui signifie qu'il est difficile de financer le système de manière durable. Il est plus judicieux de limiter les fonds publics aux régions où le secteur privé n'est pas disposé à investir et d'utiliser les ressources disponibles pour financer l'accès des personnes dans le besoin plutôt que de financer les coûts élevés de l'administration et de la prestation de services publics. Les pays pourraient réorienter la majorité, sinon la totalité, des ressources prélevées auprès des entreprises vers un fonds géré par le secteur privé lui-même. Le Brésil et la Malaisie adoptent cette approche, leur permettant de mieux adapter la formation aux besoins du marché.

Plus important encore, le financement public des établissements d'EFTP en Afrique subsaharienne doit être lié plus étroitement aux résultats ou, tout au moins, aux efforts de réforme. La plupart du financement dans cette partie du monde se fait sur la base de l'ancienneté, des moyens ou des inscriptions, ce qui incite peu les prestataires à offrir des services de qualité ou à innover. Il existe quelques exemples de rémunération en fonction de la performance dans l'enseignement supérieur, comme au Mali et dans les centres d'excellence de la région. Le chapitre 4 examine ces modèles et d'autres modèles possibles pour passer progressivement à un système de financement récompensant les efforts de réforme et les résultats, qui pourrait s'appliquer à la fois aux universités et à l'EFTP. Le principal défi consiste à définir des indicateurs quantifiables et transparents et à recueillir les données nécessaires pour les mesurer. Il existe également un risque « d'écrémage », c'est-à-dire que les prestataires de services peuvent être incités à exclure les personnes difficiles à former ou à embaucher. Pour contrer ce risque, les contrats peuvent prévoir des primes pour les groupes prioritaires, comme dans les centres d'excellence ou le Fonds pour l'emploi au Népal (ADB, 2014). Une alternative ou un complément à l'établissement d'un lien entre le déboursement des fonds et la performance pourrait être l'utilisation d'un système de bons permettant aux individus de choisir et de payer directement les prestataires de formation (qu'ils soient publics ou privés)[22]. Ces réformes devraient s'accompagner d'une amélioration de la gestion et de la supervision financières, comme en témoignent les résultats de SABER et l'absence d'informations transparentes sur le financement.

Les systèmes de financement inadéquats, conjugués à la faiblesse des mécanismes de responsabilisation, font qu'il est difficile d'établir des mesures incitatives pour les organismes de réglementation, les prestataires de services, les élèves et les employeurs sur la base des résultats. Le manque de clarté des modalités de gouvernance de l'EFTP entrave l'autonomie des prestataires publics d'EFTP et l'obligation de rendre compte des résultats. Même si de nombreux pays ont créé des organes nationaux semi-autonomes de direction de l'EFTP, la tendance est au contrôle de leurs activités sans la participation adéquate d'autres acteurs clés tels que les entreprises privées et les prestataires non étatiques d'EFTP. Par ailleurs, la séparation de la réglementation et de l'offre d'EFTP reste faible dans de nombreux pays (Billetoft, 2016). Les réformes visant à rapprocher davantage le financement public de la performance ou des réformes devraient être complétées par une plus grande autonomie au niveau institutionnel pour gérer les politiques de réduction des dépenses et de ressources humaines ainsi que pour sélectionner les élèves, renforcer les mesures incitatives et habiliter les prestataires à répondre aux besoins du marché du travail local. Cette approche peut être particulièrement utile dans les grands pays et lorsqu'elle s'accompagne d'une capacité de gestion renforcée au niveau institutionnel (UNESCO, 2013). En outre, le secteur public devrait jouer un rôle dans la diffusion des indicateurs de performance afin que les élèves et les décideurs puissent agir et mettre de l'ordre dans le marché de l'EFTP.

Favoriser la pertinence économique et les liens avec les besoins du marché

Le manque de pertinence de l'EFTP en Afrique subsaharienne et sa tendance à être axé sur l'offre sont problématiques. La grande hétérogénéité du rendement de l'EFTP, surtout au sein d'un même domaine d'études donné, et le fait que le rendement peut être négatif pour de nombreux élèves (en particulier par rapport à une filière générale) sont révélateurs à cet égard. Les preuves empiriques de problèmes de qualité et de pertinence ne manquent pas (Anarfi et Appiah, 2012). Même par rapport aux normes définies dans le système, la qualité semble insuffisante : au Burkina Faso, moins de 40 % des élèves de l'EFTP réussissent l'examen final (Banque mondiale, 2017b) ; en Ouganda, le taux de réussite moyen aux examens d'EFTP est compris entre 50 et 65 % (Johanson et Okema, 2011). Les taux de réussite aux examens ne sont ni diffusés ni publiés par les établissements de formation, et ni les établissements ni les enseignants ne sont tenus responsables des résultats.

Les problèmes de qualité résultent de l'écart entre l'EFTP et les besoins du marché du travail. De nombreux élèves, même avant d'entrer dans l'EFTP, n'ont pas les compétences de base nécessaires pour poursuivre leur apprentissage. Par ailleurs, le système ne répond pas bien aux besoins du secteur informel ni à ceux des secteurs moteurs indispensables à la transformation économique. Avec l'évolution des besoins en compétences, rester pertinent exige une agilité et une flexibilité qui font souvent défaut à l'EFTP. C'est pourquoi le partenariat avec le secteur privé sera essentiel pour l'avenir de l'EFTP dans la région.

Le marché du travail a besoin de travailleurs possédant de solides compétences techniques, mais aussi des compétences cognitives et socio-émotionnelles qui les aident à être prêts pour le monde du travail (chapitre 1). Toutes ces compétences sont importantes et une base solide est nécessaire pour acquérir d'autres compétences, notamment techniques. Cette base est importante pour l'apprentissage en cours d'emploi, mais aussi parce que de nombreux diplômés, même de l'EFTP, finiront par exercer des professions différentes de celles pour lesquelles ils ont été formés. Dans une étude de suivi en Gambie, par exemple, plus d'un cinquième des diplômés ont déclaré travailler dans des domaines différents de ceux pour lesquels ils ont été formés (Couralet, Djallo et Akinocho, 2013). Lors de visites chez des maîtres artisans en Zambie, bon nombre des principales lacunes recensées concernaient les compétences de base, en particulier le fait de ne pas savoir prendre des mesures ou lire des manuels d'entretien en anglais. De plus, les maîtres artisans ont mentionné plusieurs problèmes relevant de compétences et comportements socio-émotionnels, notamment une mauvaise hygiène, le manque de ponctualité ou la création de conflits au travail. Des preuves similaires de l'importance des compétences socio-émotionnelles dans la réalisation de tâches techniques ont été constatées au Kenya (Laajajaj et Macours, 2017) et au Ghana (Ali, Bowen et Deininger, 2017).

Pourtant, on craint que l'EFTP dans cette partie du monde n'accorde pas suffisamment d'attention aux compétences de base. Les entreprises sont plus susceptibles de former les travailleurs à des compétences techniques qu'à la lecture et à l'écriture ou à des compétences socio-émotionnelles, puisque les premières sont plus susceptibles d'être propres à l'entreprise (Almeida, Behrman et Robaino, 2012). Le secteur public a donc un rôle à jouer, que ce soit *ex ante* ou dans le cadre de cours passerelles, pour veiller à ce que les élèves acquièrent des compétences de base adéquates. La faiblesse des compétences de base est particulièrement problématique dans les systèmes d'EFTP, car en moyenne, les élèves de l'EFTP semblent avoir des compétences de base plus faibles que les élèves de l'enseignement général.

Les faiblesses des compétences de base font qu'il est essentiel de ne pas orienter prématurément les élèves dans l'EFTP, sans quoi ils risquent de se spécialiser dans un domaine technique particulier avant même d'acquérir les compétences transférables nécessaires pour entrer sur le marché du travail sur des bases solides. Le risque est particulièrement élevé en Afrique subsaharienne, étant donné le tri défavorable des élèves dans l'EFTP et les faiblesses globales du système éducatif de base. Singapour oriente certains élèves dans l'enseignement professionnel à l'âge de 13 ans, mais cette orientation a lieu après l'acquisition de solides bases (comme le montrent les résultats du pays aux examens internationaux), et les normes élevées de lecture et de mathématiques dans les écoles professionnelles sont maintenues. En Pologne, une réforme de 1999, qui a retardé d'un an l'accès à l'EFTP jusqu'au début du second cycle du secondaire, s'est avérée améliorer le développement des compétences cognitives telles que mesuré par PISA (Jakubowski *et al.*, 2011). Une réforme comparable en Norvège en 1994 a également retardé d'un an l'entrée dans l'EFTP et facilité les transferts entre l'enseignement général et l'enseignement professionnel, ce qui a entraîné la baisse des taux d'abandon dans l'EFTP et la baisse des inscriptions dans les universités pour ceux qui ont achevé leur formation générale (cité dans Kutner et Gortazar, 2014).

Comment les pays intègrent-ils les compétences de base dans l'EFTP ? Sur le plan mondial, les pays ont suivi des approches différentes, depuis l'inclusion de ces compétences en tant que matières distinctes jusqu'à leur intégration dans l'enseignement de matières théoriques ou pratiques (UNESCO, 2015). L'Université de technologie et d'éducation Hung Yen au Vietnam a adopté la première approche. Les cours comprennent des séminaires sur la gestion du temps et la capacité de hiérarchiser, et accordent aux étudiants du temps pour étudier par eux-mêmes et pour lire abondamment sur un sujet. Les écoles polytechniques malaisiennes ont adopté la seconde approche. Le module de formation industrielle sur les compétences non techniques intègre la formation technique au contexte réel dans lequel les étudiants sont censés appliquer les compétences transversales. De plus, grâce à diverses activités en classe et aux mises en situation réelle de travail, les étudiants sont exposés aux fondements théoriques des compétences transversales avant de recevoir une formation pratique. Les pays d'Afrique subsaharienne ont la possibilité de prendre l'avantage dans ce domaine avant que les systèmes d'EFTP ne se développent fortement, en visant la mise en place d'un cursus plus complet qui puisse contribuer à élargir les possibilités offertes aux diplômés de l'EFTP. Certains programmes plus modestes de la région subsaharienne vont dans ce sens, notamment Harambee en Afrique du Sud, un programme de transition qui offre une formation approfondie sur un large éventail de compétences de base et techniques afin de réintégrer les jeunes chômeurs dans le circuit de l'emploi.

Les types d'emplois pour lesquels le système forme les travailleurs sont de plus inadéquats. L'EFTP formel, en particulier public, a tendance à négliger l'économie informelle, alors que le secteur informel absorbe la majorité des travailleurs, même hors agriculture. De plus, il vise de manière disproportionnée à préparer les travailleurs à un emploi salarié, souvent dans le secteur manufacturier[23]. Toutefois, récemment, certains organismes publics d'EFTP ont intégré la formation à l'entrepreneuriat et aux compétences commerciales de base qui concernent directement le travail indépendant et la gestion des petites entreprises.

Des horaires de cours rigides qui permettent difficilement de concilier formation et travail, le manque de formation pratique et les coûts élevés rendent l'EFTP inaccessible ou non pertinent pour les effectifs qui travaillent déjà dans le secteur informel ou qui sont peu susceptibles de trouver un emploi dans le très petit secteur formel (Adams, Johansson et Razmara, 2013). Mieux intégrer les points de vue et les besoins en compétences du secteur informel dans l'EFTP public peut être un moyen de progresser, par exemple en créant des liens entre l'EFTP public et les organisations existantes du secteur privé, tant informel que formel. Plusieurs éléments de l'EFTP informel, notamment les liens avec les employeurs, l'apprentissage par la pratique et la flexibilité, peuvent contribuer aux réformes de l'EFTP formel.

Ainsi, compte tenu des besoins actuels et futurs des marchés du travail en Afrique subsaharienne, les compétences en entrepreneuriat et en gestion sont sans doute tout aussi utiles aux futurs travailleurs que les compétences techniques spécifiques à un emploi. Des programmes comme Educate! au Rwanda et en Ouganda sont une approche encourageante pour introduire l'entrepreneuriat, la préparation au travail et les méthodologies d'enseignement expérimentales appliquées dans les écoles secondaires (encadré 3.3). Au Kenya, les institutions d'EFTP sont souvent associées à des centres d'affaires qui fournissent des prestations de conseil aux chefs de petites entreprises. Les diplômés des établissements techniques sont encouragés à former des groupes professionnels réunissant divers domaines, par exemple différents métiers du bâtiment pour construire des maisons. Une fois que les groupes organisés sont formés

---

ENCADRÉ 3.3

Educate! : intégrer l'entrepreneuriat dans les salles de classe

Educate! est une organisation non gouvernementale qui offre aux élèves une formation en leadership, en entrepreneuriat et en préparation de la main-d'œuvre, ainsi qu'un mentorat pour démarrer de véritables entreprises à l'école. Le programme fait appel aux membres de la communauté pour enseigner l'entrepreneuriat aux côtés d'enseignants formés dans les écoles, en s'appuyant sur des entrepreneurs et des employés d'entreprises locales. Educate! a débuté en Ouganda en 2009, dans 24 écoles de quatre districts. En 2012, après une étroite collaboration avec Educate!, le ministère de l'Éducation ougandais a intégré cette approche efficace dans sa politique nationale en déployant un cursus axé sur les compétences pour les écoles secondaires sur le thème de l'entrepreneuriat. Aujourd'hui, le programme touche 12 % des écoles secondaires ougandaises. En 2015, le programme s'est étendu au Rwanda ; d'ici 2024, il devrait toucher directement un million d'élèves chaque année en Afrique.

Educate! consacre entre 12 et 13 % de son budget au suivi et à l'évaluation et a créé son propre outil pour mesurer le leadership, la créativité, l'auto-efficacité et le comportement d'épargne. Les données sont recueillies en temps réel, permettant à Educate! de surveiller les résultats et d'apporter les changements nécessaires dans toutes les écoles. Ce suivi rapide du programme aide à maintenir le contrôle de la qualité. Educate! a également créé des associations d'enseignants pour leur fournir une formation continue pratique afin de développer des compétences pédagogiques interactives de base et, en fin de compte, d'être mieux placés pour adopter efficacement les réformes éducatives nationales.

Les résultats intermédiaires des essais contrôlés randomisés indiquent que les élèves du secondaire qui participent à Educate! ont des revenus qui doublent après l'obtention de leur diplôme d'études secondaires, sont 64 % plus susceptibles de monter leur entreprise et 123 % plus susceptibles de lancer un projet communautaire.

Sources : http://www.experienceeducate.org/p; Robinson, Winthrop et McGivny, 2016.

et enregistrés, ils peuvent s'adresser à des organismes de crédit pour financer leurs entreprises.

Les résultats de l'EFTP en matière d'offre de compétences aux secteurs moteurs avant l'emploi soulèvent des problèmes supplémentaires et suggèrent le besoin d'une approche plus spécialisée et plus ciblée. Les réformes de l'ensemble du système d'EFTP prennent du temps pour produire des résultats et atténuer le déficit de compétences auquel sont confrontés les entreprises ou les secteurs en expansion[24]. Plusieurs pays qui ont réussi à intégrer le développement des compétences dans l'ordre du jour économique plus général, en particulier en Asie orientale, ont commencé par créer de nouvelles institutions ayant des liens explicites avec l'industrie ou même des centres ou programmes de formation *ad hoc* liés aux besoins spécifiques des employeurs. Ensuite, ils ont institutionnalisé ces programmes ou institutions comme partie intégrante du système formel d'éducation et de formation (Ansu et Tan, 2012). L'idée est qu'au moment où les deux sont intégrés, une collaboration étroite avec le secteur privé a été solidement ancrée dans le système. L'expérience de la Malaisie et de Singapour illustre cette approche (encadré 3.4).

Ces défis sont difficiles à résoudre dans des contextes de ressources et de capacités limitées et de nombreuses contraintes concurrentes, d'où la nécessité de repenser le rôle du secteur public et de faire participer plus activement le secteur privé à l'EFTP. L'EFTP public tend à manquer de souplesse et à être long, avec des cursus, des supports pédagogiques, des instruments et des méthodes de formation obsolètes et non adaptés aux besoins et aux opportunités du marché du travail (Billetoft, 2016). Par exemple, sur les 22 spécialités disponibles dans les programmes d'EFTP du post-secondaire au Burkina Faso, 15 sont définies par des listes de cours datant au mieux de 1997 (Banque mondiale, 2017b).

Le décalage entre l'EFTP et les besoins du marché du travail s'explique également par la piètre qualité des enseignants et de la formation dans l'EFTP et par la technologie obsolète que beaucoup utilisent. Dans de nombreux pays d'Afrique subsaharienne, les salaires des enseignants représentent généralement entre 80 et 90 % des coûts de l'EFTP, soit nettement plus que dans les pays à revenu intermédiaire supérieur et à revenu élevé hors Afrique subsaharienne (Billetoft, 2016). Peu de ressources sont disponibles pour d'autres postes de dépense, y compris la formation des enseignants, l'équipement et les installations. Comme dans l'enseignement général, les faiblesses du corps enseignant sont considérées comme la principale raison de la mauvaise qualité du système. La formation des enseignants de l'EFTP est principalement dispensée dans les universités, à quelques exceptions près, comme l'Institut de formation professionnelle des enseignants en Tanzanie et les écoles normales pour enseignants de l'enseignement technique au Cameroun. La formation continue fait également défaut[25]. Relativement peu d'enseignants des établissements publics ont

Associer le secteur privé au développement des compétences pour les secteurs moteurs : l'expérience de Singapour

À Singapour, depuis les années 1960, la priorité a été d'aligner le développement des compétences sur la stratégie de développement industriel du pays, à savoir attirer les investissements étrangers directs dans le pays. Cependant, les efforts initiaux, qui reposaient sur des ateliers de formation-production organisés par le secteur public en parallèle avec le système scolaire, ont échoué. Il en a été de même pour les efforts fondés sur des programmes de reconversion des travailleurs. Le gouvernement a ensuite changé de stratégie, convaincu que la formation nécessaire ne pouvait être dispensée dans les établissements d'enseignement technique ordinaires. Les programmes offerts étaient considérés comme des options de réorientation pour les élèves en échec scolaire et ils ne produisaient pas assez rapidement des travailleurs pour attirer des entreprises étrangères.

La nouvelle stratégie, et d'ailleurs celle qui a fait ses preuves, consistait à faire équipe avec des partenaires industriels internationaux de premier plan dotés de systèmes de formation éprouvés, à apprendre le métier de la formation grâce à eux et à se former à leurs besoins. Le premier accord a été conclu avec le groupe Tata (la plus grande société d'ingénierie indienne à cette époque). Le gouvernement a fourni le terrain et les bâtiments pour le centre de formation, contribué aux coûts de fonctionnement à hauteur de 70 % et payé les indemnités des stagiaires (qui ont tous signé un engagement envers l'organisme de formation ou toute autre entreprise selon les instructions du gouvernement pendant une période de cinq ans). Le centre de formation a formé deux fois plus de personnes que Tata n'en avait besoin. Tata a embauché les meilleurs diplômés, tandis que les autres ont servi à attirer d'autres entreprises d'ingénierie à Singapour. En somme, la stratégie consistait à constituer un réservoir de compétences pour faire croître toute une industrie plutôt que de répondre aux besoins d'une seule entreprise.

Avec le temps, le gouvernement a obtenu l'engagement des principales entreprises étrangères à participer à des programmes de formation conjoints. Cette stratégie a permis d'éviter la prolifération de nouvelles institutions, chacune liée à une entreprise spécifique, et a introduit l'idée de mettre en commun les ressources de formation pour servir les entreprises d'un groupement industriel. La nouvelle approche contenait des éléments clés pour donner à Singapour les moyens d'acquérir les compétences avancées nécessaires à la croissance de ses nouvelles industries à forte intensité technologique : détachement d'experts à Singapour, formation de conférenciers locaux et de personnel technique sur les sites étrangers des entreprises participantes, aide à l'élaboration des cursus et des programmes, don ou prêt d'équipement, engagement à moderniser les équipements et logiciels, et engagement des entreprises participantes à rester dans le système pendant au moins trois ans. Ce n'est que dans les années 1990 que ces centres ont été intégrés dans le système formel d'éducation et de formation.

Source : adapté de Ansu et Tan, 2012.

une expérience industrielle, en partie à cause de l'obligation de détenir un certificat d'enseignement (Johanson et Okema, 2011). L'amélioration du corps enseignant peut d'abord passer par des programmes stratégiques, en permettant le recrutement local de personnes possédant des compétences (mais sans certificat d'enseignement) et en offrant plus de possibilités de stages aux instructeurs. Les pays pourraient étudier des possibilités de jumelage avec des entreprises privées et d'autres pays pour améliorer les compétences des enseignants d'EFTP. Ce soutien supplémentaire pourrait être combiné à des mesures incitatives de performance plus intéressantes, notamment la publication des résultats d'examen.

Le manque d'équipement approprié est frappant. Par exemple, des mécaniciens de véhicules automobiles apprennent sans véhicule et des assistants de santé sont formés sans laboratoire (Johanson et Okema, 2011 ; Ngome, 2003). Au Burkina Faso, les équipements datent souvent du début des années 1960 et les pièces de rechange ne sont plus fabriquées. Au lieu de cela, les pièces sont fabriquées par des étudiants, ce qui leur permet d'acquérir une expérience pratique (Banque mondiale, 2017b). L'exploration de partenariats partiels avec le secteur privé et le partage d'équipement entre les institutions (en particulier dans les matières qui nécessitent des investissements importants en capital ou qui ont de petites classes) peuvent être explorés.

Le rôle accru du secteur privé dans l'offre d'EFTP peut contribuer à améliorer la qualité. S'inspirant des cas du Mali et du Sénégal, Johanson et Adams (2004) soutiennent que les instituts de formation privés sont en effet plus flexibles, mieux à même de s'adapter, plus innovants et plus en phase avec le marché du travail lorsqu'ils ont les bonnes mesures incitatives[26]. En Turquie, par exemple, une évaluation rigoureuse des programmes d'EFTP n'a montré des effets positifs sur les résultats des stagiaires en matière d'emploi que lorsque la formation était assurée par le secteur privé sur la base de contrats de performance, comprenant des clauses pour éviter l'écrémage (Hirshleifer *et al.*, 2014). De même, au Kenya, les prestataires privés étaient plus susceptibles d'aider les élèves à chercher un emploi, utilisaient un équipement de formation plus moderne et étaient plus susceptibles d'incorporer des apprentissages où les élèves pouvaient interagir régulièrement avec les clients et travailler sur des projets réels (Hicks *et al.*, 2011).

Ainsi, pour obtenir un EFTP pertinent il faut des évaluations crédibles des demandes de compétences, des contacts constants avec les employeurs au niveau local et des mesures incitatives pour que les employeurs soutiennent le développement des compétences. Cette tâche n'est pas simple et il n'est pas surprenant que les pays de la région subsaharienne obtiennent les résultats les plus faibles aux évaluations du SABER, reflétant une approche axée sur l'offre pour le développement de la main-d'œuvre. Les employeurs et l'industrie ont un rôle et une influence limités dans l'élaboration et la mise en œuvre des programmes d'EFTP dans la région, y compris les informations concernant les besoins en compétences, les normes spécifiques des établissements de formation, la conception des programmes et le placement des étudiants dans des apprentissages pour une expérience en cours d'emploi (Johanson et Okema, 2011 ; Banque mondiale, 2017b ; Zimmermann *et al.*, 2013). Lorsque le secteur privé est présent, il n'est souvent qu'en minorité au sein des conseils d'administration des établissements d'assurance de la qualité ou participent *ad hoc* aux discussions générales sur l'EFTP.

Une approche plus volontariste peut être payante. En Tanzanie, le secteur privé joue un rôle consultatif dans l'EFTP par le biais du Tanzania National Business Council et de l'Association of Tanzania Employers (Banque mondiale, 2015 c). L'encadré 3.5 décrit d'autres approches encourageantes en Afrique subsaharienne. La participation du secteur privé peut produire des résultats positifs. Au milieu des années 2000, le Mozambique s'est lancé dans une réforme globale de son système d'EFTP, visant à le rendre plus souple et plus axé sur la demande. Les éléments clés de la réforme comprenaient des normes et des

---

ENCADRÉ 3.5

Mobiliser le secteur privé en Afrique subsaharienne pour le développement des compétences dans l'EFTP

Dans la région, plusieurs partenariats public-privé de l'EFTP sont en cours. Un exemple en est le Ghana Industrial Skills Development Center (Centre de développement des compétences industrielles du Ghana - GISDC), lancé en 2005 pour offrir une formation en génie mécanique, génie électrique et génie des procédés. Cette initiative a vu le jour lorsque TexStyles Ghana Limited, une filiale locale de la société internationale Vlisco Helmond B.V., a constaté que d'autres usines partageaient son problème de ne pas être en mesure de trouver et de garder des employés capables de réparer leurs machines. En conséquence, les usines devaient souvent faire appel à des dépanneurs venant de l'étranger. Pour surmonter ce problème, les gouvernements du Ghana et des Pays-Bas se sont unis à l'Association of Ghana Industries pour créer le GISDC en 2005. Le GISDC est maintenant opérationnel et présente une structure de gouvernance qui inclut des représentants de l'industrie dans son conseil de décision et une liste impressionnante d'entreprises parmi ses partenaires.

L'école technique supérieure de Middelburg, en Afrique du Sud, a noué des partenariats réussis avec des entreprises qui investissent massivement dans l'école, offrent une formation après les heures de cours et sont disposées à embaucher les apprenants. Par exemple, l'entreprise Toyota Motor Company fournit des équipements pour la formation des mécaniciens de véhicules automobiles, a mis au point un cours de formation modulaire pour les apprenants intéressés et désigne des enseignants pour assurer la formation en dehors des heures de cours. Les apprenants paient des frais

(suite page suivante)

Encadré 3.5 (suite)

supplémentaires pour la formation, et les enseignants sont payés par ces fonds. Les apprenants suivent les premiers modules de la série et, une fois leurs études terminées, ils peuvent postuler à un emploi chez Toyota, où ils auront la possibilité de suivre les autres modules en tant que salariés. L'emploi n'est pas garanti par Toyota, mais les apprenants qui obtiennent une note supérieure ou égale à 80 % reçoivent un certificat attestant qu'ils ont terminé les modules et qui leur permet de postuler à un emploi chez n'importe quel concessionnaire Toyota dans le pays. L'école technique supérieure de Middelburg est l'une des 14 écoles d'Afrique du Sud où Toyota est impliqué de cette façon.

En Ouganda, une structure de développement des compétences récemment lancée favorisera les formations à court terme pilotées par l'employeur afin de remédier aux déséquilibres de compétences qui prévalent dans les secteurs formel et informel, en commençant par l'agriculture, la construction et le secteur manufacturier avant de s'étendre aux autres secteurs. Le projet sera mis en œuvre par le biais d'un mécanisme de subvention qui sera cofinancé par le secteur privé au moyen d'une subvention compensatoire. Les entreprises qui offrent des stages aux étudiants, en particulier dans le cadre d'études professionnelles, reçoivent une subvention de 100 pour cent.

Au Nigéria, le gouvernement a commencé à traiter la certification et l'accréditation de prestataires privés qui réunissent certains critères (y compris l'existence d'une structure de gouvernance au sein de laquelle l'industrie est représentée) pour les habiliter en tant qu'institutions d'entreprises professionnelles (ciblant des personnes ayant 9 ans de scolarité) ou d'entreprises d'innovations (ciblant des personnes ayant 12 ans de scolarité). Ces institutions offrent une formation pratique dans des domaines tels que les TIC, les télécommunications, l'ingénierie informatique, la réfrigération et la climatisation, l'hôtellerie et le tourisme.

Bon nombre de ces initiatives sont encore nouvelles et il faudra du temps pour évaluer leur succès, le cas échéant. Mais elles intègrent certaines des leçons tirées des nouveaux modèles réussis de formation : (1) cohérence avec la stratégie de développement économique du pays ; (2) établissements de formation qui, au moins pour commencer, se situent en dehors du système traditionnel d'éducation et de formation et sont donc mieux à même de réagir rapidement, avec souplesse et de manière innovante aux besoins de l'industrie ; et (3) mécanismes de gouvernance des établissements de formation qui encouragent une participation étroite de l'industrie à la définition des programmes de formation, à la fourniture de matériel et de formateurs, au financement et à l'exposition des étudiants et du personnel enseignant aux projets menés dans ce secteur comme les stages professionnels.

Sources : adapté de Ansu et Tan, 2012 ; Centre pour le développement et l'entreprise, 2012 ; Banque mondiale, 2015a.

---

qualifications approuvées par l'industrie, des points de sortie multiples et des mécanismes de consultation solides. Par rapport à une base de référence prise en 2007, une étude de suivi réalisée en 2015 a révélé que 57 % des diplômés de l'EFTP avaient trouvé un emploi ou créé leur propre emploi en six mois dans un domaine lié à leur formation (en 2007, le délai moyen pour obtenir un emploi était de 204 jours, et seulement 26 % des diplômés avaient trouvé un emploi lié à leur domaine de formation). Par ailleurs, 80 % des employeurs se sont déclarés satisfaits du système et des diplômés, contre 25 % en 2007 (gouvernement du Mozambique, 2016).

Le potentiel de partenariats bien structurés entre les secteurs public et privé dans le domaine de l'EFTP est considérable. Ces partenariats public-privé (PPP) pourraient inclure une collaboration pour concevoir les programmes d'études, une cogestion des programmes, un apprentissage mixte théorie-pratique et un cofinancement des programmes de formation et de perfectionnement des compétences. Les investisseurs étrangers cherchant à investir dans les pays d'Afrique subsaharienne, par exemple, ont parfois mis en place leur propre prise en charge en EFTP avant d'embaucher. Par exemple, Cisco et Microsoft offrent des formations au Kenya, au Nigéria et en Afrique du Sud. Parfois, les partenariats peuvent se faire avec des entreprises à l'étranger[27]. Une approche encourageante est adoptée par des initiatives récentes qui forment les jeunes aux compétences techniques liées aux TIC, en particulier le codage[28].

L'expérience de l'Afrique subsaharienne et d'autres régions du monde suggère que le succès des PPP dans l'EFTP exige des gouvernements bien placés pour tirer parti des partenariats à moyen et long terme (Billetoft, 2016). Le modèle typique est celui d'une multinationale qui loue un centre de formation, le modernise pour qu'il réponde à ses propres besoins et à son propre cahier des charges, et y intègre ses propres cadres et enseignants. À l'expiration du contrat, le centre est restitué à son propriétaire et la direction externe et le personnel enseignant sont remerciés. Cette façon de pratiquer les PPP a un effet durable limité sur la qualité et la pertinence de l'offre publique d'EFTP.

Au-delà de la formation et des cursus, le secteur privé est un partenaire essentiel pour accroître l'exposition des étudiants de l'EFTP à la formation en cours d'emploi, que ce soit dans le secteur formel ou informel[29]. Cette formation pratique est essentielle à l'EFTP. Au Ghana, la majorité des nouvelles personnes recrutées dans les moyennes et grandes industries commencent leur emploi comme apprentis et sont généralement embauchées pour un à deux ans de réadaptation professionnelle (Darvas et Palmer, 2014). L'Annexe 3A met en lumière les systèmes d'apprentissage formel dans la région. La formation par un apprentissage formel, dispensée par des entreprises du secteur formel, basée sur des contrats d'apprentissage et réglementée par des lois sur l'apprentissage ou l'EFTP, n'est pas rare en Afrique, mais l'apprentissage formel est beaucoup moins fréquent que l'apprentissage informel (chapitre 5). Étant donné l'importance de la formation pratique dans l'EFTP, les apprentissages ont un rôle important à jouer à mesure que les systèmes d'EFTP sont réformés, et d'importantes leçons tirées dans le monde entier sur les principes clés qui sont à la base des succès (encadré 3.6).

ENCADRÉ 3.6

Qu'est-ce qui définit un apprentissage de haute qualité ?

Il existe dans le monde entier un large éventail de programmes qui peuvent être qualifiés de programmes d'apprentissage, allant de l'apprentissage informel, fréquent en Afrique subsaharienne (voir chapitre 5) et en Asie du Sud, aux programmes officiels bien structurés des pays dits d'apprentissage (Autriche, Allemagne et Suisse). Les programmes plus structurés prévoient a) un contrat ou une entente entre l'employeur et l'apprenti, b) un plan de formation structuré, c) une formation continue pour les salariés ainsi que pour les demandeurs d'emploi et d) une évaluation et une certification reconnue par l'industrie des compétences ou qualifications acquises.

Des systèmes d'apprentissage bien conçus peuvent favoriser l'acquisition de compétences, faciliter la transition de l'école au travail et améliorer les possibilités d'embauche. Pourtant, leur efficacité dépend de trois piliers : assurer l'accès à des programmes de haute qualité (couverture), rendre les programmes d'apprentissage intéressants pour les jeunes et les rendre attrayants pour les employeurs.

Récemment, la Banque interaméricaine de développement (Fazio, Fernández-Coto et Ripani, 2016) a identifié 10 éléments essentiels pour les programmes d'apprentissage :

1. Alignement sur la stratégie de développement du pays
2. Niveaux adéquats d'engagement de l'employeur
3. Dispositions appropriées en matière de gouvernance aux niveaux juridique et institutionnel
4. Mécanismes de financement durables et mesures incitatives
5. Conception adéquate des programmes
6. Mise en œuvre adéquate des programmes
7. Méthodologies d'évaluation rigoureuses
8. Existence d'une certification reconnue par l'industrie, qui peut mener à une évolution de carrière
9. Services de soutien complémentaires pour les bénéficiaires du programme, y compris, sans caractère limitatif, l'intermédiation en matière d'emploi
10. Solides mécanismes d'assurance de la qualité pour les programmes de formation en général.

(suite page suivante)

Encadré 3.6 (suite)

L'Autriche et l'Allemagne ont adopté de bonnes pratiques dans la mise en œuvre de la plupart des éléments de base, en particulier des éléments 1 à 8, mais de nombreux autres pays, même des pays à revenu faible ou intermédiaire comme l'Inde, fournissent également de bons exemples qui pourraient aider les pays d'Afrique subsaharienne à améliorer leurs systèmes d'apprentissage.

En ce qui concerne le premier élément, les pays dotés d'un système d'apprentissage durable et efficace ont élaboré et développé des stratégies d'apprentissage qui s'inscrivent dans des stratégies plus larges d'élaboration de politiques économiques et sociales. La Politique nationale indienne de 2015 pour le développement des compétences et de l'entrepreneuriat est un bon exemple de la façon dont les gouvernements peuvent collaborer avec les employeurs pour étendre les programmes d'apprentissage au secteur des services.

Progressivement, des pays ayant différents niveaux de tradition et de participation des employeurs aux programmes d'apprentissage ont mis l'accent sur l'engagement des employeurs (deuxième élément) comme étant essentiel pour le développement, la durabilité et la croissance des programmes d'apprentissage. L'Inde, par exemple, fait également un bon travail pour favoriser l'engagement des employeurs, en particulier des petites et moyennes entreprises, en faisant appel à des organismes de formation de groupe (d'abord lancés avec succès en Australie) qui emploient des apprentis et des stagiaires et les placent chez des employeurs.

Trouver les mécanismes appropriés pour gérer et coordonner les activités des acteurs clés (troisième élément) est crucial dans la mise en œuvre de l'apprentissage. Les bonnes pratiques en matière d'apprentissage consistent à définir précisément le rôle des principaux acteurs ainsi qu'un cadre juridique qui établit les droits et les responsabilités, y compris la manière dont les apprentis sont payés, catégorisés et traités pendant le processus de formation.

Les bonnes pratiques des programmes d'apprentissage comprennent également une stratégie de financement qui permet le partage des coûts entre le gouvernement, les employeurs et les apprentis (quatrième élément). La structure de cofinancement joue un rôle important dans la création d'un ensemble équilibré de mesures incitant à la participation des apprentis et des employeurs. Les mesures incitatives à l'intention des employeurs peuvent inclure le partage des coûts, une prime lorsque l'employeur signe un contrat d'engagement à embaucher et former des apprentis, comme au Canada, et une réduction des coûts de main-d'œuvre des apprentis, comme à Malte. Les mesures incitatives pour les apprentis peuvent comprendre la rémunération (habituellement en proportion du salaire minimum des adultes) ou l'octroi de subventions en fonction des étapes franchies et des résultats obtenus, comme au Canada, où les apprentis ont droit à une subvention du gouvernement fédéral à la fin des première et deuxième années de l'apprentissage et une autre à la fin du programme.

Tant les employeurs que les fournisseurs de formation jouent généralement un rôle central dans la détermination du contenu et du niveau du programme

(suite page suivante)

(cinquième élément). Le processus est généralement guidé par des spécialistes de la formation qui transfèrent les besoins des employeurs dans un plan de formation pour l'apprenti. La conception des programmes devrait être étroitement liée dès le départ à un système unifié d'évaluation, d'accréditation et de certification (sixième élément), comme en Australie, par exemple. Un élément essentiel de la mise en œuvre des programmes est de veiller à ce que les formateurs en entreprise et à l'école reçoivent eux-mêmes la formation nécessaire pour assurer le programme et pour transférer les connaissances et les compétences théoriques et pratiques.

Le septième élément concerne la définition et la réalisation des tests les mieux adaptés aux différents types d'aptitudes et de compétences dans lesquelles les apprentis sont formés, afin de déterminer le niveau de qualification qui mène à la certification. Il existe de nombreuses façons d'y parvenir, comme « l'approbation de l'employeur », où les employeurs fixent eux-mêmes les critères d'évaluation, comme par exemple en Angleterre, ou la « vérification externe », où est constitué un jury d'examen local comprenant un expert représentant l'employeur, un représentant syndical et un enseignant qui n'est habituellement pas l'employeur de l'apprenti, comme par exemple en Allemagne.

La reconnaissance par un certificat des compétences acquises par les apprentis (huitième élément) indique qu'ils ont acquis un certain niveau de maîtrise dans différentes professions. Cette reconnaissance est également importante pour les employeurs à la recherche de travailleurs possédant des qualifications particulières. Dans certains pays, le certificat permet également aux apprentis de poursuivre d'autres études lorsqu'il fait partie d'un cadre national de qualification (CNQ). En France, par exemple, l'apprentissage donne accès à tous les niveaux de certification par le biais de contrats successifs ou de passerelles avec l'enseignement supérieur.

Le neuvième élément essentiel est de veiller à ce que les apprentis potentiels et actuels puissent obtenir les informations et les conseils nécessaires pour prendre des décisions de carrière importantes avant, pendant et après leur apprentissage. Par exemple, en Angleterre et aux États-Unis, des programmes préparent les individus à entrer et à réussir des apprentissages homologués, et en Australie, des « centres d'apprentissage » fournissent des informations et des conseils gratuits.

Enfin, s'assurer que les programmes atteignent les normes de qualité les plus élevées est un élément essentiel de la stratégie d'apprentissage. Les mécanismes de contrôle de la qualité devraient comprendre l'évaluation régulière de la qualité de l'enseignement, des installations et de l'apprentissage, entre autres. Au Royaume-Uni, par exemple, des études évaluent les salaires et les revenus des personnes titulaires de qualifications particulières. Cette évaluation permet d'établir des comparaisons entre l'apprentissage, l'éducation formelle ou d'autres voies d'apprentissage.

Sources : Fazio, Fernández-Coto et Ripani, 2016 ; OCDE, 2014a.

Les apprentissages peuvent être très utiles tant pour les employeurs que pour les apprentis. Au Kenya, un programme mené conjointement par le gouvernement et l'Alliance du secteur privé du Kenya a fourni aux jeunes vulnérables trois mois de formation technique à l'école et trois mois de formation sur le tas dans des entreprises privées. Plus d'un an plus tard, le programme a accru l'emploi de 15 % chez les hommes ; il a aussi augmenté les salaires, surtout chez les femmes et les hommes plus âgés (Honorati, 2015). Ce programme a maintenant été étendu à l'échelle nationale et au secteur informel.

Intégrée dans des traditions et des normes culturelles, économiques et éducatives spécifiques, la formation en apprentissage formel diffère considérablement d'un pays à l'autre en termes de modèles organisationnels, de mécanismes de financement, de reconnaissance, de formalisation et de nature de la participation des employeurs. Le fait que l'apprentissage formel soit relativement peu fréquent est lié à la petite taille du secteur formel dans la majeure partie de l'Afrique subsaharienne. Les économies à revenu élevé sont plus susceptibles d'avoir des systèmes d'apprentissage réglementés, comme au Botswana, à Maurice et en Afrique du Sud. Certains pays ont mis en place des systèmes mixtes modernes, bien qu'ils demeurent de petite échelle. Au Bénin, depuis 2006, un système d'apprentissage mixte avec alternance de phases de formation théorique et pratique est en place, bien que consacré principalement aux métiers traditionnels tels que la maçonnerie, l'électricité et la plomberie. Pour une journée ayant lieu à l'école, cinq jours sont consacrés à l'apprentissage en entreprise (Zimmermann *et al.*, 2013).

Pour se développer, les apprentissages dans l'EFTP doivent couvrir le secteur informel. Le nombre d'étudiants participant à une formation d'apprentissage formelle est relativement faible. Au Kenya, le système d'apprentissage n'absorbe que 500 à 600 étudiants par an, alors que la capacité d'accueil totale est d'environ 90 000 étudiants. Au Malawi, le nombre de candidats est environ huit fois plus élevé que le nombre de jeunes acceptés en apprentissage. Pour que la formation pratique puisse se développer dans le cadre de l'EFTP formel, les établissements devront rechercher des possibilités dans le secteur informel.

Les employeurs doivent également s'impliquer davantage dans la conception et l'assurance de la qualité des apprentissages. Pourtant, dans la plupart des pays d'Afrique subsaharienne, la participation des employeurs reste faible, ce qui réduit l'attrait et la crédibilité des systèmes auprès des employeurs. Une exception possible est l'Afrique du Sud, où les employeurs, conjointement avec les syndicats et les autorités chargées de l'éducation et de la formation, sont responsables des apprentissages. L'expérience internationale montre que les incitations financières, notamment les subventions et les allégements fiscaux, ne sont pas suffisantes pour convaincre les employeurs à mettre en place un apprentissage en entreprise. L'attention devrait plutôt se concentrer sur les mesures non financières qui améliorent l'équilibre coûts-avantages de l'apprentissage pour les employeurs. Ces mesures peuvent consister à adapter les principaux paramètres des programmes d'apprentissage, à mieux préparer les jeunes à risque à l'apprentissage et à assurer un soutien (par exemple, cours de rattrapage, mentorat) pendant l'apprentissage (Kis, 2016).

Le secteur privé jouant un rôle plus actif dans l'offre de formation, la fonction du secteur public se concentre davantage sur l'assurance de la qualité. Un système efficace de normes et d'accréditation permet de reconnaître ce qui a été appris. Il implique de mettre en place des critères d'évaluation des compétences, des tests et certifications crédibles des savoir-faire et des critères d'accréditation applicables (Banque mondiale, 2013). Cette fonction d'assurance de la qualité est à la fois essentielle et complexe. En Ouganda, par exemple, de nombreux prestataires privés opèrent sans reconnaissance gouvernementale, en partie parce qu'ils retirent peu d'avantages à être enregistrés auprès de l'État et que le processus de reconnaissance est difficile. Par conséquent, on estime que seul un quart des fournisseurs de formation privés sont officiellement enregistrés (Johanson et Okema, 2011).

Toutefois, il est important d'agir progressivement et d'éviter de surinvestir dans des cadres nationaux de qualification (CNQ) et des systèmes de certification complexes. Malgré l'importance de l'assurance de la qualité, les pays de la région subsaharienne risquent de trop investir dans de tels CNQ. Au moins 140 pays ont mis en œuvre des CNQ (Keevy et Chakroun, 2015). Ces cadres ne garantissent pas la qualité de l'éducation proprement dite (Blackmur, 2015). Young et allias (2013) font appel à des études de cas (notamment au Botswana, à Maurice et en Afrique du Sud) pour analyser les impacts des CNQ. Bien qu'il soit probablement trop tôt pour évaluer l'impact de nombreux CNQ, des preuves qualitatives indiquent que les cadres de certification peuvent contribuer à améliorer la compréhension des systèmes éducatifs et leur promotion, et peuvent accroître la participation du secteur privé (au moins au début), à moins que la complexité, la bureaucratie ou les coûts ne découragent la participation des employeurs. Il existe également un risque de sur-spécialisation et de qualifications superflues. Les CNQ sont considérés comme un outil potentiel permettant la reconnaissance des compétences et de l'apprentissage (y compris de l'apprentissage informel), mais pas s'il n'y a pas d'incitation à les utiliser ou la confiance pour soutenir cette reconnaissance. Certains des problèmes découlent du fait que ces cadres peuvent devenir trop complexes, surtout dans des contextes fortement informels où de nombreux prestataires de formation ne sont pas réglementés ; ils ne sont pas nécessairement aussi rentables que dans des environnements plus formels et plus avancés. Les CNQ complexes comme en Afrique du Sud et en Tanzanie, par exemple, ont tendance à surcharger la capacité du système d'administration de l'EFTP (Billetoft, 2016).

Les CNQ ne sont pas une condition préalable à un système d'EFTP solide, et il est important d'agir progressivement. L'Allemagne, réputée pour la solidité de son système d'enseignement technique et professionnel, n'a mis en place un CNQ qu'en 2013 (Banque mondiale, 2015f). Une approche plus progressive nécessite un équilibre entre l'établissement de normes pertinentes et la reconnaissance de l'apprentissage, d'une part, et la complexité et les coûts, d'autre part. Des cadres plus simples sont mis en place d'abord dans certains secteurs (où la certification est la plus pertinente) et accréditent en premier lieu les établissements et, ensuite seulement, les programmes spécifiques. Des cadres plus avancés facilitent les interactions entre les parties prenantes, renforcent l'assurance de la qualité, valorisent l'apprentissage acquis en dehors du système d'éducation et de formation formel, et rendent les systèmes nationaux de certification plus transparents pour la communauté internationale (Coles *et al.*, 2014).

En outre, l'accréditation n'aura qu'une valeur limitée si les systèmes d'EFTP sont tenus à l'écart du secteur privé et si les structures institutionnelles et de gouvernance sont de nature à affaiblir plutôt que renforcer les mesures incitant à assurer un EFTP de qualité. Une façon importante de gérer les coûts et d'assurer la pertinence des critères de qualité est de collaborer avec des associations d'entreprises au cours de ce processus, que ce soit dans le secteur formel ou, de manière plus essentielle, dans le secteur informel. Si les prestataires de services ne voient aucun avantage à être accrédités, en particulier dans le secteur informel, il n'y a pas grand-chose à retirer de l'accréditation. Il est également peu probable que l'accréditation des programmes et des institutions ou des cadres nationaux de qualification procure des avantages appréciables si les employeurs n'ont pas confiance dans la qualité des compétences acquises ou dans les établissements qui effectuent l'assurance de la qualité. Chez les travailleurs indépendants, l'accréditation et les critères de qualité n'auront qu'un rôle limité s'ils ne constituent pas un signe clair de qualité qui ne génère pas de valeur ajoutée et ne garantit pas des produits et services de meilleure qualité.

Réformer l'EFTP : produire des données, établir des priorités et renforcer les liens avec les besoins en compétences du marché

Malgré le potentiel de l'EFTP à favoriser la transformation économique, à améliorer la transition école-travail des jeunes et à doter les diplômés de compétences pratiques, les politiques d'EFTP dans la plupart des pays africains ne sont pas fondées sur des données et les systèmes restent fragmentés et inadaptés aux besoins du marché du travail. Les demandes et les attentes à l'égard de l'EFTP en tant que solution au défi de l'emploi des jeunes dans la région sont sans aucun doute trop élevées et irréalistes. Ce phénomène s'explique à la fois parce que les compétences ne sont qu'une des nombreuses contraintes possibles à l'emploi productif et parce qu'il est difficile de mettre en place un bon EFTP. Toutefois, même par rapport à des objectifs plus modestes, il est admis que si l'EFTP doit jouer un rôle plus important, il faut non seulement davantage de ressources, mais aussi des réformes importantes. Les faiblesses en matière de pertinence, d'égalité des chances et d'efficacité sont liées au fait que les systèmes actuels d'EFTP sont :

1. *Non fondés sur des données*, ce qui influe sur la qualité des décisions, qu'il s'agisse des décisions des élèves, des entreprises, des prestataires de formation ou des décideurs

2. *Fragmentés*, étant donné que le rôle du secteur public dans l'EFTP reste divisé entre la réglementation, la fourniture, le financement et la répartition des ressources (capacités financières et institutionnelles) et ne se concentre pas sur les fonctions clés nécessaires au développement d'un marché pertinent pour la formation

3. *Inadaptés* aux besoins du marché, dépourvus de liens avec les institutions et le secteur privés et avec les mécanismes de responsabilisation qui créent des mesures incitatives favorisant la pertinence et la qualité.

Renforcer la base de données

Tout d'abord, les gouvernements africains doivent faire un effort délibéré et généralisé pour améliorer les informations générées et diffusées dans le cadre du système de l'EFTP. En Gambie, par exemple, près d'un tiers des diplômés de l'EFTP déclarent ne pas avoir reçu de conseils d'orientation avant de commencer, et 40 % des établissements d'EFTP ne disposent pas de service d'orientation ou d'assistance (Couralet, Djallo, et Akinocho, 2013). Les informations concernant les débouchés sur le marché du travail de l'ensemble des métiers, programmes et établissements peuvent aider les étudiants à prendre de meilleures décisions et à mieux aligner leurs choix sur les besoins du marché du travail ; elles peuvent également être importantes pour faire dépendre le financement des résultats. Au Kenya, Hicks *et al.* (2011, 2015) montrent que des informations plus précises sur les revenus des différents métiers conduisent à une réorientation vers des filières d'études d'EFTP à revenus plus élevés, en particulier chez les femmes. Il est essentiel d'améliorer la production et l'accès aux informations compte tenu de la grande disparité des résultats de l'EFTP.

Les études de suivi et les systèmes d'information sur le marché du travail peuvent être des outils utiles à cet égard. Comme dans le cas des universités, des études de suivi *ad hoc* de l'EFTP ont été réalisées, mais aucun effort systématique n'a été entrepris. Cela a été le cas en Gambie, par exemple (Couralet, Djallo et Akinocho, 2013). Le chapitre 4 examine des approches possibles et rentables concernant les études de suivi et les systèmes d'information sur le marché du travail dans la région subsaharienne, notamment la possibilité d'utiliser les technologies numériques, en particulier la téléphonie mobile, de manière créative.

Le système manque également d'informations sur le statut et les pratiques des prestataires de services d'EFTP. Il existe très peu d'informations systématiques que les décideurs et les prestataires eux-mêmes peuvent consulter pour établir leur positionnement (installations, équipement, financement, pratiques de formation, pratiques de gestion). Parmi les outils possibles figurent une évaluation institutionnelle récemment appliquée au Kenya ou des évaluations à l'échelle du système telles que SABER (tableau 3.3). Ces outils peuvent guider les efforts de réforme, mesurer les progrès accomplis et être potentiellement utiles pour identifier les pays qui obtiennent de bons résultats, voire pour servir à un financement qui dépend de la réforme.

Dans tous ces cas, il est important de signaler clairement quelles sont les compétences requises par les employeurs pour combler les lacunes ou les inadéquations en matière de compétences. Pour ce faire, de meilleures informations sur les besoins en compétences sont nécessaires. L'approche traditionnelle, qui consiste à mener des enquêtes sectorielles auprès des employeurs et qui a souvent été suivie dans les pays à revenu élevé, n'est manifestement pas adaptée aux besoins de la plupart des secteurs en Afrique, compte tenu du niveau élevé d'informalité et de travail indépendant. Cette approche doit être complétée par des enquêtes axées sur le secteur informel ainsi que par des

Tableau 3.3 Objectifs politiques et institutionnels en matière de développement de la main-d'œuvre et d'évaluation des prestataires de formation

Dimensions fonctionnelles		Développement de la main-d'œuvre SABER		Évaluation des prestataires de formation
		Objectif politique		Objectif institutionnel
Cadre stratégique	O1	Déterminer une orientation stratégique	OI-1	Déterminer une orientation stratégique
	O2	Favoriser une approche axée sur la demande	OI-2	Développer une approche de la formation axée sur la demande
	O3	Renforcer la coordination essentielle	OI-3	Établir une relation durable avec les autorités
Surveillance du système	O4	Assurer l'efficacité et l'égalité des chances du financement	OI-4	Assurer la viabilité et l'efficacité financières et institutionnelles
	O5	Garantir des normes pertinentes et fiables	OI-5	Satisfaire les normes nationales de qualité
	O6	Diversifier les filières pour l'acquisition des compétences	OI-6	Donner aux étudiants les moyens de saisir les opportunités d'éducation et de formation
Prestation de services	O7	Favoriser la diversité et l'excellence dans l'offre de formation	OI-7	Créer une expérience d'enseignement et d'étude propice à l'apprentissage
	O8	Encourager la pertinence dans les programmes publics de formation	OI-8	Préparer les élèves au monde du travail
	O9	Améliorer la transparence des résultats au moyen de données	OI-9	Collecter et publier des données pour aider à la prise de décisions

Source : Banque mondiale, 2017a.
Note : SABER : Approche systémique pour de meilleurs résultats en matière d'éducation.

mécanismes plus réguliers et moins coûteux pour savoir comment le marché réagit, notamment des consultations informelles régulières, mais structurées, avec le secteur privé, des partenariats avec des services de recherche d'emploi et de placement dans le secteur privé, et la production et la diffusion d'informations sur les débouchés sur le marché du travail et les embauches des diplômés.

Enfin, ce programme exige également une expérimentation et un apprentissage plus systématiques. Il est difficile de ne pas faire d'erreurs en matière d'EFTP, et les pays auraient intérêt à identifier des domaines critiques qu'ils souhaitent améliorer et à mettre en place des mécanismes appropriés pour évaluer, apprendre et rectifier.

Établir des priorités

Les gouvernements de la région veulent trop en faire dans le secteur de l'EFTP; en conséquence, les ressources et les capacités sont trop dispersées. L'établissement des priorités exige que l'on s'attache à accroître la participation du secteur privé et à repenser le rôle du secteur public. Les gouvernements d'Afrique subsaharienne devraient chercher à remédier aux défaillances du marché et au manque d'égalité des chances dans l'ensemble du système et s'efforcer de garantir a) *la disponibilité opérationnelle*, en mettant l'accent sur les compétences de base; b) *les possibilités*, en garantissant l'égalité des chances et en finançant ceux qui en ont besoin et qui le méritent, et en comblant les lacunes en matière d'informations; et c) *des mesures incitatives*, en donnant au secteur privé les moyens d'être aux commandes de l'EFTP, tout en fournissant une assurance de la qualité pertinente. Les retours sur investissement dans l'EFTP pour le secteur public se situent dans ces trois domaines.

L'établissement des priorités, en particulier dans les pays qui en sont aux premiers stades de la transformation économique, exige également une double approche, avec un premier axe plus adapté aux secteurs porteurs de croissance et un second orienté sur l'EFTP destiné au secteur informel. Ce dernier sujet est abordé au chapitre 5. En ce qui concerne le premier axe, la priorité devrait être accordée aux secteurs qui sont liés en amont ou en aval à des secteurs stratégiques. Une approche plus stratégique de l'EFTP gagnerait également à exploiter les économies d'échelle associées aux centres d'excellence régionaux. Comme il est assez coûteux de tenir à jour les programmes et les supports pédagogiques correspondants, il est recommandé de limiter le nombre de spécialisations professionnelles proposées et d'éliminer progressivement les cours qui ne sont plus demandés. Pour la plupart des compétences spécialisées, le passage à l'échelle régionale de l'offre de ce type de compétences, visant à tirer parti des économies d'échelle, peut également accroître l'efficacité. Les centres d'excellence sont discutés dans le chapitre 4.

Renforcer les liens entre l'EFTP et les besoins en compétences du marché
Les systèmes d'EFTP de la région doivent passer de la préparation des apprenants à un emploi à la préparation des apprenants à une carrière. Des informations plus nombreuses et de meilleure qualité sur les prestataires de formation et sur le marché du travail ainsi qu'une participation plus forte du secteur privé dans l'EFTP peuvent contribuer à assurer la pertinence de l'EFTP au-delà de la transition prématurée école-travail. La nécessité de renforcer les compétences de base est tout aussi importante. Le meilleur moyen d'y parvenir est de consolider ces compétences dès l'enseignement primaire et d'éviter une orientation prématurée en EFTP. Les lacunes de nombreux travailleurs sur le plan des compétences trahissent la faiblesse des compétences de base, comme l'indique le programme Génération, une initiative très prometteuse de McKinsey and Company qui adopte une approche de la formation axée sur les tâches (encadré 3.7). Cette identification plus globale des lacunes en matière de compétences devrait guider l'élaboration des programmes, des normes, des évaluations, le recrutement et la formation des enseignants.

ENCADRÉ 3.7

Vers une approche de la formation axée sur la pratique : le programme Génération

Génération est un programme de formation pour les jeunes dirigé par McKinsey and Company et articulé autour de sept axes :

1. Des emplois et un contact direct avec les employeurs dès le départ
2. Un recrutement des apprenants sur la base de la motivation et de l'effort intrinsèques
3. Un « camp d'entraînement » court et intensif couvrant les compétences techniques, comportementales et mentales pertinentes
4. Un soutien au cours du processus, y compris un suivi quotidien, des retours hebdomadaires et un mentorat
5. Une communauté qui suit les diplômés jusque sur le lieu de travail
6. Un retour sur investissement pour les employeurs et les étudiants
7. Des données suivies tout au long du processus pour s'assurer que les étudiants apprennent et progressent.

La formation repose sur la pratique intensive des activités les plus importantes de la profession cible, non seulement des compétences techniques pertinentes, mais aussi des compétences relatives au comportement et à l'état d'esprit. Prenons l'exemple des

(suite page suivante)

Encadré 3.7 (suite)

infirmiers et infirmières. Les évaluateurs ont constaté qu'il est essentiel, pour améliorer la productivité dans les hôpitaux et éviter les erreurs, de s'assurer que les infirmiers et les infirmières se présentent à l'heure et qu'ils puissent consigner dans un registre ce qu'ils ont fait pour chaque patient. Toutes ces tâches (compétences) doivent être enseignées en situation de mobilité des équipes, afin de s'assurer que les apprenants sont à même de reconnaître pleinement les schémas à l'œuvre. .

Le programme a été lancé à titre expérimental dans cinq pays (l'Inde, le Kenya, le Mexique, l'Espagne et les États-Unis) et concernait au départ quatre secteurs (soins de la santé, technologie, commerce de détail et ventes, métiers spécialisés et fabrication avancée). Au Kenya, par exemple, Génération visait l'embauche de 50 000 jeunes avant 2020 et offrait cinq programmes (vente de services financiers, vente de biens de consommation, service à la clientèle dans le commerce de détail et en restauration, externalisation des processus métiers et fabrication de vêtements). Le participant type de Génération est âgé de 18 à 29 ans, possède des compétences de base en lecture, en écriture et en calcul et est soit au chômage, soit sous-employé. Le programme met l'accent sur la préparation des participants à des emplois moyennement spécialisés qui se caractérisent soit par une pénurie prononcée, soit par un taux de mobilité élevé.

Les évaluations initiales suggèrent que le programme a eu un impact positif à la fois sur les apprenants et les employeurs. Les diplômés gagnent un salaire de départ supérieur à la moyenne par rapport à leurs homologues, et 97 % d'entre eux ont un emploi. Du point de vue des employeurs, le taux de rétention est de 83 % (à titre comparatif, la moyenne de l'industrie est de 65 %), et 80 % affirment que les diplômés de Génération obtiennent de meilleurs résultats que la moyenne.

Source : https://www.generationinitiative.org/about/.

Pour que se développe un EFTP de meilleure qualité, le secteur privé doit participer de manière plus active. Cela signifie qu'il faut renforcer le rôle du secteur privé en tant que prestataire et partenaire dans l'offre de services publics, c'est-à-dire faire qu'il participe activement à l'élaboration des programmes et des cursus et à la prestation des services. Cela signifie aussi qu'il faut garantir une concurrence loyale, surtout dans le secteur public, lorsqu'il est aussi un fournisseur. Dans le même temps, il est important de consacrer des efforts conséquents au renforcement du volet apprentissage en cours d'emploi de l'EFTP en incitant les entreprises à proposer des apprentissages et en faisant du secteur informel une source essentielle d'expérience pratique et de futures embauches.

En ce qui concerne le secteur public, il faut améliorer les structures d'informations sur le marché du travail et l'EFTP pour l'ensemble du système, ainsi qu'au niveau institutionnel et au niveau des programmes. En outre, il faut adopter des mécanismes d'obligation de résultats et de financements liés à la performance.

Feuille de route pour la réforme de l'EFTP

Ce programme politique peut être résumé dans une feuille de route pour la réforme de l'EFTP, qui s'articule autour de cinq axes visant à améliorer l'accès, l'efficacité et la pertinence (encadré 3.8).

Enfin, et c'est un point essentiel, le remaniement de l'EFTP doit s'accompagner d'efforts plus larges pour améliorer l'environnement général qui détermine les avantages de l'EFTP aux niveaux national et individuel. Tout d'abord, ces

---

ENCADRÉ 3.8

Cinq éléments constitutifs de la réforme de l'EFTP en Afrique subsaharienne

1. *Les compétences de base sont essentielles tant pour des raisons d'égalité des chances que de pertinence et d'efficacité.* De nombreux élèves de l'EFTP manquent de compétences de base, en partie parce que ceux issus de familles plus aisées et ayant une meilleure propension aux études essaient d'éviter l'EFTP. Mais même au sein de l'EFTP, une attention insuffisante est accordée au renforcement de ces fondations. En conséquence, les diplômés de l'EFTP sont souvent moins aptes à s'adapter aux changements du marché du travail.

2. *L'adoption d'une double approche de l'EFTP : croissance et inclusion.* En particulier dans les pays qui en sont encore aux premiers stades de la transformation économique, la priorité est donnée aux secteurs moteurs pour lesquels le secteur privé a un fort intérêt à s'engager dans un partenariat et, d'autre part, à la prise en charge de l'EFTP pour les métiers peu qualifiés et du secteur informel (essentiellement les indépendants). Dans la plupart des pays de la région, quelques secteurs sont le moteur de la croissance économique globale et ont le potentiel de créer des emplois directement ou indirectement grâce aux chaînes de valeur. Les partenariats public-privé offrent des perspectives intéressantes dans ces secteurs. Toutefois, la majorité des jeunes de la région seront probablement employés au cours des vingt prochaines années dans des emplois peu spécialisés, souvent dans le secteur informel. La plupart des pays ont déjà un secteur de formation informel dynamique (souvent sur le lieu de travail). Au lieu d'essayer de le réglementer, la priorité devrait être accordée aux contraintes financières des stagiaires ou des apprentis et sur toute défaillance du marché dans le système (chapitre 5).

3. *Un rôle rationalisé pour le secteur public.* Dans de nombreux pays de la région, le secteur public contribue encore beaucoup à l'offre d'EFTP. Dans les filières où le secteur privé sous-investit dans l'EFTP, le secteur public peut financer son offre ;

(suite page suivante)

Encadré 3.8 (suite)

il n'est pas nécessaire qu'il assure lui-même la formation. Au contraire, il peut embaucher de manière compétitive des fournisseurs du secteur privé dans le cadre de contrats liés à la performance. Dans les secteurs où l'EFTP est déjà mis en œuvre de façon dynamique par le secteur privé, le rôle le plus important du secteur public est d'assurer la réglementation et l'assurance de la qualité, et de garantir un accès équitable.

4. *Un EFTP peu réglementé, mais comprenant des dispositifs en matière de finance-ment et de responsabilité axés sur les résultats et les réformes.* L'expérience acquise jusqu'à présent dans toute l'Afrique donne à penser que la mise en œuvre de cadres nationaux de qualification complexes est difficile et pas nécessairement rentable. Dans le cas des institutions émergentes, il est probablement préférable de commen-cer de façon moins ambitieuse. Cela signifierait passer d'une réglementation et d'un financement fondés sur les intrants (par exemple, le contenu des programmes, les enseignants, les cours offerts) à une réglementation et un financement plus axés sur les résultats et les réformes. Ces changements devraient s'accompagner de mesures incitatives favorisant l'inscription et la prise en charge des jeunes issus de milieux défavorisés.

5. *Miser clairement sur l'apprentissage, permettre l'expérimentation et l'évaluation, et. généraliser les approches qui se sont avérées efficaces.* Pour ce faire, il faut améliorer les informations et la production de données dans l'ensemble du système à l'inten-tion des apprenants, des prestataires, du secteur privé et des décideurs politiques. Comme on ne sait pas encore grand-chose sur ce qui fonctionne, pour qui, et dans quels secteurs de l'EFTP, il est important de renforcer la capacité des systèmes natio-naux et des institutions individuelles à tirer des leçons. Lier plus étroitement le finan-cement et la responsabilité aux résultats permettrait d'accorder aux prestataires d'EFTP une plus grande autonomie et favoriserait les mesures incitatives pour tester différentes approches de l'offre d'EFTP, ce qui faciliterait l'identification des approches porteuses qui répondent le mieux aux besoins locaux du marché du travail.

---

efforts incluent des réformes visant à pallier les graves défaillances des marchés du crédit et du travail ainsi que les défaillances institutionnelles qui handicapent l'environnement professionnel et donc le rendement de l'EFTP. Les réformes de l'EFTP seront également plus efficaces si elles sont accompagnées de réformes du système éducatif pour veiller à ce que tous les élèves, pas seulement les mieux nantis, terminent l'enseignement primaire avec des compétences de base solides. Enfin, les réformes doivent prendre en compte la capacité, les ressources et l'état de la transformation économique d'un pays. Si ces réformes complémentaires sont négligées, les résultats des réformes de l'EFTP seront au mieux limités, au pire négatifs.

Annexe 3A Formation formelle d'apprentissage dans certains pays d'Afrique subsaharienne

Pays ayant des systèmes d'apprentissage réglementés distincts parallèlement aux autres programmes formels d'EFTP

Pays	Cadre juridique ou politique	Responsabilités institutionnelles	Caractéristiques du programme	Lien avec le système d'EFTP formel	Certification	Dispositifs financiers	Importance relative dans le système formel d'EFTP
Botswana	Réglementation sur l'apprentissage et la formation industrielle	Centre de formation et d'évaluation Madirelo, Direction de l'apprentissage et de la formation industrielle, ministère du Travail	Programme de 4 ans, chaque année comprenant 3 mois dans un centre de formation et 9 mois de formation en entreprise; prend en charge 26 métiers	Système distinct parallèle	Certificat national d'artisanat	L'apprenti reçoit une rémunération de la part de l'employeur, le gouvernement prend en charge les frais de scolarité, les entreprises ont droit à une double déduction fiscale, mais le système n'est pas utilisé efficacement.	—
Ghana	Réglementation sur la formation d'apprentissage (1978) et loi NVTI (1970)	NVTI Département des apprentissages	Formation en alternance avec 10 à 15 % de formation en organisme professionnel	—	—	—	—
Kenya	Loi sur la formation industrielle	Administrée par l'Office national de la formation industrielle sous la tutelle du ministère du Travail	Contrat d'apprentissage formel, formation industrielle pendant le temps libre, accessible aux jeunes sur la base du mérite, seules les entreprises payantes peuvent participer.	Programme spécial au sein du système formel d'EFTP	Certificats et diplômes officiels d'EFTP (études post-secondaires)	Remboursement des allocations d'apprentissage et des frais de scolarité des établissements d'EFTP par le biais d'un fonds financé par l'impôt	Faible (500 à 600 apprentis par an contre 41 000 dans le système formel des collèges techniques postsecondaires

(suite page suivante)

Annexe 3A Formation formelle d'apprentissage dans certains pays d'Afrique subsaharienne (suite)

Pays	Cadre juridique ou politique	Responsabilités institutionnelles	Caractéristiques du programme	Lien avec le système d'EFTP formel	Certification	Dispositifs financiers	Importance relative dans le système formel d'EFTP
Maurice	—	MITD	Différents programmes : (1) la formation en alternance ; (2) la formation en interne (les entreprises doivent assurer à la fois la théorie et la pratique) ; et (3) la formation sur mesure ; la durée est normalement de 1 à 2 ans, mais peut être plus longue	—	Certificat professionnel national	Les employeurs doivent payer les allocations d'apprentissage stipulées, dont 50 % sont remboursés par le MITD	—
Afrique du Sud	Loi sur la formation de la main-d'œuvre (1981) et Loi sur le développement des compétences (2008)	Organisme national de modération pour l'artisanat sous la tutelle du Département de l'enseignement supérieur et de la formation	Programme de 2 à 4 ans, combinant apprentissage en entreprise et formation à l'école ; de 25 à 30 % sont assurés à l'école ; les apprentissages introduits en 1998 sont plus courts (maximum 1 an), modulaires, et peuvent compter différents employeurs	Le système d'apprentissage est un système de formation technique établi ; les apprentissages de type « apprenticeship » et « learnership » sont 2 des 4 voies officielles d'accès à la qualification professionnelle	Qualification professionnelle, réglementée par le Quality Council for Trades and Occupations	Les employeurs peuvent demander des subventions d'apprentissage, qui sont financées par la taxe sur la formation ; les employeurs sont également éligibles à une déduction fiscale	Après une forte baisse en 2000, l'apprentissage de type « apprenticeship » reprend de l'importance. En 2012, le système comptait plus de 24 000 inscrits ; c'est encore plus pour les apprentissages sous forme « learnership »

(suite page suivante)

Annexe 3A Formation formelle d'apprentissage dans certains pays d'Afrique subsaharienne (suite)

Pays	Cadre juridique ou politique	Responsabilités institutionnelles	Caractéristiques du programme	Lien avec le système d'EFTP formel	Certification	Dispositifs financiers	Importance relative dans le système formel d'EFTP
Zimbabwe	Loi sur la planification et le développement de la main-d'œuvre (1994, 1996)	Ministère de l'Enseignement post-secondaire et supérieur	Formel, programmes post-secondaires (4 ans, dont 1 an en institut universitaire)	Orientation possible en EFTP après le secondaire	Qualification professionnelle des compagnons	Coûts de formation des entreprises subventionnés par le Fonds de développement de la main-d'œuvre financé par les taxes	—
Pays où la formation d'apprentissage est assurée par le système formel courant d'EFPT							
Éthiopie	Politique nationale d'EFPT de 2008	Autorité nationale de l'EFPT	Formation étendue en industrie : tous les apprenants de l'EFPT doivent passer 70 % de leur formation en entreprise, pas de contrats d'apprentissage	Mode de mise en œuvre par défaut de l'EFPT formel	Certificats formels de l'EFPT	Pas de dispositif particulier	Mode de mise en œuvre le plus courant : système EFPT formel ; cependant, pas toujours appliqué
Malawi	Politique nationale sur le TEVET, Loi sur le TEVET	Autorité TEVET	Programmes de 4 ans, comprenant 50 % de formation en institut universitaire et 50 % en entreprise	Mode de mise en œuvre par défaut de l'EFTP formel	Certificat d'EFTP	Formation en institut universitaire subventionnée par l'Autorité TEVET grâce à un fonds financé par l'impôt	Mode de mise en œuvre classique dans le système d'EFTP formel ; toutefois, en raison du manque de stages en entreprise, s'est développé un système d'EFTP formel parallèle, essentiellement scolaire, qui double le nombre d'apprentis inscrits ; en 2015, 1 283 apprentis ont été officiellement admis (dont 394 femmes)

(suite page suivante)

Annexe 3A Formation formelle d'apprentissage dans certains pays d'Afrique subsaharienne (suite)

Pays planifiant l'introduction ou la réintroduction de la formation en apprentissage

Pays	Cadre juridique ou politique	Responsabilités institutionnelles	Caractéristiques du programme	Lien avec le système d'EFTP formel	Certification	Dispositifs financiers	Importance relative dans le système formel d'EFTP
Namibie	Cadre et lignes directrices de la politique pour l'apprentissage et les stages (2016)	Autorité de la Namibie pour la formation	Deux systèmes sont prévus dans la politique : formation d'apprentissage de 3 à 4 ans dans des métiers désignés, à savoir des professions techniques classiques ; des stages, qui sont plus courts et principalement dans le secteur des services. Ces derniers sont basés sur des qualifications CNQ	Mode de mise en œuvre différent de l'EFTP	Pour les apprentissages, certificats de qualification professionnelle (niveau post-primaire) après l'examen de qualification ; pour les stages, qualifications CNQ à différents niveaux	Les apprentis et les apprenants sont censés recevoir des employeurs des allocations d'au moins 400 à 700 N$ par semaine, selon l'année ; il est recommandé que les employeurs aient droit à des subventions d'apprentissage ou de stage du gouvernement d'une valeur comprise entre 30 000 et 40 000 N$, selon l'année de formation	Pas encore mis en œuvre, mais importance probablement grande en raison de la culture de l'apprentissage préexistante et de l'importance relative du secteur formel.
Rwanda	Loi sur le travail, Politique sur l'apprentissage sur le lieu de travail (2015)	Autorité pour le Développement de la main-d'œuvre	Programmes de formation doubles dans le secteur du bâtiment (avec le soutien de donateurs)	Mise en œuvre prévue : filière parallèle au sein du système formel	Certificats nationaux d'EFTP basés sur la RTQF	Les coûts de développement et d'assurance qualité sont pris en charge par des donateurs.	Très petits nombres

Source : Franz 2017.

Note : EFTP = Enseignement et formation techniques et professionnels ; NVTI = National Vocational Training Institute ; MITD = Mauritius Institute of Training and Development ; TEVET = Formation et éducation professionnelles et entrepreneuriales ; CNQ = Cadre national de qualification ; RTQF = Cadre de qualifications de l'EFTP du Rwanda ;
— = pas d'informations disponibles.

Notes

1. L'Organisation des Nations Unies pour l'éducation, la science et la culture (UNESCO) définit l'EFTP comme « les aspects du processus éducatif qui impliquent, outre l'enseignement général, l'étude des technologies et des sciences connexes et l'acquisition de compétences pratiques, d'attitudes, de compréhension et de connaissances relatives au métier dans divers secteurs de la vie économique » (UNESCO, 2011).
2. Base de données de l'Institut de statistique de l'UNESCO (UIS.Stat).
3. Pour l'Asie de l'Est, voir Ansu et Tan (2012) ; pour une discussion au sujet du système mixte de l'Allemagne et du chômage chez les jeunes, voir Zimmermann *et al.* (2013).
4. Voir, par exemple, Almeida, Behrman et Robalino (2012) ; Ansu et Tan (2012) ; Ashton *et al.* (2002) ; Kuruvilla, Erickson et Hwang (2002).
5. Pour une discussion plus détaillée au sujet des défaillances du marché et du gouvernement en matière d'EFTP, voir Almeida, Behrman et Robalino (2012).
6. Base de données de l'Institut de statistique de l'UNESCO (UIS.Stat). La diversité des systèmes d'EFTP et la rareté des données dans de nombreux pays de la région subsaharienne font que des données systématiques et comparables sur la qualité de l'EFTP sont rares.
7. Toutefois, ce travail sur les normes sociales doit aller au-delà du système EFTP, puisque le choix des domaines d'étude reflète de nombreux stéréotypes et réalités du marché du travail.
8. Pour une analyse approfondie du Burkina Faso, voir Banque mondiale (2017b) ; pour le Nigéria, voir Banque mondiale (2015a) ; pour l'Ouganda, voir Johanson et Okema (2011) ; pour une discussion à l'échelle régionale de ces problèmes, voir Zimmermann *et al.* (2013).
9. Les jeunes qui entrent dans l'EFTP sont différents des jeunes qui suivent une éducation générale selon différentes caractéristiques, notamment les antécédents socioéconomiques et la disposition aux études. Étant donné que, dans les estimations des rendements, bon nombre de ces caractéristiques ne sont pas observables, les estimations obtenues constituent une mesure non seulement du rendement de l'éducation, mais aussi des caractéristiques non observées, mais associées des diplômés.
10. Cette mesure de la capacité à lire et écrire est loin d'être parfaite puisqu'elle n'est pas antérieure au choix réel de la filière ou des études. Les niveaux de lecture et écriture plus faibles chez les étudiants de l'EFTP pourraient donc tout autant être le résultat d'un niveau scolaire plus faible au moment du choix de la filière que d'une attention moindre accordée aux compétences de base dans l'enseignement technique par rapport à l'enseignement général.
11. Calculs basés sur les études réalisées sur la transition école-travail. Au Malawi et en Zambie, par exemple, 10 % des jeunes qui ont suivi au moins une éducation secondaire, qui travaillent et qui ont des antécédents éducatifs techniques et professionnels indiquent avoir des lacunes importantes de connaissances et de compétences en rapport avec leur emploi, par rapport à au moins 20 % parmi les diplômés de l'enseignement général.
12. Pour l'Argentine, voir Alzúa, Cruces et Lopez (2016) ; pour la Colombie, voir Attanasio, Kugler et Meghir (2011) et Kugler *et al.* (2015) ; pour la République

dominicaine, voir Card *et al.* (2011), Ibarrarán *et al.* (2014), et Ibarrarán *et al.* (2015) ; pour le Kenya, voir Hicks *et al.* (2015) et Honorati (2015) ; pour le Malawi, voir Cho *et al.* (2015) ; pour le Pérou, voir Diaz et Rosas-Schady (2016).

13. Dans le cadre de l'outil SABER, le développement de la main-d'œuvre se rapporte aux questions relatives à l'offre de formation par des prestataires publics et privés, par le biais de filières comme la formation et l'éducation en pré-emploi, en cours d'emploi et tout au long de la vie ainsi que des programmes actifs sur le marché du travail qui permettent aux individus d'acquérir des compétences adaptées à l'emploi. Pour en savoir plus sur SABER, voir http://www.worldbank.org/education/saber.

14. Au Bénin, par exemple, le Plan de développement du secteur de l'éducation 2006-2015 fait de l'EFTP la deuxième grande priorité, après l'enseignement primaire. De même, au Tchad, le Plan national d'éducation pour tous 2002-2015 donne la priorité à l'EFTP. La Gambie, Maurice, le Mozambique, la Namibie, la Tanzanie, l'Ouganda et la Zambie, entre autres, ont également de récents documents stratégiques qui placent l'EFTP en tête de listes des priorités du gouvernement en matière d'éducation. (données mondiales EFTP).

15. Lucas et Mbiti (2012) constatent qu'au Kenya, même parmi les élèves très doués qui peuvent choisir parmi un petit nombre d'écoles secondaires, de nombreuses erreurs de sélection réduisent la probabilité que les élèves soient admis dans les meilleures écoles. Ces erreurs sont beaucoup plus probables chez les filles, les élèves ayant obtenu de moins bons résultats aux examens et les élèves des écoles primaires publiques et des écoles primaires de qualité inférieure. Un phénomène similaire a été constaté au Ghana (Ajayi, 2013).

16. Jensen (2010) découvre qu'en République dominicaine, les étudiants ont une perception largement erronée du rendement de l'éducation, ce qui affecte leurs moyens d'existence et leurs choix à l'école secondaire. Les élèves ont peu d'exemples de réussite et d'informations, et forment leurs attentes quant aux revenus et au rendement des études et des différents métiers en fonction de ce qu'ils observent dans leur quartier. Étant donné que, dans de nombreux pays d'Afrique, les zones résidentielles des riches et des pauvres sont nettement séparées, ce type d'asymétrie dans l'accès à des exemples de réussite pourrait nuire auxs choix éducatifs des plus défavorisés.

17. Pour en savoir plus sur College to Careers, voir http://www.ccc.edu/menu/Pages /college-to-careers.aspx.

18. Il est important d'avoir ces filières, car la formation professionnelle et l'enseignement général peuvent être des investissements complémentaires. En Colombie, par exemple, une évaluation rigoureuse des effets a révélé qu'aux moyen et long termes, les participants à la formation professionnelle étaient plus susceptibles de terminer l'école secondaire et de poursuivre et de rester dans l'enseignement post-secondaire jusqu'à huit ans après avoir commencé leur formation (Kugler *et al.* 2015).

19. Voir les sections financières des données mondiales d'EFTP.

20. Pour une discussion plus approfondie sur le financement de l'EFTP en Afrique et dans les pays à revenu faible et intermédiaire, voir Almeida, Behrman et Robalino (2012) ; Billetoft (2016) ; Johanson (2009) ; Walther et Uther (2014).

21. Données mondiales EFTP.

22. Dans le cadre du Programme de bons techniques et professionnels, lancé en 2008 dans l'ouest du Kenya, 50 % des jeunes candidats ont été sélectionnés au hasard pour

recevoir un bon, les autres candidats servant de groupe témoin. Parmi les bénéficiaires, la moitié d'entre eux ont reçu des bons à usage restreint applicables uniquement dans les établissements publics. Les trois quarts des titulaires de bons ont suivi une formation, contre 4 % du groupe témoin, ce qui montre que les coûts élevés d'accès à l'EFTP constituent un obstacle au développement des compétences. En outre, le taux d'inscription était de 10 points de pourcentage plus élevé chez ceux qui avaient des bons pouvant être utilisés pour fréquenter des établissements publics ou privés que chez ceux dont les bons étaient réservés aux prestataires publics (Hicks *et al.*, 2011).

23. Pour le Burkina Faso, voir Banque mondiale (2017b) ; pour le Nigéria, voir Banque mondiale (2015a) ; pour l'Ouganda, voir Johanson et Okema (2011) ; pour une discussion à l'échelle de la région subsaharienne, voir Zimmermann *et al.* (2013). Au Burkina Faso, au niveau post-secondaire, les programmes de formation sont concentrés dans les secteurs industriels qui représentent plus de 75 % des étudiants ; pourtant l'industrie représente seulement 3 % de l'emploi total.

24. Pour une discussion sur les compétences nécessaires dans les industries des ressources naturelles, voir de la Brière *et al.* (2017).

25. Pour une analyse approfondie de l'éducation des enseignants de l'EFTP en Afrique et des leçons tirées des approches suivies partout dans le monde, voir Commission européenne (2015).

26. On estime que 35 % de la formation en Afrique est assurée par le secteur privé (Mingat, Ledoux et Rakotomalala, 2010).

27. Voir, par exemple, au Kenya, « We'll Train One Million Youths for Jobs Abroad, Says Kandie », *Daily Nation*, 17 février. http://www.nation.co.ke/news/Ministry-plans-to-train-one-million-youth-for-labour-export/-/1056/3081068/-/13ho41d/-/index.html.

28. Voir, par exemple, http://akirachix.com/etwww.decodingbootcamps.org.

29. La discussion sur les apprentissages en Afrique est basée sur Franz (2017).

Bibliographie

Adams, A.l, Johansson, S. et Razmara S. (2013), *Improving Skills Development in the Informal Sector,* Directions in Development Series, Banque mondiale, Washington.

BAD (Banque asiatique de développement) (2008). *Education and Skills: Strategies for Accelerated Development in Asia and the Pacific,* BAD, Manille.

BAD (2014), *Innovative Strategies in Technical and Vocational Education and Training for Accelerated Human Resource Development in South Asia,* BAD, Manille.

Ajayi, K. (2013), « School Choice and Educational Mobility: Lessons from Secondary School Applications in Ghana », Boston University, Boston. http://people.bu.edu/kajayi/Ajayi_EducationalMobility.pdf.

Ali, D. A., Bowen, D. et Deininger, K. (2017), « Personality Traits, Technology Adoption, and Technical Efficiency: Evidence from Smallholder Rice Farms in Ghana », Policy Research Working Paper n° 7959, Banque mondiale, Washington.

Almeida, R., Behrman, J. et Robalino R. (2012), *The Right Skills for the Job? Rethinking Training Policies for Workers.* Banque mondiale, Washington.

Altinok, N. (2011), «General versus Vocational Education: Some New Evidence from PISA 2009», Document de référence préparé pour le Rapport mondial de suivi sur l'éducation pour tous 2012, UNESCO, Paris. http://unesdoc.unesco.org /images/0021/002178/217873e.pdf.

Alzúa, M. L., Cruces, G. et Lopez, C. (2016), «Long Run Effects of Youth Training Programs: Experimental Evidence from Argentina», Document de réflexion 9784 IZA, Institut d'économie du travail, Bonn.

Anarfi, J. et Appiah, E. (2012), « Skills Defined by Curricula: Sub-Saharan Africa », Center for Education Innovations, Results for Development Institute, Washington.

Ansu, Y. et Tan, J-P. (2012), « Skills Development for Economic Growth in Sub- Saharan Africa: A Pragmatic Perspective », *in* Akbar N., Botchwey, K., Stein, H. et Stiglitz, J.E. (dir.), *Good Growth and Governance in Africa: Rethinking Development Strategies,* Initiative for Policy Dialogue Series, Oxford University Press, Oxford, p. 462–64.

Ashton, D., Green, F., Sung, J. et James, D. (2002), «The Evolution of Education and Training Strategies in Singapore, Taiwan and South Korea: A Development Model of Skill Formation», *Journal of Education and Work*, vol. 15, n° 1, p. 5–30.

Attanasio, O., Kugler, A. et Meghir, C. (2011), « Subsidizing Vocational Training for Disadvantaged Youth in Colombia: Evidence from a Randomized Trial », *American Economic Journal: Applied Economics*, vol. 3, n° 3, p. 188-220.

Banque mondiale (2011), *World Development Report 2012 : Gender Equality and Development*, Banque mondiale, Washington.

Banque mondiale (2012), «SABER Workforce Development Country Report: Uganda», *SABER Country Report 2012*, Banque mondiale, Washington.

Banque mondiale (2013), «What Matters for Workforce Development: A Framework and Tool for Analysis», *SABER Working Paper n° 6*, Banque mondiale, Washington.

Banque mondiale (2015a), «Nigeria : Skills for Competitiveness and Employability», Banque mondiale, Washington.

Banque mondiale (2015b), «SABER-Workforce Development Country Draft Report for Burundi», Banque mondiale, Washington.

Banque mondiale (2015 c), «SABER-Workforce Development Country Draft Report for Chad», Banque mondiale, Washington.

Banque mondiale (2015d), «SABER-Workforce Development Country Draft Report for Liberia», Banque mondiale, Washington.

Banque mondiale (2015e), «SABER-Workforce Development Country Draft Report for Tanzania», Banque mondiale, Washington.

Banque mondiale (2015f), «Secondary Vocational Education: International Experience», Banque mondiale, Washington.

Banque mondiale (2016a), «Skills Development and Employability Project. Project Appraisal Document», *Rapport PAD1156*, Banque mondiale, Washington.

Banque mondiale (2016b), *World Development Report 2016 : Digital Dividends,* Banque mondiale, Washington.

Banque mondiale (2017a), « Training Assessment Project—TAP—Methodology Note », Banque mondiale, Projet de développement de la main-d'œuvre, Washington, août.

Banque mondiale (2017b), *Post-Primary Education Development in Burkina Faso: Achievements, Challenges, and Prospects*. Vol. 1 et 2, Banque mondiale, Washington.

Banque mondiale (Diverses années), « SABER-WfD. Évaluations et données », Banque mondiale, Washington. http://saber.worldbank.org/index.cfm?indx=8&pd=7&sub=1.

Banque mondiale (Diverses années), Étude sur les Compétences pour l'employabilité et la productivité (STEP), Banque mondiale, Washington.

Banque mondiale (Diverses années), Base de données Indicateurs du développement dans le monde, Banque mondiale, Washington.

Barro, R. J. et Lee, J.-W. (2015), *Education Matters : Global Schooling Gains from the 19th to the 21st Century*, Oxford University Press, New York.

Billetoft, J. (2016), « Technical and Vocational Education and Training in Sub- Saharan Africa », Document de réflexion, Banque mondiale, Washington.

Blackmur, D. (2015), « Arguing with Stephanie Allais. Are National Qualifications Frameworks Instruments of Neoliberalism and Social Constructivism? », *Quality in Higher Education*, vol. 21, n° 2, p. 213-28.

Brière (de la), B., Filmer, D., Ringold, D., Rohner, D., Samuda, K. et Denisova, A. (2017), *From Mines and Wells to Well-Built Minds: Turning Sub-Saharan Africa's Natural Resource Wealth into Human Capital*, Directions in Development Series, Banque mondiale, Washington.

Campos, F., Goldstein, M., McGorman, L., Munoz A. M. et Pimhidzai, O. (2015), « Breaking the Metal Ceiling: Female Entrepreneurs Who Succeed in Male-Dominated Sectors », Policy Research Working Paper n° 7503, Banque mondiale, Washington.

Card, D., Ibarrarán, P., Regalia, F., Rosas-Shady, D. et Soares, Y. (2011), « The Labor Market Impacts of Youth Training in the Dominican Republic », *Journal of Labor Economics*, vol. 29, n° 2, p. 267-300.

Centre for Development and Enterprise (2012), « Vocational Education in South Africa: Strategies for Improvement », *Building on What Works in Education 3*, Centre for Development and Enterprise, Johannesburg.

Cho, Y., Kalomba, D., A. Mobarak, M. et Orozco, V. (2015), « Gender Differences in the Effects of Vocational Training: Constraints on Women and Drop-out Behavior », Working Paper n° WPS6545, Banque mondiale, Washington.

Coles, M., Keevy, J, Bateman, J. et Keating, J. (2014), « Flying Blind: Policy Rationales for National Qualifications Frameworks and How They Tend to Evolve », *International Journal of Continuing Education and Lifelong Learning*, vol. 7, n° 1, p. 17-46.

Commission européenne (2015), « Éducation des enseignants EFTP en Afrique : Rapport de synthèse », Commission européenne, Bruxelles. http://ec.europa.eu/dgs/education _culture/repository/education/library/reports/tvet-africa-report_en.pdf.

Couralet, P-E., Djallo, E. et Akinocho, H. (2013), « Gambian Graduates Tracer Study: Final Report », Réseau Ouest et Centre Africain de Recherche en Éducation (ROCARE), Bamako, décembre. http://www.rocare.org/docs/final-report-TVET -tracer-study.pdf.

Darvas, P. et Palmer, R. (2014), « Demand and Supply of Skills in Ghana. How can Training Programs Improve Employment and Productivity? », Banque mondiale, Washington.

Díaz, J. J. et Rosas-Shady, D. (2016), « Impact Evaluation of the Job Youth Training Program Pro Joven », Document de travail n° 94116, Banque interaméricaine de développement, Washington.

Fazio, M. V., Fernández-Coto, R. et Ripani, L. (2016), « Apprenticeships for the XXI Century: A Model for Latin America and the Caribbean? », Banque interaméricaine de développement, Washington.

Filmer, D. et Fox, L. (2014), *Youth Employment in Sub-Saharan Africa*, Africa Development Series, Banque mondiale, Washington.

Franz, J. (2017), « Apprenticeship Training in Africa », Document de réflexion pour ce rapport, Banque mondiale, Washington.

Glennerster, R., Kremer, M., Mbiti, I. et Takavarasha, K. (2011), « Access and Quality in the Kenyan Education System: A Review of the Progress, Challenges, and Potential Solutions », Rapport préparé pour le Bureau du Premier ministre du Kenya. https://www.povertyactionlab.org/sites/default/files/publications/Access%20and%20Quality%20in%20the%20Kenyan%20Education%20System%20 2011.06.22.pdf.

Gouvernement du Mozambique. (2016), « TVET Reform in Mozambique: The Involvement of the Private Sector as a Factor of Success », Présentation faite à la Banque mondiale, Washington.

Hampf, F. et Woessmann, L. (2016), « Vocational vs. General Education and Employment over the Life-Cycle: New Evidence from PIAAC », Document de réflexion n° 10298 IZA, Institut d'économie du travail, Bonn.

Hanushek, E. A., Schwerdt, G., Woessmann, L. et Zhang, L. (2017), « General Education, Vocational Education, and Labor-Market Outcomes over the Life-Cycle », *Journal of Human Economics*, vol. 52, n° 1, p. 49-88.

Herd, G. et Richardson, A. (2011), « Rapport mondial sur l'EFTP : La promesse et le potentiel des TIC dans l'EFTP », UNESCO, Paris. http://oasis.col.org/bitstream/handle/11599/824/UNESCO%20World%20Report%20-%20ICT%20in%20TVET%20-%20Herd%20%2B%20Mead%20Richardson.pdf?sequence=1&isAllowed=y.

Hicks, J. H., Kremer, M., Mbiti, I. et Miguel, E. (2011), « Vocational Education Voucher Delivery and Labor Market Returns: A Randomized Evaluation among Kenyan Youth », Rapport pour le Spanish Impact Evaluation Fund, Banque mondiale, Washington.

Hicks, J. H., Kremer, M., Mbiti, I. et Miguel, E (2015), *Vocational Education in Kenya: A Randomized Evaluation*. Rapport final du bénéficiaire 3ie, International Initiative for Impact Evaluation (3ie), New Delhi.

Hirshleifer, S., McKenzie, D., Almeida, R. et Ridao-Cano, C. (2014), « The Impact of Vocational Training for the Unemployed: Experimental Evidence from Turkey », *Economic Journal*, vol. 126, n° 597, p. 2115-46.

Honorati, M. (2015), « The Impact of Private Sector Internship and Training on Urban Youth in Kenya », Policy Research Working Paper n° WPS7404, Banque mondiale, Washington.

Ibarrarán, P., Kluve, J., Ripani, L. et Rosas Shady, D. (2015), « Experimental Evidence on the Long-Term Impacts of a Youth Training Program », Document de réflexion 9136 IZA, Institut d'économie du travail, Bonn.

Ibarrarán, P., Ripani, L., Taboada, B. Villa, J. et Garcia, B. (2014), « Life Skills, Employability, and Training for Disadvantaged Youth: Evidence from a Randomized Evaluation Design », *IZA Journal of Labor and Development*, vol. 3, n° 1, p. 1-24.

Jakubowski, M., Patrinos, H., Porta, E. et Wisniewski, J. (2011), « The Impact of the 1999 Education Reform in Poland », Document de travail sur l'éducation n° 49, Organisation de coopération et de développement économiques, Paris.

Jensen, R. (2010), « The (Perceived) Returns to Education and the Demand for Schooling », *Quarterly Journal of Economics*, vol. 125, n° 2, p. 515-48.

Johanson, R. (2009), « A Review of National Training Funds », Social Protection Discussion Paper n° 0922, Banque mondiale, Washington.

Johanson, R.et Adams, A. (2004), *Skills Development in Sub-Saharan Africa,* Banque mondiale, Washington.

Johanson, R.et Okema, J. (2011), « Business, Technical Vocational Education, and Training Sub-Sector Analysis », Document technique 5 : EFTP Business, préparé par le ministère de l'Éducation et des Sports, la Coopération technique belge (BTC) et la Banque mondiale, Kampala.

Keevy, J. et Chakroun, B. (2015), *Level-Setting and Recognition of Learning Outcomes: The Use of Level Descriptors in the Twenty-First Century*, UNESCO, Paris.

Kis, V. (2016), « Work-Based Learning for Youth at Risk: Getting Employers on Board », Document de travail, Organisation de coopération et de développement économiques, Paris.

Kugler, A. Kugler, M., Saavedra J. et Herrera, L. (2015), « Long-Term Direct and Spillover Effects of Job Training: Experimental Evidence from Colombia », Document de travail n° 21607, Bureau national de recherche économique, Cambridge, Massachussetts.

Kuruvilla, S., Erickson C. L. et Hwang, A. (2002), « An Assessment of the Singapore Skills Development System: Does It Constitute a Viable Model for Other Developing Countries? », *World Development*, vol. 30, n° 8, p. 1461-76.

Kutner, D. et Gortazar, L. (2014), « Technical and Vocational Education vs. General Secondary Education: Literature Review », Banque mondiale, Washington.

Laajaj, R. et Macours, K. (2017), « Measuring Skills in Developing Countries », Document de travail, École d'économie de Paris, Paris. http://www.parisschoolofeconomics.eu /docs/macours-karen/skills-measurement-laajaj-macours-jan-2017-v10.pdf.

Lamo, A., Messina J. et Wasmer E. (2011), « Are Specific Skills an Obstacle to Labor Market Adjustment? », *Labour Economics*, vol. 18, n° 2, p. 240-56.

Lucas, A. et Mbiti, I. (2012), « The Determinants and Consequences of School Choice Errors in Kenya », *American Economic Review, Papers and Proceedings*, vol. 102, n° 3, p. 283-88.

McKinsey Global Institute (2012), « Africa at Work: Job Creation and Inclusive Growth », McKinsey Global Institute, New York. https://www.mckinsey.com/featured-insights /middle-east-and-africa/africa-at-work.

Mingat, A., Ledoux, B. et Rakotomalala, R. (2010), *Developing Post- Primary Education in Sub-Saharan Africa: Assessing the Financial Sustainability of Alternative Pathways*, African Human Development Series, Banque mondiale, Washington.

Ngome, C. (2003), «Overview of Skills Development in Kenya: Constraints and Prospects», Réseau sur les politiques et la coopération internationales en éducation et en formation, Genève. http://www.norrag.org/en/publications/norrag-news /online-version/critical-perspectives-on-education-and-skills-in-eastern-africa-on -basic-and-post-basic-levels/detail/overview-of-skills-development-in-kenya -constraints-and-prospects.html.

OCDE (Organisation de coopération et de développement économiques) (2014a), «G20-OECD-EC, Conference on Quality Apprenticeships for Giving Youth a Better Start in the Labour Market: Background Paper Prepared by the OECD», OCDE, Paris.

OCDE (2014b), «Skills Beyond School: Synthesis Report», *OECD Reviews of Vocational Education and Training*, OCDE Publishing, Paris. http://www.oecd.org/edu/skills -beyondschool/Skills-Beyond-School-SynthesisReport.pdf.

Organisation internationale du travail (OIT) (2014), Labor Market Transitions of Young Women and Men in Sub-Saharan Africa, OIT, Genève.

OIT (Diverses années), School-to-Work Transition Survey, OIT, Genève. http://www.ilo .org/employment/areas/youth-employment/work-for-youth/WCMS_191853/lang --en/index.htm.

Psacharopoulos, G. (1994), «Returns to Investment in Education: A Global Update», *World Development*, vol. 22, n° 9, p. 1325-43.

Pugatch, T. (2014), «Safety Valve or Sinkhole? Vocational Schooling in South Africa», *IZA Journal of Labor and Development*, vol. 3, n° 8.

Robinson, J. P., Winthrop, R. et McGivne E. (2016), *Millions Learning: Scaling up Quality Education in Developing Countries*, Brookings Institution, Washington.

Schochet, P., Burghardt, J. et McConnell, S. (2008), «Does Jobs Corps Work? Impact Findings from the National Job Corps Study», *American Economic Review*, vol. 98, n° 5, p. 1864-86.

Sosale, S. et Majgaard, K. (2016), *Fostering Skills in Cameroon Inclusive Workforce Development, Competitiveness, and Growth*, Directions in Development Series, Banque mondiale, Washington.

Tiyab, B. K. (2014), «Développement de l'enseignement post-primaire au Burkina Faso : Vue d'ensemble des enjeux et défis en matière d'accès et d'égalité des chances», Document d'information pour cette étude, Gouvernement du Burkina Faso (INS), UNESCO Pôle de Dakar et Banque mondiale, Ouagadougou.

Tsang, M. (1997), «The Cost of Vocational Training», *International Journal of Manpower*, vol. 18, n° 1/2, p. 63-89.

UIS (Institut des statistiques de l'UNESCO) (Diverses années), Base de données UIS.Stat, UIS, Montréal.

UNESCO (Organisation des Nations unies pour l'éducation, la science et la culture) (2011), «Introducing UNESCO's Technical Vocational Education and Training (TVET) Definition and Strategy», UNESCO, Viña del Mar.

UNESCO (2013), «Status of TVET in the SADC Region», UNESCO, Paris. http://unesdoc.unesco.org/images/0022/002256/225632e.pdf.

UNESCO (2015), *Transversal Skills in TVET: Policy Implications*, Asia-Pacific Education System Review Series, UNESCO, Bangkok.

UNESCO (2015), *Education for All. 2000–2015: Achievements and Challenges*, Rapport mondial de suivi sur l'éducation pour tous 2015, UNESCO, Paris.

UNEVOC International Center (Diverses années), Base de données mondiales EFTP : Promouvoir l'apprentissage pour le monde du travail, UNESCO, Paris.

Walther, R. et Filipiak, E. (2007), «Vocational Training in the Informal Sector or How to Stimulate the Economies of Developing Countries? Conclusions of a Field Survey in Seven African Countries», Département de recherche, Agence Française de Développement, Paris.

Walther, R. et Udher, C. (2014), «The Financing of Vocational Training in Africa: Roles and Specificities of Vocational Training Funds», Agence Française de Développement, Paris. http://www.adeanet.org/sites/default/files/afd-financing-voca tional-training -africa.pdf.

Young, M. et Allias, S. (dir.) (2013), *Implementing National Qualification Frameworks across Five Continents*, Routledge, New York.

Zimmermann, K., Biavaschi, C., Eichhorst, W, Giulietti, C., Kendzia, M., Muravyev, A., Pieters, J., Rodrıguez-Planas, N. et Schmidl, R. (2013), « Youth Unemployment and Vocational Training », *Foundations and Trends in Microeconomics*, vol. 9, n° 1-2, p. 1-157.

Chapitre 4

Développer des compétences favorisant la productivité grâce à l'enseignement supérieur en Afrique subsaharienne

Indhira Santos et Omar Arias

Investir intelligemment et de façon ciblée dans l'enseignement universitaire est essentiel pour assurer la transformation productive et soutenir la croissance économique des pays africains. Pourtant, c'est dans ces investissements que l'équilibre entre les objectifs de productivité et d'inclusion est potentiellement le plus difficile à trouver, la difficulté étant encore plus prononcée pour les pays ayant une faible dotation en compétences, qui sont dans les premières étapes de leur transformation productive, ou qui ne bénéficient pas d'un environnement qui leur permettent ou qui permettent aux travailleurs d'obtenir un rendement adéquat de leurs investissements dans l'enseignement supérieur.

L'expérience internationale a montré que les pays devraient gérer prudemment le développement de l'enseignement supérieur, premièrement, en veillant à ce que les jeunes accèdent équitablement à l'enseignement primaire et secondaire et y acquièrent de solides compétences de base préalablement à leur entrée à l'université, et deuxièmement, en s'appuyant au plus tôt sur les bases institutionnelles susceptibles de rendre l'investissement dans l'enseignement supérieur plus rentable, tant pour les individus que pour l'économie dans son ensemble. Il est primordial d'aligner les mécanismes de financement sur le mérite et sur la capacité financière des familles ainsi que de mettre en place des structures de gouvernance qui renforcent les liens avec le secteur privé et qui favorisent des pratiques d'apprentissage plus actives.

Introduction

De nombreux pays africains ayant réussi à faire augmenter le nombre d'inscriptions ainsi que le taux d'achèvement à l'école primaire et, de plus en plus, dans les établissements secondaires, la demande d'un enseignement supérieur plus abordable et de meilleure qualité s'accroît sur l'ensemble du continent[1]. Le taux brut moyen d'inscriptions dans l'enseignement post-secondaire, dont l'enseignement supérieur représente environ 80 %, est de 10 % dans cette région du monde[2]. L'écart d'un pays à l'autre est cependant important : les taux d'inscription vont de 42 % à Maurice à entre 1 et 2 % au Malawi et au Niger. Mais ces taux sont appelés à augmenter : la hausse du nombre d'élèves qui achèvent leurs études secondaires (voir chapitre 2), conjuguée à des attentes croissantes, accroît la pression sur les gouvernements pour développer l'accès à l'enseignement supérieur ainsi que pour améliorer sa qualité et sa pertinence. Mais cette expansion doit être bien gérée si l'on veut créer plus de travailleurs qualifiés et satisfaire les aspirations. Les récentes manifestations d'étudiants en Afrique du Sud mettent en lumière non seulement la demande croissante pour l'enseignement supérieur, mais aussi de nombreux problèmes d'égalité des chances, de qualité et d'efficacité qui nuisent (ou vont bientôt nuire) à de nombreux systèmes universitaires sur le continent. Des préoccupations semblables ont été évoquées ces dernières années à l'échelle mondiale par des étudiants lors de manifestations au Bangladesh, au Canada, au Chili et au Royaume-Uni, pour n'en nommer que quelques-unes.

Cette demande pour un enseignement supérieur plus important et de meilleure qualité est renforcée par les demandes changeantes et émergentes des employeurs et des économies locales. Les investissements, les mécanismes de mise en œuvre et le financement de l'enseignement supérieur doivent être adaptés aux mutations de l'économie mondiale et du monde du travail qui résultent des grandes tendances décrites dans l'encadré 4.1.

Investir intelligemment dans l'enseignement universitaire est en effet essentiel pour assurer la transformation productive de l'Afrique et soutenir la croissance économique. Les compétences des travailleurs, en particulier celles obtenues dans le cadre de l'enseignement supérieur, sont considérées comme essentielles pour le développement et l'adaptation des technologies (Lucas, 1988 ; Romer, 1986, 1990) et comme nécessaires pour exploiter les connaissances mondiales et les appliquer à la croissance locale (Valencia Caicedo et Maloney, 2014). L'enseignement supérieur constitue également le fondement de la capacité d'innovation d'un pays (Carnoy et al., 1993 ; Cloete et al., 2011). En outre, les interdépendances entre les investissements dans l'enseignement supérieur et la formation de capital en général, en particulier entre l'agglomération des compétences et l'innovation technologique, engendrent des externalités. On pense, par exemple, que le fait d'avoir une réserve

Les grandes tendances mondiales et l'enseignement supérieur

Comme dans le reste du système d'éducation et de formation, les mutations démographiques, l'intégration mondiale et les changements technologiques influent profondément sur ce que les universités font, comment elles le font et pour qui. Dans cette optique, les grandes tendances constituent à la fois des opportunités et des défis pour les systèmes universitaires des pays d'Afrique subsaharienne.

Premièrement, les forces démographiques impliquent que le nombre de jeunes qui terminent leurs études secondaires continuera d'augmenter, dopé par l'explosion démographique des jeunes et l'urbanisation, et entraînera l'accroissement de la demande pour l'enseignement supérieur. Dans le même temps, l'urbanisation et la montée en puissance de nouvelles économies à revenu intermédiaire en Afrique, conjuguées à la transformation structurelle de ces économies, intensifient la demande d'une main-d'œuvre plus qualifiée, mais aussi plus adaptable. L'enseignement universitaire est essentiel à l'atteinte de ces objectifs. L'urbanisation est également susceptible d'accroître la demande pour l'enseignement universitaire, puisque la plupart des universités sont situées dans des zones urbaines, où le rendement de l'éducation est le plus élevé. Deuxièmement, l'intégration économique mondiale et les changements technologiques modifient la nature du travail et les exigences en matière de compétences, mettant l'accent sur les compétences cognitives et socio-émotionnelles qui accompagnent les nouvelles technologies et ajoutent le plus de valeur aux chaînes de production mondiales. Bon nombre de ces compétences sont ancrées dans le système universitaire. Des changements plus rapides tels que ceux déjà observés dans les pays à revenu élevé exigeront une plus grande adaptabilité de la part des travailleurs, qui changeront d'emploi plus souvent ou accompliront des tâches qui évoluent constamment, même au sein d'un même emploi. Le besoin d'adaptabilité est un défi pour l'enseignement universitaire, qui peine à offrir des expériences d'apprentissage pratiques et qui repose souvent sur une transition linéaire entre l'université et le monde du travail qui devient rapidement obsolète. L'analyse des enquêtes de l'Organisation internationale du Travail (OIT) sur la transition école-travail montre que si dans la plupart des pays d'Afrique subsaharienne, de nombreux étudiants combinent études et travail, l'emploi ne permet pas souvent d'appliquer directement ce qui est appris, limitant ainsi les synergies potentielles.

Dans l'ensemble, l'enseignement universitaire joue un rôle de plus en plus important dans les pays plus urbanisés, intégrés et avancés sur le plan technologique. Comme le montre le présent rapport, le rendement des compétences est systématiquement plus élevé dans les pays qui ont récemment connu une croissance plus rapide, ce qui est cohérent avec des compétences particulièrement pertinentes pour s'adapter aux changements dynamiques de l'économie (Hanushek *et al.*, 2016). Les entreprises plus modernes, à savoir celles qui exportent et innovent, par exemple,

(suite page suivante)

Encadré 4.1 (suite)

signalent également que les compétences constituent davantage pour elles une contrainte de fonctionnement (chapitre 1). En particulier, l'enseignement universitaire peut être primordial pour améliorer la productivité et développer les secteurs moteurs d'aujourd'hui et de demain. Étant donné leur rôle dans l'innovation et dans les secteurs à forte valeur ajoutée, les sciences, la technologie, l'ingénierie et les mathématiques (STIM), en particulier, devraient devenir plus importantes pour les pays de la région subsaharienne, en particulier ceux qui sont plus avancés dans leur transformation économique (Moretti, 2004, 2010 ; Valencia Caicedo et Maloney, 2014).

Ces grandes tendances offrent des opportunités de croissance fulgurante. L'intégration mondiale et les nouvelles technologies facilitent de nouveaux mécanismes de mise en œuvre dans l'enseignement supérieur. Ces mécanismes comprennent des possibilités d'étudier à l'étranger, de se réunir entre pays pour créer des centres d'excellence et de développer l'enseignement en ligne et à distance qui peut donner accès à des cours d'enseignement supérieur à un plus grand nombre de personnes, dans plus de domaines, à l'échelle mondiale (et qui peut réduire les coûts). L'introduction d'éléments pratiques dans les cours devient plus facile grâce aux technologies numériques. Au niveau du système, la technologie peut aussi faciliter la production, la synthèse, l'analyse et la diffusion d'informations pertinentes pour la prise de décisions et l'apprentissage adaptatif.

---

d'ingénieurs qualifiés et de travailleurs hautement qualifiés a été crucial pour la capacité de la Chine à adopter et à adapter les technologies occidentales et à croître à un rythme sans précédent (Yuchtman, 2017). De même, les premiers investissements dans les écoles d'ingénieurs au début du xixe siècle, avant même l'expansion massive de l'enseignement secondaire, sont en partie à l'origine du succès des États-Unis dans la stimulation de leur capacité d'innovation (Valencia Caicedo et Maloney, 2014). Les pays ou les régions du monde qui ne disposent pas d'un niveau minimum de travailleurs ayant fait des études supérieures sont moins susceptibles d'attirer des investissements nationaux ou étrangers à forte intensité technologique et de recherche et développement (R&D). Ce manque d'investissement freine les rendements privés des niveaux d'enseignement supérieur dans le cadre d'une expansion de l'enseignement en général. S'ensuit un ralentissement de la transition vers les diplômes d'enseignement supérieur, lequel entrave à son tour la mise à niveau technologique et renforce la logique de faible niveau de qualification et d'innovation.

On constate également des retombées sur la productivité et la demande globales à mesure que les diplômés de l'université s'agglomèrent dans les centres économiques. Aux États-Unis, on estime qu'une augmentation de 1 point de pourcentage de l'offre de diplômés de l'université augmente les salaires des décrocheurs du secondaire de 1,9 %, des diplômés du secondaire de 1,6 % et des diplômés du supérieur de 0,4 % (Moretti, 2004). Toujours aux États-Unis, on a constaté qu'un emploi supplémentaire occupé par un diplômé de l'université dans le secteur des biens échangeables génère 2,5 emplois dans les biens et services locaux. Le multiplicateur correspondant pour les emplois non qualifiés est 1 (Moretti, 2010). Des résultats similaires ont été constatés au Mexique et en Turquie, avec des multiplicateurs pour les emplois qualifiés estimés à 4,4 et 3,9, respectivement (Banque mondiale, 2017a). En plus d'une multitude d'avantages et d'externalités de développement comme l'amélioration de la santé, le rendement privé moyen de l'enseignement supérieur (20 %) est également élevé (graphique 4.1 ; voir Montenegro et Patrinos, 2014). Le rendement de l'enseignement supérieur dans la région est, en moyenne, légèrement plus élevé pour les femmes que pour les hommes.

Toutefois, ce gain en termes de croissance économique ne se concrétise que si l'enseignement supérieur peut s'appuyer sur de solides compétences de base. Les compétences engendrent des compétences : le simple fait d'ajouter des années d'études au niveau universitaire sans garantir des établissements de qualité et un niveau minimum de compétences de base parmi les nouveaux étudiants n'a aucun impact sur la croissance et a souvent un coût beaucoup plus élevé (Hanushek, 2016). En fait, les niveaux de réussite des élèves à un plus jeune âge sont un très bon indicateur de leurs compétences globales à la fin de leur scolarité, puisque chaque niveau de scolarité repose sur des connaissances antérieures. Outre la croissance économique, le renforcement des compétences dans les universités peut contribuer à multiplier et à améliorer les possibilités de gains et à constituer une main-d'œuvre adaptable et agile qui répond aux exigences d'une économie en pleine modernisation. Les investissements dans l'enseignement universitaire doivent donc être axés sur la qualité et tenir compte non seulement des besoins actuels, mais aussi des besoins mouvants d'un environnement dynamique.

En outre, en dépit de leurs rendements privés et sociaux potentiellement élevés, les investissements dans l'enseignement supérieur sont potentiellement porteurs de la plus forte tension entre les objectifs de productivité et d'inclusion des pays. Comme le montre ce chapitre, l'enseignement universitaire en Afrique subsaharienne est largement accessible aux étudiants issus de familles aisées. Développer uniquement l'enseignement supérieur dans le cadre des structures actuelles de gouvernance et de financement peut exacerber les inégalités, étant donné les échecs actuels de la maternelle et de l'éducation élémentaire, lesquels touchent surtout les personnes démunies. Le présent chapitre examine comment cette tension peut être atténuée et mieux gérée.

L'arbitrage potentiel entre la productivité et l'inclusion, inhérent aux investissements dans l'enseignement supérieur, dépend de la capacité des pays à

Graphique 4.1 Rendement de l'enseignement supérieur, par région du monde et dans certains pays d'Afrique subsaharienne

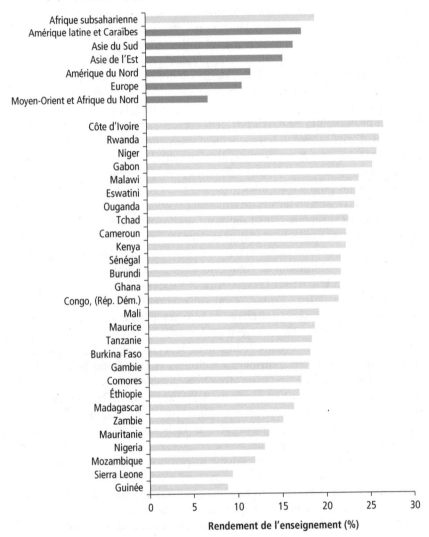

Rendement de l'enseignement (%)

Source : Montenegro et Patrinos, 2014.

produire des diplômés de haute qualité issus de tous les échelons socioéconomiques et de la capacité des économies à absorber de nouveaux diplômés de l'université. Comme on le verra plus loin, le rendement est probablement plus faible dans les pays ou régions du monde dans lesquels l'environnement politique n'est pas propice à l'investissement privé et à la création durable d'emplois.

Un tel environnement politique freine la demande en diplômés des institutions universitaires et donc la capacité de maintenir des rendements privés attrayants pour l'enseignement supérieur. L'arbitrage entre les objectifs de productivité et d'inclusion d'un pays est rendu plus difficile dans les pays à faible dotation en compétences, qui sont dans les premières étapes de leur transformation productive, ou qui ne bénéficient pas d'un environnement leur permettant ou permettant aux travailleurs de générer des rendements adéquats des investissements dans l'enseignement universitaire. Ces facteurs détermineront dans quelle mesure et comment les pays peuvent investir de manière optimale dans l'enseignement supérieur.

Dans ce contexte, ce chapitre s'efforce de répondre à trois questions : (1) Combien les pays d'Afrique subsaharienne devraient-ils investir dans l'enseignement universitaire ? (2) Les investissements actuels sont-ils bien adaptés aux besoins actuels de l'économie et du marché du travail ainsi qu'aux changements prévus dans le milieu professionnel ? (3) Quelles sont les principales priorités stratégiques et politiques pour la mise en œuvre de l'enseignement universitaire en Afrique ? Pour répondre à ces questions, on examine d'abord dans ce chapitre la portée de la couverture de l'enseignement supérieur en Afrique subsaharienne. On analyse ensuite la portée de l'accès à l'enseignement supérieur sous l'angle des objectifs d'un système éducatif : égalité des chances, efficacité et qualité (pertinence). Enfin, on examine les réformes politiques qui sont essentielles pour que les investissements dans l'enseignement supérieur portent leurs fruits.

L'enseignement supérieur en Afrique subsaharienne

Le système universitaire dans la majeure partie de l'Afrique subsaharienne reste de taille modeste. Quoiqu'en expansion, il ne se développe pas assez rapidement pour rattraper le reste du monde. Le graphique 4.2 compare l'évolution des inscriptions en Afrique subsaharienne au cours des quarante-cinq dernières années à celle des autres régions du monde. Malgré les progrès importants réalisés ces dix dernières années, en moyenne, les pays d'Afrique subsaharienne ont continué à perdre du terrain au profit des économies à revenu faible et intermédiaire inférieur en matière d'accès à l'enseignement supérieur. Aujourd'hui, le taux brut d'inscription dans l'enseignement supérieur est en moyenne de 10 %, légèrement supérieur chez les hommes (10,4 %) que chez les femmes (8,8 %). Il existe toutefois de grandes fluctuations entre les différents pays de la région. Alors que dans certains pays comme le Botswana et Maurice, le taux d'inscription est supérieur à 30 %, dans d'autres comme le Malawi et le Niger, il n'est que de 2 %. Dans plus d'un tiers des pays de la région, le taux d'inscription est égal ou inférieur à 5 %. La couverture de l'enseignement supérieur en Afrique subsaharienne est également faible si l'on se place dans un contexte historique global. Si l'on compare l'évolution des inscriptions dans l'enseignement supérieur

Graphique 4.2 Taux bruts d'inscription dans l'enseignement supérieur, par région du monde, 1970–2015

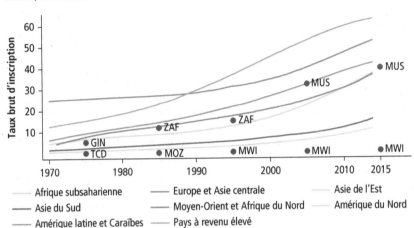

Source : Base de données UIS.Stat.
Note : Le nombre moyen d'inscriptions est estimé à l'aide d'un échantillon hétérogène de pays. Les inscriptions dans l'enseignement supérieur sont les inscriptions brutes dans les niveaux 5, 6, 7 et 8 de la Classification internationale type de l'éducation (CITE), qui sont appelés respectivement enseignement supérieur de cycle court, niveau licence ou équivalent, niveau maîtrise ou équivalent, et niveau doctorat ou équivalent.
GIN = Guinée ; MOZ = Mozambique ; MUS = Maurice ; MWI = Malawi ; TCD = Tchad ; ZAF = Afrique du Sud.

sur l'ensemble du parcours de développement, les pays d'Afrique subsaharienne ont des taux d'inscription dans l'enseignement supérieur inférieurs à ceux des autres pays ayant des niveaux de revenu similaires (graphique 4.3).

Malgré des taux d'inscription globalement faibles, la dimension du système universitaire a augmenté à un rythme proportionnel aux trajectoires éducatives et économiques historiques des pays ainsi qu'à leur environnement économique. Comme constaté aux chapitres 1 et 2, la plupart des pays d'Afrique subsaharienne ont historiquement pris du retard dans leur progression en matière d'enseignement élémentaire et de niveau moyen d'éducation. Comme prévu, le développement de l'enseignement supérieur de ces pays va de pair avec l'augmentation de la part de la population ayant accès à un enseignement élémentaire, un environnement politique propice à la création d'emplois et récompense les compétences, et l'état de la transformation économique des pays (graphiques 4.4).

Mais il y a des exceptions notables. D'une part, au Ghana et au Sénégal, les taux d'inscription dans l'enseignement supérieur sont inférieurs à ce que l'on pourrait attendre de leur niveau de transformation économique et de leur environnement politique. D'autre part, en Angola, au Cap-Vert et au Soudan, le taux d'inscription à l'université est relativement élevé compte tenu de l'absence

Graphique 4.3 Taux bruts d'inscription dans l'enseignement supérieur selon le PIB par habitant, par région du monde

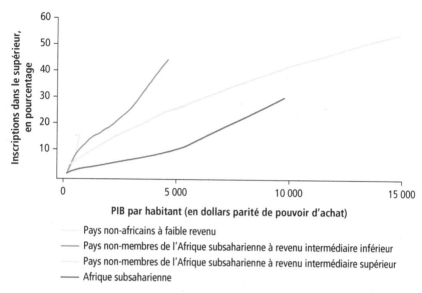

Sources : Pour les inscriptions brutes dans le supérieur, base de données UIS.Stat ; pour le PIB par habitant, indicateurs de développement dans le monde.

Graphiques 4.4 Inscriptions brutes dans l'enseignement supérieur en Afrique subsaharienne et dans le monde selon le PIB par habitant, la part de la population ayant au moins terminé l'enseignement secondaire et selon l'environnement favorable aux affaires

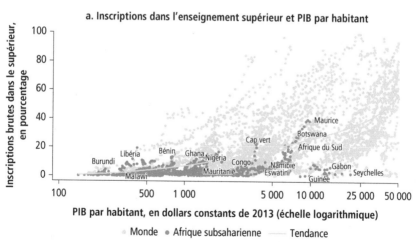

(suite page suivante)

Graphiques 4.4 (suite)

b. Inscriptions dans l'enseignement supérieur et pourcentage de la population adulte (âgée de 15 ans et plus) ayant au moins commencé les études secondaires

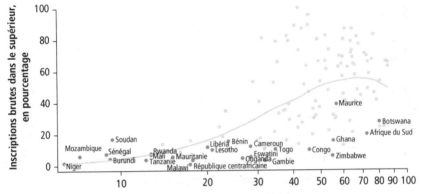

c. Inscriptions dans l'enseignement supérieur et environnement national favorable aux entreprises

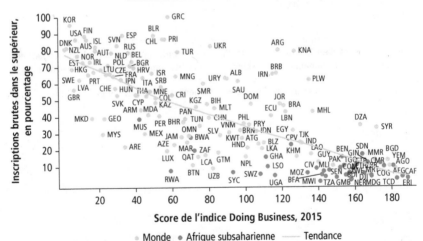

Source : Pour le graphique a, indicateurs de développement dans le monde et base de données UIS.Stat ; pour le graphique b, Barro et Lee, 2015 et base de données UIS.Stat ; pour le graphique c, données Doing Business, 2015 et base de données UIS.Stat.

d'environnement politique qui pourrait permettre de récolter une grande partie des bénéfices sociaux et privés des investissements dans l'enseignement universitaire, ou de l'avènement de leur transformation économique. Pourtant, les faits jusqu'à présent suggèrent que, pour que l'enseignement supérieur génère une croissance économique, il doit s'accompagner de réformes politiques favorisant l'investissement privé et d'un système d'éducation élémentaire solide qui améliore les compétences de base des étudiants (Hanushek, 2016).

Les systèmes d'enseignement supérieur en Afrique subsaharienne sont soumis à de fortes pressions pour se développer afin d'absorber le nombre croissant de diplômés de l'enseignement secondaire, mais l'égalité des chances, l'efficacité, la qualité et la pertinence restent insuffisantes. Au cours des 20 prochaines années, la part de la population adulte ayant au moins un niveau d'éducation supérieure (principalement universitaire) passera de 3 % aujourd'hui à 10 % (voir chapitre 2). Pourtant, le système universitaire de la plupart des pays de cette région du monde est déséquilibré, caractérisé par d'importantes inégalités d'accès et de réussite dans l'enseignement supérieur, un fort manque d'efficacité et une faible qualité et une pertinence globales, en particulier dans des domaines clés importants pour la transformation structurelle de l'économie, tels que les domaines STIM. Ces faiblesses systématiques génèrent un décalage entre les aspirations des jeunes et de leur famille d'une part, et la réalité d'autre part. Les facteurs à l'origine de ces faiblesses en matière d'égalité des chances, d'efficacité, de qualité et de pertinence sont examinés ci-après.

Améliorer l'égalité des chances d'accès à l'enseignement supérieur

Inégalités socioéconomiques

Comme dans beaucoup d'autres pays, les investissements dans les universités des pays d'Afrique subsaharienne ont jusqu'à présent profité de manière disproportionnée aux plus aisés. Comme Darvas, Favara et Arnold (2017) l'ont montré, il existe des écarts considérables entre les groupes socioéconomiques en matière d'accès. Au Malawi, 1 % seulement des étudiants inscrits à l'université sont issus des ménages faisant partie des 20 % les plus modestes ; seuls 3 % sont issus du deuxième quintile le plus pauvre. En revanche, 80 % des étudiants universitaires sont issus du quintile le plus riche (Banque mondiale, 2013a). Globalement, dans la région, les taux bruts d'inscription dans l'enseignement supérieur s'élèvent à 16 % dans le quintile le plus riche de la population, mais à seulement 2 % dans les plus pauvres (graphique 4.5). Même en tenant compte d'autres facteurs, comme la réussite scolaire aux niveaux primaire et secondaire, les aptitudes cognitives, les aptitudes socio-émotionnelles et la participation des parents à l'école, le milieu socioéconomique, largement influencé par le niveau

Graphique 4.5 Taux brut d'inscriptions dans l'enseignement supérieur en Afrique subsaharienne, selon le quintile de revenu

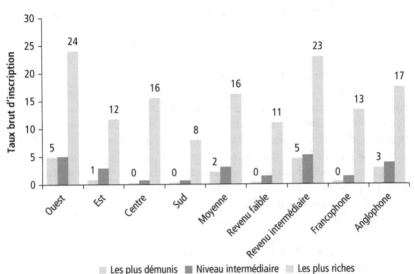

Source : Darvas et al., 2017.

de scolarité des parents, est important pour l'accès aux études supérieures. Dans les zones urbaines du Kenya, par exemple, le fait d'avoir un ou deux parents ayant au moins un diplôme d'études secondaires augmente de 3,5 fois la probabilité qu'une personne aille à l'université (graphique 4.6).

Inégalités entre les sexes et spatiales

Outre le contexte socioéconomique, il existe de grandes différences d'accès à l'enseignement supérieur à l'intérieur des pays en fonction du sexe et de la zone géographique[3]. Si, en moyenne, les hommes sont plus susceptibles que les femmes d'accéder à l'enseignement supérieur, les différences sont relativement faibles. Toutefois, la moyenne masque de très grandes différences entre les sexes en fonction des pays. Au Bénin, au Cameroun, au Tchad, au Ghana, en Guinée, au Mali et au Togo, les hommes ont plus de chances que les femmes d'être inscrits dans l'enseignement supérieur d'au moins 5 points de pourcentage. En Afrique du Sud, au Botswana, au Cap-Vert, à Maurice, au Sénégal et aux Seychelles, les femmes sont nettement plus susceptibles de fréquenter l'enseignement supérieur[4]. Les différences dans la préparation à l'université, le manque à gagner différentiel entre les sexes dans différents contextes, les

Graphique 4.6 **Probabilité de fréquenter l'université dans les régions urbaines du Kenya**

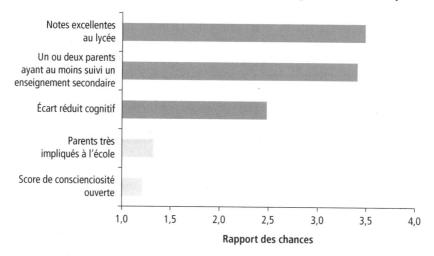

Source : Études réalisées auprès des ménages sur les Compétences pour l'employabilité et la productivité (STEP).
Note : Régressions multivariées. Les barres représentent les chances de fréquenter l'université. Les coefficients qui sont significatifs au moins au niveau de 10 % sont représentés en bleu foncé. Les contrôles visant à déterminer si la personne a commencé l'école tardivement pour son âge (a commencé la première année d'études primaires à l'âge de 7 ans ou plus), le nombre de frères et sœurs, l'âge, le sexe et la langue maternelle sont inclus.

perspectives de travail après l'obtention du diplôme et d'autres obstacles spécifiques au sexe (comme les normes sociales) expliquent probablement ces écarts (Banerjee *et al.,* 2013).

Le facteur géographique est également important. Au Nigeria, par exemple, 18 % des adultes de la région du Sud-Ouest, y compris Lagos, ont au moins suivi des études supérieures, contre seulement 5 % dans le Nord-Ouest (Banque mondiale, 2015a). Le fossé entre les zones urbaines et rurales est également marqué dans la plupart des pays de la région subsaharienne, étant donné que les zones urbaines ont une plus forte concentration d'universités, un taux d'inscription plus élevé et une éducation élémentaire de meilleure qualité, et un plus grand nombre de ménages aisés ayant de meilleures chances de pouvoir supporter le coût de l'enseignement universitaire.

L'expérience internationale montre que l'enseignement universitaire tend souvent à favoriser l'élite à ses débuts et devient plus équitable à mesure qu'il se développe, à condition que les bonnes politiques soient en place. Par exemple, entre 2000 et 2013, la participation à l'enseignement supérieur a augmenté pour toutes les catégories de revenus en Amérique latine et dans les Caraïbes, mais la croissance a été nettement plus rapide pour les personnes à revenu faible et intermédiaire. Les inégalités dans la participation ont diminué en moyenne de 25 %. Au Chili, par exemple, la participation de la moitié la plus pauvre de la population a plus que doublé au cours de cette période, en partie grâce à un programme progressif de prêts étudiants (Banque mondiale, à paraître). Cependant, une croissance équitable n'est pas garantie. En Asie, l'accès à l'enseignement supérieur s'est considérablement développé et la parité entre les sexes est presque atteinte, mais l'accès pour les personnes appartenant aux quintiles les plus pauvres reste anormalement peu élevé et n'augmente que faiblement (UIS, 2014). L'un des défis pour les systèmes universitaires en Afrique subsaharienne, ainsi que dans de nombreux autres pays du monde, est d'assurer un accès et une rétention plus équitables dans des universités de qualité.

Orientation politique

Sur quoi devrait porter l'action politique visant à améliorer l'égalité des chances ? Essentiellement, les pays doivent s'attaquer aux raisons pour lesquelles l'enseignement supérieur tend à favoriser les élites. Trois raisons expliquent ce phénomène. Premièrement, aller à l'université peut coûter cher, surtout pour les plus démunis, même si les frais des cours sont couverts. Outre le lourd fardeau des coûts directs de l'université (frais de scolarité, transport, logement, équipement), les personnes démunies sont également confrontées à un manque à gagner plus élevé sous la forme d'un manque à gagner lié au travail qui aurait pu être effectué à la maison ou sur le marché du travail. Les étudiants issus de familles à faible revenu viennent aussi souvent de zones rurales sans université à proximité, ce qui augmente les coûts monétaires et non monétaires des études.

Deuxièmement, et c'est une question connexe, les familles peuvent sous-investir dans l'éducation, à la fois dans l'enseignement universitaire et dans les niveaux antérieurs, parce que les avantages complets sont trop éloignés. Les familles doivent investir dans la scolarisation de leurs enfants pendant de nombreuses années avant d'en récolter les fruits, en particulier lorsque le bénéfice de l'éducation augmente sensiblement avec le niveau d'instruction et qu'il y a un effet diplôme ou «peau de mouton» (Sheepskin effect) qui fait que les personnes qui obtiennent un diplôme (par exemple, les diplômés du secondaire ou des universités) ont de meilleurs revenus, comme cela a largement été documenté dans le monde et dans plusieurs pays d'Afrique subsaharienne (Montenegro et Patrinos, 2014). Le fait de ne pas pouvoir contracter d'emprunt sur la base de revenus futurs plus élevés (en raison d'une sélection défavorable, d'un risque moral et de l'absence de garanties acceptables) peut entraîner un sous-investissement dans l'éducation, dès les premières années. Toutes ces contraintes et ces défaillances du marché touchent les plus démunis de manière disproportionnée. Kaufmann (2012) montre qu'au Mexique, les étudiants les plus pauvres ont besoin de rendements plus élevés pour être incités à s'inscrire dans l'enseignement supérieur, ce qui suggère qu'ils font face à des coûts directs et indirects plus élevés associés à leur inscription aux études. Étant donné que la progression et la finalisation de ces études dépendent en partie de la « valeur d'option » de la fréquentation de l'enseignement supérieur (où les rendements sont les plus élevés), et face aux perspectives incertaines d'atteindre ces niveaux d'éducation, les enfants de familles à faible revenu sont plus susceptibles de quitter l'école, même avant que des contraintes de liquidité ne se fassent sentir. Les faibles probabilités d'obtenir un diplôme universitaire ont une incidence sur les investissements initiaux dans l'éducation, ce qui crée une boucle de rétroaction négative.

Troisièmement, ayant reçu un enseignement élémentaire de qualité inférieure, les étudiants issus de milieux défavorisés ont moins de chances de s'inscrire à l'université (surtout dans des universités de qualité) et d'obtenir un diplôme même s'ils commencent leurs études. Au Ghana et au Kenya, par exemple, les adultes ayant au moins un niveau d'instruction primaire et issus de familles plus pauvres, dont les parents sont moins instruits, ont un score inférieur de 45 et 30 % à celui de leurs homologues plus privilégiés, respectivement. Cette constatation fait écho à d'importants écarts de réussite dans l'enseignement primaire entre les enfants riches et pauvres (chapitre 2). En effet, d'autres études indiquent également que l'accès et l'égalité des chances dans l'enseignement supérieur sont fondamentalement déterminés par l'accès et l'égalité des chances dans un enseignement secondaire de bonne qualité (Lulwana, Ouma, et Pillay, 2016).

Investir le plus tôt possible dans les compétences de base est donc le meilleur moyen de gérer la tension entre productivité et inclusion des investissements dans l'enseignement supérieur. Comme les jeunes défavorisés sont plus susceptibles de ne pas être préparés aux exigences académiques et non académiques des études universitaires en raison des inégalités dans l'accès à un enseignement élémentaire de qualité, il est très difficile (et en définitive coûteux) de s'attaquer aux inégalités dans l'enseignement supérieur de manière globale sans aborder les inégalités présentes dans les niveaux inférieurs de l'éducation. En cas d'obstacles supplémentaires à l'accès, liés au statut socioéconomique, au sexe ou au lieu de résidence, par exemple, des mesures complémentaires seront probablement aussi nécessaires.

Assurer un bon rapport qualité-prix et une efficacité accrue

Dépenses publiques

Les pays d'Afrique subsaharienne consacrent une part importante de leur budget éducatif à l'enseignement universitaire, les dépenses moyennes par habitant étant trois fois plus élevées qu'ailleurs dans les pays à revenu faible ou intermédiaire. En moyenne, 1 % du produit intérieur brut (PIB) ou 20 % du total des dépenses publiques d'éducation sont consacrés à l'enseignement supérieur dans cette région du monde (tableau 4.1). Ce niveau de dépenses est supérieur à la moyenne des pays à revenu faible et intermédiaire inférieur dans le reste du monde et à celui des pays à revenu intermédiaire supérieur.

En Afrique subsaharienne, les dépenses moyennes par étudiant pour l'enseignement supérieur sont également supérieures aux normes internationales. Dans la région, on dépense en moyenne 2 445 dollars par étudiant, soit trois fois plus que ce que dépensent les pays à revenu faible ou intermédiaire inférieur dans le reste du monde (et 1,3 fois plus que les pays à revenu intermédiaire supérieur dans le reste du monde). Alors qu'en moyenne, les dépenses par habitant pour l'enseignement supérieur augmentent avec le revenu des pays, l'expérience mondiale est très diverse (graphique 4.7). Néanmoins, certains pays dépensent relativement peu (Liberia, Zambie). Ces pays comportent un risque de présenter des problèmes caractéristiques du sous-financement (et du manque de responsabilisation), notamment des classes surchargées, des enseignants absents et le travail au noir dans des seconds emplois[5]. En revanche, les pays du sud de l'Afrique comme le Botswana, l'Eswatini et le Lesotho, mais aussi le Ghana, le Malawi et le Rwanda, sont parmi les pays (avec des données disponibles) ayant les dépenses par habitant les plus élevées dans l'enseignement supérieur, mais plusieurs ont vu leurs coûts par habitant décliner à mesure qu'ils sont devenus plus prospères.

Tableau 4.1 **Dépenses publiques moyennes dans l'enseignement supérieur en Afrique subsaharienne et dans le monde, selon le niveau de revenu, 2010-2015**

Région du monde	Dépenses publiques dans l'enseignement supérieur (en % du PIB)	Dépenses publiques dans l'enseignement supérieur (en % des dépenses publiques en éducation)	Dépenses par étudiant (en dollars constants)
Afrique subsaharienne	0,96	20	2 445
Revenu faible	0,96	21	1 713
Revenu intermédiaire	0,85	16	2 872
Revenu intermédiaire supérieur	1,10	14	6 089
Hors Afrique subsaharienne			
Revenu faible et intermédiaire inférieur	0,70	16	817
Revenu intermédiaire supérieur	0,95	20	1 873

Source : Base de données UIS.Stat.
Note : Le tableau présente les dépenses consacrées à l'enseignement postsecondaire de niveau supérieur. La moyenne est prise sur les trois dernières années de données entre 2010 et 2015.

Graphique 4.7 Corrélation entre les dépenses par étudiant dans l'enseignement supérieur et le PIB par habitant

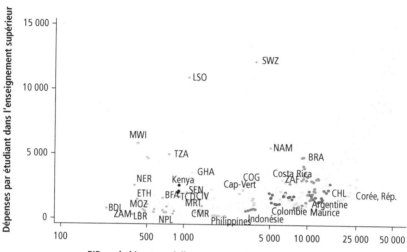

Sources : Base de données UIS.Stat ; Indicateurs du développement mondial.
Note : BDI = Burundi ; BFA = Burkina Faso ; BRA = Brésil ; CHL = Chili ; CMR = Cameroun ; COG = République du Congo ; ETH = Éthiopie ; GHA = Ghana ; LBR = Libéria ; LSO = Lesotho ; MWI = Malawi ; MOZ = Mozambique ; MRT = Mauritanie ; NAM = Namibie ; NER = Niger ; NPL = Népal ; PHL = Philippines ; SEN = Sénégal ; TZA = Tanzanie et ZAM = Zambie.

Coûts de l'éducation

En moyenne, les gouvernements de la région dépensent quatre fois plus par étudiant de l'enseignement supérieur que par élève du primaire. Ce ratio est de 1:1 dans les pays à revenu faible et intermédiaire inférieur et de moins de 1:1 dans les pays à revenu intermédiaire supérieur. Les dépenses personnelles (frais des cours, logement, équipement, etc.), surtout dans le cas d'universités privées, peuvent aussi être importantes pour les familles et les particuliers (Darvas, 2016). Dans des pays comme le Burundi, la Côte d'Ivoire et le Rwanda, plus de la moitié des étudiants de l'enseignement supérieur sont inscrits dans des établissements privés.

Ces coûts unitaires élevés sont dus en grande partie à d'importantes subventions globales et à d'autres sources de gaspillage. L'absence d'économies d'échelle compte tenu de la dimension modeste du système n'explique qu'une petite partie des coûts, puisque, dans l'ensemble, les dépenses par habitant sont largement sans rapport avec les inscriptions. Les coûts élevés découlent en premier lieu de l'utilisation de ressources publiques importantes pour payer les subventions de la plupart des étudiants, y compris les étudiants issus de familles plus riches qui ont les moyens de payer leurs propres études ou de contracter des emprunts (Banque mondiale, 2010). En outre, dans toute l'Afrique subsaharienne, environ 18 % du budget de l'enseignement supérieur est consacré à des bourses d'études à l'extérieur de l'Afrique, et ces bourses sont généralement accordées à des étudiants provenant de milieux favorisés. Bien que ces bourses d'études puissent présenter des avantages considérables, elles ont aussi un coût (encadré 4.2). Le Botswana, le Lesotho et Maurice consacrent une part significative de leur budget de l'enseignement supérieur à l'octroi de bourses pour envoyer des étudiants à l'étranger, ce qui limite les bénéfices publics de ces niveaux élevés de dépenses.

ENCADRÉ 4.2

Quand les étudiants partent à l'étranger pour leurs études universitaires

On estime qu'un Africain sur neuf ayant fait des études supérieures vit dans un pays à revenu élevé en Europe, en Amérique du Nord et ailleurs. Cela représente une augmentation de 50 % au cours des 10 dernières années, soit plus que dans toute autre région du monde (OCDE, 2013). Dans des pays comme Maurice et le Zimbabwe, plus de 40 % des migrants sont très instruits. Dans de nombreux pays, la proportion d'étudiants de l'enseignement supérieur étudiant à l'étranger est très importante (graphiques E4.2.1). En particulier dans les petits pays comme le Cap-Vert, les Comores et Eswatini, le pourcentage d'étudiants de l'enseignement supérieur à l'étranger est plusieurs fois supérieur au nombre d'étudiants inscrits localement.

Les conséquences pour les pays sources sont ambiguës. D'une part, il existe un risque de fuite des cerveaux, le départ de (futurs) médecins, enseignants, ingénieurs, scientifiques et autres travailleurs hautement qualifiés réduisant le capital humain et les revenus fiscaux des pays d'origine (Bhagwati et Hamada, 1974). D'autre part, une diaspora très instruite peut être une force puissante pour le développement de l'économie locale par le biais de transferts de fonds, d'échanges commerciaux, d'investissements étrangers directs et de transferts de connaissances, l'expérience de la Chine et de l'Inde dans la création d'entreprises technologiques grâce à la diaspora travaillant dans la Silicon Valley étant un exemple frappant (Saxeenian, 2002).

Les études sur les impacts de la migration, soutenues par des données empiriques, sont de plus en plus abondantes. Par exemple, Gibson et McKenzie (2012) analysent cinq pays, dont le Ghana, et constatent qu'il y a d'importants avantages à tirer de la migration, notamment des études de niveau master et au-delà et des transferts de fonds des migrants hautement qualifiés originaires de pays pauvres,

---

(suite page suivante)

Encadré 4.2 (suite)

Graphiques E4.2.1 **Nombre d'étudiants de l'enseignement supérieur poursuivant des études à l'étranger par rapport au total des inscriptions dans l'enseignement supérieur en Afrique subsaharienne et dans d'autres régions du monde, en 1999 et 2013**

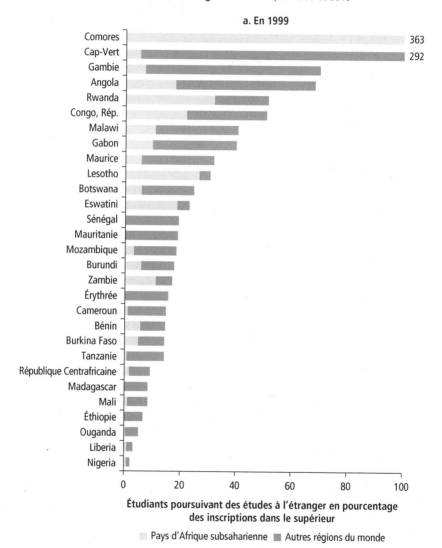

a. En 1999

Étudiants poursuivant des études à l'étranger en pourcentage des inscriptions dans le supérieur

■ Pays d'Afrique subsaharienne   ■ Autres régions du monde

Source : Base de données UIS.Stat.

(suite page suivante)

Encadré 4.2 (suite)

Graphiques E4.2.1 **(suite)**

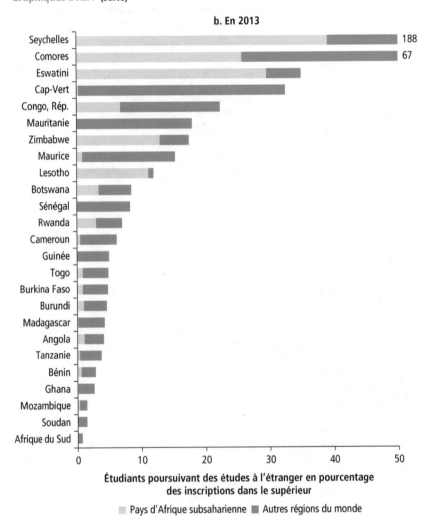

b. En 2013

Étudiants poursuivant des études à l'étranger en pourcentage des inscriptions dans le supérieur

Pays d'Afrique subsaharienne ■ Autres régions du monde

Source : Base de données UIS.Stat.

(suite page suivante)

Encadré 4.2 (suite)

mais que la participation aux échanges commerciaux et aux investissements étrangers directs est rare. Ils constatent également qu'il existe un flux considérable de connaissances émanant des migrants actuels et des migrants de retour sur les possibilités d'emploi et d'études à l'étranger, mais peu de partage net des connaissances des migrants actuels vers les gouvernements ou les entreprises des pays d'origine. Enfin, les coûts budgétaires varient considérablement d'un pays à l'autre et dépendent de l'importance accordée par les gouvernements à l'imposition progressive du revenu pour le financement. En outre, la recherche a montré que les pays combinant des niveaux relativement faibles de capital humain et des taux peu élevés d'émigration de travailleurs qualifiés sont plus susceptibles de connaître une fuite des cerveaux bénéfique (effet positif net; voir Beine, Docquier et Rapoport, 2008) et que les petits États sont les principaux perdants (Beine, Docquier, et Schiff, 2008). En conséquence, la situation de nombreux petits pays d'Afrique subsaharienne est préoccupante.

Tous les pays d'Afrique subsaharienne ne sont pas exposés au risque de fuite des cerveaux. Le Rwanda, par exemple, retient les meilleurs et les plus brillants et attire en même temps des talents internationaux. Le Rwanda arrive en tête de la liste du Forum économique mondial des pays d'Afrique subsaharienne en mesure de retenir leurs meilleurs talents, suivi de la Côte d'Ivoire, du Kenya et de l'Afrique du Sud. Il semblerait en outre que les jeunes d'Afrique subsaharienne qui étudient dans des universités étrangères souhaitent rentrer chez eux. Être proche de leur famille est un facteur important. Cependant, ils mesurent également les risques et les avantages. Les gouvernements africains et les initiatives menées par diverses organisations non gouvernementales mettent en valeur les « récompenses » et appellent les Africains à rentrer chez eux. Ces organisations comprennent notamment le Nouveau partenariat pour le développement de l'Afrique (NEPAD) et la Homecoming Revolution. Cette dernière organisation se concentre sur l'Afrique du Sud et déclare que 359 000 Sud-Africains sont rentrés chez eux au cours des cinq dernières années. De plus, pour chaque personne qualifiée qui rentre en Afrique du Sud, on estime que neuf nouveaux emplois sont créés dans les secteurs formel et informel. Par conséquent, il est possible d'exploiter la diaspora et d'encourager les travailleurs qualifiés à revenir sur le continent. Pour cela, un environnement favorable qui leur donne envie de revenir et qui permette à leur retour de créer des emplois doit également être en place.

Les taux d'abandon et d'inachèvement des études tendent à être élevés en Afrique, augmentant les coûts tant pour le système que pour les individus. En Afrique du Sud, par exemple, environ 30 % des étudiants à l'université abandonnent leurs études dans un délai de cinq ans (van Broekhuizen, van der Berg et Hofmeyr, 2016). À Madagascar, environ 40 % des étudiants échouent la première année et seuls 27 % des nouveaux étudiants obtiennent leur diplôme (Sack et Ravalitera, 2011). Les étudiants issus de milieux défavorisés et moins bien préparés pour l'université sont plus susceptibles d'abandonner leurs études et de retarder leur achèvement (Chimanikire 2009 ; van Broekhuizen, van der Berg et Hofmeyr, 2016). Une relation a également été établie entre la qualité des établissements, en particulier la qualité du corps professoral et de l'enseignement, et des taux d'abandon plus élevés (Lulwana, Ouma et Pillay, 2016). Bien sûr, tous ces coûts liés à l'université ne sont pas un gaspillage. Dans sept pays d'Afrique subsaharienne, les jeunes ayant fait des études universitaires gagnent encore plus que les diplômés de l'enseignement secondaire, mais 70 % de moins que ceux qui ont obtenu un diplôme universitaire[6].

L'augmentation des coûts unitaires s'explique probablement aussi par d'autres failles dans l'utilisation des ressources du système. Les coûts récurrents élevés, principalement sous forme de salaires, et la gestion peu efficace des ressources humaines sans obtenir le niveau de qualité attendu et des résultats sous forme de diplômés qualifiés et de travaux de recherche, sont des sources majeures d'inefficacité (Darvas, 2016). À Madagascar, au Malawi et en Zambie, les membres du personnel administratif des universités sont trop nombreux par rapport aux étudiants et à la charge de travail (Mambo *et al.*, 2016 ; Sack et Ravalitera, 2011 ; Banque mondiale, 2015c). En Zambie, alors que le rapport étudiants/enseignants-chercheurs dans les universités publiques et privées est similaire (environ 18 ou 20 pour 1), la situation est très différente pour le personnel technique et administratif : le rapport est d'environ 15 pour 1 dans le secteur privé et 73 pour 1 dans les universités publiques, soit presque cinq fois supérieur (Banque mondiale, 2015c). Les processus budgétaires, qui reposent souvent sur des allocations historiques plutôt que sur des clés de répartition basées sur le nombre d'étudiants ou sur les résultats, sont une autre source d'inefficacité (Banque mondiale, 2013a).

Orientation politique

Compte tenu des contraintes budgétaires actuelles et des demandes concurrentes d'investissements dans le capital humain et ailleurs, il devient impératif d'augmenter l'efficacité des dépenses publiques consacrées à l'enseignement universitaire avant de poursuivre l'expansion rapide du système, notamment dans les pays où les dépenses par habitant sont déjà très élevées.

Améliorer la qualité et la pertinence

Rendements de l'enseignement supérieur

Pour les personnes qui y ont accès, les études universitaires sont en moyenne bénéfiques dans la région subsaharienne. L'enseignement supérieur est associé à un niveau d'emploi plus élevé et de meilleure qualité et à des parcours professionnels plus positifs sur la durée, par comparaison avec un enseignement secondaire ou supérieur non universitaire (chapitre 3). En fait, le rendement privé de l'enseignement supérieur est plus élevé en Afrique que dans toute autre région du monde, ce qui reflète la rareté relative des diplômés de l'enseignement supérieur et la taille beaucoup plus modeste des systèmes. En moyenne, dans l'ensemble des pays de la région, le rendement de l'enseignement supérieur est de 20 %[7]. En Afrique subsaharienne, le rendement de l'enseignement supérieur est nettement supérieur à celui de l'enseignement primaire ou secondaire, qui est de 14 et 11 %, respectivement (Montenegro et Patrinos, 2014). La Côte d'Ivoire, le Gabon, le Niger et le Rwanda ont le rendement le plus élevé dans l'enseignement supérieur (plus de 25 %), tandis que la Guinée et la Sierra Leone ont le rendement le plus faible (moins de 10 % ; voir graphiques 4.8).

Dans environ la moitié des pays, le rendement est plus élevé pour les hommes que pour les femmes, tandis que dans l'autre moitié, c'est l'inverse qui se produit[8]. Dans la plupart des cas, l'écart des rendements est inférieur à 5 points de pourcentage. Cependant, au Tchad, en Gambie et au Niger, le rendement est supérieur de plus de 10 points de pourcentage pour les hommes que pour les femmes ; en République démocratique du Congo, les femmes bénéficient d'un meilleur rendement.

Graphiques 4.8 **Rendements de l'enseignement supérieur en Afrique et en Amérique latine, en fonction du PIB par habitant et des inscriptions**

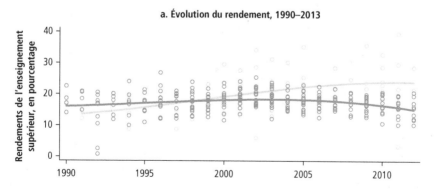

a. Évolution du rendement, 1990–2013

(suite page suivante)

Graphiques 4.8 (suite)

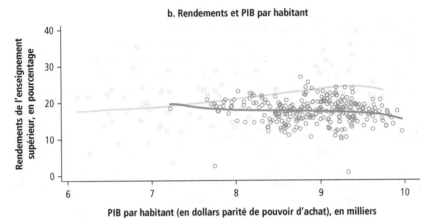

b. Rendements et PIB par habitant

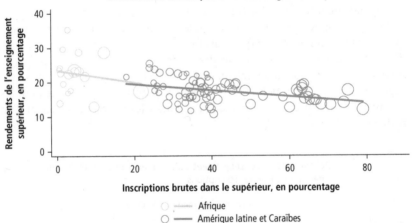

c. Rendements et inscriptions dans l'enseignement supérieur

○ ⋯⋯ Afrique
○ ━━━ Amérique latine et Caraïbes

Sources : Urzua, 2016. Pour les rendements de l'enseignement supérieur, Montenegro et Patrinos, 2014. Pour les inscriptions brutes dans le supérieur, Indicateurs du développement mondial. Pour le PIB par habitant, Fonds monétaire international.
Notes : Sur le graphique c, le PIB par habitant définit la taille du marqueur. Pays ayant fourni des informations sur les trois variables : pour l'Amérique latine et les Caraïbes, l'Argentine, la Bolivie, le Chili, la Colombie, l'Équateur, le Paraguay, le Pérou, l'Uruguay et le Venezuela, Rép. boliv. ; pour l'Afrique, le Burkina Faso, le Cameroun, l'Éthiopie, le Ghana, le Kenya, le Malawi, le Mozambique, le Niger, le Nigéria, le Rwanda, le Tchad et la Tanzanie.

Dans l'ensemble, les plus hauts niveaux d'enseignement, en particulier d'enseignement supérieur, sont associés à des taux de pauvreté des travailleurs plus faibles (UNESCO, 2016). Cette association est importante en Afrique subsaharienne, où plus de 70 % d'entre eux, soit près d'un million de jeunes travailleurs, vivent sous le seuil de pauvreté (OIT, 2016).

Le fait que le rendement moyen d'un diplôme universitaire soit élevé est cohérent avec le niveau de revenu des pays et le faible taux d'inscription dans l'enseignement supérieur. Comme le montre le graphique 4.8.c, le rendement de l'enseignement supérieur a augmenté avec le temps, malgré la hausse du nombre d'inscriptions[9]. Toutefois, à mesure que les pays de la région se développent et que les systèmes du supérieur grandissent, les retours devraient diminuer.

Il n'est donc pas surprenant que l'enseignement supérieur soit, en moyenne, associé à des compétences plus avancées. Au Kenya, par exemple, les diplômés de l'enseignement supérieur sont les seuls adultes des zones urbaines à faire un usage intensif des compétences en lecture, écriture, calcul et technologies de l'information et de la communication (TIC) (graphique 4.9). Ces compétences font précisément partie de celles qui deviennent de plus en plus essentielles dans les professions de moyenne et haute qualification et dans la modernisation des secteurs et des économies ; elles peuvent être cruciales pour la transformation économique des pays de la région. Au Ghana, plus des deux tiers des travailleurs urbains ayant une éducation de niveau supérieur occupent des emplois

Graphique 4.9 Proportion d'adultes utilisant les compétences de lecture, d'écriture, de calcul et d'informatique en milieu urbain au Kenya, selon l'intensité et le niveau d'instruction

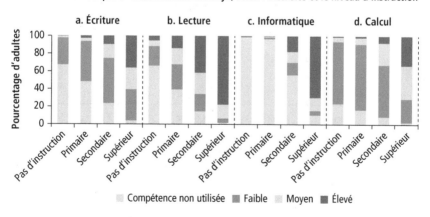

Source : Sanchez Puerta et Perinet, 2015, sur la base des études réalisées auprès des ménages sur les Compétences pour l'employabilité et la productivité (STEP) en 2013.
Note : Exclut les personnes actuellement inscrites dans le système éducatif.

hautement qualifiés, contre seulement 20 pour cent de ceux qui n'ont pas terminé leurs études secondaires (graphique 4.10). Cette utilisation des compétences au travail reflète, du moins en partie, des capacités cognitives plus élevées[10].

Inadéquation entre les compétences enseignées et les besoins en compétences

Malgré des rendements moyens élevés, il existe des signes d'une inadéquation entre les compétences des diplômés universitaires, le marché du travail et les besoins des économies en transformation. Comme on l'a vu au chapitre 1, de nombreux employeurs de la région, en particulier des entreprises exportatrices et innovatrices de grande taille, considèrent l'insuffisance des compétences comme l'une des contraintes les plus lourdes pour leur entreprise.

Graphique 4.10 Proportion de travailleurs en milieu urbain au Kenya, par niveau de compétence de poste occupé et niveau d'instruction

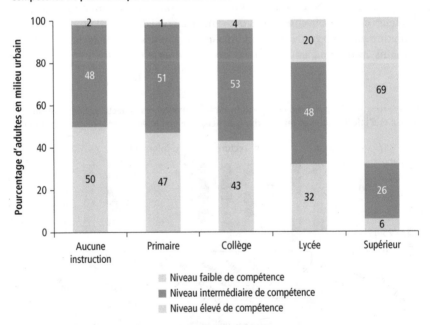

Source : Darvas, Farvara et Arnold, 2017, sur la base d'études sur les Compétences pour l'employabilité et la productivité (STEP) réalisées auprès des ménages en 2013.
Note : Les professions de niveau faible de compétence comprennent les travailleurs de l'agriculture, de la sylviculture et de la pêche, les travailleurs de l'artisanat et des métiers connexes, les ouvriers d'usine et les opérateurs de machine, les assembleurs et les emplois de base. Les professions de niveau intermédiaire comprennent les techniciens et les professionnels associés, les employés de bureau et les travailleurs des services et de la vente. Les professions de niveau élevé de compétence comprennent les cadres et spécialistes.

Les employeurs ressentent de plus en plus les déficits de compétences à mesure que les économies de la région se développent et que d'autres obstacles aux activités commerciales sont éliminés. Ces pressions sont susceptibles d'augmenter à mesure que les employeurs exigent un ensemble de compétences de plus en plus vaste et complexe. Un enseignement supérieur de qualité est essentiel, en particulier dans les secteurs moteurs qui sont porteurs de la transformation économique. Pourtant, un diplôme universitaire, pour beaucoup, est loin d'être une garantie d'emploi, surtout d'un emploi qui répond aux attentes des diplômés. Dans de nombreux pays de la région subsaharienne, et dans le reste du monde, les taux de chômage tendent à être plus élevés chez les jeunes diplômés de l'université que chez les autres jeunes (Filmer et Fox, 2014)[11]. En moyenne, les diplômés de l'université de cette partie du monde trouvent un emploi un an après avoir obtenu leur diplôme[12]. Autrement dit, trop souvent, les employeurs ne trouvent pas les compétences recherchées chez les diplômés de l'université et ces derniers ne trouvent pas de travail (Blom *et al.*, 2016).

Ce décalage s'explique d'abord par un manque généralisé de qualité dans l'enseignement universitaire, malgré la présence de plusieurs universités de qualité en Afrique subsaharienne. Le classement mondial des universités du Times Higher Education, par exemple, place deux universités sud-africaines parmi les 200 premières au classement mondial : l'Université de Cape Town, classée 148e et l'Université Wits, classée 182e (Times Higher Education, 2016). Mais les universités de renommée mondiale sont très concentrées. Parmi les 10 premières universités d'Afrique subsaharienne dans ce classement, 8 sont en Afrique du Sud, 1 au Ghana et 1 au Nigeria. Dans la plupart des cas, les étudiants quittent le système universitaire sans avoir encore acquis les compétences de base. Au Kenya, moins de 1 % des adultes ayant fait des études supérieures qui ont passé un test de compétences en lecture ont atteint le niveau 4 ou 5 de compétence (par exemple, résumer ou intégrer des informations provenant de plusieurs textes) ; plus d'un quart se situaient au niveau 1 ou sous le niveau 1, ce qui signifie qu'ils ne pouvaient identifier un seul élément d'informations demandé dans un texte simple ou entrer des informations personnelles dans un document (graphique 4.11). Des résultats tout aussi médiocres ont été obtenus au Ghana au même test (Darvas, Favara et Arnold, 2017). Plus d'un cinquième des entreprises privées du Liberia déclarent que les jeunes travailleurs, y compris ceux qui ont fait des études supérieures, ont de très mauvaises compétences en TIC et en rédaction[13].

Ces résultats médiocres reflètent le manque de préparation à l'université de nombreux étudiants, qui arrivent dans l'enseignement supérieur avec des compétences de base insuffisantes. En raison de ces carences prématurées (chapitre 2), de nombreux étudiants d'Afrique subsaharienne, démunis ou non, atteignent le niveau universitaire sans avoir les compétences de base

Graphique 4.11 Compétences en lecture, en milieu urbain au Kenya, selon le niveau d'instruction

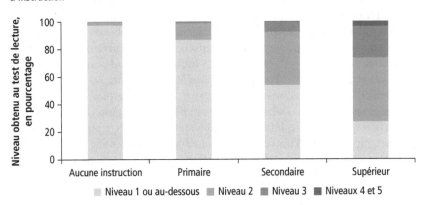

Source : Sanchez Puerta et Perinet, 2015, sur la base des études réalisées auprès des ménages sur les Compétences pour l'employabilité et la productivité (STEP) en 2013.

nécessaires pour faire des études supérieures et acquérir les compétences académiques avancées prévues. Les échecs dans le développement des compétences de base dans le foyer ou dans l'enseignement primaire ne préparent pas les jeunes à faire face aux fortes exigences d'un enseignement universitaire. Dans les pays qui imposent des examens d'entrée à l'université, de nombreux diplômés de l'enseignement secondaire ne répondent pas aux normes minimales des examens, comme ce fut le cas en 2016 au Liberia, où presque tous les étudiants ont échoué à l'examen d'entrée à l'université, selon le West African Examinations Council.

Comme on l'a vu, les compétences de base sont importantes pour l'accès à l'enseignement supérieur, quels que soient le statut socioéconomique et d'autres caractéristiques individuelles et familiales. Mais comme les normes sont souvent laxistes, la préparation demeure une contrainte pour les étudiants inscrits. En Afrique du Sud, par exemple, le niveau de préparation pour l'université, mesuré par les résultats à l'examen de fin d'études secondaires utilisé pour l'admission à l'université, est un bon indicateur de performance une fois dans l'enseignement supérieur : plus les étudiants sont prêts pour l'université, plus vite ils y entrent, plus la probabilité qu'ils obtiennent leur diplôme en six ans est élevée et moins ils abandonnent au cours des cinq premières années (graphique 4.12). À mesure que les systèmes d'enseignement supérieur se développent, ils ont tendance à puiser dans un réservoir d'étudiants de moins en moins prêts. La question de la préparation des étudiants universitaires deviendra donc une question politique de plus en plus

Graphique 4.12 Réussite à l'examen de fin d'études secondaires et résultats universitaires en Afrique du Sud

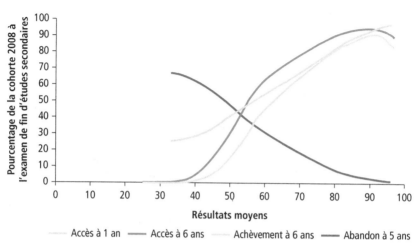

Source : van Broekhuizen, van der Berg et Hofmeyr, 2016.

pertinente en Afrique subsaharienne : les déficits de compétences génériques affectent la capacité des diplômés du secondaire à développer ces compétences génériques et à acquérir de nouvelles compétences techniques dans leur quête d'un diplôme d'enseignement supérieur.

Par ailleurs, en ce qui concerne la qualité, les décalages résultent d'un manque de pertinence et d'adéquation avec les besoins des employeurs et de la main-d'œuvre locale. Ce décalage avec les besoins du secteur privé sont visibles dans le fait qu'en moyenne, environ 50 % des diplômés de l'université dans la région subsaharienne travaillent pour le secteur public (Hino et Ranis, 2014)[14]. Outre le manque de compétences académiques, les étudiants de l'université quittent le système éducatif sans expérience pratique et ne sont pas prêts pour le monde du travail. Au Nigeria, des études récentes ont montré que, bien que 96 % des directeurs des universités croient qu'ils préparent bien les étudiants à l'emploi, seuls 11 % des chefs d'entreprise conviennent que les diplômés possèdent les compétences requises pour réussir sur le marché du travail (McKinsey Global Institute, 2012). Au Liberia, au Malawi et en Zambie, plus d'un cinquième des jeunes de moins de 29 ans ayant un emploi et ayant fait des études supérieures déclarent avoir des lacunes importantes en matière de connaissances et de compétences par rapport au travail qu'ils sont censés effectuer[15]. Dans les pays où beaucoup sont peu susceptibles de trouver un emploi salarié de qualité, le travail indépendant ou dans une entreprise familiale peut présenter le meilleur potentiel ; pourtant, les universités de la région ne parviennent jamais à enseigner l'entrepreneuriat et les compétences de gestion. Ce décalage est une source majeure d'inefficacité, due à la faiblesse des liens entre les établissements d'enseignement supérieur et le marché du travail, au manque d'adéquation de l'offre de cours et des programmes, et au manque d'informations chez les étudiants sur le rendement des études dans les différents domaines ou établissements. Au Malawi, le cursus universitaire de base est revu tous les deux ans dans le but de réduire les redondances et d'améliorer la pertinence par rapport aux besoins du marché du travail et du développement, mais ce processus n'est que faiblement lié au secteur privé ; en conséquence, le nombre d'inscriptions et les programmes restent mal adaptés aux besoins du marché du travail (Mambo *et al.*, 2016 ; Salmi, 2016). À Madagascar, comme dans la plupart des autres pays de la région subsaharienne, la mauvaise qualité des programmes et leur manque de pertinence par rapport au marché du travail sont considérés comme l'une des principales sources d'inefficacité de l'enseignement supérieur (Sack et Ravalitera, 2011).

De nombreux jeunes sont perçus comme poursuivant des carrières et des diplômes avec des perspectives limitées sur le marché du travail, et l'on s'inquiète particulièrement des déficits de compétences dans les domaines des STIM (sciences, technologie, ingénierie et mathématiques). Trop d'étudiants choisissent des professions saturées ou sans avenir (sciences humaines, communications, sciences sociales) et se retrouvent dans des emplois sans rapport avec les qualifications qu'ils ont acquises (les « disparités horizontales des qualifications »). Le graphique 4.13 montre les inscriptions dans l'enseignement supérieur en Afrique subsaharienne et dans les pays à revenu intermédiaire des autres régions du monde, par domaine d'étude. Le taux d'inscription dans les domaines des STIM, en l'occurrence sciences, santé, TIC, ingénierie et agriculture, est de 29 % en moyenne dans la région ; cela représente environ seulement la moitié des inscriptions en sciences sociales et en éducation et le taux est plus faible que dans les pays à revenu intermédiaire d'autres régions du monde (39 %). Les domaines des STIM représentent la plus faible proportion des inscriptions au Bénin (16 %) et au Mali (21 %), et la plus élevée en Gambie et au Niger. Le taux d'inscription dans les domaines des STIM est nettement plus faible chez les femmes que chez les hommes (23 %). La part moyenne des inscriptions dans les STIM est constante depuis les années 2000, bien que les inscriptions en sciences et en santé aient un peu augmenté, tandis que les inscriptions en agriculture et en génie ont légèrement diminué.

Ces compétences en STIM sont essentielles pour la capacité de la région à développer des secteurs économiques à forte intensité de connaissances grâce à des systèmes nationaux de science et d'innovation dans le contexte des modèles mondiaux de diffusion du commerce et de la technologie (Valencia Caicedo et

Graphique 4.13 Évolution des inscriptions dans l'enseignement supérieur, par domaine d'études, moyenne, 2010-2015

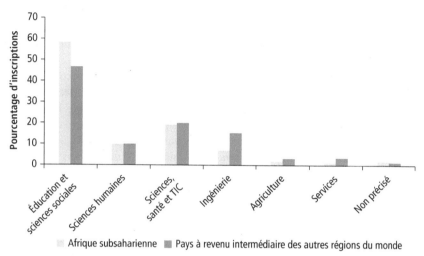

Source : Base de données UIS.Stat.
Note : TIC = Technologie de l'information et de la communication.

Maloney, 2014). Toutefois, soit la demande de ces compétences n'existe pas encore, soit la qualité des diplômés des STIM est particulièrement faible, parce que les rendements de l'enseignement supérieur *dans tous* les domaines d'études, du moins au Ghana et au Kenya où des données pertinentes sont disponibles, ne sont pas si différents. Les gains médians dans tous les domaines d'études sont environ quatre à cinq fois plus élevés que ceux d'un salarié type qui n'a terminé que ses études secondaires (graphiques 4.14).

Mais le problème le plus pertinent est celui des disparités des *compétences*, qui ne se limite pas au choix des filières d'études dans l'enseignement supérieur. Souvent, la discussion sur les disparités porte sur la question de savoir si les travailleurs exercent des professions qui, traditionnellement, relèvent de leur domaine d'études. Pourtant, une personne qui occupe un emploi qui ne correspond pas directement à ses qualifications professionnelles n'est pas nécessairement une inadéquation. Comme on l'a vu précédemment, l'évolution générale de la demande de compétences est motivée par la nécessité d'adapter les compétences des travailleurs aux tâches qu'ils doivent accomplir dans un emploi. Les travailleurs sont placés dans des emplois en fonction d'une multiplicité de compétences, et non seulement de leur niveau d'éducation. Depuis plusieurs années, le secteur de la finance embauche des mathématiciens et des physiciens diplômés dans des emplois d'analystes financiers très bien rémunérés.

Les économistes et les statisticiens sont omniprésents dans le monde du sport. Ces travailleurs apparemment mal adaptés gagnent généralement plus parce qu'ils augmentent la productivité (et la rentabilité) de l'entreprise. L'essentiel est de se concentrer sur les compétences, plus que sur les diplômes, en particulier vu les résultats médiocres de la région en matière de renforcement des compétences dans l'enseignement supérieur (et avant cela).

En raison de la faiblesse de la qualité et de la pertinence des compétences acquises dans la plupart des universités de la région subsaharienne, l'enseignement universitaire est trop souvent un investissement non rentable. Le manque de qualité et de pertinence se traduit par une perception négative du système universitaire de la part des employeurs et par une grande hétérogénéité du rendement associée, surtout *au sein* des domaines d'études. Dans l'indice de compétitivité du Forum économique mondial de 2016, les pays de la région obtiennent en moyenne 3,4 sur 7 en termes de qualité de l'enseignement supérieur, soit la même note que la moyenne des pays à faible revenu et à revenu intermédiaire inférieur dans les autres régions, mais avec des scores allant de 4,38 en Gambie à 2,38 au Burundi. En conséquence, au sein des pays, le rendement de l'enseignement supérieur varie considérablement d'un programme et d'un établissement à l'autre, en partie en raison des différences systématiques dans le niveau de préparation des étudiants à l'université. Au Ghana, par exemple, un diplômé dans un domaine des STIM, fabrication et construction, peut finir par gagner moins qu'un salarié type n'ayant fait que des études secondaires ; le diplômé du 25e centile gagnera environ deux fois plus, tandis que celui du 75e centile peut gagner huit fois plus que celui du secondaire (graphiques 4.14). Cette grande hétérogénéité des rendements, conjuguée à un manque d'informations sur la qualité des établissements et des programmes ou sur les mécanismes efficaces d'assurance de la qualité, exacerbe les inégalités dans le système universitaire puisque les jeunes défavorisés sont plus susceptibles de fréquenter les universités et les programmes de deuxième rang. Pour bon nombre d'entre eux, le rendement net de l'université est en fait négatif (graphiques 4.15). Dans certains cas, un quart à un tiers des diplômés perdent de l'argent au cours de leur vie en allant à l'université. Autrement dit, il serait préférable qu'une part importante de la population étudiante ne fréquente pas l'université et qu'elle travaille et dépose ses économies à la banque.

Orientation stratégique : Fournir un enseignement STIM de qualité

La formation de diplômés STIM de qualité est essentielle à la croissance économique à long terme (Valencia Caicedo et Maloney, 2014), mais il peut être difficile et coûteux de fournir une bonne base de compétences dans ces domaines. L'établissement et le maintien de programmes STIM de qualité exigent du matériel coûteux et des professeurs qualifiés et leur développement peut être particulièrement long. Pour cette raison, les domaines STIM sont plus

Graphiques 4.14 Distribution du ratio des revenus provenant de différents domaines à l'université par rapport à ceux d'un salarié typique qui a terminé ses études secondaires (techniques ou générales) dans les milieux urbains du Ghana et du Kenya

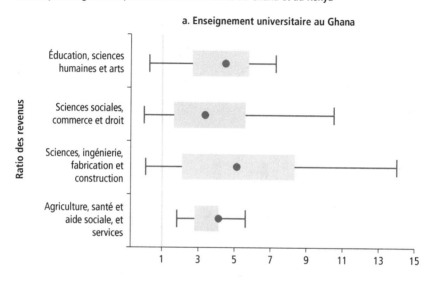

a. Enseignement universitaire au Ghana

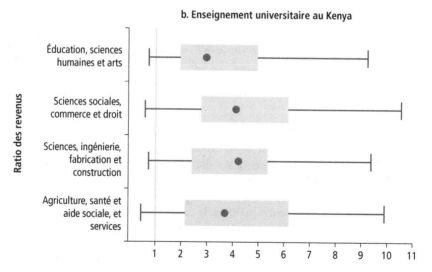

b. Enseignement universitaire au Kenya

Source : Études réalisées auprès des ménages sur les Compétences pour l'employabilité et la productivité (STEP).
Note : EFTP = Enseignement et formation techniques et professionnels. La ligne verticale verte représente la parité. Le point rouge représente la médiane de la répartition. L'extrémité inférieure de la case représente le 25e centile et l'extrémité supérieure représente le 75e centile. Les lignes à l'extérieur de la case représentent les valeurs minimales et maximales sans les valeurs aberrantes.

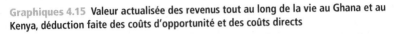

Graphiques 4.15 Valeur actualisée des revenus tout au long de la vie au Ghana et au Kenya, déduction faite des coûts d'opportunité et des coûts directs

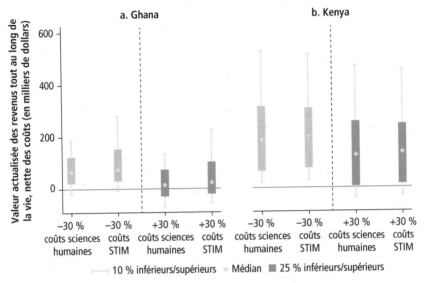

Source : Études réalisées auprès des ménages sur les Compétences pour l'employabilité et la productivité (STEP) et données administratives des universités.

Note : Les valeurs indiquées sont la somme des rendements nets actualisés (revenus moins coûts) sur toute la durée de vie. Les coûts tiennent compte des coûts d'opportunité liés au fait de ne pas travailler et des frais directs universitaires. Deux scénarios sont présentés pour les coûts avec plus ou moins 30 %, puisque tous les coûts ne sont pas inclus dans les calculs et que les coûts varient selon les universités. Un taux d'actualisation de 5 % est utilisé. Sciences humaines = éducation, sciences humaines et arts, sciences sociales, commerce et droit ; STIM = sciences, ingénierie, fabrication, construction et santé.

coûteux que d'autres domaines. Les données administratives des plus grandes universités du Ghana et du Kenya, par exemple, suggèrent que les frais des cours peuvent être de 25 à 30 % plus élevés dans les domaines STIM que dans les sciences humaines ou sociales. Il n'est pas surprenant de constater que les universités privées hésitent souvent à offrir des programmes STIM.

La pénurie de professeurs qualifiés, le coût élevé de l'équipement et de la technologie de laboratoire et la faiblesse des compétences de base, conjugués à la pression exercée pour élargir l'accès général à l'enseignement supérieur, ont entraîné des investissements de mauvaise qualité dans les STIM. Il n'y a pas suffisamment de professeurs qualifiés pour enseigner des programmes liés aux STIM d'une qualité permettant de répondre aux normes reconnues. Par exemple, au Kenya, moins de 20 % des professeurs de ces disciplines sont titulaires d'un doctorat (Blom *et al.*, 2016). Compte tenu des coûts, les prestataires sont incités à se concentrer sur les sciences plus « molles ». Mais, tout aussi important, la plupart des étudiants n'ont pas les solides compétences de base requises pour les STIM. Le succès des programmes STIM dans l'enseignement supérieur requiert que les étudiants et les professeurs aient ces bases. Dans de nombreux pays de la région subsaharienne, plus de 50 % des enseignants de mathématiques ne possèdent même pas le minimum de connaissances de la matière ; les compétences des étudiants en mathématiques sont également faibles (chapitre 2). Par exemple, en Sierra Leone, en 2011, 99 % des élèves se sont présentés à la partie mathématiques des examens de fin d'études secondaires d'Afrique de l'Ouest, mais seuls 3 % ont réussi (Banque mondiale, 2013b). Étant donné qu'une note de réussite en mathématiques est nécessaire pour accéder aux programmes STIM dans les universités, la plupart des élèves n'étaient pas admissibles. Ces problèmes de qualité, ainsi que les faiblesses des facteurs complémentaires de l'écosystème de l'innovation et de l'environnement économique, peuvent expliquer pourquoi le rendement d'un enseignement supérieur n'est pas plus élevé dans les STIM que dans d'autres domaines (graphiques 4.14).

En conséquence, bien que le taux d'inscription dans les filières STIM ne soit pas beaucoup plus faible en Afrique subsaharienne que dans les pays comparatifs, les résultats sont inférieurs à ce qu'on pourrait attendre d'un enseignement STIM de qualité. L'Afrique subsaharienne produit moins de 1 % de la recherche mondiale bien qu'elle abrite plus de 12 % de la population mondiale, et la recherche STIM ne représente que 29 % des résultats de la recherche dans la région, contre 68 % en Malaisie et au Vietnam (Blom *et al.*, 2016). Aucun projet international de R&D, ou presque, n'est destiné à l'Afrique, alors que 4,3 % vont à l'Amérique latine et aux Caraïbes et près de 30 % à la Chine et à l'Inde (UNESCO, 2015). Le rapport chercheurs/population est faible sur l'ensemble du continent, avec seulement 45 chercheurs pour 1 million d'habitants au Burkina Faso et 38 pour 1 million d'habitants au Nigeria ; la moyenne est de 481 en Amérique latine et 1 714 en Asie orientale (Banque mondiale, 2014b). Dans l'agriculture, une industrie essentielle à la transformation de la région, le Ghana produit à lui seul une masse critique de doctorants pour faire progresser le secteur (UNESCO, 2015).

Les ressources financières et humaines pour développer des programmes STIM de qualité dans toute la région étant limitées, les investissements doivent être ciblés et stratégiques. Le Ghana s'est fixé comme objectif d'inscrire au moins 60 % des étudiants de l'enseignement supérieur dans les filières STIM depuis très longtemps, mais le taux de diplômés des filières STIM reste bien inférieur à 25 % (Darvas, 2016). Le Nigeria, où le processus d'admission est contrôlé par le gouvernement fédéral, a adopté un ratio d'admission sciences/arts de 70/30 en plus de quotas pour les étudiants des « États moins développés sur le plan éducatif» afin de remédier à la fois à la pénurie de STIM et aux inégalités dans l'enseignement supérieur (Asein et Lawal, 2007). Pourtant, l'objectif ne devrait pas tant être d'augmenter le nombre de diplômés, mais d'améliorer la qualité.

Comme dans d'autres domaines, l'action publique doit privilégier le niveau de préparation, l'offre d'opportunités et la création de mesures incitatives appropriées. En STIM, cela signifie qu'il faut veiller à ce qu'une bonne proportion d'étudiants arrivent dans l'enseignement supérieur dotés des compétences de base nécessaires. Ce programme doit commencer dès la petite enfance, étant donné les lacunes déjà présentes dans l'enseignement primaire, et mettre l'accent sur les mathématiques de base, les sciences et les aptitudes cognitives supérieures associées à la créativité, à la résolution de problèmes et à la pensée critique. Malgré l'importance des compétences quantitatives au xxie siècle, l'inscription des élèves du Bénin aux cours de mathématiques et de sciences, par exemple, a diminué depuis les années 1980 ; dans certaines écoles, la filière des mathématiques et des sciences a été entièrement supprimée (J-PAL, 2017).

La promotion d'un enseignement de qualité en STIM exige également de mettre l'accent sur l'égalité des chances pour veiller à ce chacun ait la possibilité de développer les compétences de base nécessaires pour accéder à ces domaines. Ici, la question du sexe est particulièrement préoccupante. Les filières STIM ont longtemps été dominées par des hommes issus de milieux relativement aisés dans toutes les régions du monde (Banque mondiale, 2016b). Certains pays, dont le Lesotho, la Namibie, l'Afrique du Sud et le Zimbabwe, ont presque atteint la parité entre les sexes parmi les diplômés des STIM, tandis qu'au Burkina Faso, les femmes ne représentent que 18 % des diplômés des STIM. La participation des femmes aux programmes agricoles dans la région a augmenté régulièrement, et elles représentent plus de 40 % des diplômés en agriculture à Eswatini, au Lesotho, à Madagascar, au Mozambique, en Sierra Leone, en Afrique du Sud et au Zimbabwe. La proportion de femmes diplômées en ingénierie est également en hausse. Le Bénin, le Burundi, l'Érythrée, l'Éthiopie, Madagascar, le Mozambique et la Namibie affichent des augmentations de plus de 5 % depuis 2000, bien que la participation des femmes dans ce domaine reste globalement faible (UNESCO, 2015). Malgré ces progrès, les femmes de la région subsaharienne sont encore souvent limitées par les responsabilités familiales et domestiques. On voit également des attitudes négatives à l'égard des femmes engagées dans l'enseignement supérieur en général et dans les filières STIM en particulier (Campos *et al.*, 2015 ; Banque mondiale, 2011).

Pour s'attaquer à ces problèmes, plusieurs pays africains ont adopté des stratégies sexospécifiques axées sur l'amélioration des possibilités offertes aux femmes dans le domaine des sciences et de la technologie. L'Union africaine a récemment créé un prix pour les femmes scientifiques afin d'encourager et de renforcer le prestige des femmes scientifiques dans la région. Bien que ces initiatives puissent être utiles dans une certaine mesure, l'écart entre les sexes doit être comblé beaucoup plus tôt. Comme on l'a vu au chapitre 2, déjà à l'école primaire, les filles réussissent moins bien que les garçons aux tests de mathématiques, et les enseignants semblent avoir de forts stéréotypes sexistes qui considèrent que les filles sont moins compétentes que les garçons en sciences dures. Une formation explicite des enseignants au sujet de ces questions, ainsi que d'autres mesures visant à favoriser un état d'esprit et une dynamique de croissance (chapitres 1 et 2), peuvent être utiles. Des programmes de mentorat dans les écoles primaires et établissements secondaires pour encadrer les jeunes filles et les aider à réussir la transition vers des études universitaires liées aux STIM peuvent également faire partie des politiques mises en œuvre.

Enfin, la promotion des programmes STIM de qualité invite également les gouvernements à réfléchir à des mesures incitatives et à se concentrer sur les principales défaillances du marché lors de la création de ces compétences. Trois défaillances du marché présentent un intérêt particulier :

- *Informations.* Les gouvernements peuvent jouer un rôle essentiel en veillant à ce que les élèves, les enseignants et les parents comprennent très tôt non seulement le rendement potentiel d'une carrière en STIM, mais aussi les exigences qui y sont associées.

- *Externalités.* Vu le rôle que les STIM peuvent jouer dans l'innovation et dans les secteurs « moteurs », il peut être justifié d'utiliser des ressources publiques pour financer ces filières, en particulier parmi les étudiants défavorisés. Les quotas pour les bourses d'étude destinées aux filières STIM sont une possibilité. En outre, le recours à une rémunération plus élevée et à des récompenses non financières pour les professeurs de STIM pourrait contribuer à attirer et à retenir des professeurs de haute qualité ; l'utilisation d'instruments de financement publics pour inciter les prestataires privés à développer l'offre de programmes STIM de qualité et les partenariats avec le secteur privé pour la recherche et l'innovation peuvent être un bon début.

- *Manque de coordination et économies d'échelle.* Vu les coûts élevés associés à l'enseignement des STIM, la mise en commun des ressources entre les entités et même entre les pays est une piste prometteuse. Les gouvernements peuvent jouer un rôle de coordination et rechercher des partenariats public-privé (PPP) à cet effet.

Parmi les initiatives régionales prometteuses figurent les Centres d'excellence africains (CEA). Ces centres visent à renforcer les capacités régionales pour répondre aux besoins de développement tout en créant des économies d'échelle par la mise en commun des ressources entre les pays, dans le but de créer des centres spécialisés de haute qualité comme le CEA pour les mathématiques, l'informatique et les TIC au Sénégal, le CEA sur le changement climatique en Côte d'Ivoire, et le CEA pour le développement de médicaments et les essais thérapeutiques en Éthiopie. L'Association des universités africaines joue dans le programme CEA un rôle de coordination, d'assurance de la qualité et de partage des connaissances pour optimiser l'efficacité régionale. Le Partenariat pour le développement des compétences en sciences appliquées, ingénierie et technologies (PASET), un partenariat dirigé par des Africains pour promouvoir les sciences appliquées, est une autre étape importante vers l'amélioration des opportunités scientifiques et technologiques dans l'enseignement supérieur. Cette initiative d'évaluation comparative au niveau régional aide les universités africaines dans les disciplines des sciences appliquées, de l'ingénierie et des technologies à choisir des institutions et des indicateurs comparables grâce à un cadre analytique complet et à s'inspirer des meilleures pratiques mondiales. Les petits pays peuvent bénéficier de cette approche régionale de l'enseignement supérieur.

Outre les initiatives prises ailleurs sur le continent, l'Afrique subsaharienne peut s'inspirer d'autres régions du monde pour trouver un équilibre dans le développement des STIM. Par exemple, le Brésil s'est concentré sur le développement de programmes STIM de petite envergure, mais compétitifs au niveau international et de haute qualité au niveau de l'enseignement supérieur, tout en améliorant les résultats et l'égalité des chances aux niveaux d'éducation inférieurs (encadré 4.3). La Malaisie a également mis en œuvre un plan global d'amélioration des STIM couvrant les enseignements primaire et secondaire et l'enseignement supérieur pour remédier au cercle vicieux de sous-performance dans les domaines des STIM (UNESCO, 2015). De nombreux pays, dont le Brésil, le Chili, la République de Corée et le Vietnam, se sont tournés vers des programmes internationaux d'échanges pour aider les professeurs à acquérir les compétences nécessaires pour contribuer à l'amélioration de la qualité dans leur pays.

ENCADRÉ 4.3

Croissance ciblée des filières STIM dans l'enseignement supérieur au Brésil

Le Brésil a fait des progrès impressionnants dans la création d'une économie fondée sur le savoir pour répondre aux besoins nationaux de développement grâce à des investissements ciblés dans les filières STIM. Le Brésil s'est concentré sur le développement de petits programmes STIM de haute qualité dans l'enseignement supérieur plutôt que sur la recherche d'une croissance rapide de la participation générale aux STIM, et s'est distingué en agriculture et en sciences de la vie. Le Brésil a créé six centres de recherche

(suite page suivante)

Encadré 4.3 (suite)

de haute qualité axés sur le développement durable, l'innovation industrielle, l'énergie, l'agriculture et l'amélioration des capacités nationales de recherche. Entre 2005 et 2014, les publications du Brésil dans des revues scientifiques ont augmenté de 118 pour cent, et le pays est devenu l'une des deux premières destinations mondiales du dépôt de brevets, avec le taux d'externalisation de R&D le plus faible après la Chine, l'Inde ou la Fédération de Russie. Le Brésil a également développé des capacités de prévision stratégique afin de veiller à ce que les efforts de recherche, les besoins de l'industrie et les priorités de développement économique soient alignés. En outre, le Brésil a l'un des taux de représentation féminine les plus élevés au monde dans les domaines des STIM.

Les politiques et les programmes d'éducation et de formation ont joué un rôle essentiel dans le développement global des STIM au Brésil, la priorité étant accordée à la qualité plutôt qu'au nombre de diplômés. Parmi les étudiants de l'enseignement supérieur, 12 % sont inscrits dans des filières STIM. Le Brésil consacre 1 % de son PIB à l'enseignement supérieur et 61 % de l'ensemble du financement public de la recherche va aux universités. L'admission dans les universités brésiliennes est très compétitive ; des évaluations de l'enseignement supérieur mesurent l'apprentissage et évaluent la qualité institutionnelle. En 2007, le ministère des Sciences, de la Technologie et de l'Innovation a publié le « Plan d'action pour les sciences, la technologie et l'innovation », qui demande des fonds supplémentaires pour la R&D, une augmentation des bourses pour la recherche en STIM et le financement du développement professionnel des professeurs de l'enseignement supérieur. En outre, le plan a permis de créer 400 nouveaux centres de formation professionnelle et 600 nouveaux centres d'enseignement à distance, de porter le nombre de participants à l'Olympiade nationale de mathématiques à 21 millions et d'accorder plus de 10 000 nouvelles bourses au niveau secondaire. Le programme international d'échanges « Science sans frontières » vise à renforcer les capacités scientifiques nationales en tirant parti des partenariats internationaux. Ce programme offre des bourses d'étude à des étudiants brésiliens pour étudier dans les filières STIM dans les principales universités du monde et accorde des subventions à des chercheurs internationaux pour poursuivre des projets avec des chercheurs locaux.

Outre la mise en place de programmes STIM de haute qualité au niveau du supérieur, le Brésil a cherché à améliorer la qualité de l'enseignement secondaire et l'accès des étudiants défavorisés à l'enseignement supérieur. Bien que toujours élevée, l'inégalité d'accès a diminué de plus de 50 % entre 2001 et 2012, peut-être en raison de l'expansion des institutions privées et des programmes de bourses. Le Brésil obtient encore de faibles résultats par rapport aux normes internationales, mais c'est aussi le pays qui a connu la plus forte amélioration des résultats du Programme international pour le suivi des acquis des élèves (PISA) de tous les pays entre 2003 et 2012.

Sources : Base de données UIS.Stat ; OCDE, 2015 ; Banque mondiale, à paraître.

Orientation stratégique : développer des mécanismes d'assurance et de responsabilisation

Le rendement des diplômes universitaires étant si variable, l'expansion de l'enseignement supérieur exige des mécanismes d'assurance de la qualité plus rigoureux, tant pour les prestataires publics que privés. Jusqu'à présent, l'expansion de l'enseignement universitaire s'est produite en grande partie en l'absence de mécanismes d'assurance de la qualité et de responsabilisation pour les universités publiques et une faible capacité réglementaire pour assurer la qualité dans les universités privées. Par exemple, au Malawi, malgré la création du Conseil national de l'enseignement supérieur en 2011, le système n'a toujours pas de système d'accréditation fonctionnel, n'a pas défini de procédures d'assurance de la qualité adéquates et n'a pas mis en place de mécanisme pour évaluer les enseignants-chercheurs, rendant la détermination de la qualité des établissements difficile (Mambo *et al.*, 2016). Cela dit, on a de plus en plus recours à l'accréditation, à des examinateurs externes et à des audits universitaires pour assurer la qualité, souvent au sein d'un organisme d'assurance de la qualité. En 2010, par exemple, un tiers des pays de la région subsaharienne disposaient de mécanismes nationaux structurés d'assurance de la qualité (Materu et Righetti, 2010).

Quand des mécanismes d'assurance de la qualité ont été mis en place, ils ont souvent révélé que de nombreux établissements d'enseignement supérieur ne respectaient pas les normes minimales de qualité. Au Nigeria, par exemple, ces dernières années, environ un tiers des programmes de premier cycle n'ont pas été pleinement accrédités et ont risqué la fermeture[16]. Cependant, les pays manquent souvent des capacités humaines et institutionnelles ou du capital politique nécessaires pour mener à bien ces processus complexes de manière crédible et rapide (Darvas, 2016). Ces faiblesses dans l'assurance de la qualité soulèvent des doutes quant à la capacité de certains prestataires à garantir que les étudiants acquièrent les compétences requises, et pas seulement des diplômes.

En résumé, la gestion des tensions existantes en matière d'investissements dans l'enseignement supérieur, en particulier entre la productivité globale et l'inclusion, implique la poursuite des objectifs du système qui consistent à étendre la couverture de manière à garantir l'égalité des chances, et à atteindre l'efficacité avec qualité et pertinence. Pour ce faire, il faut d'abord s'attaquer aux défaillances du marché et des politiques, qui créent un environnement peu propice et entraînent des faiblesses institutionnelles dans l'enseignement supérieur. Les défaillances en matière d'informations, les contraintes de crédit et les externalités, combinées au manque d'efficacité des politiques en matière de gouvernance et de financement (tant dans l'enseignement supérieur que dans le système éducatif primaire et secondaire), donnent des résultats sous-optimaux en termes d'efficacité, d'égalité des chances et de pertinence de l'enseignement supérieur. La section suivante examine les priorités politiques des gouvernements de la région subsaharienne pour remédier aux défaillances du marché et des politiques dans la poursuite d'un enseignement universitaire plus pertinent, plus inclusif et plus durable.

Prioriser les investissements et gérer le développement de l'enseignement supérieur en Afrique subsaharienne

Puisque la plupart des systèmes de la région demeurent modestes, l'Afrique a une opportunité unique de « prendre l'avantage » dans le développement de son enseignement supérieur. Pour améliorer l'impact des investissements dans l'enseignement universitaire tant sur la croissance économique que sur l'inclusion, les pays de la région mettent actuellement en œuvre des réformes significatives en matière de gouvernance, d'assurance de la qualité et de financement. Ces efforts de réforme arrivent au bon moment, non seulement parce que les pressions pour développer le système s'intensifient, mais aussi parce que c'est une période riche en formidables opportunités : (a) des opportunités de s'inspirer d'autres régions du monde qui ont connu des périodes de développement rapide de leur enseignement supérieur, notamment l'Asie orientale et l'Amérique latine ; et (b) des opportunités de repenser les modèles de financement et d'offre de l'enseignement supérieur dans un environnement plus favorable que par le passé, grâce aux progrès technologiques, à l'urbanisation et à l'intégration économique. Pour identifier les axes de réforme prometteurs, il sera essentiel de s'inspirer de la façon dont différents pays de la région et du monde ont géré le développement de l'enseignement supérieur, en s'appuyant sur les succès et en tirant parti des avantages potentiels associés aux grandes tendances mondiales.

Une première étape de ce processus consiste à prioriser les investissements universitaires en fonction des conditions initiales, de la base de compétences et du contexte socioéconomique de chaque pays. Ce chapitre démontre que l'investissement dans les compétences avancées, plus que tout autre investissement, est confronté à d'importants arbitrages entre productivité et inclusion. Ces arbitrages sont susceptibles d'être appliqués *au sein de* l'enseignement universitaire, mais s'exercent aussi *entre* l'enseignement universitaire et d'autres investissements dans l'éducation. Au sein du système universitaire, l'élargissement de la couverture sans le renforcement significatif des mécanismes de responsabilisation et d'assurance de la qualité peut se faire au détriment de la qualité. Sur l'ensemble du système éducatif, les ressources financières étant limitées, plus on dépense dans l'enseignement universitaire, moins on peut dépenser dans les enseignements primaire et secondaire ou dans l'EFTP. Les récentes manifestations d'étudiants #FeesMustFall (les frais doivent baisser) dans les universités sud-africaines illustrent cette tension.

Les arbitrages entre productivité et inclusion associés aux investissements dans l'enseignement supérieur varient selon les contextes nationaux. Ces arbitrages sont plus marqués dans les pays à faible dotation en compétences, dans ceux qui en sont encore aux prémices de leur transformation économique ou dans ceux qui ne disposent pas d'un environnement permettant aux travailleurs et aux entreprises de tirer parti des investissements dans l'enseignement général. Ce phénomène s'explique par le fait que de solides compétences de base, qui sont généralement acquises au cours de la petite enfance et en primaire, la demande de main-d'œuvre très qualifiée, qui est associée à des économies plus modernes, et un bon environnement des affaires général sont des *compléments* essentiels aux investissements dans des compétences avancées au niveau universitaire. Si ces compléments sont faibles ou inexistants, les investissements dans un enseignement élémentaire de haute qualité devraient être plus importants que le développement de l'enseignement supérieur ; il en va de même des réformes visant à améliorer l'environnement commercial général. Après tout, l'objectif est de mettre l'enseignement supérieur en pratique, pas seulement de produire des diplômés de l'enseignement supérieur.

En plus des arbitrages sur le plan stratégique, le développement rapide de l'enseignement universitaire se heurte à d'importantes contraintes financières et institutionnelles. De nombreux pays de la région consacrent une grande part du budget de l'éducation dans l'enseignement supérieur, malgré la taille modeste du système. Les dépenses par étudiant sont souvent beaucoup plus élevées que dans les pays comparables. Dans la plupart des pays d'Afrique, les dispositions financières actuelles de l'enseignement supérieur risquent donc d'être soumises à une pression accrue et de ne plus être viables en raison de la démographie et des taux d'achèvement plus élevés dans le primaire et le secondaire. Et au-delà des contraintes financières, dans de nombreux cas, la capacité institutionnelle pour gérer ce développement s'avère limitée.

Ainsi, si investir intelligemment dans l'enseignement universitaire est essentiel pour permettre la transformation productive et soutenir la croissance économique de l'Afrique à long terme, le développement du système doit être géré avec soin et mettre l'accent sur les réformes. Une grande partie de ce programme de réformes doit porter sur des éléments externes au système universitaire : dans le primaire et le secondaire, pour assurer la préparation à l'université et dans l'environnement des affaires, pour faire en sorte que les compétences acquises se traduisent par une productivité et des revenus plus élevés (chapitre 1). Au sein du système universitaire, bien que les défis et les opportunités pour l'enseignement supérieur varient selon les pays, les types d'établissements et les programmes, il existe cinq principes directeurs intersectoriels de réforme :

1. *Se baser sur le marché*, par le biais de mécanismes souples et de réformes de la gouvernance pour fournir les compétences nécessaires aux travailleurs

indépendants, aux entreprises familiales et aux travailleurs salariés, en les mettant en relation avec les employeurs et les marchés, de préférence sur le plan local. Il est essentiel de tirer parti du secteur privé en tant que partenaire de l'offre, dans l'élaboration des programmes d'enseignement et dans l'offre de possibilités d'apprentissage actif.

2. *Repenser le financement pour améliorer l'égalité des chances, l'efficacité et la qualité.* Restructurer les mécanismes de financement (a) pour réorienter les subventions généralisées vers des bourses d'études accordées en fonction des ressources et du mérite, tout en veillant à ce que les étudiants arrivent à l'université avec les compétences de base nécessaires pour étudier à l'université; et (b) pour mieux s'adapter aux résultats, tout en cherchant à accroître les économies d'échelle.

3. *Soutenir de manière sélective et progressive l'enseignement universitaire des STIM*, à mesure que les économies se transforment, en mettant l'accent sur l'ingénierie du bâtiment et la formation de futurs dirigeants, et en veillant à ce que les facteurs complémentaires de ces investissements soient rentables.

4. *Adopter des pratiques d'apprentissage plus actives et une approche en termes de « carrière »*, y compris un apprentissage en situation de travail. Ce principe devrait guider les cours, les cursus, les normes, les évaluations, les contrôles et le recrutement des professeurs et devrait faciliter l'accès à divers parcours.

5. *Privilégier les résultats et les données factuelles,* et permettre aux étudiants, aux décideurs, aux autorités universitaires et aux employeurs de prendre des décisions éclairées en fournissant un accès régulier à des données de qualité sur les résultats des établissements, la demande sur le marché du travail et les perspectives d'emploi et de revenus des diplômés.

Être à l'écoute du marché

Pour que l'enseignement supérieur soit mieux adapté au marché, il faudra aligner les activités d'enseignement et de recherche des universités publiques et privées sur les impératifs du marché. Trop souvent, les cursus, les cours et le nombre de places par programme sont déterminés de haut en bas, sans liens suffisants entre l'industrie et les prestataires. Le Botswana et Maurice ont tous deux mis en place des comités consultatifs et d'examen des cursus qui comprennent des professeurs et des départements ainsi que des intervenants des secteurs public et privé pour veiller à ce que les programmes d'enseignement et le développement des compétences soient effectivement alignés sur les besoins du marché du travail (Cloete *et al.*, 2011). À Maurice, ce processus a aidé les universités à devenir des ressources stratégiques pour le gouvernement au cours des transformations sectorielles et de la planification économique. Cela aurait également amélioré l'alignement des compétences des diplômés sur la demande sur le marché du travail.

Le manque de relations entre les établissements d'enseignement supérieur et les employeurs reflète, du moins en partie, un déficit d'informations sur ce qui fonctionne et l'incapacité des dispositifs juridiques et financiers à susciter la création des liens. Les gouvernements ont un rôle à jouer dans l'échange des meilleures pratiques locales et internationales en matière de collaboration entre le secteur privé et les universités, qu'il s'agisse de l'élaboration des cursus ou de la création d'incubateurs universitaires, comme le fait le PASET (encadré 4.4). De même, les gouvernements peuvent mettre en place des mesures incitatives pour établir et renforcer les liens entre l'industrie et l'université, par exemple en faisant appel à des intermédiaires ou en proposant des fonds complémentaires.

ENCADRÉ 4.4

Tirer profit de nouveaux partenaires et de la collaboration régionale : PASET

Le Partenariat pour le développement des compétences dans les sciences appliquées, l'ingénierie et les technologies (PASET) est une initiative africaine récente, conçue pour coordonner et renforcer l'investissement dans le développement du capital humain qualifié en Afrique subsaharienne en tirant parti des connaissances et des expériences de l'Asie, de l'Amérique latine et d'autres régions du monde. Ce partenariat a pour but de réunir les gouvernements, le secteur privé et de nouveaux partenaires, dont le Brésil, la Chine, l'Inde et la République de Corée, en vue d'une collaboration visant à constituer une masse critique de capital humain qualifié nécessaire pour relever les défis du développement en Afrique. L'objectif principal est l'optimisation des investissements dans les secteurs clés et l'amélioration de la capacité des universités et des centres de recherche à produire des connaissances et des compétences pertinentes, en particulier dans les domaines des sciences appliquées, de l'ingénierie et de la technologie.

Actuellement, ces secteurs prioritaires comprennent l'agriculture, l'exploitation minière et la fabrication, l'énergie électrique, l'infrastructure et la construction, les TIC, la santé et les services financiers. Les objectifs spécifiques sont les suivants :

1. Aider les pays d'Afrique subsaharienne à se doter d'une main-d'œuvre qualifiée en se concentrant sur l'ensemble du continuum des compétences

2. Cibler les compétences en sciences appliquées, en ingénierie et en technologie (SAIT) pour des secteurs prioritaires précis afin de compléter et de maximiser le rendement des investissements nationaux et étrangers dans ces secteurs

---

(suite page suivante)

Encadré 4.1 (suite)

3. Promouvoir des partenariats stratégiques entre les gouvernements, les entreprises et les pays partenaires d'autres régions du monde pour investir dans les compétences dans les secteurs des SAIT en Afrique subsaharienne

4. Renforcer les mécanismes qui favorisent la collaboration institutionnelle régionale dans des programmes et des domaines spécifiques au sein des secteurs des SAIT

5. Renforcer les systèmes et les institutions dans les secteurs des SAIT en Afrique, notamment en améliorant les politiques, les systèmes, les normes et les mécanismes visant à assurer la qualité et la pertinence, à suivre les progrès et à mettre l'accent sur les résultats

6. Permettre le partage systématique des connaissances et de l'expérience entre les pays d'Afrique subsaharienne, et entre la région subsaharienne et les pays partenaires, pour renforcer la capacité des secteurs des SAIT à favoriser le développement.

Ces objectifs plus généraux sont poursuivis par le biais de programmes complémentaires, y compris des fonds régionaux de bourses d'études et d'innovation et des plans SAIT nationaux, qui comprennent une analyse comparative et une planification stratégique pour identifier les compétences, les institutions et les investissements clés. Parmi les autres programmes à venir figurent des centres d'excellence d'EFTP (similaires aux Centres d'excellence africains), des mécanismes d'assurance de la qualité pour assurer la qualité régionale des efforts de développement des secteurs des SAIT et une initiative à grande échelle de collecte et d'analyse des données pour soutenir l'amélioration de la collecte de données en Afrique.

Source : Banque mondiale, 2017b.

Le programme STEP-B (Science and Technology Education Post-Basic Program) au Nigeria est un exemple prometteur de cette approche (encadré 4.5). Les PPP dans des initiatives ou des programmes spécifiques peuvent également être encourageants, comme dans le partenariat entre le ministère sénégalais de l'Enseignement supérieur et de la Recherche et l'entreprise Intel. Ce partenariat fait appel à des mécanismes novateurs de financement et de garantie de prêts pour contribuer à l'apprentissage numérique des étudiants à l'université, élargir l'accès aux cours en ligne et fournir aux étudiants des outils pour personnaliser et approfondir leur apprentissage. Ce partenariat permet aux étudiants d'acheter et de posséder leur ordinateur portable grâce à une combinaison de mécanismes de réduction des coûts (tels que l'exonération de taxes et l'application de tarifs spéciaux) et de prêts à faible taux d'intérêt. Des banques locales, des fabricants d'ordinateurs et des

ENCADRÉ 4.5

Tirer parti du secteur privé pour promouvoir les STIM : le Programme d'enseignement scientifique et technologique de niveau lycée et post-secondaire au Nigeria

Le projet STEP-B, qui a eu lieu entre 2008 et 2013, visait à produire des diplômés en sciences et technologie plus nombreux et plus qualifiés, ainsi qu'une recherche plus pertinente et de meilleure qualité. Son but était aussi de renforcer la capacité des établissements fédéraux de niveau lycée ou post-secondaire participants à gérer, surveiller et évaluer le financement des sciences et de la technologie sur la base du mérite conformément aux pratiques exemplaires internationales. Le projet STEP-B représentait un changement de paradigme dans l'approche du gouvernement à l'égard des STIM en mettant l'accent sur un financement concurrentiel, fondé sur la demande et le mérite, et sur l'interaction institutionnelle avec les autres institutions et organismes de réglementation. STEP-B a également permis de renforcer les mesures incitatives destinées aux étudiants, notamment des bourses d'innovation leur permettant d'achever leurs études - le Programme Innovateurs de demain - et a promu 11 centres d'excellence scientifiques et technologiques grâce à la collaboration entre universités et instituts de recherche au Nigeria et à l'étranger, notamment avec la participation de l'Université régionale africaine des sciences et technologies.

Le projet a donné des résultats positifs, notamment une plus grande capacité à promouvoir des STIM de qualité à l'avenir. Une trentaine d'établissements admissibles ont bénéficié de 45 subventions d'un montant maximal de 3 millions de dollars. La collaboration et les partenariats clés ont donné des résultats positifs dans de nombreux domaines de la R&D scientifique et technologique. Par exemple, l'Université d'agriculture Abeokuta a été la première à innover dans la recherche en biotechnologie végétale et animale, en se spécialisant dans la production d'igname, de volaille et de vin de palme grâce à des partenariats partiels avec des centres de recherche en Italie (Center for Genetic Engineering) et aux États-Unis (International Livestock Research Institute et Cornell University). Ces partenariats ont permis à l'université de renforcer ses capacités grâce, par exemple, à des échanges de personnel et d'étudiants. De même, la collaboration et les partenariats d'institutions avec l'Université africaine des sciences et de la technologie ont apporté d'importants avantages scientifiques et technologiques en mécatronique, en R&D de matériaux et en nanotechnologie.

Sources : Banque mondiale, 2015b, basé sur Banque mondiale, 2013c.

opérateurs de télécommunications sont également impliqués dans ce partenariat qui a permis à plus de 50 % des étudiants d'acheter et de posséder leur premier ordinateur portable (Galvin et Sow, 2017).

Une plus grande différenciation des établissements d'enseignement supérieur peut également améliorer la pertinence et l'efficacité de l'enseignement universitaire. Même dans les pays à revenu élevé, une proportion importante des étudiants de l'enseignement supérieur ne vont pas à l'université. Tous les étudiants ne souhaitent pas faire des études, beaucoup n'ont pas les compétences de base nécessaires, et une formation technique sera préférable à une formation théorique pour de nombreux emplois. La création et le renforcement d'institutions telles que les «collèges communautaires» sur le modèle américain, les instituts de technologie et les établissements d'EFTP peuvent aider à gérer certaines des pressions exercées sur le système universitaire par les jeunes et les parents qui considèrent les universités comme la seule possibilité viable de faire des études supérieures (chapitre 3).

L'un des risques importants de la diversification est qu'elle peut aboutir à la création d'un second système d'enseignement supérieur pour les personnes non préparées et défavorisées. Mais ce n'est pas une fatalité. Tout d'abord, il faut vérifier que tous les élèves terminent leurs études secondaires en possession des compétences de base nécessaires et qu'ils connaissent le rendement des différentes filières de l'enseignement supérieur, quels que soient leurs circonstances familiales ou l'endroit où ils étudient. Ensuite, il faut établir des voies d'accès pour passer d'un type d'établissement à un autre, notamment les programmes de transition nécessaires (voir chapitre 3). Enfin, des fonds publics doivent être versés aux étudiants méritants et défavorisés, quel que soit le type d'éducation choisi.

La réussite de la gestion du développement du système universitaire s'accompagnera probablement d'un rôle croissant du secteur privé en tant que prestataire. On ne sait pas *a priori* si l'enseignement supérieur public est préférable à l'enseignement privé. Les prestataires privés sont motivés à fournir un enseignement de meilleure qualité afin de rivaliser avec les institutions publiques à condition que les données sur la qualité soient facilement disponibles, mais ils sont également enclins à réduire les coûts, ce qui peut nuire à la qualité (Sekhri et Rubenstein, 2011). La participation accrue du secteur privé à l'enseignement supérieur en Afrique a aidé les pays de la région à faire face à la croissance du secteur ces dix dernières années. La part de l'enseignement supérieur dans les établissements privés est passée de 32 à 58 % en Angola, de 28 à 43 % au Botswana, de 27 à 49 % en Côte d'Ivoire et de 8 à 24 % à Madagascar au cours des 10 dernières années[17]. L'offre privée devrait continuer à augmenter, comme le montrent les expériences en Asie orientale et en Amérique latine (Banque mondiale, à paraître).

Pour que cet élargissement du rôle du secteur privé s'accompagne d'une amélioration de la qualité et de l'égalité des chances, le gouvernement doit jouer un rôle constructif dans la réglementation du secteur en protégeant les consommateurs et en favorisant la concurrence. Une réglementation gouvernementale est nécessaire, étant donné les défaillances du marché associées à une concurrence imparfaite et à des asymétries d'informations. Certains pays ne disposent que de quelques universités, publiques ou privées, et peuvent donc exercer un pouvoir de marché. Même lorsque le secteur est très ouvert, une concurrence efficace peut faire défaut parce que les produits ont tendance à être différenciés selon l'emplacement géographique, le type de programme, les compétences des étudiants, la rigueur académique et le contenu (Banque mondiale, à paraître). De plus, les informations sur la qualité des programmes et des établissements sont souvent insuffisantes ou imparfaites, ce qui rend difficile la prise de décisions éclairées pour les étudiants et les familles. Dans ce contexte, il faut combiner la réglementation du secteur avec une facilitation appropriée du choix entre les programmes et les types d'établissements afin que les étudiants puissent pleinement décider et contribuer à la discipline du marché.

Toutefois, la réglementation peut également servir à étouffer la concurrence et à protéger les privilèges des initiés et des personnes en place, ce qui doit être évité. Les universités publiques traditionnelles, particulièrement les plus grandes, peuvent demander une protection par le biais de réglementations visant à limiter l'accès au marché de l'enseignement supérieur pour les petits prestataires privés ou à protéger le personnel par le statut de la fonction publique (Darvas, 2016). Il est nécessaire de vérifier que les établissements publics et privés rivalisent sur un pied d'égalité en leur permettant, par exemple, d'être en concurrence à la fois pour le financement public de la recherche et en permettant aux étudiants d'avoir accès à des subventions publiques (bourses d'études ou prêts étudiants). Lorsque les décideurs politiques subventionnent des institutions publiques mais n'accordent aucune aide financière aux étudiants qui fréquentent des universités privées, ils créent une demande captive pour ces dernières. Cette situation peut affaiblir les incitations des universités publiques à bien se former. La première étape est de veiller à ce que les réglementations et les politiques facilitent, plutôt qu'entravent, l'entrée des prestataires du secteur privé grâce à une réglementation et à des informations claires et efficaces.

En plus de promouvoir la concurrence, la réglementation doit viser à assurer un niveau minimum de qualité et de pertinence dans les universités privées et publiques. On s'inquiète généralement du fait que la qualité est insuffisante dans de nombreuses universités et que la croissance rapide du système, en l'absence de mécanismes solides d'assurance de la qualité, ne fera qu'aggraver la situation. À mesure que le système se développe et que des étudiants de plus en plus diversifiés y entrent, des prestataires et des programmes de qualité médiocre ayant un pouvoir de marché considérable sur un segment de consommateurs non informés ont la même possibilité d'y entrer. Ce qui est préoccupant, c'est l'entrée d'étudiants dont les familles et eux-mêmes ont peu de connaissances financières, un accès limité aux informations sur les programmes et sur le rendement de l'enseignement supérieur et qui ne sont pas préparés, sur le plan académique, à une formation universitaire. Ce segment est susceptible d'attirer des prestataires de qualité médiocre et à prix élevé, comme le montre clairement l'expérience de l'Amérique latine[18]. Un phénomène comparable s'est produit dans des systèmes universitaires plus matures en Afrique. L'Afrique du Sud, par exemple, comprend un segment supérieur d'universités et de programmes comportant des admissions sélectives, et un segment inférieur d'universités offrant des programmes de moindre qualité et des normes d'admission moins strictes ; les étudiants les plus aisés, qui sont également plus susceptibles d'avoir fréquenté des écoles secondaires de haute qualité, sont concentrés dans le premier segment. Le fait que tous les étudiants n'ont pas accès à la même option (en grande partie à cause des différences de préparation académique et de milieu socioéconomique) explique en partie l'hétérogénéité des rendements des différents établissements pour le même domaine d'études.

Ces dix dernières années, de nombreux pays d'Afrique subsaharienne ont mis en place des agences d'évaluation et d'accréditation, mais leurs capacités restent limitées. Comme indiqué dans Darvas, Favara et Arnold (2017), dans la pratique, les mécanismes d'assurance de la qualité vont du simple octroi de licences aux établissements par le ministère responsable de l'enseignement supérieur, à l'accréditation des programmes à l'échelle du système et aux cadres nationaux de qualification (CNQ)[19]. En 2012, 21 pays africains avaient créé des agences d'assurance de la qualité, et une dizaine de pays étaient relativement avancés dans cette voie. L'Afrique francophone était à la traîne, avec seulement cinq agences de ce type (Shabani, 2013). Ces organismes d'assurance de la qualité semblent jouer un rôle dans le contrôle de la qualité de base, certains organismes ayant fermé leurs portes ou certains programmes de qualité moindre ayant été interrompus, mais ils le font surtout en imposant aux professeurs, aux programmes et aux infrastructures des exigences quant aux moyens mis en œuvre. Toutefois, bon nombre de ces organismes n'ont pas la capacité de s'acquitter efficacement de leur mandat. Shabani (2013) soutient qu'au moins en 2012, 60 % des agences d'assurance de la qualité de la région n'avaient pas les capacités appropriées. Quand bien même elles les auraient, les données internationales (limitées) sur les processus d'assurance de la qualité et les organismes d'accréditation sont mitigées, ce qui donne à penser que les questions de conception sont d'une importance capitale. Malgré ce contexte, de nombreux pays de la région visent encore à créer des CNQ (cadres nationaux de qualification) complets (Banque mondiale, 2009). Pourtant, cet effort pourrait être prématuré. En Éthiopie, par exemple, Tadesse (2014) conclut que les systèmes complexes d'assurance de la qualité n'ont apporté que des avantages partiels et certains effets néfastes involontaires.

La création de cadres de qualification complexes étant susceptible de prendre du temps, les pays devraient d'abord se concentrer sur l'établissement de bases simples mais solides d'un système de qualité, puis permettre à la discipline de marché de jouer un rôle plus important. Dans certains pays, des auto-évaluations et des audits académiques sont progressivement adoptés pour compléter les méthodes traditionnelles d'assurance de la qualité (par exemple, par le recours à des examinateurs externes) (Darvas, 2016). Cette démarche systématique et l'utilisation d'outils normalisés peuvent aider les décideurs et les prestataires à identifier les faiblesses du système. Ces efforts doivent être complétés par des mécanismes qui permettent à la discipline de marché de jouer un rôle plus important. Au Nigeria, par exemple, la Commission nationale des universités publie un classement annuel des universités du pays, qui attire l'attention du public et des médias (Commission nationale des universités, 2017)[20]. Générer des informations pertinentes sur les établissements et les rendre accessibles permettraient également de créer une demande de qualité supérieure de la part des utilisateurs du système, principalement les étudiants, leurs familles et les employeurs. Cette approche, bien que moins ambitieuse, pourrait être efficace compte tenu des contraintes financières et de capacité.

Pourtant, une approche encore plus ciblée et progressive de l'assurance de la qualité exige un renforcement significatif des capacités et des ressources. Au Mozambique, par exemple, Zavale, Alcantra et da Conceição (2015) constatent que la mise en œuvre d'un système d'assurance de la qualité présente de nombreux défis, même sur le plan institutionnel. En particulier, ces défis portent sur l'établissement d'un lien entre le mécanisme et la prise de décision réelle, et entre le mécanisme et une stratégie de financement ; la formation des ressources humaines et l'allocation de fonds pour que le système fonctionne et soit durable ; l'assimilation du système par la communauté universitaire ; la définition de normes de qualité objectives et mesurables pour permettre une classification impartiale de la performance.

Pour les universités publiques, la promotion de l'innovation dans les cursus, les programmes, les méthodes pédagogiques et les partenariats exige, en outre, une plus grande autonomie effective. Dans certains pays, le plus souvent dans les pays francophones, les universités sont gérées par l'État ; dans d'autres, surtout les pays anglophones, elles jouissent d'un statut autonome : elles ont la capacité d'embaucher du personnel, d'imposer des frais, d'acquérir du matériel et d'investir dans les infrastructures (Darvas, 2016 ; Banque mondiale, 2009). Pourtant, *de facto*, l'autonomie décisionnelle des institutions du secteur public reste peu développée, même dans ces derniers cas (Banque mondiale, 2009). Par exemple, il n'est pas rare que l'État nomme des administrateurs universitaires et détermine la composition des étudiants et du personnel. Même le cursus et le budget doivent parfois être approuvés par le gouvernement. Au Libéria, toute augmentation des frais de scolarité doit être approuvée par le législateur (Darvas, 2016). Bien que l'autonomie académique et procédurière puisse être améliorée dans tous les domaines, cet impératif est plus urgent dans les grands pays à revenu intermédiaire, étant donné la taille du système et la diversité des besoins locaux. Le manque d'autonomie dont ont besoin les universités pour choisir leur personnel et créer leurs cursus rend difficile la satisfaction des besoins du marché, surtout au niveau local. Lorsqu'une plus grande autonomie est accordée, le gouvernement peut avoir recours à des instruments de financement tels que des subventions à l'innovation ou des subventions accordées sur la base de la performance pour encourager les résultats ou les réformes souhaités.

Les réformes visant à accroître l'autonomie doivent s'accompagner de mécanismes de financement et de gouvernance appropriés qui renforcent la responsabilisation, créent des incitations et fournissent à l'État des outils efficaces pour surveiller et améliorer l'égalité des chances, l'efficacité et la pertinence de l'enseignement supérieur. Premièrement, il est possible d'améliorer la responsabilisation à l'égard des intervenants non gouvernementaux, qu'il s'agisse du secteur privé, des professeurs ou des étudiants. Déléguer plus de pouvoirs à des conseils d'administration transparents et diversifiés et fournir aux étudiants les informations nécessaires pour choisir et passer d'un établissement à l'autre peut aider à renforcer l'obligation de rendre des comptes à ces groupes. Avec une plus grande autonomie, l'obligation de rendre des comptes au gouvernement doit être développée davantage. Les instruments politiques qui peuvent compléter l'approche réglementaire en matière de responsabilisation sont abordés ci-après.

Repenser le financement pour améliorer la qualité, l'efficacité et l'égalité des chances

Malgré les bonnes intentions qui les guident, des politiques de financement malavisées affaiblissent les incitations à la performance pour les universités, les étudiants et les régulateurs, exacerbent les inégalités dans le système et risquent de ne pas être viables. Les problématiques relatives à la qualité et à l'égalité des chances, malgré des niveaux de dépenses raisonnables, soulèvent également des questions quant à l'efficacité du système d'enseignement supérieur. Une partie de ce manque d'efficacité peut provenir d'incitations faibles ou omniprésentes. Les étudiants des universités publiques fortement subventionnées ne sont pas tenus responsables de leurs résultats ; dans certains pays, ils ne sont pas soumis à de réelles conditions d'admission ni à une limite de temps avant l'obtention de leur diplôme. Le financement public des institutions est dissocié des résultats ou des efforts de réforme. Peu de fonds sont accordés de façon concurrentielle aux universités pour leur recherche, un facteur qui peut expliquer pourquoi il y a si peu de diplômés en sciences. Un financement bien pensé peut compléter d'autres réformes de gouvernance et aider à aligner les incitations des différents acteurs sur les objectifs de qualité, d'efficacité et d'égalité des chances du système.

L'amélioration du financement de l'enseignement supérieur en Afrique exige de s'attaquer à ce que l'on a appelé le «double problème» de l'insuffisance des ressources et de la mauvaise utilisation des ressources existantes (Devarajan, Monga et Zongo, 2011). Dans les cas où l'enveloppe de financement de l'enseignement supérieur reste une contrainte, il est possible d'introduire ou d'augmenter les frais et de créer des incitations à la diversification des sources de financement (par exemple, PPP, conseils, cours de courte durée adaptés aux besoins spécifiques du secteur ou de l'entreprise). Au Ghana, par exemple, 30 % du financement des universités doit provenir de fonds générés en interne, et les établissements sont autorisés à imposer des frais aux étudiants ghanéens qui, sans cela, n'auraient pas été admis (Darvas, 2016).

Toutefois, compte tenu des problématiques en matière d'égalité des chances et des contraintes budgétaires globales, une priorité urgente et générale est de se concentrer sur l'amélioration de l'allocation et de la gouvernance du financement public dans l'enseignement supérieur. La bonne nouvelle, c'est qu'il y a des marges de progression réelles et qu'il est possible d'apprendre considérablement des systèmes d'enseignement supérieur du monde entier. Sur la base de cette expérience internationale, le financement des réformes visant à assurer la durabilité, mais aussi à améliorer la performance de l'enseignement supérieur en termes de pertinence, d'efficacité et d'égalité des chances, devrait se concentrer sur trois points principaux : (a) renforcer les liens entre le financement public, les résultats des universités et les efforts de réforme; (b) donner la priorité à l'utilisation des ressources publiques pour les investissements qui devraient avoir des externalités positives significatives et viser des économies d'échelle plus importantes; et (c) éliminer les subventions publiques pour les jeunes mieux lotis, tout en augmentant les subventions pour les jeunes à fort potentiel et à faible revenu.

Établir un lien plus étroit entre le financement public et la performance, ou du moins les efforts de réforme, peut être un outil très utile pour aligner les incitations des prestataires privés et publics sur les objectifs ultimes d'égalité des chances, d'efficacité et de qualité. Le financement public des établissements publics d'enseignement supérieur repose essentiellement sur les intrants[21]. Le financement, établi à partir d'une formule, est le plus souvent calculé sur la base du coût réel des intrants, notamment le nombre d'employés ou les salaires ou le coût par étudiant, comme au Kenya et au Rwanda. D'autres pays, comme le

Ghana et le Nigeria, utilisent les coûts unitaires normatifs calculés à partir des rapports étudiant-enseignant prescrits par discipline et du coût recommandé des biens et services pour une unité d'enseignement par discipline. Pourtant, le financement sous cette forme crée très peu d'incitations à la réduction des coûts, à l'innovation ou à l'amélioration des résultats pour les étudiants ou pour le marché du travail.

Le passage à un financement lié à la performance ou à des efforts de réforme peut se faire progressivement. Les expériences acquises dans la région subsaharienne et dans d'autres pays du monde suggèrent que d'autres approches sont possibles (encadré 4.6). Les fonds d'innovation (concurrentiels) comme le Teaching and Learning Innovation Fund au Ghana ou le Quality Innovation Fund au Mozambique peuvent être un outil potentiel. Il s'agit de fonds discrétionnaires visant à orienter les réformes et innovations porteuses du système vers des questions telles que l'amélioration de l'accès à l'enseignement supérieur, l'amélioration de la qualité de l'enseignement et de l'apprentissage ou l'amélioration de la gestion et de l'efficacité des établissements. Dans l'idéal, les fonds sont

---

ENCADRÉ 4.6

Accords liés à la performance au Chili : utiliser le financement pour orienter les réformes

Le Programme chilien d'amélioration de la qualité de l'enseignement supérieur (MECESUP, selon ses initiales en espagnol) illustre comment évoluer progressivement vers un financement axé sur les résultats. La mise en œuvre d'un véritable système de financement axé sur les résultats exige que les institutions atteignent un niveau de développement de base et que l'État dispose d'un cadre clair et d'un système efficace d'évaluation de ces résultats. Les inscriptions dans l'enseignement supérieur au Chili ont fortement augmenté dans les années 1990 et au début des années 2000. Cette croissance a été financée en grande partie par des ressources privées et a permis d'utiliser stratégiquement les finances publiques pour cibler des domaines de réforme spécifiques. En guise de tremplin pour améliorer la qualité et compléter les finances publiques, le Chili a mis en œuvre à l'aide de ce programme un plan d'amélioration basé sur le financement. MECESUP se concentre sur trois domaines essentiels à améliorer : (a) la mise en place d'un système national d'accréditation ; (b) le renforcement des liens entre l'enseignement supérieur et le développement national ; et (c) l'amélioration de la qualité des services à tous les niveaux (licence, master, doctorat, technique). Pour atteindre ces objectifs, le gouvernement a créé des accords axés sur le rendement comme outil complémentaire permettant d'accroître le financement public direct et d'obtenir davantage de biens publics et de résultats.

(suite page suivante)

Encadré 4.6 (suite)

En rattachant le financement public à des objectifs prédéfinis, le ministère de l'Éducation a été en mesure d'encourager la mise en œuvre de plans susceptibles d'améliorer la qualité et la pertinence de l'enseignement supérieur, tout en renforçant la responsabilisation en matière de performance. Les établissements d'enseignement supérieur ont obtenu les moyens de définir et de poursuivre des buts et des objectifs institutionnels par le biais d'accords liés à la performance. Ils ont également obtenu les moyens de mettre en œuvre des activités ciblées qui amélioreraient les résultats de l'enseignement et de l'apprentissage grâce à un accord lié à la performance plus ciblé. Ces institutions ont été poussées à renforcer leur capacité de gestion et d'administration en coordonnant et en intégrant les efforts de réforme des cursus, des programmes et des départements et en s'efforçant de surveiller la mise en œuvre des accords de performance.

Les accords liés à la performance ont généré une nouvelle forme de dialogue entre le gouvernement chilien et les universités. Le gouvernement et les universités conviennent d'objectifs communs, négocient les moyens et les ressources pour les atteindre, communiquent rapidement les effets des initiatives et interprètent les progrès pour déterminer les mesures possibles et assurer une orientation commune vers les résultats. Les universités sont autonomes et prennent leurs décisions de manière indépendante.

Les ressources allouées dans le cadre des accords liés à la performance ne représentent qu'une fraction du financement total et sont attribuées de façon concurrentielle. Les établissements doivent apporter leurs propres revenus ou obtenir des ressources auprès d'autres fournisseurs. Ce système permet aux établissements de disposer d'une combinaison de sources de financement pour leurs plans d'amélioration institutionnelle, d'une part, et au gouvernement de réussir un test de « marché » pour les réformes souhaitées, d'autre part. Une autre caractéristique essentielle des accords liés à la performance en place au Chili est la capacité de redéfinir l'allocation des ressources de manière dynamique afin d'assurer des résultats. Cette adaptabilité permet de gérer l'incertitude et la complexité des processus, étant donné la difficulté d'anticiper pleinement les actions les plus efficaces. Les retours d'informations et l'apprentissage sont essentiels.

Sources : Arango, Evanst et Quadri, 2016 ; Reich, 2015 ; Yutronic *et al*, 2010.

---

octroyés de manière concurrentielle et transparente, après soumission de propositions détaillées et un processus d'examen par les pairs (Banque mondiale, 2009). Une approche plus ambitieuse consiste à transférer l'essentiel du financement public vers un système fondé sur la performance. En Inde, par exemple, un modèle fondé sur la performance lie le financement des universités à des mesures d'égalité des chances et d'accès, d'employabilité des diplômés et de solidité de la gouvernance institutionnelle (Banque mondiale, 2016a). En Afrique subsaharienne, l'expérimentation initiale de systèmes fondés sur la performance s'annonce déjà riche d'enseignements (encadré 4.7). Cependant, pour être efficaces, les programmes de financement axés sur les résultats exigent des systèmes de données et d'informations de haute qualité, opportuns et fiables, ce qui rend cette approche irréaliste pour de nombreux pays africains aujourd'hui. Un tremplin possible vers un financement lié à la performance consiste à mettre l'accent, du moins dans un premier temps, sur les réformes et pas nécessairement sur les résultats, comme cela a été fait au Chili. La priorité de cette approche est d'établir

---

ENCADRÉ 4.7

Rémunérer les résultats dans l'enseignement supérieur en Afrique : l'expérience du Mali et des centres d'excellence africains (CEA)

Le Projet d'appui à l'enseignement supérieur au Mali et les Centres d'excellence africains sont parmi les premiers exemples dans la région subsaharienne où les établissements d'enseignement supérieur sont rémunérés en fonction de leurs résultats. Dans le cadre du Projet d'appui à l'enseignement supérieur au Mali, une subvention pouvant aller jusqu'à 200 000 dollars est mise à la disposition de chacun des quatre établissements d'enseignement supérieur participants pour couvrir les coûts d'élaboration d'un programme agréé en consultation avec le secteur privé, de formation des enseignants pour assurer les programmes agréés ou d'augmentation de leurs ressources financières. Cette orientation vise à améliorer la gouvernance globale des établissements d'enseignement supérieur et à développer de nouveaux programmes qui répondent aux besoins du marché du travail, ce qui permet d'augmenter la probabilité que les diplômés obtiennent des emplois satisfaisants à la fin de leurs études.

Le projet des CEA, en revanche, vise à promouvoir la spécialisation régionale parmi les universités participantes dans des domaines qui répondent à des défis spécifiques de développement de cette région du monde et à renforcer la capacité de ces universités à fournir un enseignement universitaire de deuxième et troisième cycle de qualité et adapté au marché. Il existe un processus rigoureux, concurrentiel et transparent pour la sélection de chaque CAE.

Les gouvernements rémunèrent les centres d'excellence pour leurs résultats - par exemple, 2 000 dollars par étudiant en stage, 600 000 dollars par accréditation internationale, 2 000 dollars par étudiant de sexe masculin dans un programme de master et 2 500 dollars par étudiant de sexe féminin. Cette caractéristique vise à répondre à l'une des critiques les plus courantes à l'égard des systèmes de rémunération liés aux résultats : la possibilité de nuire à l'accès et à l'égalité des chances dans l'enseignement supérieur en limitant les ressources que les établissements consacrent au soutien des

(suite page suivante)

Encadré 4.7 (suite)

étudiants défavorisés et en créant des mesures incitatives généralisées pour servir les mieux préparés à réussir (habituellement ceux déjà mieux lotis).

Les deux projets illustrent une partie des potentiels, mais aussi une partie des défis, que présente la mise en œuvre de la rémunération liée à la performance dans l'enseignement supérieur en Afrique subsaharienne. Par exemple, les universités peuvent essayer de contourner le système de rémunération liée aux résultats. De même, l'accent mis sur les résultats ne concerne pas les professeurs individuellement. Par ailleurs, comme la qualité et la pertinence sont difficiles à mesurer, ces programmes peuvent fausser le comportement des établissements en liant la recherche de l'excellence de l'enseignement à des incitations financières au détriment de l'éthique et de la morale, qui sont traditionnellement censées façonner le comportement académique.

Cependant, si ces obstacles sont bien gérés et que les programmes appliquent les leçons apprises pour les surmonter, cette façon radicalement différente de financer les projets peut aider à modifier les résultats et à atteindre les objectifs. Étant donné que la rémunération est effectuée sur la base des résultats plutôt que sur celle des intrants, l'approche favorise la performance, la réforme et le renforcement institutionnel, tout en améliorant la durabilité.

Sources : Blom, 2016 ; Banque mondiale, 2014a, 2015 b.

---

un lien entre le financement et les moyens jugés nécessaires pour assurer la qualité et l'efficacité du système.

Le financement public peut également être un outil permettant d'aligner plus étroitement les domaines d'études sur les besoins nationaux. Compte tenu des budgets serrés, les pays doivent définir les priorités dans l'allocation des finances publiques avec grand soin. Certains produits de l'enseignement supérieur sont des biens publics, comme par exemple la recherche, et plusieurs domaines d'études sont susceptibles d'entraîner des externalités importantes, comme par exemple les STIM et la pédagogie : des compétences insuffisantes ou inadéquates en matière de STIM peuvent entraver le développement de certains secteurs économiques (comme la fabrication à haute valeur ajoutée ou les TIC) ou l'innovation en général. Fournir des niveaux de financement plus élevés aux programmes axés sur ces domaines et donner une certaine préférence côté demande aux étudiants qui s'inscrivent à ces programmes sont des façons d'y parvenir.

Pour améliorer l'efficacité, il est également important que les dispositifs de financement et de gouvernance tiennent compte des économies d'échelle. Lancés en 2014, les Centres d'excellence africains offrent la possibilité de s'intégrer au niveau régional et d'optimiser les ressources limitées afin d'améliorer la qualité, la pertinence et la transparence de l'enseignement supérieur dans toute la région, en particulier dans les domaines jugés essentiels au développement. Les petits pays peuvent bénéficier de cette intégration. Aujourd'hui, des centres d'excellence sont présents dans 16 pays d'Afrique subsaharienne, dont un axé sur la santé au Bénin, un sur les technologies de l'information au Cameroun et deux sur l'agriculture en Ouganda. L'initiative des CEA fournit un financement et une assistance technique aux universités par le biais d'un processus concurrentiel afin de contribuer au développement d'études supérieures spécialisées en sciences, technologie, ingénierie, mathématiques, santé, agriculture et statistiques appliquées. Des économies d'échelle en matière de financement et de personnel peuvent être réalisées en encourageant la spécialisation régionale parmi les centres participants et en réduisant la nécessité d'avoir des universités partout. La spécialisation régionale garantit également que l'éventail des compétences nécessaires pour répondre aux besoins du marché du travail et du développement est pris en compte de manière adéquate au sein d'une même région.

Enfin, le financement de l'enseignement supérieur dans la région subsaharienne doit se recentrer sur les bons étudiants défavorisés. D'importantes subventions globales pour l'enseignement supérieur peuvent être régressives et finir par réduire l'accès des personnes défavorisées. En Amérique latine, la gratuité universelle de l'enseignement a entraîné des taux élevés d'abandon et de longs délais d'achèvement des études dans de nombreux pays en raison du manque d'incitations à obtenir un diplôme dans les délais et du risque limité associé à l'abandon (Banque mondiale, à paraître). Les subventions globales sans restriction sont les plus courantes dans les pays francophones et sont souvent associées à des admissions garanties qui profitent de façon disproportionnée aux élites (Banque mondiale, 2010). En moyenne, le partage des coûts au niveau de l'enseignement supérieur est moins important en Afrique que dans d'autres régions du monde, mais certains pays ont essayé de passer progressivement d'un enseignement supérieur entièrement gratuit à des accords de partage des coûts. Le Malawi, l'Ouganda et la Zambie ont transféré certains coûts, y compris les frais de subsistance, aux étudiants, et le Botswana, l'Éthiopie et le Lesotho ont mis en œuvre des programmes de partage des coûts différés dans le cadre desquels les étudiants peuvent rembourser progressivement leurs frais universitaires une fois diplômés (Banque mondiale, 2010). Pourtant, dans la plupart des pays de la région, les universités publiques offrent des cours gratuits ou fortement subventionnés, qui ne sont généralement pas soumis aux conditions de ressources. Quelques pays ont mis en œuvre un soutien plus progressif sous condition de ressources, notamment le Kenya, la Mauritanie, Maurice, la Namibie, le Rwanda, l'Afrique du Sud et la Tanzanie (Banque mondiale, 2010). Par conséquent, étant donné les contraintes budgétaires rigoureuses, les dispositifs financiers actuels empêchent le soutien potentiel aux plus désavantagés, exacerbant ainsi les inégalités du système. Compte tenu des besoins financiers concurrents, la gratuité de l'université pour tous à ce stade de développement se traduit inévitablement par moins d'éducation pour beaucoup, en particulier pour de nombreux jeunes défavorisés.

Des frais universitaires plus proches du recouvrement des coûts, associés à une aide financière octroyée aux jeunes à haut potentiel en fonction de leurs besoins, peuvent contribuer à améliorer à la fois l'efficacité et l'égalité des chances et à soutenir le développement de l'enseignement supérieur de façon plus durable. Subventionner les frais universitaires et autres coûts pour les étudiants dont les familles ont les moyens ou qui peuvent obtenir un prêt est en grande partie un gaspillage de ressources publiques, étant donné les importants avantages privés associés à l'enseignement supérieur. Bien sûr, l'économie politique de ces réformes est complexe, car les étudiants de l'université ont généralement une forte influence sur l'opinion publique. Il est donc important d'identifier dans le débat public les gagnants et les perdants du statu quo et de souligner le caractère régressif des dispositifs actuels. Les subventions publiques devraient être une priorité pour les étudiants à haut potentiel et à faible revenu[22]. Les contraintes de liquidité pour ces individus pèsent non seulement sur l'égalité des chances, mais aussi sur l'efficacité, puisque l'économie ne parvient pas à réaliser leur plein potentiel productif. Les marchés du crédit ne fonctionnent pas bien pour ce groupe, et le financement public devrait chercher à remédier à cette défaillance du marché. La réorientation des subventions globales actuelles vers des bourses d'études ciblées, fondées sur le mérite et conditionnées à la performance des personnes à faible revenu et douées sur le plan académique, est une solution gagnant-gagnant pour la croissance et l'inclusion[23].

En réponse aux problématiques de viabilité et d'égalité des chances associées aux modes de financement actuels, plusieurs pays ont mis en place des programmes de prêts à taux réduits pour l'enseignement supérieur. Environ 70 pays du monde offrent des prêts destinés à l'enseignement supérieur (Darvas, 2016), notamment le Botswana, le Burkina Faso, Eswatini, l'Éthiopie, le Ghana, le Kenya, le Lesotho, le Malawi, le Nigeria, le Rwanda, l'Afrique du Sud et la Tanzanie. En principe, les prêts peuvent contribuer à améliorer l'efficacité et l'égalité des chances dans l'enseignement supérieur en fournissant aux étudiants les fonds nécessaires pour poursuivre des études supérieures. Il est prouvé que les prêts étudiants peuvent effectivement augmenter le nombre d'inscriptions. En Afrique du Sud, une évaluation rigoureuse des prêts universitaires destinés principalement aux ménages de la classe moyenne a entraîné une augmentation de 22 à 25 points de pourcentage de la probabilité d'inscription, soit 50 % de plus que le taux d'inscription de base (Gurgand, Lorenceau et Melonio, 2011).

Les programmes de prêts sont en revanche difficiles à créer et à mettre en œuvre efficacement. Étant donné les failles du marché du crédit pour les prêts destinés à l'enseignement supérieur, le gouvernement a un rôle à jouer[24].

Pour que les programmes de prêts étudiants soient bien adaptés, les pays ont besoin de sources cohérentes de prêts de capitaux pour ce groupe, de systèmes fiscaux et informatiques fiables, de capacités de contrôle des ressources et de critères pour établir des montants de remboursement raisonnables, ainsi que de cadres administratifs, juridiques et informatiques adéquats pour imposer le remboursement des prêts (Banque mondiale, 2010). Les programmes de prêts aux étudiants exigent également un financement public important puisqu'ils s'accompagnent généralement de subventions publiques généreuses et nécessitent une capacité de récupération importante (même si ce rôle est externalisé).

L'un des principaux problèmes qui entravent la réussite des programmes de prêts étudiants est la difficulté de garantir leur remboursement. En Afrique, ce problème est particulièrement ardu en raison des obstacles supplémentaires que constituent la mise en place de capacités de recouvrement de créances et de systèmes de données efficaces, la sensibilisation des emprunteurs en matière de prêts et de conditions de prêt, le renforcement des capacités juridiques pour traiter les problèmes de défaillance et l'établissement de mécanismes garantissant que les prêts ciblent ceux qui en ont besoin, auxquels s'ajoute l'incertitude de débouchés sur le marché du travail pour beaucoup de diplômés. En raison du caractère fortement informel de l'économie, de la portée limitée du système fiscal et des faiblesses générales des mécanismes de déclaration des actifs et des revenus dans la plupart des pays africains, il est souvent difficile de mettre en œuvre des prêts soumis à conditions de ressources, et encore moins des prêts liés au revenu[25]. Dans le programme de bourses en Zambie, qui est un programme de prêts, aucun des bénéficiaires n'a remboursé son prêt (Banque mondiale, 2015c).

Malgré ces difficultés, le développement des programmes de prêts reste une option attrayante pour les pays de la région subsaharienne qui cherchent à accroître le partage des coûts et l'égalité des chances dans l'enseignement supérieur. Pour réussir ce développement, l'expérience internationale peut être très utile, en particulier celle de l'Amérique latine, où l'enseignement universitaire s'est considérablement développé ces dernières décennies. L'Afrique subsaharienne compte également plusieurs exemples de programmes et solutions de prêts prometteurs. Par exemple, la Fondation des prêts aux étudiants au Ghana suscite un intérêt certain et a permis d'établir de solides politiques administratives et de défaut de remboursement des prêts, ce qui a permis de réduire au minimum les pertes subies par le gouvernement et d'améliorer le partage des coûts. Le Kenya, le Rwanda et la Tanzanie ont désigné des institutions spécialisées pour collecter les remboursements de prêts. En Namibie, les taux de remboursement ont augmenté de plus de 50 % lorsque le ministère de l'Éducation a commencé à recueillir des informations auprès de la Commission de la sécurité sociale afin de trouver et de suivre les emprunteurs

(Banque mondiale, 2010). Quelques pays, dont le Botswana, l'Éthiopie et l'Afrique du Sud, ont créé des alternatives au remboursement des prêts sous la forme d'un service public d'enseignement (Éthiopie) ou d'une spécialisation dans un domaine confronté à une pénurie de main-d'œuvre qualifiée (Botswana). D'autres mesures visant à améliorer l'efficacité des programmes de prêts dans la région comprennent l'amélioration des capacités d'évaluation des revenus et leur exactitude. Pour aller dans cette direction, il faudra redoubler d'efforts pour établir des liens entre les impôts, l'aide sociale, l'enseignement secondaire et d'autres bases de données pertinentes qui peuvent fournir une image plus complète de la situation économique des ménages[26]. En outre, d'autres mesures pourraient être prises, notamment l'établissement de délais d'obtention d'un diplôme, la mise en œuvre de frais associés aux calendriers de remboursement, le renforcement de la capacité des systèmes juridiques à assurer le suivi des défauts de remboursement des prêts et une offre de bourses pour les étudiants issus des milieux à plus faible revenu.

Lorsque des programmes d'aide financière sont disponibles, il est tout aussi important de s'assurer que les étudiants et les parents disposent de ces informations au moment opportun, lorsque les décisions sont prises. Détenir les informations peut faire la différence. Dans leur étude sur le Chili, Dinkelman et Martinez (2011) montrent qu'informer les élèves de quatrième au collège et leurs parents de la disponibilité de bourses d'études et de prêts gouvernementaux fondés sur le mérite pour l'enseignement supérieur a amélioré leur connaissance de ces programmes et accru leur souhait de poursuivre des études supérieures.

Bien que la priorité ait été accordée au financement, l'amélioration de l'égalité des chances dans l'enseignement supérieur nécessitera également de s'attaquer aux obstacles supplémentaires à l'accès et à la réussite des études supérieures qui affectent les jeunes d'un sexe particulier ou venant d'une zone géographique spécifique. Attanasio et Kaufmann (2009) montrent, dans le contexte du Mexique, que les attentes et les perceptions des jeunes en matière de rendement des études supérieures sont importantes pour les inscriptions universitaires. Pourtant, le manque d'informations précises peut constituer une contrainte, en particulier chez les femmes et dans les zones rurales (Banerjee *et al.*, 2013). En plus de l'impact des informations, il semblerait que bénéficier d'exemples de réussite modifie les croyances et les attentes à l'égard de ce que les femmes peuvent accomplir, poussant la demande d'éducation à la hausse (Beaman *et al.*, 2012 ; Jensen, 2012). Comme il n'est pas souhaitable d'avoir une université dans chaque ville d'un pays, la mobilité des étudiants doit être encouragée afin que la distance ne soit pas une contrainte pour ceux qui vivent loin d'une université. Des informations et des bourses d'études qui comprennent une prime de mobilité peuvent être utiles. En outre, pour combler les disparités géographiques d'accès à un enseignement supérieur de qualité, il faut également investir dans l'accès à un enseignement élémentaire de qualité dans ces zones et veiller à ce que les informations pertinentes sur les bureaux et les politiques d'admission des universités parviennent en temps voulu dans les zones plus reculées.

Une plus grande égalité des chances en matière d'accès et de rétention ne devrait toutefois pas se faire au détriment de la préparation à l'université ou au prix d'un niveau plus faible. Ces écueils peuvent être évités si les groupes appropriés sont ciblés. La priorité doit être d'offrir l'accès à des étudiants à faible revenu et à haut potentiel qui peuvent réussir au niveau universitaire. Si l'admission à l'université est accordée aux étudiants qui ne sont pas prêts sur le plan académique, ni le pays, ni l'individu n'en bénéficieront. Aujourd'hui, de nombreux bons étudiants à faible revenu n'ont pas accès aux universités, et ce groupe a besoin d'une attention particulière de la part des gouvernements d'Afrique subsaharienne[27].

Il est important de subventionner généreusement les frais universitaires des jeunes à faible revenu et à haut potentiel, mais il faut commencer à s'intéresser à ce groupe encore plus tôt. Certains de ces individus sont peut-être prêts à aller à l'université, mais ils ont besoin d'aide pour accéder aux informations pertinentes ou pour présenter une demande d'admission à l'université. Par conséquent, en plus des bourses d'études, il est tout aussi important de réfléchir à des filières et à des programmes qui peuvent aider à combler les lacunes de ce groupe en matière de préparation à l'université et de soutenir complètement la transition des études secondaires aux études supérieures. Les « écoles de talents » visant à soutenir les jeunes issus de milieux défavorisés au cours des deux dernières années du lycée et les programmes de mentorat peuvent être utiles. Les programmes de transition sont une autre possibilité. En Namibie, le programme « Pathways » de l'Université de Namibie s'adresse aux étudiants de l'ethnie marginalisée Owambo, en mettant l'accent sur la préparation à des études supérieures en sciences et en ingénierie (MacGregor, 2008).

Ce programme d'amélioration de l'efficacité et de l'égalité des chances à court terme doit s'accompagner d'un programme à plus long terme qui peut progressivement, mais *efficacement*, améliorer l'égalité des chances dans l'enseignement supérieur. Si des mesures telles que les quotas et autres actions positives peuvent jouer un rôle dans la promotion de l'égalité des chances dans l'enseignement supérieur pour les groupes traditionnellement défavorisés[28], leurs effets risquent d'être limités si elles ne s'accompagnent pas de mesures visant à améliorer l'égalité des chances. Et cela concerne non seulement le nombre d'étudiants, mais aussi la qualité de l'éducation acquise lorsque les étudiants de différents milieux quittent le système universitaire[29]. Ce programme doit commencer par améliorer les investissements dans la petite enfance et la qualité de l'enseignement élémentaire à destination des enfants défavorisés afin qu'ils aient une chance d'accéder à l'enseignement supérieur et d'y réussir. Les mesures qui s'attaquent aux causes sous-jacentes des inégalités seront vraisemblablement plus longues à donner des résultats, mais elles peuvent mener à des bienfaits plus durables qui vont au-delà de la simple augmentation du nombre d'élèves.

Soutenir l'enseignement universitaire des STIM de façon sélective et progressive

La contribution de l'enseignement supérieur à l'innovation et à la croissance de la productivité exige des facteurs politiques et institutionnels complémentaires qui sont souvent absents de nombreux pays à faible revenu d'Afrique subsaharienne. Plusieurs pays de cette région du monde ont commencé à aider les universités à entreprendre plus d'activités de R&D, en particulier dans les domaines des STIM. Toutefois, l'expérience internationale montre qu'il est nécessaire que des conditions préalables importantes soient réunies pour que les investissements dans ce domaine portent leurs fruits. Les dépenses en R&D peuvent ne pas se traduire par une diffusion technologique ou une innovation locale, et donc une croissance de la productivité, sans facteurs institutionnels complémentaires. Goñi et Maloney (2014) montrent que le rendement de la R&D varie d'un pays à l'autre et a tendance à suivre une forme en U inversée : les rendements augmentent à mesure que les pays se rapprochent de la frontière technologique (effet de rattrapage attendu), atteignent un sommet pour les pays à revenu intermédiaire et diminuent à mesure que les pays se rapprochent de la frontière. Plus important encore, l'existence de rendements positifs dépend de facteurs politiques et institutionnels complémentaires, notamment un environnement commercial solide, un capital humain adéquat, des infrastructures de recherche et un secteur privé dynamique permettant de relier les activités de R&D à la production. Ces facteurs sont largement absents des pays à faible revenu de la région.

L'expérience des économies de l'Asie de l'Est en matière de soutien à l'enseignement supérieur pour renforcer les capacités d'innovation offre des enseignements utiles pour l'Afrique subsaharienne. Les nouvelles économies industrielles de l'Asie de l'Est, comme celles de la Corée et de Singapour, ont progressivement soutenu les activités de R&D de l'enseignement supérieur en liaison étroite avec l'adoption et l'application des technologies existantes par les entreprises, en particulier dans les secteurs exportateurs. Dans le même temps, la Chine a fortement accru ses dépenses de R&D dans le cadre du développement de l'enseignement supérieur, mais la qualité des investissements en R&D pose question. Bien que les subventions gouvernementales aient contribué à l'augmentation du nombre de demandes de brevets, bon nombre de ces brevets sont de faible qualité et peuvent être motivés par la réception de subventions accordées suite au dépôt de brevets et non pour créer une valeur économique. Le soutien à la R&D dans l'enseignement supérieur n'est pas aussi étroitement lié à l'adoption et à la diffusion des technologies dans les secteurs à faible intensité technologique, dans lesquels évoluent la majorité des entreprises ayant un potentiel de rattrapage. Par conséquent, la contribution des dépenses de R&D et du système d'enseignement universitaire à la croissance de la productivité n'a pas encore été réalisée. La réussite du pays se concentre dans les domaines où des liens ont été créés entre le système universitaire et des entreprises multinationales qui facilitent le transfert et l'adoption des technologies.

Les pays d'Afrique subsaharienne peuvent donner la priorité au développement des capacités d'ingénierie et de gestion comme tremplin pour mobiliser les investissements dans l'enseignement supérieur et renforcer leur capacité d'innovation. Valencia Caicedo et Maloney (2014) fournissent des données historiques et empiriques sur le rôle central de la capacité d'ingénierie d'un pays pour le transfert, l'adoption et l'innovation technologiques, et donc la croissance à long terme. Sur la base de travaux de recherche existants et de leur propre analyse empirique, ils concluent qu'un plus grand nombre de diplômés en ingénierie, en tant qu'indicateur indirect d'un niveau plus élevé de capital humain à orientation scientifique et de capacité d'innovation, permet de prédire des différences importantes à long terme dans le revenu par habitant d'un pays. Ils montrent que les États-Unis, par exemple, ont commencé relativement tôt à investir dans la création d'écoles d'ingénieurs, avant même le développement massif de l'enseignement secondaire. Les données internationales indiquent également que les capacités de gestion du secteur privé sont un facteur particulièrement important pour la croissance de la productivité grâce à leurs innovations en matière d'organisation et de processus. L'une des principales compétences permettant cette progression de la croissance est la qualité de la gestion qui permet aux entreprises d'apprendre à être concurrentielles sur la base d'actifs incorporels. Il en va ainsi des structures organisationnelles, de la conception, de la marque ainsi que de la gestion moderne dans les domaines de la planification à long terme et de la gestion des talents, qui sont nécessaires pour l'adoption et l'innovation technologiques. Ainsi, les pays d'Afrique subsaharienne peuvent prioriser la mise en place d'une masse critique de diplômés en ingénierie et en gestion dans le cadre du développement progressif de leur enseignement supérieur. Là encore, ces investissements devront s'accompagner de réformes visant à créer un environnement propice à l'élaboration de politiques, à favoriser des liens privilégiés avec les entreprises privées et à attirer les investissements étrangers directs.

Adopter des pratiques d'apprentissage plus actives et une approche en termes de « carrière »

Le manque d'expérience pratique est l'une des principales lacunes que les employeurs identifient chez les jeunes travailleurs[30]. En Ouganda, par exemple, dans une enquête réalisée en 2002 auprès d'environ 100 employeurs, 26 % des entreprises ont cité le manque d'expérience pratique comme le besoin le plus criant, la réponse la plus fréquemment donnée parmi plus de 35 possibilités (MISR 2006).

Pour répondre à ce besoin, il faut commencer par créer un cursus. Premièrement, les matières théoriques doivent être combinées à des cours pratiques qui mettent l'accent sur les compétences sous-jacentes requises au travail. Certaines de ces compétences sont académiques, mais beaucoup ne le sont pas. L'approche axée sur les tâches incarnée par le programme Génération (décrit au chapitre 3) est une possibilité. Étant donné que l'important est de savoir si les effectifs possèdent les compétences nécessaires pour accomplir les tâches qui constituent leur travail, l'élaboration de CNQ qui définissent et accréditent les qualifications liées aux compétences des effectifs devrait se concentrer sur les compétences dont les employeurs ont besoin, et pas seulement sur les diplômes.

Deuxièmement, la mise en place d'un mode d'apprentissage davantage axé sur le travail, par le biais d'apprentissages ou de stages et de mises en situation de travail, peut également être utile. De nombreux pays de la région subsaharienne ont mis en place ou sont en train de mettre en place des cadres nationaux d'apprentissages et de stages en vue d'améliorer l'expérience professionnelle des jeunes, y compris des diplômés universitaires, avant leur entrée officielle dans le monde du travail. Ces cadres doivent être encouragés, et les données internationales suggèrent que, lorsqu'ils sont bien conçus, ils peuvent réellement améliorer l'employabilité (chapitres 3 et 5). Étant donné que certains étudiants de la région travaillent pendant leurs études, il peut être utile d'inciter les universités à former des partenariats avec le secteur privé dès le début afin que les étudiants qui travaillent acquièrent une expérience pertinente. De même, favoriser les horaires flexibles qui permettent aux étudiants de travailler et d'étudier peut rendre les études plus pertinentes, tout en réduisant le manque à gagner causé par le fait d'aller à l'université. Cela dit, l'expérience de l'Amérique latine suggère qu'il est essentiel d'éviter le risque que les étudiants soient surchargés de travail, ce qui peut entraîner des abandons (Banque mondiale, à paraître). L'expérience pratique peut également être enrichie en classe, par des simulations ou des projets universitaires qui visent à résoudre des problèmes réels des entreprises, par exemple.

Troisièmement, une approche en termes de « carrières » de l'enseignement universitaire qui reconnaît les besoins de l'économie d'aujourd'hui, mais aussi ceux de demain, peut améliorer l'adéquation et l'adaptabilité. Compte tenu de la structure des économies de la plupart des pays d'Afrique subsaharienne, le renforcement de l'enseignement de l'entrepreneuriat à l'université, à la fois directement et indirectement, doit être une priorité. De nombreuses universités du continent ont créé des centres d'incubation qui donnent aux étudiants les moyens de mettre à l'essai de nouvelles idées et de les commercialiser. Dans le même temps, en particulier dans l'enseignement supérieur, les diplômés sont susceptibles d'être confrontés à un monde du travail en mutation rapide, le travail devenant de moins en moins routinier et valorisant les compétences cognitives et socio-émotionnelles supérieures (chapitre 1). Comme dans les autres niveaux d'enseignement, l'enseignement universitaire doit passer de la mémorisation à la résolution de problèmes, du respect des règles à la créativité.

Enfin, un tel changement dans les compétences et les modes d'apprentissage ne sera pas possible sans accorder une attention équivalente aux enseignants de l'université. Dans certains pays d'Afrique subsaharienne, le nombre d'étudiants par enseignant est supérieur de 50 % à la moyenne mondiale[31]. Il n'est pas facile d'encourager et de former les enseignants à adopter progressivement une approche plus « centrée sur l'étudiant » dans la formation en classe, car les enseignants des classes universitaires adoptent généralement une approche « axée sur l'enseignant », qui laisse peu de place aux interactions, aux discussions et au travail en équipe. Revoir les politiques de recrutement et de rémunération, augmenter la responsabilisation, renforcer le reclassement et promouvoir les échanges internationaux sont autant de pistes pour contribuer à améliorer la qualité des enseignants d'aujourd'hui.

Étant donné que ces changements prendront du temps, les pays de la région subsaharienne devraient continuer à encourager les partenariats internationaux qui permettent aux étudiants les plus prometteurs d'accéder aux meilleures universités du continent et du monde. Les technologies numériques actuelles facilitent cet accès. Par exemple, le Massachusetts Institute of Technology et un consortium de 15 autres universités de premier plan ont commencé à offrir des micro-programmes de master qui ne nécessitent qu'un semestre complet sur le campus américain (MIT, 2016).

Privilégier les résultats et les données factuelles

Des systèmes d'informations solides sont la pierre angulaire d'un grand nombre des réformes nécessaires dans l'enseignement supérieur en Afrique. Les différents acteurs de l'écosystème de l'enseignement supérieur - étudiants, familles, prestataires de services, décideurs, secteur privé et employeurs - ont besoin d'informations plus nombreuses et de meilleure qualité.

Le manque d'informations pertinentes (et de soutien) peut inciter les étudiants à s'inscrire à des programmes de faible qualité, tout en acceptant des prêts importants. Ce risque est réel dans cette partie du monde, étant donné la grande hétérogénéité des rendements entre les programmes et les institutions, dont il a été question précédemment. Le risque est probablement plus grand pour les étudiants et les parents à faible revenu, qui sont confrontés à des asymétries d'informations plus marquées et à une capacité d'agir moindre par rapport à ces informations. C'est surtout vrai en ce qui concerne l'évaluation de la qualité et de la diversité des programmes d'enseignement supérieur et la comparaison des coûts et avantages à long terme des choix de carrière et des options financières[32]. Par exemple, fournir des informations sur les choix et processus universitaires et aider les étudiants à remplir les formulaires peut faire une différence si cela est réalisé de manière opportune et accessible. Aux États-Unis, par exemple, le projet «Expanding College Opportunities», a fourni des informations individualisées sur les prix nets, les ressources, les cursus, les étudiants et les résultats des établissements. Cette mesure a entraîné l'augmentation du nombre de demandes, d'admissions et d'inscriptions ainsi que la réussite dans des écoles sélectives (Hoxby et Turner, 2013).

Les études de suivi des diplômés et les enquêtes menées auprès des employeurs peuvent également être utiles pour surveiller la pertinence et la qualité des programmes offerts par les universités. De nombreux pays sont tentés de remédier aux défaillances en matière d'informations et aux inadéquations perçues des compétences en essayant de prévoir les types d'effectifs dont les entreprises auront besoin dans l'avenir. Cette approche s'avère généralement infructueuse, car il est difficile de savoir de quelles compétences les entreprises auront besoin dans l'avenir et, dans la plupart des cas, les entreprises ne planifient même pas explicitement pour les cinq années à venir. Une approche plus prometteuse consiste donc à essayer d'utiliser les signaux fournis par le marché du travail et de veiller à ce que ces informations parviennent à toutes les parties prenantes concernées - étudiants, travailleurs, entreprises, pouvoirs publics - rapidement et simplement. Les études de suivi qui suivent le parcours des diplômés en matière d'emploi et de revenus peuvent jouer un rôle essentiel dans ces efforts. Les universités doivent être motivées à mener de telles évaluations et être équipées pour cela, soit par le biais d'une réglementation gouvernementale sur l'assurance de la qualité, soit par un financement lié aux résultats. En outre, le secteur public, en partenariat avec les associations professionnelles formelles et informelles, peut réaliser régulièrement des enquêtes auprès des employeurs ou d'autres types d'enquêtes pour recueillir des informations sur les besoins du secteur privé en matière de compétences et d'opinions sur les forces et les faiblesses des jeunes diplômés ainsi que sur les domaines d'études des travailleurs, les institutions fréquentées et les résultats obtenus sur le marché du travail.

Malgré certaines tentatives ponctuelles de mener des études de suivi dans des universités spécifiques ou au niveau régional, aucun pays de la région subsaharienne n'effectue régulièrement des études de suivi sur ses diplômés universitaires[33]. Cela n'est pas tout à fait surprenant étant donné que, dans des environnements très informels, les études de suivi peuvent être coûteuses. Toutefois, ces études pourraient être menées par échantillonnage tous les quatre ou cinq ans, par exemple. Au Cap-Occidental, en Afrique du Sud, une étude de suivi de la cohorte 2010 des diplômés universitaires de la région a été réalisée (Cape Higher Education Consortium, 2013). Modèle potentiel pour d'autres pays, cette étude de suivi a été réalisée par le Cape Higher Education Consortium, qui réunit des représentants de différentes universités privées et publiques ainsi que des responsables gouvernementaux. Pour essayer d'obtenir des informations plus régulières sur les résultats des diplômés obtenus sur le marché du travail, l'Université du Cap, en particulier, utilise un mécanisme innovant de collecte d'informations sur l'emploi lors des cérémonies de remise des diplômes. Cette approche pourrait être reproduite et fournir quelques informations initiales sur les débouchés immédiats. La technologie mobile peut également contribuer à améliorer les taux de réponse et permettre une enquête plus régulière auprès des diplômés. Cette approche est adoptée au Nigeria, où la Commission nationale des universités mène une étude pilote de suivi dans certaines universités et certains domaines d'études, en utilisant à la fois Internet et les messages SMS pour accroître les taux de réponse[34].

Dans les pays à revenu intermédiaire supérieur, ces instruments peuvent être complétés par des «observatoires régionaux ou nationaux de l'emploi». Ces observatoires ont été mis en place dans de nombreux pays, notamment en Europe et en Amérique latine. En Afrique, un observatoire du marché du travail est en cours de création au Kenya et au Nigeria, et des précurseurs existent ou ont existé notamment au Ghana, au Lesotho, en Namibie, à Maurice et au Sénégal. Puisqu'ils peuvent être assez complexes, il est important de commencer modestement. Par ailleurs, les observatoires sont probablement plus utiles dans les pays à revenu intermédiaire ou intermédiaire supérieur en mesure de générer des informations actualisées sur le marché du travail, y compris dans le secteur informel[35]. Les observatoires de l'emploi peuvent prendre de nombreuses formes, mais ils visent à fournir des informations appropriées sur le marché du travail et l'éducation afin que les acteurs puissent prendre les bonnes décisions : les étudiants peuvent décider quels domaines étudier, opter pour l'enseignement professionnel ou supérieur, et où étudier, tandis que les décideurs et les prestataires de services peuvent décider quels domaines renforcer, actualiser ou promouvoir. Les observatoires peuvent débuter par un petit bureau chargé de recueillir des informations sur le marché du travail et d'effectuer des analyses spécialisées en matière d'emploi, comme en Pologne, et se transformer ensuite en organisations plus sophistiquées capables de fournir des informations sur les salaires, les conditions de travail par secteur, le type d'entreprise et les emplois, comme au Chili et en Colombie. Par la suite, ils peuvent, par exemple, réunir et fournir des informations sur les débouchés des établissements d'enseignement sur le marché du travail et effectuer des études de suivi, en association avec les données recueillies par les systèmes des bureaux des recettes publiques.

Les informations et les données factuelles sont tout aussi pertinentes pour les gouvernements et prestataires, car elles leur permettent de tirer des leçons de leurs propres expériences et de guider et d'encourager les réformes. Comme dans le cas des systèmes d'EFTP, dans l'enseignement supérieur, les universités, les institutions d'assurance de la qualité et les gouvernements mènent leurs politiques aveuglément, avec très peu de données sur lesquelles fonder leurs décisions. L'institutionnalisation d'outils, tels que l'approche systémique pour de meilleurs résultats dans le domaine de l'éducation (SABER), qui recueille des informations au niveau systémique, mais aussi au niveau institutionnel, est également essentielle. Comme nous l'avons vu précédemment, l'utilisation d'outils qui créent un lien entre le financement et les réformes peut être un moteur de changement dans les systèmes d'enseignement supérieur de la région.

Étant donné les nombreux défis à relever pour réussir à gérer le développement de l'enseignement supérieur, les gouvernements doivent faire preuve de prudence dans l'utilisation des instruments politiques à leur disposition. Le marché seul ne permettra pas d'atteindre l'optimum social dans l'enseignement supérieur, en raison de la présence d'externalités, de contraintes de liquidité, de problèmes liés à l'information et d'une concurrence imparfaite. Chacun de ces dysfonctionnements exige un ensemble différent d'instruments de politique publique, et ils seront probablement tous nécessaires pour gérer le développement de l'enseignement supérieur en Afrique. C'est l'une des leçons tirées de son développement en Amérique latine (encadré 4.8). Les externalités potentielles associées aux STIM ou à la recherche nécessitent des subventions gouvernementales ciblées dans ces domaines ; les contraintes de liquidité requièrent très probablement tant des subventions gouvernementales pour les plus démunis qu'un soutien aux marchés du prêt étudiant ; les problèmes liés à l'information

---

ENCADRÉ 4.8

Tirer les leçons de l'expérience latino-américaine pour développer l'enseignement universitaire

En Amérique latine et aux Caraïbes, les inscriptions dans l'enseignement supérieur ont considérablement augmenté, passant de 21 à 43 % entre 2000 et 2013. Cette forte croissance est le résultat d'une évolution de l'offre et de la demande qui peut servir de leçon aux pays d'Afrique subsaharienne. Tout comme on s'y attend dans la région subsaharienne, la principale source de changement de la demande a été l'augmentation du nombre d'étudiants qui terminent leurs études secondaires. Dans le même temps, les familles ont vu leur capacité de payer pour l'enseignement supérieur augmenter, et de nombreux gouvernements ont commencé à offrir des fonds publics pour accroître la fréquentation dans l'enseignement supérieur, notamment l'exonération de tout ou partie des frais d'inscription, des programmes de prêts et des bourses d'études. L'augmentation de l'offre découle à la fois du développement des institutions existantes et de la création de nouvelles institutions et de nouveaux programmes,

(suite page suivante)

Encadré 4.8 (suite)

tant publics que privés. En moyenne, la part de marché des établissements d'enseignement supérieur privés est passée de 43 à 50 % entre le début des années 2000 et l'année 2013. L'expérience latino-américaine montre clairement que la qualité, la diversité et l'égalité des chances des systèmes d'enseignement supérieur sont interdépendantes. Des leçons utiles peuvent être tirées pour un développement efficace, plus équitable et plus efficient dans d'autres régions du monde ; une leçon importante est que l'élargissement de l'accès à lui seul n'entraîne pas automatiquement une plus grande égalité des chances ou une population plus qualifiée. Voici quelques-uns des principaux enseignements à tirer.

Les pays qui ont connu la plus forte croissance de l'accès à l'enseignement supérieur ont mis en œuvre des politiques explicites visant le développement ; dans l'ensemble, les pays de la région latino-américaine ont stratégiquement profité de la participation de diverses parties prenantes, dont le secteur privé, et ont accru les taux d'achèvement des études secondaires, augmentant ainsi le nombre d'étudiants potentiels dans l'enseignement supérieur. Parmi les exemples de politiques mises en œuvre, on peut citer le programme de prêts garantis par l'État chilien pour encourager la fréquentation à l'université (avec quelques inconvénients également) et l'augmentation du nombre et de la taille des établissements publics d'enseignement supérieur en Équateur. Certains pays ont également adopté des politiques permettant de favoriser le développement des établissements privés. Toutefois, augmenter l'accès sans améliorer la qualité et la pertinence ne produira pas de société plus qualifiée.

Un point faible de la politique latino-américaine est la collaboration régionale. En Afrique subsaharienne, avec des programmes comme PASET et ACE, la collaboration régionale s'annonce prometteuse pour améliorer l'accès, la qualité et l'efficacité de l'enseignement supérieur. En outre, les autorités de l'enseignement supérieur de neuf pays d'Amérique latine et des Caraïbes ne participent pas aux processus de planification stratégique à long terme, ou ces processus n'existent pas. Ce manque de planification à long terme limite la capacité de l'enseignement supérieur à contribuer aux objectifs à long terme du développement et de la croissance d'un pays comme pourrait le faire une meilleure planification régionale et stratégique.

Le financement public est indispensable au développement, mais il est essentiel de choisir des mécanismes de financement appropriés, car ils influent sur le nombre et le type d'étudiants qui s'inscrivent aux programmes d'enseignement supérieur et qui les terminent. Tous les pays d'Amérique latine et des Caraïbes subventionnent l'enseignement supérieur à des degrés divers, allant de la gratuité pour tous les étudiants à des admissions sélectives avec des programmes de prêts disponibles pour les étudiants dans le besoin. L'expérience montre que, si la gratuité des frais de cours et l'accès sans restriction aux étudiants permettent d'améliorer l'accès, comme en Argentine, ces mesures ont aussi des coûts fiscaux élevés et peuvent constituer une utilisation inefficace des ressources publiques, n'incitant guère les étudiants à terminer leurs études dans les délais ou même pas du tout, ce qui entraîne un gaspillage important.

(suite page suivante)

Encadré 4.8 (suite)

Toutefois, le seul fait d'offrir des programmes de prêts peut entraîner des inégalités en excluant les étudiants issus de milieux à faible revenu. Le Brésil et la Colombie utilisent des approches hybrides combinant des admissions sélectives avec un financement fondé sur le mérite pour les étudiants qualifiés dans les universités publiques, ainsi que des prêts et autres financements pour les étudiants dans les universités privées. Ces mécanismes de financement hybrides ont entraîné la hausse du nombre d'inscriptions et, plus important, la hausse du taux d'achèvement des études.

Il est essentiel d'accorder une attention particulière à la participation du secteur privé. L'adoption de politiques visant à faciliter l'accès aux établissements d'enseignement supérieur privés peut contribuer à renforcer la participation du secteur privé et à élargir l'accès. Au Brésil, au Chili et au Paraguay, les prestataires privés représentent plus de 70 % des établissements d'enseignement supérieur, tandis qu'en Argentine, en Bolivie, au Panama et en Uruguay, ils représentent moins de 25 %. Dans de nombreux pays, les établissements privés développent leurs propres critères d'admission, cursus et offres de programmes. Cette indépendance peut leur permettre d'établir de solides connexions avec le secteur privé et d'être plus flexibles en leur offrant des programmes mieux adaptés à l'employabilité.

Toutefois, ces établissements exigent souvent des frais plus élevés et sont réservés aux étudiants mieux nantis, surtout en l'absence de prêts et de bourses d'études publics. En l'absence de réglementation, les pays ont souvent un plus grand nombre de prestataires privés, mais cette autonomie peut entraîner des variations importantes dans la qualité des prestataires et créer des incitations incohérentes pour maximiser les profits sans tenir compte de la pertinence et de la qualité, en particulier dans le cas des institutions à but lucratif. Cependant, des réglementations excessivement rigoureuses limitent la capacité des établissements privés à répondre au marché.

Les cadres de responsabilisation et de qualité ainsi que les mesures incitatives sont essentiels. En l'absence de cadres de responsabilisation concrets, les politiques, les mécanismes de financement et l'effet de levier du secteur privé laisseront encore de la place au gaspillage des ressources et à l'inefficacité des établissements. Bien que d'importantes variations persistent et qu'il existe des voies d'amélioration, l'Amérique latine et les Caraïbes ont mis en œuvre avec succès des mesures de responsabilisation pour les systèmes d'enseignement supérieur. Par exemple, le Brésil, la Colombie, le Mexique et le Caribbean Examinations Council ont recours à des évaluations de l'apprentissage pour mesurer les progrès des élèves. La Colombie a mis en place un système national de classement des établissements d'enseignement supérieur et un observatoire de l'emploi pour suivre les résultats des étudiants sur le marché du travail dans le temps (au moins parmi les travailleurs du secteur formel). Enfin, la région latino-américaine a eu recours avec succès au système de financement lié aux résultats et aux fonds discrétionnaires pour inciter les institutions et les systèmes à faire des efforts pour s'améliorer.

Source : Banque mondiale, à paraître.

nécessitent d'informer et de protéger les consommateurs ; et une concurrence imparfaite requiert à la fois une concurrence qui s'exerce par le choix des étudiants, et également un suivi et une réglementation du secteur. Les travaux de la Banque mondiale (à paraître) montrent que ces outils politiques se complètent. Par exemple, les subventions visant à améliorer l'accès à l'enseignement supérieur pour les étudiants à haut potentiel et à faible revenu peuvent d'autant plus améliorer l'efficacité du système si les étudiants peuvent choisir librement le type d'établissement et de programme qu'ils souhaitent et s'ils disposent des informations pertinentes pour prendre des décisions éclairées, et si les prestataires sont contrôlés de manière à garantir un niveau minimum de qualité. Les décideurs politiques peuvent évaluer les outils en fonction de leur capacité à encourager les étudiants, les prestataires, les autorités réglementaires et le secteur privé à adopter les comportements souhaités, tout en tenant compte de la grande hétérogénéité des contraintes et des préférences parmi ces acteurs. Une prise en compte sérieuse de la question des mesures incitatives peut aider à éviter des effets négatifs non souhaités, dont certains ont été discutés dans ce chapitre.

Conclusion

Le développement de l'enseignement supérieur en Afrique doit concilier les aspirations des jeunes, les besoins des économies et la viabilité financière et institutionnelle. Les finalités de l'enseignement supérieur, à savoir contribuer à la croissance économique, à l'inclusion et à l'adaptabilité, sont probablement très similaires d'un pays à l'autre, tout comme le sont les objectifs à l'échelle du système, visant à améliorer l'accès, l'efficacité et la pertinence de l'enseignement supérieur. Ce chapitre a toutefois montré que les investissements dans l'enseignement supérieur obligent à opérer des arbitrages très importants entre les objectifs de productivité et d'inclusion, et que ces arbitrages sont plus difficiles pour les pays à faible dotation en compétences, les pays qui se trouvent dans les premières étapes de leur transformation productive, ou ceux qui ne disposent pas d'un environnement favorable permettant aux travailleurs et aux pays de tirer un rendement adéquat de leurs investissements dans l'université.

Ces arbitrages, combinés aux changements démographiques, économiques et technologiques, signifient que les pays d'Afrique doivent gérer judicieusement le développement de leur enseignement supérieur. Les pays doivent d'abord identifier et mettre en œuvre des politiques gagnant-gagnant en faveur de l'égalité des chances et de l'efficacité, par exemple, transférer les ressources destinées aux subventions des jeunes à revenu élevé aux subventions des jeunes à aptitudes élevées et à faible revenu et investir dans de solides compétences de base. Ensuite, les pays devraient essayer d'aligner les autres politiques sur les changements de comportement souhaités, en équilibrant les arbitrages possibles et en évitant les conséquences imprévues. Au-delà des réformes internes au système universitaire, l'effort doit aussi viser les faiblesses des compétences de base, en particulier chez les groupes défavorisés, et celles liées au monde de l'entreprise. Ce n'est qu'à ce moment-là que l'éducation universitaire sera rentable pour la plupart des diplômés, en particulier dans un contexte d'augmentation du nombre de diplômés. Le fait que la plupart des systèmes de la région subsaharienne restent de taille modeste donne l'occasion de procéder à des réformes le plus tôt possible, de s'inspirer de l'expérience des autres et de jeter les bases d'un développement viable du système.

Beaucoup de réformes nécessaires pour assurer le bon développement de l'enseignement supérieur sont complexes et représentent un défi sur le plan politique. Elles impliquent de réformer la gouvernance dans de nombreux cas, d'introduire de nouvelles lois et d'utiliser le capital politique. Ces changements peuvent être difficiles à réaliser dans l'enseignement supérieur, en particulier lorsque les systèmes universitaires tendent à être totalement ou partiellement autonomes. Pour obtenir des résultats étendus et durables, les politiques et les réformes doivent établir un engagement crédible, soutenir la coordination et promouvoir la coopération entre tous les acteurs. À cette fin, elles doivent s'attaquer à la politique des politiques et créer des mesures incitatives pour harmoniser les comportements de toutes les parties prenantes avec la poursuite des objectifs nationaux de développement des compétences.

Les pays d'Afrique subsaharienne doivent également s'efforcer de former des coalitions pour réaliser ces réformes. En plus d'influencer l'opinion publique au moyen d'informations sur la performance des diplômés et des institutions, les pays peuvent créer des coalitions qui encouragent la coopération et orientent l'équilibre du pouvoir vers de bonnes politiques et réformes. La coopération exige que l'on reconnaisse les intérêts multiples, souvent concurrentiels et évolutifs, des intervenants. Par exemple, les réformes de financement axées sur les résultats peuvent échouer si l'insuffisance des ressources et le manque de soutien minent le moral et détournent l'attention des directeurs et de la communauté universitaire des résultats à atteindre. Les politiques, qui combinent des ressources accrues à des plans d'amélioration de la performance avec des réformes et mécanismes visant à améliorer la responsabilité en matière de résultats, peuvent avoir de meilleures chances d'adhésion.

Notes

1. Ce chapitre se concentre sur l'enseignement supérieur. Toutefois, certaines des données disponibles ne font pas la distinction entre les universités et l'enseignement post-secondaire en général. En conséquence, certaines des données présentées

couvrent l'ensemble de l'enseignement supérieur (y compris l'enseignement technique et professionnel). Pourtant, comme nous l'avons vu au chapitre 3, l'enseignement technique supérieur en Afrique subsaharienne reste relativement limité.

2. Données UIS.Stat pour les inscriptions brutes dans l'enseignement supérieur. La Classification internationale type de l'éducation (CITE) 5-8 se réfère, quel que soit l'âge, au pourcentage total de la population du groupe d'âge quinquennal qui commence avec la fin des études secondaires.

3. Pour une discussion sur d'autres dimensions de l'inégalité dans l'accès à l'enseignement supérieur, par ex. relatives au handicap, voir Darvas *et al.*, 2017.

4. Base de données UIS.Stat.

5. Voir http://ent.arp.harvard.edu/AfricaHigherEducation/index.html.

6. Études réalisées sur la transition école-travail pour sept pays : le Bénin, la République du Congo, le Libéria, Madagascar, le Malawi, le Togo et la Zambie. Les résultats sont basés sur une régression de Mincer, en tenant compte du sexe et de l'expérience des jeunes de 15 à 29 ans.

7. Ces rendements sont basés sur une simple régression de Mincer et ne couvrent que les salariés (Montenegro et Patrinos, 2014).

8. Base de données UIS.Stat.

9. L'augmentation du rendement en Afrique subsaharienne peut être trompeuse parce que la couverture des pays varie beaucoup au fil des ans. Toutefois, l'ensemble de données est plus équilibré à l'approche de 2000, et le rendement continue de progresser par la suite (même si de façon moins marquée).

10. Pour le Kenya, voir Sanchez Puerta et Perinet (2015) ; pour le Ghana, voir Darvas, Favara et Arnold (2017). Comme nous l'avons vu dans ce chapitre, les compétences plus avancées observées chez les diplômés de l'enseignement supérieur reflètent probablement le fait qu'en moyenne, les personnes plus qualifiées sont celles qui poursuivent des études supérieures.

11. Ces taux de chômage plus élevés sont probablement révélateurs du fait que les diplômés de l'université sont issus de façon disproportionnée de ménages plus riches et peuvent donc plus facilement se permettre de rester au chômage. Ils sont aussi probablement révélateurs du sous-emploi en plus du chômage, étant donné les attentes plus élevées en termes de qualité de l'emploi chez les diplômés de l'université.

12. Étude la plus récente sur la transition école-travail pour 10 pays de la région.

13. Étude sur la transition école-travail.

14. Dans ce secteur, les salaires sont souvent étroitement liés aux diplômes (qui ne passent pas nécessairement le test du marché) et s'accompagnent d'une stabilité d'emploi et d'un ensemble d'avantages souvent non disponibles dans le secteur privé.

15. Étude la plus récente sur la transition école-travail.

16. Pour les résultats d'accréditation de la Commission nationale des universités du Nigeriapour les programmes de premier cycle universitaire, voir http://nuc.edu.ng /undergraduate-accreditation-results/.

17. Base de données UIS.Stat.

18. En Amérique latine et dans les Caraïbes, la part de marché moyenne des établissements privés de l'enseignement supérieur est passée de 43 à 50 % entre le début des années 2000 et 2013 (Banque mondiale, à paraître).

19. Les CNQ sont examinés plus en détail au chapitre 3.

20. Toutefois, contrairement à de nombreux classements internationaux, ce classement ne s'accompagne pas d'une ventilation des facteurs considérés ou des données justifiant le classement. Ces informations peuvent exister, mais elles ne sont pas facilement accessibles au public.

21. Pour une analyse détaillée des mécanismes de financement de l'enseignement supérieur en Afrique et des orientations stratégiques possibles, voir Banque mondiale (2010).

22. La problématique liée aux contraintes de crédit et au financement de l'éducation pour ce groupe est également présente dans les enseignements primaire et secondaire (chapitre 2). Améliorer leur accès à ce niveau est la première étape vers l'amélioration de leurs chances d'accéder à l'enseignement supérieur. Les données internationales suggèrent, par exemple, que les bourses d'études accordées à des élèves à faible revenu pour leur permettre de poursuivre des études secondaires ont considérablement augmenté les inscriptions dans l'enseignement supérieur parmi les bénéficiaires (Barrera-Osorio *et al.*, 2011).

23. Certaines de ces bourses peuvent provenir du secteur privé. De nombreuses universités privées et publiques du monde entier s'associent au secteur privé pour fournir des bourses d'études au mérite aux étudiants de l'université. Des bourses partielles sont souvent accordées à des étudiants plus aisés et des bourses complètes sont accordées à des étudiants issus de milieux défavorisés.

24. Les prêts destinés à l'enseignement supérieur ne sont généralement pas assortis des garanties exigées par les banques, car les étudiants empruntent pour financer un investissement dont ils sont le propre objet. Ces prêts peuvent représenter un risque pour les banques, qui ne disposent pas d'informations complètes sur la probabilité de remboursement. Les étudiants eux-mêmes ne connaissent pas exactement la probabilité qu'ils obtiennent leur diplôme ou le rendement à long terme de leurs études supérieures.

25. Dans le cas des prêts étudiants accordés en fonction du revenu, les obligations de remboursement dépendent des salaires après l'obtention du diplôme. Bien que ces types de prêts aient été adoptés dans des pays comme l'Australie, le Royaume-Uni et les États-Unis, les conditions en matière de systèmes d'informations et d'exécution sont sans doute trop exigeantes pour que ce type de prêts soit avantageux dans la plupart des pays à revenu faible ou intermédiaire.

26. La question de la prise en compte des ressources pour l'accord d'un prêt étudiant est semblable à celle relative aux programmes sociaux, et on peut s'inspirer de ces derniers pour utiliser des indicateurs valides permettant de déterminer le revenu. L'exemple des programmes sociaux peut également servir concernant le ciblage communautaire, car les familles partagent souvent des locaux avec d'autres familles de même statut socioéconomique. Pour d'autres discussions sur ce sujet, voir, par exemple, Tekleselassie et Johnstone (2004).

27. En Afrique du Sud, par exemple, l'accès à l'université est limité, même parmi les apprenants qui réussissent relativement bien à l'examen national de fin d'études secondaires (van Broekhuizen, van der Berg, et Hofmeyr, 2016).

28. Le Ghana, le Kenya, le Nigéria, la Tanzanie, l'Ouganda et le Zimbabwe, par exemple, ont soit abaissé le niveau académique pour les femmes, soit attribué des points de prime aux femmes aux examens d'admission (Morley *et al.*, 2010). En

Ouganda, un système de quotas a été introduit pour sélectionner les étudiants de chaque district, les personnes handicapées et les sportifs et sportives qui répondent aux exigences minimales des institutions et programmes spécifiques (Darvas, 2016).

29. Les programmes de discrimination positive soulèvent deux grandes problématiques : (a) le ciblage, la question étant de savoir dans quelle mesure les politiques donnent accès aux personnes réellement défavorisées (par opposition aux membres aisés des groupes défavorisés), et (b) l'inadéquation : l'idée étant que donner aux étudiants défavorisés l'accès à un programme d'études mal adapté à leur préparation et à leurs qualifications peut avoir un impact limité ou même les appauvrir. Bertrand, Hanna et Mullainathan (2010) et Robles et Krishna (2012) étudient la discrimination positive en Inde, qui favorise les étudiants des castes inférieures dans l'enseignement supérieur, et leurs résultats convergent pour dire qu'il y a une tension entre l'inclusion et la productivité globale ; Bertrand, Hanna et Mullainathan (2010) montrent qu'aussi bien les diplômés des castes supérieures que ceux des castes inférieures retirent des bénéfices, mais que les bénéfices sont moindres pour ces derniers. L'ampleur plus faible des bénéfices pour les élèves des castes inférieures donne à penser que la mesure entraîne des pertes économiques globales, mais qu'il existe d'importants effets distributifs et qu'il faut les comparer à ces pertes. De plus, Robles et Krishna (2012) estiment que la préparation aux études est importante. Les étudiants des minorités qui s'inscrivent dans des filières d'études sélectives à la suite de mesures de discrimination positive semblent gagner un salaire inférieur à celui qu'ils auraient gagné s'ils avaient choisi une filière moins sélective. Les étudiants des minorités inscrits dans des filières d'études sélectives accusent un retard par rapport à leurs pairs au sein de la population étudiante générale.

30. Études réalisées sur la transition école-travail.

31. Base de données UIS.Stat.

32. Plusieurs études ont mis en évidence le déficit d'informations qui touche les familles et les étudiants en ce qui concerne les frais d'inscription et le processus de candidature, et ont constaté qu'il y a une corrélation positive entre le degré de sensibilisation et le niveau d'éducation et le revenu des parents (Hoxby et Avery, 2013 ; Hoxby et Turner, 2015). Il semble également que la complexité du processus de demande d'aide financière puisse décourager les étudiants de déposer une demande d'admission à l'université (Bettinger *et al.*, 2012).

33. Pour un échantillon de ces études, voir http://ingradnet.org/tracer-studies/africa. html.

34. Pour en savoir plus, voir http://nuc.edu.ng/pilot-graduate-tracer-study/.

35. Johanson et Adams (2004) analysent l'expérience des observatoires du marché du travail dans certains pays africains. Ils notent que de nombreux pays n'ont pas réussi à atteindre leurs objectifs parce qu'ils étaient confrontés à trop de problèmes, notamment l'incapacité à produire une recherche de haute qualité, l'absence d'instances dirigeantes fortes, ce qui peut prendre de nombreuses années à se développer, et le manque de mesures incitatives appropriées pour que toutes les parties prenantes participent.

Bibliographie

Arango, M., Evanst, S. et Quadri, Z (2016), « Education Reform in Chile: Designing a Fairer, Better Higher Education System », Atelier sur la politique relative aux diplômés, Woodrow Wilson School of Public and International Affairs, Princeton University, Princeton, janvier.

Asein, J. et Lawal. Y (2007), « Admission into Tertiary Institutions in Nigeria », Joint Admissions and Matriculation Board of Nigeria.

Attanasio, O. P. et Kaufmann K. M. (2009), « Educational Choices, Subjective Expectations, and Credit Constraints », Document de travail n° 15087, National Bureau of Economic Research, Cambridge, Massachusetts, mars.

Banerjee, A., Glewwe, P., Powers, S. et Wasserman, M. (2013), « Expanding Access and Increasing Student Learning in Post-Primary Education in Developing Countries: A Review of the Evidence », Post-Primary Education Initiative Review Paper, Abdul Latif Jameel Poverty Action Lab (J-PAL), Cambridge, Massachusetts. https://www.povertyactionlab.org/sites/default/files/publications/PPE%20Review%20Paper%20April%202013.pdf.

Banque mondiale (2009), *Accelerating Catch-up : Tertiary Education for Growth in Sub-Saharan Africa*, Directions in Development Series: Human Development, Banque mondiale, Washington.

Banque mondiale (2010), *Financing Higher Education in Africa*, Directions in Development Series : Human Development, Banque mondiale, Washington.

Banque mondiale (2011), *World Development Report 2012 : Gender Equality and Development*, Banque mondiale, Washington.

Banque mondiale (2013a), « Malawi Skills Development Project. Project Appraisal Document », Banque mondiale, Washington.

Banque mondiale. (2013b), « Republic of Sierra Leone: Higher and Tertiary Education Sector Policy Note », Banque mondiale, Washington.

Banque mondiale (2013c), « STEP-B Implementation Completion and Results Report », Banque mondiale, Washington.

Banque mondiale (2014a), « Africa Higher Education Centers of Excellence Project: Project Appraisal Document », Banque mondiale, Washington. http://documents.worldbank.org/curated/en/192751467992763313/pdf/PAD3320PAD0P12010Box385466B00OUO090.pdf.

Banque mondiale (2014b), « World Bank to Finance 19 Centers of Excellence to Help Transform Science, Technology, and Higher Education in Africa », Communiqué de presse, Banque mondiale, Washington, 15 avril. http://projects.worldbank.org/P150394/?lang=en&tab=overview.

Banque mondiale (2015a), « Nigeria : Skills for Competitiveness and Employability », Banque mondiale, Washington.

Banque mondiale (2015b), « Republic of Mali: Higher Education Support Project; Project Appraisal Document », Banque mondiale, Washington. http://documents.worldbank.org/curated/en/677371468056064986/pdf/PAD11620PAD0P1010Box391421B00OUO090.pdf.

Banque mondiale (2015c), « Zambia: Education Public Expenditure Review », Banque mondiale, Washington.

Banque mondiale (2016a), « Higher Education Quality Improvement Project », Banque mondiale, Washington. http://projects.worldbank.org/P150394/?lang=en&tab =overview.

Banque mondiale (2016b), « What Matters Most for Tertiary Education: A Framework Paper », Banque mondiale, Washington.

Banque mondiale (2017), « Local Job Creation Multipliers in Turkey », Macroeconomics and Fiscal Management Focus Note, Groupe Banque mondiale, Washington. http:// documents.worldbank.org/curated/en/963901509977684250/Local-job-creation -multipliers-in-Turkey.

Banque mondiale (2017b), *The Partnership for Skills in Applied Sciences, Engineering, and Technology (PASET)*, Groupe Banque mondiale, Washington. http://documents .worldbank.org/curated/en/405111468197982834/ The-partnership-for-skills-in-applied-sciences-engineering-and-technology-PASET.

Banque mondiale (À paraître), *At a Crossroads : Higher Education in Latin America and the Caribbean*, Banque mondiale, Washington.

Banque mondiale (Diverses années), Étude sur les Compétences pour l'employabilité et la productivité (STEP), Banque mondiale, Washington.

Banque mondiale (Diverses années), Base de données Indicateurs du développement dans le monde, Banque mondiale, Washington.

Barrera-Osorio, F., Bertrand, M., Linden, L. et Perez-Calle, F. (2011), « Improving the Design of Conditional Transfer Programs: Evidence from a Randomized Education Experiment in Colombia » *American Economic Journal : Applied Economics*, vol. 3, avril, p. 167–95.

Beaman, L., Duflo, E. Pande, R. et Topalova, P. (2012), « Female Leadership Raises Aspirations and Education Attainment for Girls: A Policy Experiment in India » *Science*, vol. 335, n° 6068, p. 582-86.

Beine, M., Docquier, F. et Rapoport, H. (2008), « Brain Drain and Human Capital Formation in Developing Countries: Winners and Losers » *Economic Journal*, vol. 118, n° 528, p. 631-52.

Beine, M., Docquier, F. et Schiff, M. (2008), « Brain Drain and Its Determinants: A Major Issue for Small States » Document de réflexion 3398 IZA, Institut d'économie du travail, Bonn.

Bertrand, M., Hanna, R. et Mullainathan, S. (2010), « Affirmative Action in Education: Evidence from Engineering College Admissions in India », *Journal of Labor Economics*, vol. 94, n° 1-2, p. 16-29.

Bettinger, E., Terry Long, B, Oreopoulos, P et Sanbonmatsu, L. (2012), « The Role of Application Assistance and Information in College Decisions: Results from the H&R Block FAFSA Experiment », *Quarterly Journal of Economics*, vol. 127, n° 3, p. 1205-42.

Bhagwati, J. et Hamada, K. (1974), « The Brain Drain, International Integration of Markets for Professionals, and Unemployment: A Theoretical Analysis », *Journal of Development Economics*, vol. 1, n° 1-2, p. 19-42.

Blom, A. (2016), «Africa Centers of Excellence: Success and Pitfalls of Results-Based Financing in Higher Education», Présentation à la Banque mondiale, Washington, 7 décembre.

Blom, A., Raza, R, Kiamba, C, Bayusuf, H et Adil, M. (2016), «Expanding Tertiary Education for Well-Paid Jobs, Competitiveness, and Shared Prosperity in Kenya», Banque mondiale, Washington.

Broekhuizen (van), H., Berg (van der), S. et Hofmeyr, H. (2016), «Higher Education Access and Outcomes for the 2008 National Matric Cohort», Document de travail 16/16, Stellenbosh University, Afrique du sud.

Campos, F. M. L., Goldstein, M. P., McGorman, L., Munoz Boudet A. M. et Pimhidzai, O. (2015), «Breaking the Metal Ceiling: Female Entrepreneurs Who Succeed in Male-Dominated Sectors», Policy Research Working Paper n° 7503, Banque mondiale, Washington.

Cape Higher Education Consortium (2013), « Pathways from University to Work: A Graduate Destination Survey of the 2010 Cohort of Graduates from the Western Cape Universities », Cape Higher Education Consortium, Le Cap. http://www.chec.ac.za /files/CHEC%20Graduate%20Survey%20FULL%20REPORT%20WEB.pdf.

Carnoy, M., Castells, M, Cohen, S. et Cardoso, F. H. (1993), *The New Global Economy in the Information Age: Reflections on Our Changing World*, Pennsylvania State University Press, University Park.

Chimanikire, D. (2009), «Youth and Higher Education in Africa: The Cases of Cameroon, South Africa, Eritrea, and Zimbabwe», Conseil pour le développement de la recherche en sciences sociales en Afrique (CODESTRIA), Dakar.

Cloete, N., Bailey, T., Pillay, P., Bunting, I. et Maassen, P. (2011), « Universities and Economic Development in Africa », Center for Higher Education Transformation (CHET), Wynberg.

Darvas, P. (2016), «Tertiary Education in Sub-Saharan Africa», Note de réflexion, Banque mondiale, Washington.

Darvas, P., Favara, M. et Arnold, T. (2017), *Stepping Up Skills in Urban Ghana: Snapshot of the STEP Skills Measurement Survey*, Directions in Human Development Series, Banque mondiale, Washington.

Darvas, P., Gao, S., Shen, Y et Bawany, B. (2017), *Sharing Higher Education's Promise beyond the Few in Sub-Saharan Africa*, Groupe Banque mondiale, Washington. http:// documents.worldbank.org/curated/en/862691509089826066/Sharing-higherSharing Higher Education's Promise beyond the Few in Sub-Saharan Africa.

Devarajan, S., Monga, C. et Zongo, T. (2011), « Making Higher Education Finance Work for Africa », *Journal of African Economies*, vo. 20, n° 3, p. 133-54.

Dinkelman, T. et Martinez, C. (2011), «Investing in Schooling in Chile: The Role of Information about Financial Aid for Higher Education», Document de travail 216, Center for Economic Policy Studies, Princeton University, Princeton, février.

Filmer, D. et Fox, L. (2014), *Youth Employment in Sub-Saharan Africa.*, Banque mondiale, Washington.

Galvin, J. et Sow, A. (2017), «Leveraging ICTs and Innovative Financing for Education and Economic Development: Lessons from Intel in Africa», Présentation à la Banque mondiale, Washington, 9 février.

Gibson, J. et McKenzie, D. (2012), « The Economic Consequences of 'Brain Drain' of the Best and Brightest: Microeconomic Evidence from Five Countries », *Economic Journal*, vol. 122, n° 560, p. 339-75.

Goñi, E. et Maloney, W. (2014), « Why Don't Poor Countries Do R&D? », Policy Research Working Paper n° 6811, Banque mondiale, Washington.

Gurgand, M., Lorenceau, A. et Melonio, T. (2011), « Student Loans: Liquidity Constraint and Higher Education in South Africa », Document de travail n° 117, Agence Française de Développement, Paris, septembre.

Hanushek, E. (2016), « Will More Higher Education Improve Economic Growth? » , *Oxford Review of Economic Policy*, vol. 32, n° 4, p. 538-52.

Hanushek, E., Schwerdt, G., Widerhold, S. et Woessmann, L. (2016), « Coping with Change: International Differences in the Returns to Skills », Document de réflexion 10249 IZA, Institut d'économie du travail, Bonn.

Hino, H. et Ranis, G. (2014), *Youth and Employment in Sub-Saharan Africa: Working but Poor*, Routledge, New York.

Hoxby, C. et Avery, C. (2013), « The Missing 'One-Offs': The Hidden Supply of High-Achieving, Low-Income Students », *Brookings Papers on Economic Activity*, Printemps, p. 1-66.

Hoxby, C. et Turner, S. (2013), « Expanding College Opportunities for High- Achieving, Low-Income Students », Document de discussion SIEPR 12-014, 201, Institute for Economic Policy Research (SIEPR), Stanford University, Stanford.

Hoxby, C. et Turner, S. (2015), « What High-Achieving Low-Income Students Know about College » , *American Economic Review, vol.* 105, n° 5, p. 514-17.

Jensen, R. 2012. « Do Labor Market Opportunities Affect Young Women's Work and Family Decisions? Experimental Evidence from Colombia. » *Quarterly Journal of Economics* 127 (2): 753-92.

Johanson, R.et Adams, A. (2004), *Skills Development in Sub-Saharan Africa*, Regional and Sectoral Studies Series, Banque mondiale, Washington.

J-PAL (Abdul Latif Jameel Poverty Action Lab). (2017), Description de l'évaluation des répercussions à venir, « The Impact of Supplementary Math Courses for Girls in Benin », J-PAL, Cambridge, Massachusetts. https://www.povertyactionlab.org/evaluation/impact-supplemen tary-math-courses-girls-benin.

Kaufmann, K. (2012), « Understanding the Income Gradient in College Attendance in Mexico: The Role of Heterogeneity in Expected Returns », Document de travail, Department of Economics, Innocenzo Gasparini Institute for Economic Research, Bocconi University, Milan.

Lucas, R. (1988), « On the Mechanics of Economic Development », *Journal of Monetary Economics,* vol 22, n° 1, p. 3-42.

Lulwana, P., Ouma, G. et Pillay, P. (2016), « Challenges in Post-School Education in Sub-Saharan Africa: Selected Case Studies », Education Commission, Washington.

MacGregor, K. (2008), « Case Study: Namibia—University of Namibia », *in Pathways to Higher Education: A Ford Foundation Global Initiative for Promoting Inclusiveness in Higher Education,* Fondation Ford, Washington.

Mambo, M. M., Meky, M. S., Tanaka, N. et Salmi, J. (2016), *Improving Higher Education in Malawi for Competitiveness in the Global Economy*, Série Études de la Banque mondiale, Groupe Banque mondiale, Washington.

Materu, P. et Righetti, P. (2010), «Quality Assurance in Sub-Saharan Africa», *Research in Comparative and International Education*, vol. 5, n° 1, p. 3-17.

McKinsey Global Institute. (2012), « Africa at Work: Job Creation and Inclusive Growth », Rapport, McKinsey Global Institute, New York, août.

MISR (Makerere Institute of Social Research). (2006), «Graduate Tracer and Employers' Expectations in Uganda, 2002», MISR, Kampala, février. http://www.unche.or.ug/publications/tracer-studies/tracer-study-and-expectations.html.

MIT (Massachusetts Institute of Technology). (2016), «Thirteen Universities Adopt MicroMasters and Launch 18 New Programs via edX», *MIT News*, 20 septembre. http://news.mit.edu/2016/thirteen-universities-adopt-micromasters-and-launch-18-new-programs-via-edx-0920.

Montenegro, C. et Patrinos, H. (2014), «Comparable Estimates of Returns to Schooling around the World», Policy Research Working Paper n° 7020, Banque mondiale, Washington.

Moretti, E. (2004), « Estimating the Social Return to Higher Education: Evidence from Longitudinal and Repeated Cross-Sectional Data », *Journal of Econometrics*, vol. 121, n° 1-2, p. 175-212.

Moretti, E. (2010), « Local Multipliers », *American Economic Review: Papers and Proceedings*, vol. 100, mai, p. 1-7.

Morley, L., Forde, L. D., Egbenya, G., Leach, F., Lihamba, A., Lussier, K. et Mwaipopo, R. (2010), « Widening Participation in Higher Education in Ghana and Tanzania: Developing an Equity Scorecard », University of Cape Coast, Ghana ; University of Sussex, Royaume-Uni. https://assets.publishing.service.gov.uk/media/57a08afbed915d622c000a0d/60335-FinalReport.pdf.

National Universities Commission. (2017), « Accreditation Results Undergraduate Programs », National Universities Commission, Abuja. http://nuc.edu.ng/undergraduate-accreditation-results/.

OCDE (Organisation de coopération et de développement économiques). (2013), «World Migration in Figures», Une contribution conjointe du Département des affaires économiques et sociales des Nations Unies et de l'OCDE au Dialogue de haut niveau des Nations Unies sur la migration et le développement, 3-4 octobre, OCDE, Paris. http://www.oecd.org/els/mig/World-Migration-in-Figures.pdf.

OCDE (2015), «Education Policy Outlook: Brazil», OCDE, Paris. www.oecd.org/education/policyoutlook.htm.

Organisation internationale du travail (OIT) (2016), «World Employment Social Outlook: Trends for Youth 2016» OIT, Genève.

OIT (Diverses années), School-to-Work Transition Survey, OIT, Genève. http://www.ilo.org/employment/areas/youth-employment/work-for-youth/WCMS_191853/lang--en/index.htm.

Reich, R. (2015), « Chile's New Program for Quality Improvement », International Higher Education, Boston College, Boston, Massachusetts. https://ejournals.bc.edu /ojs/index.php/ihe/article/viewFile/6949/6166.

Robles, V. F. et Krishna, K. (2012), « Affirmative Action in Higher Education in India: Targeting, Catch Up, and Mismatch at IIT-Delhi », Document de travail 17727, National Bureau of Economic Research, Cambridge, Massachusetts.

Romer, P. (1986), « Increasing Returns and Long-Run Growth », Journal of Political Economy, vol. 94, n° 5, p. 1002-37.

Romer, P. (1990), « Endogenous Technical Change », Journal of Political Economy, vol. 98, partie 2, p. S 71–S102.

Sack, R. et Ravalitera, F. (2011), « Tertiary Education in Madagascar: A Review of the Bologna Process (LMD), Its Implementation in Madagascar, the Status of Recent World Bank Analyses and Recommendations, and Suggestions for the Immediate Future », Banque mondiale, Washington.

Salmi, J. (2016), « Tertiary Education and the Sustainable Development Goals: In Search of a Viable Funding Model », Education Commission, Washington.

Sanchez P. M. L. et Perinet, M. (2015), « Kenya STEP Survey Findings », Banque mondiale, Washington.

Saxeenian, A. L. (2002), « The Silicon Valley Connection: Transnational Networks and Regional Development in Taiwan, China et India », Science Technology and Society, vol. 71, n° 1, p. 117-49.

Sekhri, S. et Rubenstein, Y. (2011), « Public Private College Educational Gap in Developing Countries: Evidence on Value Added versus Sorting from General Education Sector in India », Document de travail, University of Virginia; London School of Economics and Political Science, novembre. http://people.virginia .edu/~ss5mj/col legesnov2011.pdf.

Shabani, J. (2013), « Quality Regimes in Africa: Reality and Aspirations », International Higher Education, vol. 73, mai, p. 16-18.

Tadesse, T. (2014), « Quality Assurance in Ethiopian Higher Education: Boon or Bandwagon in Light of Quality Improvement? », Journal of Higher Education in Africa, vol. 12, n° 2, p. 131-57.

Tekleselassie, A. A. et Johnstone, B. (2004), « Means Testing: The Dilemma of Targeting Subsidies in African Higher Education », Journal of Higher Education in Africa, vol. 2, n° 2, p. 135-58.

Times Higher Education (2016), « World University Rankings 2016 », Elsevier, Amsterdam. https://www.timeshighereducation.com/world-university-rankings/2016 /world-ranking#!/page/0/length/25/sort_by/rank/sort_order/asc/cols/stats.

UNESCO (Organisation des Nations unies pour l'éducation, la science et la culture). (2015), UNESCO Science Report : Towards 2030, OCDE Publishing, Paris.

UNESCO (2016), Education for People and Planet: Creating Sustainable Futures for All; UNESCO Global Education Monitoring Report., UNESCO, Paris.

UIS (UNESCO Institute of Statistics). (2014), « Higher Education in Asia: Expanding Out, Expanding Up; the Rise of Graduate Education and University Research », UIS, Montréal.

UIS (Diverses années), Base de données UIS.Stat, UIS, Montréal.

Urzua, S. (2016), « Lessons from Latin America for Higher Education in Sub-Saharan Africa », Note de réflexion, Banque mondiale, Washington.

Valencia C. F. et Maloney, W. F. (2014), « Engineers, Innovative Capacity, and Development in the Americas », Policy Research Working Paper n° 6814, Banque mondiale, Washington.

Yuchtman, N. (2017), « Teaching to the Tests: An Economic Analysis of Traditional and Modern Education in Late Imperial and Republican China », *Explorations in Economic History*, vol. 63, janvier, p. 70-90.

Yutronic, J., Reich, R., Lopez, D., Rodriguez, D., Prieto, J. P. et Music, J. (2010), « Performance-Based Agreements and Their Contribution to Higher Education Funding in Chile », *Revista Educación Superior y Sociedad*, vol. 15, n° 2.

Zavale, N., Alcantra, L. et da Conceição, M. (2015), « Main Features and Challenges of Implementing Quality Assurance within African Higher Education Institutions: The Case of Eduardo Mondlane University », *International Journal of African Higher Education2*, vol. 2, mars, p. 101-34.

Chapitre 5

Corriger les déficits de compétences : formation continue et remise à niveau pour les adultes et les jeunes sortis du système scolaire en Afrique subsaharienne

Mũthoni Ngatia et Jamele Rigolini

En Afrique, plus des deux tiers de la population active ont quitté le système éducatif sans avoir achevé le primaire (UNESCO, 2015) et plus de trois cents millions d'actifs sont illettrés. Ce chapitre explore les possibilités de fournir les compétences requises sur le marché du travail à ceux qui sont sortis du système scolaire. Les décideurs publics qui cherchent à combler les déficits de compétence de cette population font face à deux dilemmes : (a) faut-il développer les compétences destinées en premier lieu à accroître la productivité agrégée, ou plutôt celles visant à améliorer le niveau de vie ? ; (b) faut-il mettre l'accent sur les compétences requises aujourd'hui ou sur celles dont on aura besoin demain ? Les formations destinées à la population active sortie du système scolaire sont le plus souvent informelles, et les décideurs publics doivent s'investir plus fortement pour améliorer leur qualité. Les plus courantes sont les apprentissages et les programmes du secteur informel conçus pour aider les travailleurs indépendants et les petits entrepreneurs. Bien que leur impact varie énormément, les programmes complets, qui associent à la formation d'autres formes de soutien, présentent généralement des effets positifs plus durables. Faire appel à la technologie est une manière prometteuse d'améliorer l'efficacité des programmes de formation et d'abaisser leur coût. Pour éviter une fragmentation excessive des moyens, les décideurs publics doivent également porter une plus grande attention au cadre institutionnel dans la mise en œuvre de ces programmes.

Introduction

Chacun doit pouvoir apprendre toute la vie. À chaque étape de l'existence, il doit être possible d'acquérir les connaissances et les compétences nécessaires pour donner suite à ses aspirations et apporter une contribution significative à la société. L'apprentissage tout au long de la vie est ce qui permet aux actifs de mettre à jour leurs compétences et aux entreprises de s'adapter à de nouvelles technologies plus productives. Cependant, pour la majorité des travailleurs africains, l'apprentissage tout au long de la vie représente plus encore : l'un des rares moyens susceptibles de les sortir de la pauvreté et de leur offrir une vie meilleure.

En Afrique, plus des deux tiers de la population active a quitté le système éducatif sans avoir achevé le primaire (UNESCO, 2015), plus de trois cents millions d'actifs sont illettrés, et plus des deux tiers d'entre eux (70 %) ont des emplois de faible qualité et peu productifs, en partie parce qu'ils n'ont pas les compétences requises sur le marché du travail, qui devient de plus en plus sophistiqué (Horne, Khatiwada et Kuhn, 2016). Ce manque de qualification a également pour effet de chasser de nombreuses personnes du marché du travail – du marché formel, en particulier –, soit parce qu'elles ne trouvent pas d'emploi, soit, dans les cas extrêmes, parce qu'elles ont perdu espoir de trouver du travail et cessé de chercher. Proposer à ces gens-là une formation supplémentaire (dans le cadre d'une série de mesures de soutien individuel et de réformes plus larges) est moins une question de donner un coup d'accélérateur à la croissance économique que de les aider à sortir du chômage ou d'emplois précaires mal payés, qui sont souvent synonymes de pauvreté. Ce chapitre explore les possibilités de fournir les compétences requises sur le marché du travail à tous ceux, et ils sont nombreux, qui sont sortis du système scolaire.

Former une population pauvre, jeune et moins jeune, et peu qualifiée est une tâche monumentale. En Afrique, une vaste proportion de jeunes adultes n'a aucune instruction (graphique 5.1). Globalement, 571 millions de personnes sont en âge de travailler et au moins 300 millions sont illettrées. Chaque année, des millions de jeunes insuffisamment formés rejoignent les rangs des travailleurs peu qualifiés. On verra dans l'encadré 5.1 comment les grandes tendances évoquées au long du rapport ont des répercussions sur la formation continue et la remise à niveau.

Ce n'est cependant pas une raison pour cesser de donner à la population active les compétences requises sur le marché du travail. Même si mettre en place des formations extra-scolaires n'aura sans doute qu'un effet modeste sur la croissance économique vu le nombre important d'adultes non qualifiés ou peu qualifiés, cela peut réduire la pauvreté de façon significative. L'éducation étant fondamentale pour l'exercice de nombreux droits humains, d'importants déficits de compétences, comme une maîtrise insuffisante de la lecture et de

Graphique 5.1 **Part des 20–24 ans sans instruction dans les pays d'Afrique subsaharienne**

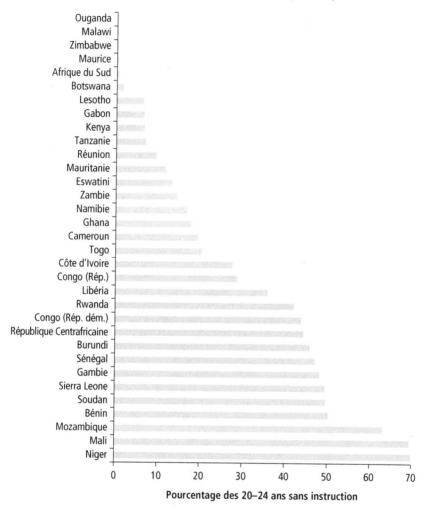

Source : Indicateurs du développement dans le monde.

l'écriture, représentent un sérieux obstacle qui dépasse la simple dimension économique et affecte des aspects vitaux comme la santé et la participation à la vie sociale et civique.

Les décideurs publics qui cherchent à répondre aux besoins de formation font face à plusieurs dilemmes : (a) faut-il développer les compétences destinées en premier lieu à accroître la productivité agrégée, ou plutôt celles visant à

La formation continue et la remise à niveau face aux grandes tendances mondiales

Les grandes tendances mondiales décrites au premier chapitre vont constituer un défi de plus en plus grand et renforcer d'autant l'importance de la formation continue.

L'Afrique peut tirer un bénéfice énorme du *dividende démographique* qu'elle va connaître : l'accroissement du nombre de jeunes en âge de travailler et la baisse du taux de natalité vont libérer des ressources qui peuvent être investies dans le développement des compétences. Cependant, la forte proportion de jeunes n'ayant pas la qualification adéquate et le nombre de plus en plus important de nouveaux arrivants dans la même situation pourraient empêcher le continent de tirer tout le bénéfice de ce dividende. L'urbanisation, autre évolution qui va de pair avec la transformation structurelle de l'Afrique, est caractérisée par un mouvement de migration de la main-d'œuvre de l'agriculture vers les services. Ce changement a un impact sur le faisceau de compétences requis par le marché du travail. En même temps, la concentration de main-d'œuvre dans les centres urbains peut représenter un avantage pour le développement des compétences, la proximité des pôles industriels rendant la formation moins chère et de meilleure qualité.

L'intégration de l'Afrique dans les chaînes de valeur mondiales va la pousser à adopter les nouvelles technologies, ce qui va nécessiter un recyclage de la main-d'œuvre et une amélioration de ses compétences. La production industrielle, la fabrication et les services aux consommateurs sont imbriqués dans ces chaînes de valeur qui sont actuellement dominées par la Chine et d'autres pays d'Asie de l'Est, et dans lesquelles les économies africaines sont peu impliquées. Les choses changent cependant. D'une part, les pays africains améliorent le climat d'investissement et développent leurs infrastructures et leur secteur financier ; d'autre part, le coût de la main-d'œuvre continue d'augmenter en Asie de l'Est. Résultat : l'industrie manufacturière, grande consommatrice de main-d'œuvre, se déplace lentement vers l'Afrique – on peut douter toutefois qu'elle puisse employer un nombre d'employés aussi important que dans d'autres régions du monde (Rodrik, 2016). Ce glissement vers le continent africain s'accompagne d'un transfert de connaissances et d'une mise à niveau des compétences de la main-d'œuvre qui accède à ces nouveaux emplois.

La troisième grande tendance est le développement des *technologies numériques* et des robots, et la mutation accélérée du monde du travail. Les goûts et les technologies changeant rapidement, il est essentiel d'investir dans une mise à niveau des compétences pour maintenir la compétitivité de l'économie, l'innovation et la croissance, et pouvoir ainsi capter tout le bénéfice économique du progrès technologique (Almeida, Behrman et Robalino, 2012). La formation continue peut inciter à adopter de nouvelles technologies et permettre un usage plus productif des technologies existantes. Acemoglu et Zilibotti (1999) font valoir que nombre des technologies en usage dans les pays à revenu faible ou intermédiaire ont été mises au point dans des pays de l'OCDE (Organisation de coopération et de développement économiques) et sont par

(suite page suivante)

Encadré 5.1 (suite)

conséquent conçues pour l'utilisation optimale des compétences de la main-d'œuvre des pays riches. D'où le décalage entre la technologie et les compétences dans les pays à revenu faible ou intermédiaire, qui peut affaiblir sensiblement la productivité globale des facteurs et le rendement par travailleur. Ici aussi, l'importance de la formation continue est manifeste. Les nouvelles technologies, si elles sont utilisées à bon escient, peuvent simplifier l'enseignement de compétences. Le téléphone portable, par exemple, permet d'établir un contact plus direct et régulier avec les personnes formées, notamment dans des endroits reculés et peu peuplés. Avec la diffusion du numérique s'opère aussi une transformation de ce qui est requis au travail. Il est donc important que chacun acquière les compétences nécessaires pour pouvoir suivre le progrès technologique.

---

améliorer les moyens de subsistance ; (b) faut-il mettre l'accent sur les besoins en compétences requises aujourd'hui ou celles dont on aura besoin demain, qui sont sans doute plus des compétences de base ; (c) faut-il investir dans la population active d'aujourd'hui ou dans celle de demain ? S'ajoute à ces dilemmes le fait que, suivant le choix qui est fait, les investissements vont bénéficier à telle partie de la population active ou à telle autre, par exemple aux travailleurs très qualifiés du secteur formel ou à ceux peu qualifiés du secteur informel.

Les décideurs publics sont également confrontés à de grandes différences dans les profils des personnes ayant besoin d'une formation. Même pour celles qui sont peu qualifiées, il n'y a pas une solution qui convienne à tout le monde. Les déficits de compétences et les besoins de formation sont très divers au sein de la population active, et il faut adapter les programmes aux besoins spécifiques du groupe considéré et du marché du travail local. Pour la population rurale adulte, un programme d'alphabétisation couplé à un programme d'aide à la subsistance sera souvent la bonne solution. Dans les zones urbaines pauvres en perspectives d'emploi, des programmes destinés à former des travailleurs indépendants et des entrepreneurs seront peut-être un moyen de créer de l'emploi pour des candidats prêts à se lancer. Enfin, des programmes de formation et d'aide à la recherche d'emplois pourront être efficaces dans les endroits où il y a du travail. Les décideurs publics doivent également faire face à la discrimination de certaines catégories de la population, un phénomène qui peut affecter les aspirations et la réussite professionnelles. Cela vaut notamment pour les femmes. Partout en Afrique, elles se heurtent à des barrières sur le marché du travail, et si l'on ne s'attaque pas à ce problème, le succès de leur formation et de leur parcours professionnel restera limité. Enfin, il faut accepter que pour certaines personnes la formation ne produise presque aucun résultat ou que le coût de leur formation dépasse le bénéfice qu'elles en tireront.

Le chapitre s'articule de la manière suivante : la première partie rend compte des efforts menés en Afrique pour aider les travailleurs du secteur formel à s'adapter à l'évolution des méthodes de production et des technologies – les programmes de ce secteur sont désignés dans ce chapitre sous le vocable de formation continue, et l'accent est mis sur l'apprentissage sur le tas (ALT), en entreprise ; la deuxième partie s'intéresse aux programmes conçus pour développer les compétences que le système éducatif n'a pu transmettre et qui sont recherchées sur le marché du travail – ces programmes, qualifiés de programmes de remise à niveau et de formation pour le marché du travail, comprennent des programmes d'alphabétisation pour adultes, des « programmes d'inclusion productive » (c'est-à-dire des programmes destinés à former des travailleurs indépendants et des entrepreneurs), des composantes de formation liées aux dispositifs d'action sur le marché du travail, et des apprentissages informels ; la dernière partie propose une méthode globale, fondée sur des résultats concrets, pour développer les politiques de formation continue et de remise à niveau sur le continent.

L'éducation et la formation continue

Nous allons examiner ici la formation continue telle qu'elle est fournie par des entreprises (principalement du secteur formel) sous la forme d'apprentissage sur le lieu de travail (ALT). Dans les pays à revenu élevé, environ un quart du capital humain accumulé au cours de la vie est constitué après la fin des études (Heckman, Lochner et Taber, 1998). Sur le lieu de travail, on acquiert des compétences diversement : de manière formelle, dans des cours ; de manière informelle, par des collègues ou d'autres personnes évoluant dans le même contexte professionnel ; en apprenant par la pratique. Les entreprises du secteur formel sont plus susceptibles d'investir dans l'ALT, et comme nous ne disposons guère d'informations sur l'ALT dans le secteur informel nous nous pencherons ici principalement sur le secteur formel.

Les entreprises investissent dans les compétences de la main-d'œuvre pour augmenter leur productivité et pour tirer profit des progrès dans les domaines technologiques, de la production, et de la gestion d'entreprises. De nombreuses études, provenant principalement de pays à revenu élevé, montrent que l'ALT a une incidence positive sur la croissance des salaires, la productivité et l'innovation (Acemoglu, 1998 ; Barron, Berger et Black, 1997 ; Bartel et Sicherman, 1993). Il semble cependant que l'impact de l'ALT soit plus important dans les pays à revenu faible ou intermédiaire, comme le suggèrent des études sur cette catégorie de pays (Rosholm, Nielsen et Dabalen, 2007 ; Sekkat, 2011). Des estimations de la Banque mondiale (*Enterprise Surveys*) révèlent une forte disparité géographique dans l'offre d'ALT – dans l'ensemble, les entreprises subsahariennes semblent en proposer légèrement moins que celles d'autres régions du monde (graphique 5.2).

Graphique 5.2 Pourcentage des entreprises du secteur formel offrant des stages de formation suivant les régions du monde

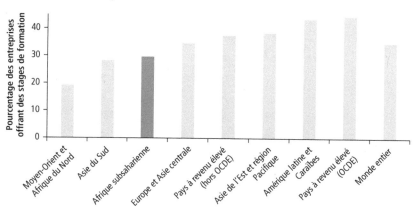

Source : Banque mondiale, Enterprise Surveys.
Note : OCDE = Organisation de coopération et développement économiques.

En moyenne, environ 30 % des entreprises subsahariennes du secteur formel offrent un apprentissage sur le lieu de travail, contre 35 % dans le reste du monde. Il y a cependant des différences importantes entre les régions du monde : le chiffre de l'Afrique subsaharienne est comparable à celui de l'Asie du Sud, plus élevé que dans le Moyen-Orient/Afrique du Nord, mais plus bas qu'en Asie de l'Est/région Pacifique, en Europe/Asie Centrale et en Amérique latine/Caraïbes[1].

La disparité est également forte au sein de l'Afrique. La proportion d'entreprises offrant une formation varie de 9 % au Soudan à 55 % au Rwanda (graphique 5.3). Partout dans le monde, la probabilité qu'une entreprise offre une formation est liée aux mêmes caractéristiques : la fréquence de l'ALT est plus forte parmi les entreprises de grande taille ou orientée à l'export (graphique 5.4) que dans celles de petite taille ou qui n'exportent pas. En Afrique subsaharienne, en particulier, 23 % des petites entreprises offrent une formation, contre 41 % des moyennes entreprises et 52 % des grandes entreprises. De même, 29 % des entreprises qui n'exportent pas offrent une formation contre 41 % de celles qui exportent.

La fréquence de la formation dans les microentreprises est généralement encore plus faible que dans les petites entreprises. Des données existent pour les microentreprises du secteur formel (moins de cinq salariés) d'une poignée de pays subsahariens (graphique 5.5). Elles sont encore moins susceptibles de former leur main-d'œuvre que les petites entreprises : dans plusieurs pays, moins de 10 % d'entre elles le font. Il y a cependant des exceptions notables :

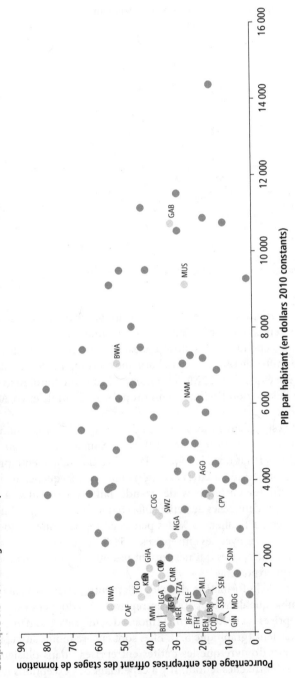

Graphique 5.3 Pourcentage des entreprises offrant des stages de formation formels, selon le PIB par habitant, en 2015

Pourcentage des entreprises offrant des stages de formation

PIB par habitant (en dollars 2010 constants)

Afrique subsaharienne   Autres régions du monde

Source : Banque mondiale, Enterprise Surveys.

Graphique 5.4 **Pourcentage des entreprises offrant un apprentissage sur le tas, selon la taille des entreprises et la région du monde**

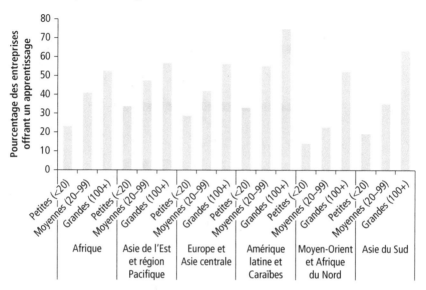

Source : Banque mondiale, *Enterprise Surveys.*
Note : *Les petites entreprises ont moins de 20 employés, les moyennes de 20 à 99, les grandes au moins 100.*

au Burkina Faso et au Togo, presque un quart des microentreprises forment leur main-d'œuvre.

L'ALT semble être bien moins fréquent dans le secteur informel, mais les données sont plus rares dans ce secteur. Une étude STEP (Compétences pour l'employabilité et la productivité) sur les ménages au Kenya (Puerta et Perinet, 2016), illustrée dans le graphique 5.6, montre que presque 30 % des salariés du secteur formel ont participé à un stage de formation dans les douze derniers mois, contre seulement 7 % des salariés du secteur informel. On voit aussi sur le même graphique que les travailleurs indépendants et les travailleurs non rémunérés sont moins susceptibles de participer à une formation. Adams, Johansson et Razmara (2013) ont constaté qu'en Tanzanie la main-d'œuvre rurale du secteur informel non agricole est moins susceptible de recevoir une formation quelconque que celle du secteur formel privé. Ils rapportent également qu'au Ghana, au Kenya, au Nigeria, au Rwanda et en Tanzanie, les principaux facteurs expliquant la pénurie de compétences sont : une inégalité d'accès aux formations offertes par les entreprises du secteur informel ; une offre insuffisante de développement des compétences dans le secteur informel ; un manque d'attention des prestataires publics de formation aux besoins du secteur informel ; les contraintes que représentent les formations pour les petites entreprises

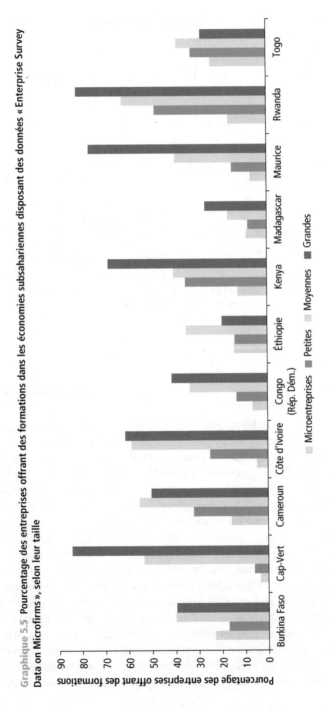

Graphique 5.5 Pourcentage des entreprises offrant des formations dans les économies subsahariennes disposant des données « Enterprise Survey Data on Microfirms », selon leur taille

Source : Banque mondiale, Enterprise Surveys.

Graphique 5.6 Participation à des programmes de formation au Kenya, selon le type de travailleur (2013)

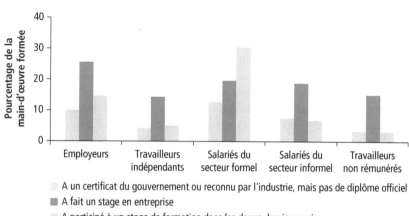

A un certificat du gouvernement ou reconnu par l'industrie, mais pas de diplôme officiel

A fait un stage en entreprise

A participé à un stage de formation dans les douze derniers mois

Source : Puerta et Perinet, 2016, d'après une étude STEP (Compétences pour l'employabilité et la productivité).

et les entreprises familiales, notamment le poids financier et les entraves à la diffusion des informations.

Le secteur public ne semble pas non plus offrir beaucoup d'ALT, mais là aussi les données sont peu nombreuses. Des études de l'Organisation internationale du travail (OIT) sur la transition école-travail indiquent que l'offre est limitée, avec des variations d'un pays à l'autre : il n'y a pratiquement aucune formation au Bénin, un cinquième de la main-d'œuvre en reçoit une en Tanzanie, un quart en Zambie, et plus d'un tiers au Libéria.

La qualité et l'intensité des formations données sont susceptibles de varier. Un aspect qu'il faut considérer est leur pertinence pour la productivité de la main-d'œuvre. Recevoir une formation dans une grande entreprise pour l'utilisation d'une machine sophistiquée n'est pas la même chose que d'avoir trois heures de cours sur les principes comptables de base dans une microentreprise. Malheureusement, vu les données disponibles, il est impossible de juger de la qualité ou de l'intensité de ces formations. Ces facteurs doivent cependant être considérés lorsqu'on évalue l'efficacité et la pertinence d'une formation et son impact sur la productivité.

Les grandes entreprises, les entreprises qui exportent, les entreprises étrangères, et celles qui jugent l'obstacle « main-d'œuvre n'ayant pas la qualification adéquate » (ou « compétences ») plus important que d'autres sont plus susceptibles d'offrir des formations. Perotti (2017) identifie une corrélation avec la formation, au moyen d'une analyse de régression, en cumulant des données des *Enterprise Surveys* sur toutes les régions du monde et en traitant l'Afrique subsaharienne séparément. Les résultats de ces régressions confirment que les grandes entreprises et les entreprises exportatrices sont plus susceptibles d'offrir des formations. En outre, les entreprises qui ont au moins 10 % de participation étrangère sont également plus susceptibles de former leur main-d'œuvre que les entreprises sans participation étrangère. Dans le cadre des *Enterprise Surveys*, on a également demandé aux entreprises d'évaluer l'importance de quinze obstacles, un par un, dans l'environnement économique. Les entreprises qui ont jugé l'obstacle « main-d'œuvre n'ayant pas la qualification adéquate » (ou « compétences ») plus important que la moyenne qu'ils ont donnée aux quinze obstacles sont également plus susceptibles d'offrir des formations. Enfin, la probabilité de l'offre de formations augmente avec la productivité de la main-d'œuvre (dans l'industrie manufacturière ou les services). Cependant, lorsqu'on ne considère que les entreprises d'Afrique subsaharienne, il semble que ni le fait d'exporter ni une participation étrangère ne joue un rôle dans l'offre de formations. En revanche, les années d'expérience du directeur général ont une forte incidence sur cette offre. En outre, les résultats de l'étude montrent que l'obstacle « compétences » n'a une incidence que lorsqu'il est perçu comme l'obstacle principal, et non lorsqu'il est seulement considéré comme plus important que la moyenne des obstacles. Comme dans les résultats globaux, les entreprises dont la main-d'œuvre est plus productive sont plus susceptibles d'offrir des formations.

Comprendre la complexité du contexte dans lequel certaines entreprises africaines opèrent peut aider à améliorer les investissements dans l'ALT. De nombreux pays africains ont une faible densité de population et une diversité ethnolinguistique bien plus grande que dans d'autres régions du monde. Il en résulte que les gens se mélangent moins, les peuples fusionnent moins, et que le marché est faiblement intégré (Collier et Gunning, 1999). Une forte diversité peut accroître les coûts de l'ALT et gêner les entreprises qui cherchent à tirer profit d'économies d'échelle. Il semble aussi que le système judiciaire n'inspire pas une grande confiance en Afrique. Selon Fafchamps (1996), moins de 10 % des entreprises ghanéennes saisiraient la justice en cas de conflit avec un fournisseur ou un client. Fafchamps (2003) montre que les entreprises manufacturières africaines opèrent dans un contexte caractérisé par le risque de non-respect du contrat. Ces incertitudes peuvent freiner la propension à faire des investissements à long terme, y compris dans l'ALT. Pour certaines entreprises, les contraintes de crédit peuvent aussi limiter l'investissement dans la formation. Gunning *et al.* (2003) révèlent que seulement un quart des entreprises qui demandent un crédit obtiennent un prêt bancaire, ce qui peut être une entrave à des investissements dans l'ALT, notamment pour les PME.

Le secteur public peut avoir un rôle à jouer dans la promotion de l'ALT en Afrique, mais une question demeure : les gouvernements doivent-ils subventionner l'ALT dans les entreprises du secteur formel ? Dans la mesure où des facteurs structurels, comme les contraintes de crédit ou le manque d'informations sur les avantages de l'ALT, sont incontournables, une aide à la formation peut être un outil politique efficace. Cependant, si des facteurs plus profonds, comme une faible utilisation des nouvelles technologies, sont la cause d'un faible recours à l'ALT, des subventions risquent d'avoir un impact limité ou de financer des entreprises qui auraient de toute façon formé leur main-d'œuvre.

Le secteur public a aussi un rôle à jouer dans le secteur informel où il peut soutenir le développement des compétences. Plusieurs facteurs constituent un obstacle à une remise à niveau des compétences dans ce secteur : l'énorme manque à gagner que représente le temps passé dans une formation pour les employés des petites entreprises du secteur informel ; les contraintes de crédit ; le fait que les formations ne sont pas adaptées à ce secteur dont les besoins en compétences sont multiples ; le fait que les entreprises de ce secteur sont souvent moins bien informées sur les possibilités existantes et les bénéfices générés par les formations (Adams, Johansson et Razmara, 2013). Pour réussir, les interventions du secteur public devront sans doute agir sur plus d'un facteur. Par ailleurs, la question du financement est loin d'être triviale (encadré 5.2).

ENCADRÉ 5.2

Fonds nationaux pour la formation

Les Fonds nationaux pour la formation sont des instruments financiers qui ne font généralement pas partie de l'attirail budgétaire gouvernemental habituel et sont destinés à promouvoir la formation. Dans un compte rendu sur ces fonds, Johanson (2009) explique qu'en Afrique subsaharienne la principale source de financement des formations est une taxe sur les salaires. Dans le contexte d'un budget volatil, une telle taxe peut représenter une source de financement sûre et constante, mais il est important de distribuer les moyens financiers équitablement entre les entreprises. Il y a par exemple une forte inégalité dans les taux de formation entre les petites, les moyennes et les grandes entreprises (Paterson et Du Toit, 2005). Du fait que les petites entreprises n'opèrent généralement pas dans les mêmes secteurs que les grandes entreprises, une taxe par secteur risque d'accroître les disparités dans la formation en verrouillant les ressources dans chaque secteur au lieu de les répartir sur l'ensemble des secteurs.

Johanson (2009) a effectué la synthèse des meilleurs moyens de concevoir et gérer des fonds pour la formation financés par une taxe et suggère de prendre en compte les facteurs suivants :

- *Financement.* Les gouvernements doivent étudier soigneusement quelle taxe est susceptible d'être la plus efficace et dans quel contexte. Par exemple, une taxe sur les salaires ne sera peut-être pas appropriée dans un pays à faible revenu où la base industrielle est restreinte et où les possibilités de générer une recette à partir d'une

---

(suite page suivante)

Encadré 5.2 (suite)

taxe sont limitées. Les gouvernements doivent réfléchir à la manière de réunir des ressources avec efficacité et un minimum de dépenses administratives, et régulièrement ajuster le montant de la taxe en fonction de la situation – déficitaire ou excédentaire. Ces ressources doivent être sécurisées et ne pas être utilisées pour d'autres objectifs gouvernementaux.

- *Quelle couverture ?* Couvrir l'ensemble du pays peut être souhaitable dans la mesure où cela permet d'allouer les fonds là où ils sont le plus nécessaires, mais les gouvernements doivent trouver un équilibre entre cette nécessité et la volonté des acteurs économiques d'être maîtres du jeu, ce qui est favorisé par un prélèvement de la taxe par secteur. Impliquer les entreprises dans l'administration des fonds pour la formation peut renforcer leur adhésion au modèle puisque ce sont elles qui paient la taxe alimentant ces fonds. Les fonds doivent aussi permettre de subventionner la formation dans le secteur informel (comme en Afrique du Sud où 20 % des fonds vont au National Skills Fund destiné à la formation des chômeurs).

- *Prestataires de formations.* Les fonds doivent éviter le plus possible de donner la préférence aux prestataires de formations publics parce qu'un tel régime préférentiel risque d'aboutir à une perte de qualité dans les formations et d'évincer progressivement d'autres acteurs, privés ou non gouvernementaux.

Combler les lacunes des travailleurs pauvres et vulnérables : les programmes de remise à niveau

En Afrique, la plupart des actifs, jeunes et moins jeunes, ont de grosses lacunes qui affectent leur employabilité et leur productivité dans l'ensemble du marché du travail (formel et informel). Nombre d'entre eux n'ont pas les compétences de base ni les compétences techniques nécessaires pour se servir des technologies modernes. Certains sont également dépourvus des compétences socio-émotionnelles requises pour évoluer dans un contexte de plus en plus complexe où la ponctualité, la pensée critique et la capacité à travailler en équipe sont de plus en plus importantes.

Ces lacunes affectent autant la productivité des entreprises que les gains des travailleurs et leur employabilité. Elles contribuent également à rendre la transition difficile, pour de nombreux jeunes, entre la fin des études et le moment où l'on décroche un premier emploi. Elles ont en outre une incidence non seulement sur les perspectives d'emplois actuelles des jeunes, mais aussi sur leur capacité de gravir les échelons de l'échelle des revenus en acquérant les compétences requises pour des emplois mieux rémunérés.

L'ampleur des lacunes de la main-d'œuvre actuelle, qui viennent de déficits accumulés au cours de la scolarité, exige d'agir afin d'atténuer certains de leurs effets négatifs. Nous qualifierons par la suite les programmes de formation destinés à combler les lacunes de remise à niveau. Il s'agit de programmes d'alphabétisation pour adultes, de programmes complets comprenant formation, stages et insertion sur le marché du travail, et d'apprentissages dans le secteur informel. Nous allons maintenant rendre compte des composantes standard de ces programmes, de leur étendue en Afrique, de l'impact qu'ils devraient avoir sur le marché du travail, et des défis que représente leur mise en œuvre.

Former des actifs ayant interrompu leur scolarité : une tâche difficile, mais réalisable

Bien que cela puisse sembler paradoxal, une bonne de dose de scepticisme n'est pas déplacée ici. L'impact des programmes de remise à niveau doit être jugé en fonction de ce qu'ils sont censés accomplir : combler des lacunes et atténuer certains effets négatifs. Leur impact risque donc d'être limité. On ne peut espérer que quelqu'un assimile en quelques semaines, ou quelques mois tout au plus, ce que le système éducatif n'a pas réussi à lui inculquer au bout de longues années. En outre, la scolarité n'est que l'un des aspects de l'apprentissage. D'autres aspects jouent un rôle, comme le contexte familial, qui est également essentiel pour stimuler l'apprentissage. De nombreuses personnes ayant besoin d'une remise à niveau viennent de milieux socio-économiques qui constituent un obstacle à l'apprentissage au lieu de le favoriser. Par rapport aux enfants, les adultes jeunes et moins jeunes sont moins enclins à consacrer du temps à une formation parce que cela représente pour eux un manque à gagner. Enfin, comme le met en évidence l'encadré 5.3, plus on vieillit, plus il devient difficile d'acquérir de nouvelles compétences.

ENCADRÉ 5.3

Les adultes ont la capacité d'apprendre, mais ils apprennent différemment

Des travaux récents de psychologues cognitifs et de neuroscientifiques prouvent que le cerveau adulte est apte à l'apprentissage. Les psychologues ont montré qu'accomplir des tâches d'apprentissage peut renforcer les compétences cognitives durant l'âge adulte, et ce jusque chez les octogénaires, et de récents progrès dans l'imagerie cérébrale ont permis aux neuroscientifiques de vérifier les théories développées par la psychologie cognitive dans la structure du cerveau.

En l'absence d'un apprentissage continu, le vieillissement s'accompagne d'un déclin des facultés cognitives. Il est possible cependant d'atténuer ce déclin, voire de l'inverser en s'adonnant à des tâches d'apprentissage requérant un important travail cognitif.

(suite page suivante)

Encadré 5.3 (suite)

Par ailleurs, le vieillissement a aussi des aspects positifs, comme une meilleure maîtrise de ses émotions, une perspicacité et une meilleure auto-efficacité qui forment un « effet d'étayage » et facilitent l'apprentissage (Hoare, 2006).

Acquérir les capacités de lecture et d'écriture à l'âge adulte est un cas particulier d'apprentissage, vu la complexité de la tâche et le nombre de zones cervicales impliquées. On n'apprend pas à lire passivement ou de manière automatique. Même pour des enfants qui sont dans la période optimale du développement du cerveau, cet apprentissage exige une instruction et du travail. Lire, un processus qui commence par la reconnaissance visuelle des lettres et des mots et s'achève sur la compréhension, met en jeu plusieurs lobes du cerveau (Abadzi, 2006).

La première étape de l'apprentissage est le processus de *déchiffrage*. Les lecteurs débutants de n'importe quel âge commencent par reconnaître lettres et syllabes, et les transposent phonologiquement dans les sons qui leur sont associés. Progressivement, ils arrivent à lire des unités plus grandes, les mots (Aker et Sawyer, 2017).

Les compétences de déchiffrage et l'exactitude au niveau du mot sont essentielles pour arriver à un *automatisme* dans la lecture. Défini comme « la capacité de lire rapidement et sans accrocs », l'automatisme est la deuxième étape de l'apprentissage de la lecture, qui facilite la compréhension au niveau de la phrase. Les recherches ont montré que les adultes ayant appris à lire à l'âge adulte lisent plus lentement que ceux ayant appris dans leur enfance, même lorsqu'ils sont aussi exacts dans le déchiffrage (Dehaene *et al.*, 2010). Cependant, une instruction et une pratique du déchiffrage continues peuvent améliorer la capacité et la vitesse de lecture. Simplement, les adultes auront probablement besoin de plus de travail et de pratique pour arriver au même niveau d'automatisme que les enfants.

La troisième étape de l'apprentissage de la lecture est la *compréhension*. Pour cette étape, le contrôle métacognitif (également qualifié de « penser sur la pensée ») est fondamental. Il permet au lecteur de « détecter une erreur de compréhension de façon à la corriger » (Cromley, 2005). Si les adultes développent de fortes capacités métacognitives dans la vie quotidienne (par exemple en résolvant des problèmes dans le contexte professionnel), ces compétences ne se laissent pas automatiquement transposer dans la compréhension de ce qu'on lit. Et du fait qu'au cours de la lecture, le contrôle métacognitif interagit avec le déchiffrage et les connaissances acquises, il est souvent plus difficile pour les lecteurs d'exercer ce contrôle s'ils ont un faible niveau de déchiffrage (Cromley, 2005).

L'apprentissage de la lecture, notamment le processus de déchiffrage, produit des changements dans le lobe occipital (région antérieure gauche du cerveau), dans ce qu'on appelle l'aire visuelle de la forme des mots, abréviée AVFM (McCandliss, Cohen et Dehaene, 2003). À la différence des enfants, les adultes qui apprennent à lire mettent en concurrence la reconnaissance du mot et la reconnaissance faciale dans l'AVFM (Dehaene *et al.*, 2010). La moindre plasticité de l'AVFM à l'âge adulte fait qu'ils ont généralement besoin de plus d'instruction, de travail et de pratique pour acquérir les compétences de déchiffrage. Les programmes de formation à la lecture doivent donc être adaptés à la manière dont les adultes apprennent, ainsi qu'à leur style de vie.

(suite page suivante)

Encadré 5.3 (suite)

Si la plupart des programmes d'alphabétisation pour adultes parviennent à développer les compétences de déchiffrage et un certain niveau d'automatisme, leur réussite est malheureusement plus rare pour ce qui est de la compréhension. Le bénéfice que peuvent en tirer les participants est donc limité (les résultats sont un peu meilleurs pour la formation au calcul, qui est aussi une compétence essentielle). En outre, ces programmes sont souvent mal adaptés au style de vie des adultes, d'où un taux élevé d'abandon, une faible motivation, et peu d'occasions de pratiquer ce qui a été appris.

Ainsi, comme on l'a constaté dans les quelques études d'impact réalisées dans les pays à revenu faible ou intermédiaire, les effets de ces programmes sont modestes. La plupart des recherches empiriques sur les programmes de formation des adultes en Afrique subsaharienne ont porté sur l'impact de diverses méthodes d'enseignement ou d'approches pédagogiques (andragogiques) sur l'apprentissage. Dans l'ensemble, on a constaté qu'elles sont plus efficaces pour les compétences mathématiques que pour les capacités de lecture, et plus efficaces pour le déchiffrage que pour la compréhension. Dans nombre de ces études aussi, on a constaté que l'impact est relativement faible ; même si celui sur le déchiffrage est statistiquement significatif, rares sont les participants qui atteignent le seuil d'un mot et demi par seconde (Aker et Sawyer, 2017). Ces effets modestes s'expliquent également par une faible participation aux formations et beaucoup d'abandons ; en outre, on constate une rapide dépréciation des compétences (Royer, Abadzi et Kinda, 2004).

Source : Aker et Sawyer, 2017.

Pour toutes ces raisons, les programmes de remise à niveau ont en moyenne un impact modeste. À l'exception de l'alphabétisation pour adultes, les formations s'inscrivent généralement dans un programme plus large d'aide à l'emploi qui peut comprendre : un apport de capital sous forme de bourse ou de prêt pour les programmes de soutien aux petits entrepreneurs ; une aide à la recherche d'emploi pour les programmes de soutien à l'emploi salarié. Comme ces formations s'inscrivent dans un ensemble de prestations, il est parfois difficile de déterminer dans quelle mesure elles agissent sur l'emploi et le niveau des revenus. Néanmoins, un nombre croissant d'évaluations permet de tirer un certain nombre d'enseignements. Une méta-analyse sur des programmes pour l'emploi des jeunes (Kluve *et al.*, 2017) résume les résultats et montre que la plupart des programmes pour l'emploi ont un impact positif, mais relativement faible, même sur les jeunes qui, au sein de la main-d'œuvre, sont sans doute les personnes les plus aptes à être formées (graphique 5.7).

Cette analyse apporte plusieurs autres enseignements. Premièrement, on relève une assez grande disparité entre les programmes. Chaque catégorie comprend des programmes aux caractéristiques sensiblement différentes, et ne serait-ce qu'une petite différence de conception peut avoir un impact important.

Graphique 5.7 Impact sur les indicateurs de revenu par catégorie de programmes pour l'emploi des jeunes

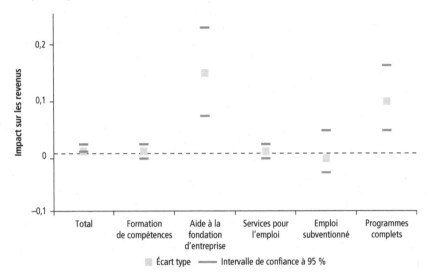

Sources : Goldin et Hobson, 2015, et Kluve *et al.*, 2017.

Tableau 5.1 Diversité des programmes de formation continue et de remise à niveau

Critère	Caractéristiques
Durée	De trois jours à un an
Type de formation	En classe, sur le lieu de travail
Contenu de la formation	Formation professionnelle, compétences de vie, compétences socio-émotionnelles, initiation au marché de l'emploi, développement de l'entreprise, gestion d'entreprise
Type de bénéficiaires	Jeunes de milieu rural, entrepreneurs, chômeurs de longue durée, anciens soldats…
Prestataire	Prestataires publics et privés, organisations non-gouvernementales, artisans locaux
Coût	De 400 à 30 000 dollars par participant
Financement	Défraiement, bourse, chèque-formation, taxe, financé par le travail du bénéficiaire ou sa famille

Source : Valerio, Roseth et Arias, 2016.

Le tableau 5.1 montre la disparité entre ces caractéristiques (Valerio, Roseth et Arias, 2016). La durée de la formation va de quelques jours à un an ; le contenu, d'un enseignement purement technique au développement de compétences socio-émotionnelles ; le coût, de quelques centaines à quelques dizaines de milliers de dollars ; il y a en outre une grande diversité parmi la population ciblée et des différences importantes entre les facteurs de vulnérabilité que le programme est censé combattre, et donc une grande diversité des capacités des bénéficiaires à améliorer leur situation professionnelle et leurs revenus.

Deuxième enseignement : la formation est plus efficace lorsqu'elle est associée à d'autres prestations comme un stage, un apport de capital, un certificat, ou une aide à l'insertion professionnelle. Ainsi les programmes complets, qui comprennent souvent, en plus de la formation, un stage et une aide à l'insertion professionnelle, ont en moyenne un impact plus important que les programmes plus restreints. Enfin, pour de nombreux jeunes à la recherche d'un meilleur emploi mieux rémunéré, notamment dans les pays à faible revenu, les contraintes financières représentent un obstacle de taille. C'est ce que reflète le succès relativement important d'une nouvelle vague de programmes de formation à la gestion d'entreprises, dont nombre d'entre eux comprennent une bourse à l'intention des futurs entrepreneurs pour leur permettre de créer leur entreprise. L'obstacle financier est aussi manifeste dans la situation de nombreux travailleurs africains non qualifiés qui commencent souvent leur vie professionnelle en travaillant dans un petit magasin, soit à titre bénévole dans l'entreprise familiale, soit comme apprenti, et qui n'ont pas les ressources pour se mettre à leur compte.

La diversité des programmes reflète aussi la diversité des profils des candidats auxquels s'adressent les formations. Si la plupart des travailleurs pauvres et vulnérables se trouvent dans le secteur informel, leur profil diffère parfois de manière significative. Certains sont instruits, d'autres incapables de lire. Une bonne part d'entre eux travaille dans l'agriculture, d'autres dans de petits magasins en ville. Des différences importantes existent aussi entre les femmes et les hommes (encadré 5.4). Par conséquent, un modèle unique de programme ne pourra pas marcher, il faut mettre sur pied un système qui aiguille les bénéficiaires vers le programme qui correspond à leurs besoins spécifiques.

Il semble d'une manière générale que former des jeunes ayant quitté le système scolaire est difficile, mais possible, et que le contenu du programme est important. Les programmes qui ont les moins bons résultats ne sont peut-être pas adaptés à la manière dont les bénéficiaires apprennent, ne leur enseignent peut-être pas correctement les compétences dont ils auront besoin pour réussir sur le marché du travail, et ne prennent peut-être pas suffisamment en compte les exigences du marché du travail. L'une des leçons qu'il faut tirer de l'effet limité des programmes, mis en évidence dans le graphique 5.7, est qu'il faut expérimenter plus sur la manière d'enseigner les compétences pour améliorer les chances sur le marché de l'emploi, et qu'il faut évaluer les programmes correctement car on apprend autant des succès que des échecs. On va évoquer ci-dessous les premiers succès de programmes pour lesquels les responsables se sont efforcés d'adapter le contenu au profil et aux facteurs de vulnérabilité des bénéficiaires.

ENCADRÉ 5.4

Adapter les programmes de formation et d'emploi aux besoins spécifiques liés au genre des bénéficiaires

Si de nombreux programmes de formation donnent des résultats décevants, c'est notamment parce qu'ils ne sont pas adaptés au profil et aux besoins des bénéficiaires. On a en particulier souvent tendance à oublier le handicap des femmes par rapport aux hommes. Chakravarty, Das et Vaillant (2017) ont identifié plusieurs contraintes qui peuvent désavantager les femmes par rapport aux hommes :

- *Compétences*. Le système éducatif et les familles échouent souvent à développer chez les enfants les compétences qui leur permettront d'avoir un emploi productif. Les femmes sont plus affectées par ce problème parce qu'elles ont en moyenne un niveau d'éducation plus faible, ce qui est sans doute lié à des contraintes sociales ou au fait que l'on attend un rendement plus faible de l'investissement dans le capital humain féminin.

- *Capitaux*. Les dotations en actifs et autres financements nécessaires à la création d'une entreprise et à son développement sont moins ouverts aux femmes, ce qui limite l'effet positif que peut avoir pour elles une formation à la gestion d'entreprises.

- *Réseaux et exemples de réussite*. Du fait d'une mauvaise mise en valeur des compétences, de problèmes de confiance et d'institutions incapables de faire respecter les contrats, les employeurs se fient au bouche-à-oreille pour recruter, ce qui favorise les hommes et diminue l'attrait des formations pour les femmes.

- *Le temps et les responsabilités familiales*. Fonder une famille et assumer des responsabilités domestiques limitent le temps dont disposent les femmes pour se former et travailler.

- *Choix professionnel*. La plupart des femmes travaillent dans des secteurs à faible rémunération, diminuant l'attrait des formations.

- *Sécurité et mobilité*. Le manque de moyens de transport sûrs et les conditions de travail difficiles peuvent favoriser le sous-emploi et amener les femmes à abandonner une formation.

Si les programmes de formation ne tiennent pas compte de ces obstacles, ils risquent d'avoir moins de succès auprès du public féminin, d'être abandonnés en cours de route, et d'avoir un impact plus faible. Tous ces obstacles ne sont cependant pas rédhibitoires.

Source : Chakravarty, Das et Vaillant, 2017.

Programmes de seconde chance pour les adultes illettrés

Bien que d'énormes progrès aient été faits, il reste encore de nombreux adultes illettrés et faibles en calcul en Afrique subsaharienne. D'après l'Institut des statistiques de l'UNESCO (Organisation des Nations Unies pour l'éducation, la science et la culture), le taux d'alphabétisation des adultes est d'environ 60 %, autrement dit quatre adultes sur dix ne sont pas capables de lire couramment (graphique 5.8)[2]. Il y a aussi une grande inégalité entre les sexes : près de deux tiers des hommes savent lire et écrire, contre la moitié des femmes.

De nombreuses études ont montré que des bases de lecture, d'écriture et de calcul permettent de mieux se débrouiller sur le marché du travail et d'accéder à de meilleurs emplois. Le graphique 5.9 exploite des études sur la main-d'œuvre de différents pays pour évaluer l'avantage en termes de revenus que représente le fait de savoir lire. On voit que, sauf en Arménie, les personnes qui savent lire gagnent entre 10 % et 30 % de plus. Dans l'échantillon étudié, le bonus est le plus élevé dans les deux pays africains, le Ghana et le Kenya, sans doute parce que la proportion de gens sachant lire y est relativement faible.

Tout plaide donc en faveur de programmes de seconde chance pour adultes illettrés. De nombreux programmes à leur intention ont déjà été mis en œuvre sur l'ensemble du continent, mais ils ont eu peu d'effets en raison d'importantes

Graphique 5.8 **Taux d'alphabétisation des adultes, par région du monde (vers 2015)**

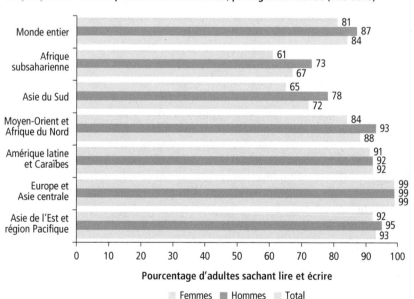

Source : Indicateurs du développement dans le monde.

Graphique 5.9 **Avantage financier du fait de savoir lire dans différents pays**

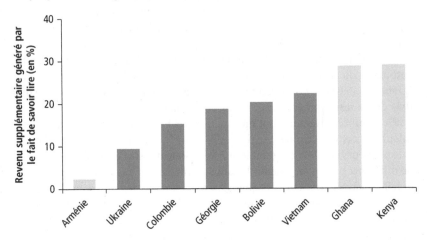

Source : Valerio *et al.*, 2016.
Note : Actifs des zones urbaines âgés de 25 à 64 ans.

insuffisances (encadré 5.5). La plupart des gouvernements, en plus des organisations non gouvernementales (ONG), financent des programmes d'alphabétisation, d'enseignement élémentaire et de seconde chance. Un compte rendu de l'UNESCO de 2009 révèle cependant que la plupart sont de faible envergure vu l'étendue de l'illettrisme (Aitchison et Alidou, 2009). Ils concernent environ 100 000 personnes en Érythrée, 130 000 au Kenya, 200 000 au Malawi, 410 000 en Mozambique, 30 000 en Namibie, 390 000 au Nigeria, 1 300 000 en Tanzanie, 230 000 en Ouganda, 40 000 en Zambie et 20 000 au Zimbabwe. Le compte rendu révèle également que ces programmes ont peu de liens avec le Ministère de l'Éducation, et que le personnel est mal formé et mal payé (Aitchison et Alidou, 2009). En outre, pour de nombreux programmes le taux de présence est faible et volatil, le taux d'abandon élevé, les résultats sont limités, et les compétences se détériorent rapidement après coup (Aker et Sawyer, 2017). Enfin, les responsables de certains programmes n'ont pas une préparation pédagogique adéquate.

Améliorer les résultats des programmes d'alphabétisation pour adultes peut contribuer à promouvoir l'égalité des sexes. Le fait de savoir lire et écrire est un facteur essentiel d'émancipation, socialement et sur le marché du travail. Or l'Afrique subsaharienne présente non seulement le taux d'illettrisme le plus élevé du monde, mais aussi l'un des deux plus forts taux d'inégalité entre les sexes avec l'Asie du Sud (graphique 5.8). Et bien qu'il y ait une forte inégalité entre les sexes, ou peut-être à cause de cette inégalité, le sujet est rarement une

Le programme d'alphabétisation pour adultes sud-africain « Kha Ri Gude » (« Apprenons »)

Le programme d'alphabétisation pour adultes « Kha Ri Gude » est un programme sud-africain multilingue qui a été mis en place par le Ministère de l'Enseignement élémentaire. Il a démarré en 2008 avec pour objectif de permettre quatre ans plus tard à 4,7 millions de personnes âgées de plus de 15 ans de lire, écrire et compter dans une des onze langues officielles du pays. Des personnes en situation de handicap y participent.

En 2012, le programme avait permis d'alphabétiser 2,8 millions de personnes. L'enseignement a été donné par 40 000 éducateurs (volontaires défrayés) et piloté par quelque 4 000 superviseurs et 400 coordinateurs. 90 % des participants ont achevé la formation, ce qui est un taux particulièrement élevé (McKay, 2015).

Les spécificités de l'apprentissage des adultes ont été prises en compte : on a mis l'accent sur les compétences de lecture de base, dont le déchiffrage et l'automatisme ; on a prévu un « dosage » plus élevé que dans la plupart des programmes, 240 heures d'enseignement sur six mois (à raison le plus souvent de trois cours d'environ trois heures par semaine), ce qui représente plus du double de la moyenne des programmes d'alphabétisation américains ; on a créé des classes relativement petites de 15 à 18 élèves par éducateur.

Sont enseignées les bases de la lecture, dont le déchiffrage (isolation des phonèmes et des graphèmes, identification et catégorisation des phonèmes), et l'automatisme est développé avec des cartes de mot et des jeux de domino sonores. L'objectif est d'arriver à une rapidité de lecture de quarante-cinq mots par minute.

Source : Aker et Sawyer, 2017.

priorité stratégique de la formation des adultes (Aker et Sawyer, 2017 ; Hayes et Flannery, 2000). Pour réduire cette inégalité, il ne faut pas seulement attirer les femmes vers les programmes de formation (elles y viennent d'ailleurs, les programmes de formation à la lecture comptent généralement plus de femmes parmi les participants), mais aussi voir comment réduire les contraintes qui pèsent sur elles en dehors des cours (ce qui est souvent négligé). Cela veut dire par exemple adapter les horaires à leur emploi du temps, fournir des moyens de transport sûrs et un service de garderie, associer à l'initiation à la lecture une formation socio-émotionnelle qui leur donne plus de compétences dans la gestion familiale et sur le marché du travail.

Les programmes d'alphabétisation pour adultes, même s'ils représentent un énorme défi, demeurent un outil important pour permettre aux plus démunis de mener une vie plus productive et plus riche socialement. Il faudrait concevoir des programmes encore mieux adaptés à la manière dont apprennent les adultes et tenir compte des nombreuses contraintes de temps, de motivation et d'exigences contradictoires auxquelles ils font face. Aker et Sawyer (2017) ont dressé un catalogue des principes à suivre dans ces programmes :

- *S'assurer que le matériel pédagogique est structuré dans le bon ordre, du déchiffrage à l'automatisme puis à la compréhension.* Les adultes n'apprennent pas d'une manière tellement différente de celle des enfants, mais ils risquent de devoir « travailler plus dur » pour se concentrer sur une nouvelle tâche, à savoir déchiffrer de nouvelles informations.

- *Prévoir plus de pratique pour « fixer les choses »* (Knowland et Thomas, 2014). Étant donné la moindre plasticité du cerveau adulte et les difficultés qu'ont les adultes à « se réorienter », les exercices et les applications pratiques sont particulièrement importants. Il faudra des assistants pour les aider dans le déchiffrage et l'automatisme, et des discussions de groupe pour les épauler dans la compréhension et l'évaluation.

- *Faire une place aux compétences métacognitives et non se concentrer uniquement sur le déchiffrage.* Les compétences métacognitives sont essentielles pour la compréhension, mais difficiles à enseigner, et peu de recherches ont été faites sur l'impact qu'elles sont sur l'apprentissage des adultes.

- *Avoir conscience du manque à gagner que représente l'apprentissage pour les adultes.* De nombreuses recherches ont montré que dans certains pays le taux d'abandon des études augmente fortement au moment où les jeunes atteignent l'âge auquel ils peuvent commencer à travailler. On a répondu à ce problème en établissant un lien entre les demandes de prestations sociales et les programmes d'aide sociale, comme des allocations conditionnelles ou des programmes de formation agricole. Il faut peut-être utiliser des stratégies similaires pour les adultes, mais plus de recherches sont nécessaires dans ce domaine. Par ailleurs, l'utilisation des nouvelles technologies est prometteuse. Par exemple, un téléphone mobile permet à un adulte en formation de ne pas être nécessairement présent en classe. En outre, on aura de bonnes chances de succès en liant l'apprentissage à des objectifs que peuvent avoir les participants (par exemple apprendre à manier les chiffres pour pouvoir se servir de son téléphone portable). Dernier point : les femmes illettrées risquent d'avoir plus de mal à acquérir les compétences de lecture en raison de contraintes particulières. L'encadré 5.6 présente un programme indien prometteur qui a permis d'augmenter le nombre de femmes participant à des programmes d'alphabétisation et allant jusqu'au bout.

- *Veiller à ce que la pédagogie soit conçue pour les adultes,* c'est-à-dire qu'il s'agisse d'une andragogie, et non d'une approche éducative « valable pour tout le monde ».

« Saakshar Bharat », le programme indien d'alphabétisation pour adultes

Saakshar Bharat est un programme d'alphabétisation pour adultes mis en œuvre en Inde à l'échelle nationale et conçu notamment pour répondre à l'illettrisme des femmes. Il a été lancé en 2009 par le Ministère de l'Éducation et de l'alphabétisation pour tenter de réduire l'inégalité persistante entre les sexes dans le taux d'alphabétisation. L'objectif est d'atteindre un taux d'alphabétisation national de 80 % et de réduire l'écart d'alphabétisation entre les hommes et les femmes à 10 % en donnant les bases de lecture et d'écriture à 70 millions de personnes, dont 60 millions de femmes. Le programme s'adresse à des personnes de 15 à 35 ans qui ont dépassé l'âge requis par le système éducatif.

L'enseignement est organisé et dispensé dans des centres éducatifs pour adultes mis en place dans chaque gram panchayat (gouvernement local au niveau du village). Chaque centre est dirigé par deux coordinateurs, dont l'un des deux au moins doit être une femme. Des résidents du lieu sont formés pour enseigner à des adultes, puis donnent des cours d'alphabétisation à des classes de huit à dix élèves. Les centres abritent en outre une bibliothèque et proposent d'autres activités, notamment sportives. Ce programme s'inscrit dans le projet visant à mettre en place un système éducatif institutionnel pour adultes à côté du système éducatif destiné aux enfants.

Il semble que l'on se rapproche de l'objectif fixé. Dans le recensement de 2011, le taux d'alphabétisation était de 74 %, un progrès de 9 % par rapport au recensement de 2001. Si le taux d'alphabétisation des femmes demeurent plus bas que celui des hommes (65 % contre 82 %), l'écart entre les deux s'est réduit de plus de 5 % (de 22 % en 2001 à moins de 17 % en 2011).

Source : Aker et Sawyer, 2017.

Programmes de formation d'aide à la subsistance et à l'entrepreneuriat de petite taille

Parmi les programmes de remise à niveau les plus répandus en Afrique figurent les programmes d'aide à la subsistance et aux petits entrepreneurs. Ils peuvent prendre diverses formes. On trouve des programmes de participation à des travaux publics doublée d'une formation à la gestion d'entreprise en Afrique de l'Ouest ; des programmes complets destinés à améliorer la productivité des populations rurales pauvres, comprenant une solide formation et un accompagnement personnel ; des programmes d'aide à la création d'une petite entreprise et d'amélioration de la productivité des petits entrepreneurs. Si l'impact varie considérablement d'un programme à l'autre, il est le plus souvent positif pour les programmes qui associent un soutien financier à la formation.

Dans les zones rurales, les programmes complets destinés à améliorer la productivité des populations pauvres ont donné des résultats encourageants (encadré 5.7). Une évaluation combinée de six programmes similaires « d'inclusion productive » en Éthiopie, au Ghana, au Honduras, en Inde, au Pakistan et au Pérou a mis en évidence un effet positif sur la consommation, les revenus, la sécurité alimentaire, le capital des ménages et la situation financière, ainsi

---

ENCADRÉ 5.7

Programmes de développement agricole

En Afrique, plus de la moitié de la main-d'œuvre (56 %) travaille dans l'agriculture et la productivité y est extrêmement faible, notamment celle des petits cultivateurs. Dans de nombreux pays subsahariens, les agriculteurs ont un niveau d'éducation dérisoire, en moyenne moins de quatre ans passés à l'école pour les hommes et moins de trois ans pour les femmes (Banque mondiale, 2007). Améliorer leurs compétences peut avoir un impact significatif sur leur productivité, par exemple par le biais d'une initiation à l'utilisation de semences optimisées et de techniques agricoles plus performantes.

Améliorer les compétences des cultivateurs fait aussi partie des programmes de développement agricole, qui couvrent tout l'éventail des services d'aide au secteur. Il s'agit de les informer sur les connaissances globales et sur les recherches locales, et d'encourager une agriculture vertueuse (van den Ban et Hawkins, 1996). Ces interventions comptent parmi les plus grandes opérations de développement agricole au niveau individuel menées à ce jour. Des programmes au niveau local et de cultivateur à cultivateur ont eu un effet positif significatif : le retour sur investissement a été de 7,7 % au Ghana, de 6,8 à 11,6 % au Malawi, et de 14,2 % en Ouganda (Wellard et al., 2013). Cependant, compte tenu de l'énorme marge d'amélioration, le bilan reste en dessous des attentes. Rares sont les agriculteurs à adopter les nouvelles technologies, nombreux sont ceux qui n'ont pas connaissance des innovations technologiques, et rares sont ceux qui savent les utiliser.

Dans de nombreux pays africains, les programmes publics de développement agricole sont très restreints. Au Malawi et en Zambie, ils représentent moins de 15 % de la dépense publique totale dans l'agriculture. À l'opposé, les subventions au secteur totalisaient plus 60 % des dépenses publiques pour l'agriculture ces dernières années dans les mêmes pays (Goyal et Nash, 2017).

Plusieurs obstacles expliquent le faible taux de participation aux programmes de développement agricole et leur faible rendement. Les informations ont tendance à être distribuées de manière inégale par les services d'aide agricole du fait que les agriculteurs n'ont pas forcément connaissance des gains potentiels d'une augmentation de leurs compétences ou de l'endroit où ils peuvent la recevoir. Par ailleurs, comme nombre de ceux qui auraient besoin d'une formation sont souvent de petits cultivateurs dispersés géographiquement et que les infrastructures de transport ne sont pas à

(suite page suivante)

Encadré 5.7 (suite)

la hauteur, le coût pour arriver jusqu'à eux est souvent élevé. Ce qui peut déboucher sur une situation où les agriculteurs les plus pauvres et ayant le plus grand besoin d'une formation sont les plus mal lotis.

Les effets externes de l'augmentation des compétences des agriculteurs, conjointement avec les bénéfices qu'elle peut apporter à travers un développement agricole bien géré, plaident fortement en faveur d'interventions publiques. Les progrès des technologies de l'information et de la communication (TIC) permettent en outre d'atteindre les petits agriculteurs plus facilement et à moindre coût. Les TIC peuvent entre autres résoudre le problème de l'accès en réduisant le coût des visites à domicile et en permettant une communication plus fréquente à deux sens entre agriculteurs et agents, tout en responsabilisant mieux ces derniers (Cole et Fernando, 2012).

---

que la santé mentale (Banerjee *et al.*, 2015). Ces programmes pilotes avaient une vaste envergure et comprenaient : la mise à disposition d'un bien productif ; un approvisionnement régulier de nourriture ou d'argent pendant une période allant de quelques mois à une année ; une formation technique au maniement des biens productifs ; de fréquentes visites à domicile ; une information sur des stratégies d'épargne ; un volet santé, sauf dans le cas du programme éthiopien. Tous ces programmes, à l'exception de celui du Honduras, ont tendance à être relativement chers (généralement plusieurs milliers de dollars par bénéficiaire), mais le rendement est positif : il va de 133 % au Ghana à 410 % en Inde. Si l'impact de la seule formation n'a pas été évalué dans les programmes de subsistance en zones rurales, le suivi est au cœur de leur conception. Par exemple, le programme BRAC (Building Resources Across Communities) pour lutter contre l'extrême pauvreté dans les zones rurales du Bangladesh commence par une formation en classe, suivie de visites d'un spécialiste du bétail chaque mois ou tous les deux mois durant la première année, et d'une visite d'un agent du programme chaque semaine durant les deux premières années (Bandiera *et al.*, 2013).

Étendre ces programmes représente un défi pour les politiques publiques, notamment à cause de leur coûts et de la nécessité de fournir un soutien global à travers une série d'interventions liées les unes aux autres (ce n'est pas la même chose qu'un programme pilote pour lequel le même prestataire peut fournir tous les services). Malgré ces difficultés, les tentatives de généraliser les programmes pilotes au niveau national donnent des résultats encourageants (Escobal et Ponce, 2015). Dans ces changements d'échelle, il est important d'identifier les aspects du soutien aux bénéficiaires essentiels au succès de l'intervention. Ces aspects dépendront probablement du contexte particulier et des principaux facteurs de vulnérabilité des ménages, mais la formation sera toujours une composante fondamentale.

En complément de ces programmes ruraux, notamment dans les zones urbaines, il existe des programmes d'aide aux petits entrepreneurs et de formation du personnel d'entreprise. Certains programmes fournissent simplement une formation, d'autres un mélange de formation aux compétences en gestion d'entreprise et de soutien financier. Ils s'adressent à diverses populations ciblées – jeunes vulnérables, femmes, diplômés de l'université et petits entrepreneurs.

Plusieurs programmes de formation du personnel d'entreprise ont donné des résultats prometteurs parmi les entreprises de taille moyenne. Par exemple, Bloom *et al.* (2013) a proposé une initiation gratuite aux méthodes modernes de gestion d'entreprise à un ensemble d'entreprises indiennes choisies au hasard. La formation a augmenté la productivité moyenne de 11 %, favorisé la décentralisation de la prise de décision et renforcé l'utilisation des ordinateurs. Les auteurs de l'étude estiment que le premier facteur expliquant le manque d'adoption de l'outil technologique était le manque d'informations.

Dans l'ensemble, cependant, les programmes de formation à la gestion d'entreprise destinés aux PME ne sont pas toujours efficaces, notamment lorsque la formation n'est pas doublée d'un capital de démarrage. Dans leur étude portant principalement sur les petites entreprises, McKenzie and Woodruff (2013) ont constaté que l'impact de ces programmes est relativement modeste sur la survie d'entreprises existantes, mais qu'ils aident à lancer une entreprise plus rapidement. Les entrepreneurs ont tendance à mettre en œuvre les méthodes apprises en formation, mais l'effet positif est souvent modeste.

La formation à la gestion d'entreprise semble relativement moins efficace pour les femmes, mais une nouvelle vague de programmes donne des résultats encourageants. Nous disposons malheureusement de peu d'évaluations comparant l'impact respectif des formations à la gestion d'entreprise sur les femmes et les hommes (McKenzie et Woodruff, 2013), mais celles que nous avons semblent indiquer que l'effet est moins net avec les femmes. Giné et Mansuri (2011) ont constaté que l'impact d'un programme pakistanais de formation à la gestion d'entreprise était observé surtout chez les hommes. De même avec un programme tanzanien, pour lequel Berge, Bjorvatn et Tungodden (2015) ont noté un effet plus faible chez les femmes s'agissant de l'investissement dans les secteurs profitables, de la progression des ventes et des profits. Cependant, de nouveaux types de formation ont été testés dans une nouvelle vague de programmes, et on a constaté par exemple que le développement de l'initiative personnelle semble mieux convenir aux femmes que la traditionnelle formation à la gestion d'entreprise. Un programme éthiopien intitulé DOT Reach Up !, qui donne aux femmes les bases technologiques, des compétences en gestion d'entreprise, et comporte des cours destinés à renforcer la confiance en soi et l'esprit d'entreprise, a permis une augmentation de 30 % des profits pour les participantes par rapport au groupe témoin (Alibhai, Buehren et Papineni 2016). Des résultats analogues, pour les hommes et les femmes, ont été obtenus avec un programme togolais.

Cet impact limité en moyenne ne veut pas dire que les programmes de gestion d'entreprise et de formation au travail indépendant ne servent à rien. Il faut simplement consentir plus d'efforts pour comprendre quels sont les principaux obstacles au développement d'une entreprise dans le contexte local, et adapter les formations et la conception générale des programmes à ces obstacles. Quel que soit le programme, son succès dépendra de sa conception, de la population ciblée, du contexte, et de sa mise en œuvre. Sur la base de trente-sept études d'évaluation de programmes de gestion d'entreprise, Honorati et Cho (2013) ont constaté que le soutien financier est plus efficace pour les femmes, tandis que la formation à la gestion d'entreprise est plus efficace pour ceux qui sont déjà entrepreneurs. Au Togo, Campos *et al.* (2016) ont comparé deux sortes de formations données à des entrepreneurs : l'une destinée à améliorer leurs méthodes de gestion ; l'autre, centrée sur l'initiative personnelle, à les aider à être plus proactifs et mieux armés pour faire face aux obstacles. Il s'est avéré que celle sur les compétences comportementales avait un impact plus important à court terme – ventes et profits augmentaient –, dans une large mesure parce que les participants avaient ensuite tendance à travailler plus et étaient plus susceptibles d'introduire de nouveaux produits. En Afrique du Sud, Anderson, Chandy et Zia (2016) ont étudié le rapport entre le profil d'un entrepreneur et le type de formation à la gestion d'entreprise susceptible de lui être profitable. Ils ont constaté que les compétences en vente et marketing sont bien plus bénéfiques pour les entrepreneurs ayant peu d'expérience. Par contre, les compétences en finances-comptabilité sont bien plus profitables aux entrepreneurs qui sont déjà à la tête d'une entreprise bien établie. McKenzie et Puerto (2017) ont étudié l'impact du programme de l'OIT Gender and Enterprise Together sur les entrepreneuses à faible revenu : au bout de trois ans, celles qui avaient participé au programme faisaient 15 % de profits supplémentaires, avaient une meilleure santé mentale et se sentaient mieux dans leur peau.

Ici encore, apporter un soutien global qui prend en compte les multiples facteurs de vulnérabilité de chacun permet d'améliorer les résultats. Le programme de formation libérien EPAG (Economic Empowerment of Adolescent Girls and Young Women) a été conçu pour atténuer les obstacles auxquels font face les jeunes femmes qui entrent sur le marché du travail. Il comprend six mois de formation pour acquérir, soit des compétences professionnelles requises dans les secteurs très demandeurs en main-d'œuvre, soit des compétences en développement de l'entreprise ; six mois d'aide à la recherche d'un emploi ou des contacts pour obtenir un microcrédit, selon la formation reçue ; d'autres types de formation et d'aides comme un développement des compétences de vie, un apprentissage en petit groupe, un concours de plans d'activités, un mentorat, un compte d'épargne, une garderie, des moyens de transport. Le projet s'est avéré rentable pour les participantes ayant suivi la filière développement de l'entreprise (avec l'augmentation des revenus, le coût du programme était amorti au bout de trois ans), moins pour celles ayant suivi la filière compétences professionnelles (douze ans étaient nécessaires pour amortir le coût du programme ; Adoho *et al.*, 2014).

De récents programmes associant formation et bourse de manière à répondre à l'obstacle du financement semblent aussi avoir de bons résultats (encadré 5.8). En Éthiopie, Blattman et Dercon (2016) ont comparé l'attractivité d'un programme de formation en gestion d'entreprise augmenté d'une somme de 300 dollars par rapport à l'offre d'un emploi industriel peu qualifié. Ceux ayant bénéficié d'un emploi industriel ont montré une forte propension à démissionner pour chercher un emploi de meilleure qualité et moins risqué, tandis que ceux qui avaient suivi la formation ont augmenté leurs revenus de 33 % et avaient des horaires réguliers. Dans un programme ougandais qui a eu du succès, des jeunes étaient invités à former des groupes et à faire une proposition de bourse chiffrée pour une formation professionnelle et un démarrage d'entreprise. Les groupes sélectionnés ont reçu une bourse de 382 dollars par personne. Blattman, Fiala et Martinez (2014) ont constaté que le programme avait augmenté les actifs des entreprises de 57 %, les heures travaillées de 17 % et les revenus de 38 %.

ENCADRÉ 5.8

Travaux publics et formation en Côte d'Ivoire

Une nouvelle génération de programmes de travaux publics inclut une formation pour les participants. L'évaluation d'un projet ivoirien de travaux publics ciblant les jeunes révèle quelques-uns des défis posés par l'intégration d'un volet formation dans un projet d'aide sociale.

Avec ce projet, on a proposé à un sous-ensemble de bénéficiaires deux types de formation : une *formation de base à la gestion d'entreprise* (100 heures) pour permettre aux jeunes de créer et diriger une micro-entreprise en dehors du secteur agricole ; une *formation à la recherche d'un emploi salarié* (80 heures) qui informait sur les avantages d'un tel emploi, initiait aux techniques de recherche d'emploi, plongeait les participants dans un contexte professionnel pendant la durée du programme de travaux publics, et fournissait un certificat de compétences pour accroître la visibilité des participants à la sortie du programme.

Ces deux formations n'ont eu que des répercussions économiques faibles, tout au plus, même si elles ont permis aux participants d'améliorer leurs connaissances de la gestion d'entreprise et des techniques de la recherche d'emploi. Les jeunes ont certes mis en pratique ce qu'ils avaient appris : soit ils ont intensifié leurs recherches d'un emploi salarié (ils ont par exemple utilisé un CV, ou se sont servi d'annonces, ou fait acte de candidature de manière indépendante) ; soit ils ont démarré une nouvelle

---

(suite page suivante)

Encadré 5.8 (suite)

activité (ils se sont par exemple lancés dans une étude de marché ou ont préparé un plan d'activités). Mais ces changements dans leurs compétences et leur pratique n'ont pas été suffisants pour générer des revenus dépassant ceux générés par le programme de travaux publics (Bertrand *et al.*, 2017). Un programme de travaux publics en Sierra Leone, qui a également tenté d'ajouter un volet formation, avec un succès limité, a donné des résultats analogues.

D'autres expériences ailleurs dans le monde révèlent les difficultés que pose l'intégration d'une formation dans l'aide sociale. Au Salvador, un programme de travaux publics auquel avait été ajouté un volet formation à destination des jeunes des villes s'est soldé pour les participants par des résultats positifs, mais modestes sur le marché du travail, à moyen terme, et les effets se sont dissipés avec le temps (Beneke de Sanfeliú, 2014). Ces effets limités ne sont pas une raison pour abandonner. L'étude du Salvador semble indiquer que les résultats auraient pu être plus probants si on avait mieux adapté la formation aux compétences des participants et aux opportunités du marché de l'emploi, et intensifié les efforts de médiation. Pour avoir des chances de succès, les programmes de formation et du marché de l'emploi doivent mieux prendre en compte les compétences des participants et le contexte local, et se concentrer sur les bénéficiaires d'aides sociales qui semblent le plus à même de réussir sur le marché du travail.

Les programmes de formation pour le travail salarié et indépendant

Les formations pour le travail salarié et indépendant sont rarement isolées : elles s'inscrivent généralement dans des programmes plus vastes qui peuvent inclure un développement de compétences techniques et comportementales et une aide à la recherche d'emploi. Cette tendance est bienvenue parce qu'une formation isolée a le plus souvent un effet bien moindre et un apprentissage uniquement en classe, sans complément sur le lieu de travail, est généralement inefficace (Almeida, Behrman et Robalino, 2012).

La distinction entre travail salarié et indépendant est souvent vague dans les programmes. Par exemple, au Kenya, le Youth Empowerment Project visait des jeunes chômeurs entre 15 et 29 ans ayant été scolarisés pendant au moins huit ans. On leur donnait un mélange de compétences de vie et de formation technique, et des stages dans le secteur privé leur fournissaient une expérience professionnelle. Bien que ce programme fût conçu pour promouvoir l'emploi salarié et encourageât les employeurs à garder les stagiaires à la fin de leur formation, une initiation à la gestion d'entreprise a été proposée aux jeunes souhaitant démarrer une entreprise (Honorati, 2015).

Un premier groupe d'interventions pour l'emploi salarié et indépendant comprend des programmes qui forment des bénéficiaires vulnérables (souvent des jeunes sortis du système scolaire) avec un mélange d'apprentissage en classe et en milieu professionnel, des stages, et une aide à la recherche d'emploi. Ces programmes s'inspirent généralement de programmes latino-américains pour les jeunes, lesquels ont eu en moyenne un effet positif, bien que relativement modeste, sur l'emploi, les femmes en ayant souvent un peu plus profité (González-Velosa, Ripani et Rosas Shady, 2012). L'expérience du programme libérien EPAG montre également la nécessité de prendre en compte le marché du travail et ses opportunités lorsqu'on conçoit des programmes d'amélioration de l'emploi salarié. L'encadré 5.9 décrit une initiative du secteur privé autofinancée et fort prometteuse, au Cap, qui forme des salariés dans l'industrie textile.

ENCADRÉ 5.9

Une initiative intégralement financée par le secteur privé : le « Feel Good Project » de Cap Town

Tous les programmes de formation n'ont pas besoin d'une aide publique, notamment lorsque le secteur privé voit les bénéfices que peut receler la formation de la main-d'œuvre. Le Feel Good Project (tfgP) est un projet novateur de la société civile sud-africaine, créé en 2008 conjointement par une organisation non gouvernementale, Learn to Earn, et une entreprise, le groupe Foschini.

Il s'agit d'un programme de formation qui s'appuie sur une chaîne logistique répartie sur trois secteurs : les magasins, la réparation de vêtements, et la distribution en entrepôt. Deux fois par an, des stagiaires sont recrutés dans ces trois secteurs et formés en classe et sur le lieu de travail aux compétences requises dans chacun de ces secteurs.

(suite page suivante)

Encadré 5.9 (suite)

La formation a lieu dans les magasins tfgP, qui achètent aux diverses marques du groupe Foschini les produits retournés par les clients, les échantillons, les produits non conformes et les surplus, les remettent en état et les vendent. Les recettes générées par les ventes sont reversées au projet. Les coûts de la formation sont couverts par les ventes, conduisant à un modèle financier autonome.

Après avoir mené à bien leurs six mois de formation, les stagiaires se voient offerts la possibilité de faire un stage de six à huit semaines dans un secteur en rapport avec les compétences qu'ils ont développées dans les magasins tfgP – réparation de vêtements et entrepôts –, généralement au sein du groupe Foschini. En 2014, quelque 75 stagiaires ont commencé la formation, 56 l'ont terminée. Autant les stagiaires que Foschini bénéficient de ce partenariat : les jeunes reçoivent une formation et acquirent des opportunités d'emploi ; le groupe a un accès direct à une main-d'œuvre triée sur le tas et formée.

Sources : Entretiens avec des responsables du programme ; http://www.learntoearn.org.za.

Un deuxième groupe de programmes vise à renforcer les centres institutionnels de formation professionnelle ainsi que le cadre national définissant qualifications et certifications. Ces programmes sont très répandus, notamment dans les pays où il y a une forte tradition d'apprentissage. Leur efficacité et les obstacles qu'ils rencontrent sont étudiés au chapitre 3.

Enfin, un troisième groupe de programmes cherche à soutenir ce qui se pratique dans le secteur informel, notamment l'apprentissage, de loin la méthode d'acquisition des compétences la plus répandue en Afrique, qui répond principalement aux besoins des pauvres et des jeunes ayant un faible niveau d'éducation (Adams, Johansson et Razmara, 2013 ; Franz, 2016). Darvas et Palmer (2014) estiment qu'en 2005–2006 plus de 440 000 Ghanéens âgés de 15 à 24 ans suivaient un apprentissage dans le secteur informel. Dans l'ensemble des formations consacrées aux compétences de base, celles du secteur informel représentaient 80 % du total, celles du secteur public 7 % et celles des institutions privées 13 %. Au Rwanda, 81 % des PME emploient des apprentis, et environ 43 % des employés des entreprises étudiées ont fait un apprentissage (Johanson et Gakuba, 2011). Au Sénégal, on estime qu'il y avait 384 000 apprentis employés dans le secteur automobile au milieu des années 2000 (Walther et Filipiak, 2008).

L'apprentissage dans le secteur informel diffère en plusieurs points de celui du secteur formel, notamment pour ce qui est de sa longueur, du cadre contractuel, de la qualité de la formation, de la certification, et des coûts (tableau 5.2). Il se distingue notamment par les caractéristiques suivantes : les informations sur les opportunités de formation sont inexistantes ; la plupart des maîtres

Tableau 5.2 Caractéristiques de l'apprentissage dans les secteurs formel et informel

Critère	Secteur formel	Secteur informel
Groupe ciblé	Nouveaux arrivants sur le marché du travail, jeunes avec ou sans formation technique et professionnelle préalable	Jeunes avec ou sans expérience professionnelle
Durée	Longue	Longue, mais parfois plus courte et liée à un produit
Lieu de formation	Sur le lieu de travail et en école	Principalement sur le lieu de travail ; parfois, mais rarement, formation complémentaire de base en école
Objectif	Obtenir une qualification reconnue	Atteindre un niveau d'aptitude
Certification	Diplôme national ; certificat spécifique délivré par une entreprise dans certains cas	Attestation du maître artisan ou d'une association professionnelle le cas échéant ; généralement pas de certificat reconnu à l'échelle nationale
Cadre contractuel	Contrat-type d'apprentissage fondé sur la législation du travail, ou de l'apprentissage, et garantissant les droits fondamentaux du travail	Accord écrit ou oral entre le maître et l'apprenti ou sa famille, pas de protection des droits du travail
Financement et couverture sociale	Dans la plupart des cas, mais pas toujours, l'apprenti a droit à un salaire ou à des indemnités, ainsi qu'à une couverture sociale de base garantie par la loi ou par une convention collective	Diffère d'un pays à l'autre ; le maître artisan peut exiger une rémunération, mais l'apprenti peut aussi recevoir une aide pour ses dépenses journalières et un salaire lorsqu'augmente sa productivité
Contenu de la formation et critères de qualité	Défini dans le programme de la formation et conforme à des critères officiels	En général pas de programme ni de critères de qualité
Conditions d'admission	Certificat d'éducation officiel	En général pas, ou pour ainsi dire pas de conditions d'admissions, mais le niveau d'éducation exigé augmente
Recrutement	Procédures officielles de recrutement ou recrutement par le biais d'un institut de formation	Recrutement informel ; apprenti et maître sont mis en relation par le biais du réseau familial ou de connaissances

Source : Franz, 2016.

artisans formant les apprentis travaillent dans un contexte figé et n'ont guère de possibilités de mettre à jour leurs qualifications ; de nombreux jeunes pris comme apprentis n'ont pas les compétences de base essentielles ; la qualité de la formation varie énormément d'un apprentissage à l'autre.

Si tous les apprentissages du secteur informel ont un objectif de formation, ils diffèrent profondément d'un pays à l'autre et à l'intérieur d'un même pays. Pour ce qui est du financement : dans certains pays comme le Bénin, les apprentis ou leur famille doivent payer un droit d'apprentissage au maître artisan qui décide ensuite quand l'apprenti est prêt à passer le test de fin d'apprentissage et exige souvent un paiement supplémentaire ; des jeunes peuvent rester ainsi enfermés dans le statut d'apprenti alors qu'ils sont parfaitement formés (Davodoun, 2011). Au Sénégal, aucun droit d'apprentissage n'est exigé, mais les apprentis interrompent souvent l'apprentissage avant la fin (Aubery, Giles et Sahn, 2016) – et l'apprentissage suit souvent un abandon précoce de l'école. Au Malawi, les apprentis sont relativement vieux lorsqu'ils démarrent une formation (ils ont 23,4 ans en moyenne), car ils ont déjà essayé plusieurs choses auparavant (Aggarwal et Hofmann, 2010). Du fait de la nature informelle de ces apprentissages, ils continuent de différer profondément au sein même d'un pays. Au Sénégal, par exemple, la formation dure cinq ans en moyenne, mais peut aller jusqu'à dix ans (Aubery, Giles et Sahn, 2016). L'inégalité entre les sexes est également manifeste : la même étude révèle qu'au Sénégal un tiers des hommes en âge de travailler ont fait un apprentissage contre 11 % des femmes seulement. En outre, les femmes et les hommes choisissent des métiers différents, et les apprentissages sont généralement bien plus courts pour les femmes (2,6 ans contre 4,3 ans pour les hommes).

Même si l'apprentissage en secteur informel n'est souvent qu'un deuxième choix, il est tellement répandu qu'il est important de chercher des moyens de le rendre plus productif. Dans les années 1980, il a fait l'objet d'interventions à grande échelle. Le National Open Apprenticeship Scheme (Système national ouvert d'apprentissage) au Nigéria, qui a démarré en 1987 (Adam, 1995), le projet ISTARN (Secteur informel de formation et réseau des ressources) au Zimbabwe (1999), et des initiatives au Bénin et au Togo (Walther et Filipiak, 2008) sont des premiers exemples d'investissements de gouvernements ou de partenariats dans l'apprentissage en secteur informel. Aujourd'hui, des actions sont entreprises dans de nombreux pays pour le renforcer et le développer. Par exemple, en 2000, au Bénin, SwissContact a introduit dans le secteur informel la double formation (scolaire et professionnelle). Au Bénin et au Togo, notamment, on s'est réorienté vers une vision plus traditionnelle de l'apprentissage en inscrivant celui-ci dans une politique plus large d'enseignement et de formation techniques et professionnels (EFTP), ce qui a conduit à adopter le principe de la double formation (Walther et Filipiak, 2008).

Dans ces interventions et d'autres qui ont suivi, on a généralement pris les mesures suivantes : on a amélioré la qualité de l'enseignement en introduisant le principe de la double formation, en classe et sur le lieu de travail ; on a formé les maîtres artisans ; on a mis à niveau les outils technologiques ; on a amélioré les conditions de travail (santé et sécurité) ; on a renforcé l'inclusion (promu l'égalité des sexes) ; on a introduit une reconnaissance officielle ou une certification pour les artisans ayant suivi un apprentissage dans le secteur informel et amélioré la reconnaissance du système de certification existant (traditionnel) ; on a créé des critères de qualité officiels ou amélioré les critères existants avec l'aide des associations professionnelles locales (Franz, 2016). Les résultats de ces efforts n'ont cependant été guère évalués, et les tentatives de structurer l'apprentissage du secteur informel et de le rapprocher de celui du secteur formel n'ont pas été bien loin. Par exemple, si au Ghana le National Vocational Training

Institute a réalisé chaque année 27 000 tests d'apprentissage entre 2001 et 2007 dans un vaste éventail de métiers (construction, mécanique, industrie automobile, électricité, agriculture, industrie textile, hôtellerie, édition), une petite proportion de candidats seulement venait du secteur informel et la majorité avait été formée dans des institutions publiques ou privées (Darvas et Palmer, 2014). On a constaté la même chose au Malawi (Aggarwal et Hofmann, 2010).

En fin de compte, l'apprentissage dans le secteur informel existe pour les mêmes raisons qui font que ce secteur existe, et les politiques d'intervention ne doivent pas essayer de lui donner l'apparence de l'apprentissage du secteur formel. Tant que les causes profondes de l'activité informelle subsisteront, les tentatives de formaliser l'apprentissage du secteur informel auront peu de chance de succès et un impact modeste. L'action politique devrait plutôt viser à améliorer les formations tout en reconnaissant la nature informelle (et difficilement contrôlable) du cadre contractuel.

Prochaines étapes ? Esquisser une feuille de route pour des politiques efficaces de formation continue et de remise à niveau en Afrique

Le succès des programmes de formation dépend largement de leur degré d'adaptation au profil des candidats et aux besoins du marché du travail (encadré 5.10). Et même dans des conditions de mise en œuvre idéales, certains donnent de meilleurs résultats que d'autres. Par ailleurs, un programme qui a du succès ne sera pas forcément transposable à grande échelle, et un programme dont les performances sont modestes doit être évalué en fonction des facteurs de vulnérabilité vastes et profonds auxquels il prétend remédier. Il est important de peser soigneusement tous ces éléments complexes, et en partie contradictoires, lorsqu'on conçoit une politique de formation continue et de remise à niveau. S'ajoute à cette complexité le fait que, malgré une arrivée massive d'évaluations rigoureuses, il reste encore une grande part d'inconnu quant à ce qui marche et ne marche pas, et une part plus grande encore quant au *pourquoi*.

D'une manière générale, il faudrait poursuivre les efforts d'amélioration de la qualité et de l'efficacité financière des programmes existants et augmenter leur rayon d'action – ils sont insuffisants pour répondre aux énormes besoins de formation de la population active ayant interrompu sa scolarité. Nombre des interventions réussies évoquées dans ce chapitre sont relativement restreintes et coûteuses. Une partie du problème réside dans le faible investissement public dans les formations de remise à niveau de la main-d'œuvre. Nous ne disposons malheureusement pas de données par pays sur le niveau de dépense dans ces formations. Mais la base de données de la Banque mondiale

ENCADRÉ 5.10

Adapter les programmes aux personnes : l'importance du profilage

Il est maintenant largement reconnu qu'une perturbation du développement de l'individu dans la petite enfance pourra avoir d'importantes conséquences à long terme sur ses performances sur le marché du travail. Par ailleurs, les écarts dans le bien-être, les compétences, le développement personnel augmentent avec l'âge : ils sont influencés par la famille et la communauté locale dans lesquelles grandit l'enfant, la qualité de l'enseignement scolaire qu'il reçoit, les adultes qu'il prend comme modèles, et les opportunités qui lui sont données. Au moment où un jeune s'apprête à entrer sur le marché du travail, ses compétences techniques et socio-émotionnelles, sa motivation, ses aspirations, ses contacts, ses préférences et son statut socio-économique vont jouer un rôle déterminant sur ses chances de trouver un emploi. En outre, le type d'emploi dans lequel il risque de réussir dépend également de son profil.

Il est par conséquent important d'adapter les programmes et leurs objectifs en fonction du profil des candidats ciblés. Inversement, et ce qu'on a tendance à oublier : les programmes standardisés destinés à une vaste partie de la population ont toutes les chances d'avoir un impact limité ou nul. Autrement dit, il faut concevoir différents programmes pour différents profils. Certains programmes seront bien plus coûteux que d'autres et auront un taux de réussite bien moindre. Pour chacun d'eux, sélectionner les « bons » candidats implique d'en exclure un grand nombre. Harambee, une organisation sud-africaine qui forme et insère des jeunes vulnérables sur le marché du travail, n'admet dans sa formation qu'environ 10 % des postulants.

La sélection existe aussi dans le secteur informel, même si on ne l'appelle pas ainsi. Par exemple, Hardy et McCasland expliquent dans leur étude sur ce secteur au Ghana (2015) que l'obligation de verser une caution pour démarrer un apprentissage est pour les employeurs un moyen de se faire une idée de la motivation du candidat et de sa productivité potentielle. Ceci non seulement vient à l'appui du besoin de sélection, mais aussi crée un espace d'intervention publique, car cette caution empêche ceux qui ont des contraintes financières de se porter candidats à un apprentissage. Imaginer d'autres outils pour analyser la motivation et la productivité des candidats (par exemple des tests d'évaluation qui demandent du temps) peut permettre d'améliorer l'adéquation entre les formations et les candidats.

ASPIRE (Atlas of Social Protection Indicators of Resilience and Equity) nous donne la hauteur des investissements dans les programmes du marché du travail en cours, qui comprennent des programmes de formation, et il semble que la dépense totale est faible : sur un échantillon de vingt-deux pays subsahariens pour lesquels des données sont disponibles, la dépense dans les programmes du marché du travail en cours est en moyenne de 0,1 % du produit intérieur brut (PIB). La question de savoir si cette dépense devrait être plus importante ou non dépend en partie du fait que plusieurs dépenses publiques ont le même degré de priorité et sont concurrentes, et certaines sont liées aux grandes tendances mondiales. Mais il ne fait aucun doute qu'il est impossible de couvrir tous les besoins en programmes de formation et de remise à niveau plus performants et à plus grand rayon d'action avec les ressources limitées que la plupart des pays leur consacrent.

Nous allons maintenant tracer les contours de ce qui pourrait constituer des politiques relativement efficaces de formation continue et de remise à niveau en Afrique. Certes, il faudra multiplier les expérimentations et les évaluations, mais on peut commencer à identifier les programmes qui sont susceptibles de donner de meilleurs résultats sur la base des données et des besoins actuels. Vu l'ampleur de certains déficits de compétence dans la population active, il semble judicieux de continuer à expérimenter et à évaluer trois grands groupes de programmes – et à investir dans chacun d'eux : les programmes d'alphabétisation pour adulte, les programmes destinés à augmenter la productivité des travailleurs indépendants, et les programmes de soutien à l'apprentissage dans le secteur informel (graphique 5.10).

Graphique 5.10 **Adapter les programmes à l'emploi et à la vulnérabilité des populations**

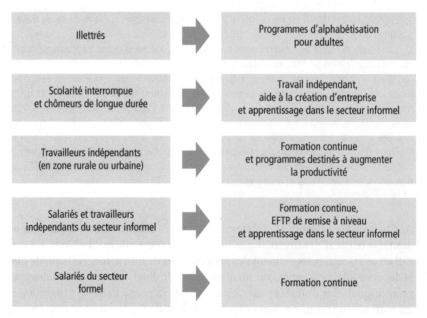

Note : EFTP = Enseignement et formation techniques et professionnels.

Expérimenter une nouvelle génération de programmes d'alphabétisation pour adultes et augmenter le rayon d'action

Les programmes existants d'alphabétisation des adultes donnent des résultats modestes –le passage de l'étape du décodage à celle de la compréhension semble notamment ardu. Mais ce n'est pas une raison pour les abandonner. Il y a plus de 300 millions d'illettrés en Afrique, et l'illettrisme est un sérieux handicap lorsqu'on cherche à augmenter ses revenus. Les recherches qui ont mis en évidence les différents modes d'apprentissage des adultes doivent être prises en compte dans la conception d'une nouvelle génération de programmes d'alphabétisation à l'intention de ce public. Il faut une nouvelle approche andragogique qui intègre les contraintes qui pèsent sur eux et leurs motivations, et il faut suivre sa mise en œuvre et l'évaluer pour améliorer les résultats.

Cependant, nos connaissances étant limitées, nous serions sans doute bien avisés de reprendre les choses à zéro et de commencer à petite échelle (mais en de nombreux endroits), jusqu'à ce que nous ayons recueilli de nouvelles informations sur la meilleure manière d'enseigner à des adultes les bases de la lecture et du calcul. Commencer à petite échelle ne doit pas être un prétexte à l'inaction, mais plutôt une incitation à mettre en route des programmes pilotes aussi nombreux que possible dans les prochaines années.

Par ailleurs, les nouvelles technologies offrent de grandes possibilités d'améliorer l'efficacité (et de réduire le coût) de l'enseignement aux adultes. Proposer par exemple un mélange d'enseignement traditionnel et d'apprentissage à distance avec des téléphones portables est un modèle prometteur. À Los Angeles, un programme éducatif novateur faisant usage du téléphone portable (Cell-Ed) a permis en quatre mois de donner à des adultes des capacités en lecture équivalentes à celles que des enfants acquièrent au bout de deux à quatre ans de scolarité (Ksoll et al., 2014). Au Niger, apprendre à des élèves adultes à se servir de simples téléphones portables a permis d'améliorer leurs notes de 0,19 à 0,26 d'écart type par rapport à celles d'adultes ayant suivi des cours standard (Aker, Ksoll et Lybbert, 2012).

Enfin, un grand potentiel réside dans une meilleure intégration de l'alphabétisation des adultes aux programmes d'aide sociale. Au Mexique, par exemple, l'alphabétisation des adultes a été intégrée dans Prospera, un programme national de transferts conditionnels. Une telle convergence permet de mieux identifier et diriger les candidats vers les formations dont ils ont besoin, et aussi d'accroître le nombre de participants à ces programmes et le nombre de ceux qui les suivent jusqu'au bout.

L'investissement le plus rentable? Soutenir le travail indépendant et l'apprentissage dans le secteur informel

La vaste majorité de la population active d'Afrique restera dans le secteur informel pendant des dizaines d'années encore. Si les pays africains doivent continuer à soutenir la croissance et la productivité dans le secteur formel, la plupart des emplois seront créés dans le secteur informel, notamment pour la population pauvre et vulnérable. Pour être le plus efficace possible dans la résorption de la pauvreté, il faudra donc agir sur l'employabilité et la productivité des actifs du secteur informel. Plutôt que d'essayer de plaquer le modèle formel sur ces actifs ou leur formation, il vaut mieux chercher des manières efficaces d'améliorer leur productivité indépendamment de leur statut. Le fait est que la plupart des tentatives d'appliquer une structure formelle sur une activité informelle ont donné de piètres résultats. De nouveaux programmes plus prometteurs font l'inverse : la nature informelle de la plupart des emplois et du cadre contractuel de l'apprentissage est acceptée comme telle et on cherche avant tout à améliorer la qualité de la formation.

Concrètement, trois types de programmes commencent à donner des résultats et justifient une poursuite des investigations dans la même direction. Il y a premièrement les programmes globaux destinés à améliorer la productivité agricole (graphique 5.11). Comme on l'a expliqué, ils consistent en un mélange de développement agricole, d'aide à la subsistance et de soutien financier, et l'application de ces programmes à grande échelle donne des résultats prometteurs, même s'il faudra continuer d'expérimenter en diversifiant les contenus pour améliorer l'efficacité financière. Ces programmes seront sans doute les plus adaptés pour les pays qui sont à la traîne dans leur développement économique et dont la plus grande partie de la main-d'œuvre est employée dans le secteur de l'agriculture.

Deuxièmement, il y a les programmes qui forment les petits entrepreneurs (présents ou futurs) à la gestion d'entreprise et les aident à affronter certaines contraintes financières auxquelles ils sont soumis. Ces programmes peuvent être mis en œuvre en zone rurale ou urbaine et donnent aussi des résultats encourageants. Les principaux défis qu'ils posent sont leur coût (a fortiori s'ils comprennent une aide financière sous forme de capital de démarrage) et leurs capacités à être développés à plus grande échelle. Leurs bénéficiaires travaillent souvent dans un secteur vite bouché, comme la coiffure ou la réparation automobile. De ce fait, de petits programmes pilotes peuvent être prometteurs, mais

Graphique 5.11 **Comment soutenir la productivité et l'employabilité dans le secteur informel : une approche en termes de compétences**

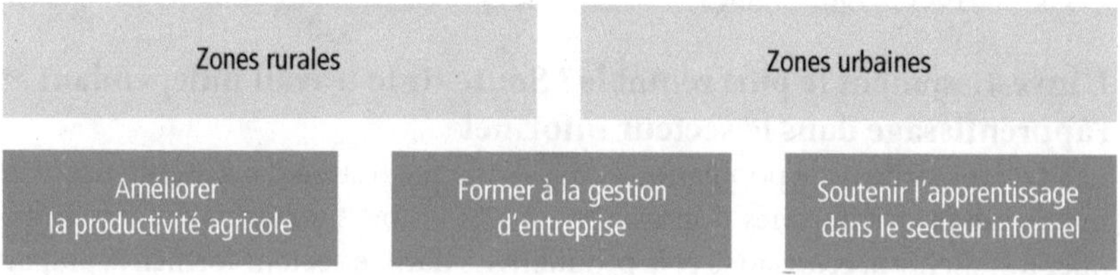

Zones rurales	Zones urbaines	
Améliorer la productivité agricole	Former à la gestion d'entreprise	Soutenir l'apprentissage dans le secteur informel

si trop de gens démarrent une activité dans le même secteur, leur chiffre d'affaires risque de chuter (au-delà d'un certain nombre de coiffeurs, les revenus commencent à décroître). La voie à suivre est par conséquent d'étendre ces programmes à d'autres activités nouvelles et prometteuses. Il est par ailleurs essentiel de les lier à la demande générale, par exemple en calquant la formation donnée aux petites entreprises sur les besoins des grandes entreprises de l'économie. Ces programmes conviennent à la plupart des pays africains, mais sont particulièrement adaptés pour ceux qui sont à la traîne dans leur développement économique.

Lors de la mise en œuvre des programmes de formation à la gestion d'entreprise et d'aide à la subsistance, il faut aussi prêter attention aux problèmes institutionnels de coordination et au risque de fragmentation excessive. De nombreuses ONG soutiennent ce genre de programmes. Même au sein du gouvernement, des programmes analogues sont souvent pilotés par différents ministères comme celui de la jeunesse, du développement social et de l'agriculture. Dans une certaine mesure, la diversification permet une plus grande expérimentation et une meilleure adaptation au contexte local et au profil des bénéficiaires. Mais une fragmentation excessive peut aussi avoir pour conséquence un manque d'efficacité, par exemple une couverture inégale des différentes zones géographiques ou des différents profils de bénéficiaires, et des coûts administratifs plus élevés. L'adoption de stratégies nationales d'éducation et de protection sociale a permis de commencer à répondre à ce problème. Néanmoins, les agences responsables ne disposent souvent pas de moyens financiers suffisants et du pouvoir institutionnel qui leur permettraient de jouer efficacement leur rôle de coordination.

Troisièmement, les programmes d'aide à l'apprentissage en secteur informel constituent une zone d'intervention prometteuse. Ces programmes incitent les maîtres artisans à améliorer la qualité de leur enseignement et les apprentis à doubler leur apprentissage sur le lieu de travail d'une formation en classe, mais il n'y a aucune ambition d'intégrer ce type de formation dans la filière formelle de l'EFTP. Si ces programmes ont été mis en œuvre sous diverses formes en Afrique, peu d'entre eux ont été expérimentés à grande échelle.

On trouve deux exemples intéressants de ces programmes au Kenya (Youth Employment and Opportunities Project) et au Ghana (National Apprenticeship Programme). Au Kenya, le projet vise des jeunes sans travail passés par de longues périodes de chômage ou ayant un emploi vulnérable. Ils reçoivent trois mois de formation et font trois mois de stage dans le secteur formel et informel. Pour le stage dans le secteur informel, le programme finance une formation des maîtres artisans afin d'améliorer la qualité de leur enseignement. Par la suite, il est question de fournir à certains participants sélectionnés un capital de départ pour leur permettre de démarrer leur affaire. Quant au National Apprenticeship Programme du Ghana, il s'appuie sur le modèle d'apprentissage traditionnel d'Afrique de l'Ouest. Il offre aux maîtres artisans un bonus financier si leurs apprentis ont de bons résultats à un test réalisé à la fin de la formation. Une évaluation de ce programme est en cours, mais des évaluations de programmes analogues destinés au secteur formel semblent indiquer qu'ils peuvent devenir des outils efficaces pour améliorer la productivité (Hicks *et al.*, 2011). Vu l'ampleur de l'apprentissage en secteur informel dans la plupart des pays africains, cela vaut la peine d'investir plus dans la mise en œuvre, l'expérimentation et l'évaluation de ces programmes.

Formation continue : avancer avec précaution

Les entreprises africaines du secteur formel n'offrent en moyenne pas beaucoup d'opportunités de formation aux travailleurs et on pourrait en conclure qu'il faut mettre en place une politique d'incitation pour développer la formation continue. Mais nous devons d'abord comprendre pourquoi tant d'entreprises investissent si peu dans celle-ci. D'un côté, si certaines n'utilisent pas les nouvelles technologies, former la main-d'œuvre en laissant de côté la question technologique risque de donner de faibles résultats. D'un autre côté, le sous-investissement peut être dû à des contraintes financières ou à un taux élevé du renouvellement du personnel ; dès lors, l'argument d'une intervention publique prend plus de poids. Dans les pays qui sont plus avancés dans leur transformation économique, mais à la traîne du point de vue des réformes, les décideurs publics doivent s'efforcer de créer les conditions adéquates pour permettre l'apprentissage sur le lieu de travail.

Rechercher le difficile compromis politique

Dans le domaine de la formation continue et de la remise à niveau, il peut être difficile de trouver un équilibre sur le plan stratégique, comme évoqué au chapitre 1. Il y a des tensions entre les formations destinées en premier lieu à accroître la productivité agrégée et d'autres visant à améliorer les moyens de subsistance ; entre répondre aux besoins de compétence actuels ou à ceux qui seront fondamentaux demain ; entre investir dans la main-d'œuvre d'aujourd'hui ou dans celle de demain.

Les nombreux jeunes et adultes en âge de travailler et ayant besoin d'une remise à niveau se divisent en deux groupes distincts qui ont besoin de deux types d'intervention différents. Le premier groupe (de loin le plus petit) est constitué par les travailleurs qualifiés des secteurs économiques productifs et en croissance. La formation continue et l'apprentissage sur le lieu de travail jouent un rôle important pour eux, elle leur permet de se mettre à jour d'un point de vue technologique et d'augmenter leur productivité. Mais la majorité des travailleurs africains sont soit pauvres, soit susceptibles de tomber dans la pauvreté, soit au chômage, soit sous-employés ou dans des emplois à faible productivité. Pour eux, une remise à niveau est un moyen efficace de réduire leur pauvreté, d'améliorer leurs modestes revenus et de les intégrer dans la société, mais cela aura un faible impact sur la productivité globale. Du fait de la division de la main-d'œuvre entre ces deux groupes distincts, il est difficile de choisir entre un investissement dans les compétences d'avenir (par la formation continue et l'apprentissage sur le tas), qui risque de ne pas avoir d'effet immédiat sur la pauvreté, et un investissement dans les compétences requises aujourd'hui (par une remise à niveau), qui permettra sans doute de réduire la pauvreté, mais n'aura guère d'effet sur la croissance de la productivité. Les décideurs publics doivent être conscients de cet arbitrage pour choisir le bon dosage de programmes et trouver un équilibre entre les nécessités de la productivité et celles de l'inclusion sociale.

Notes

1. Seules les données les plus récentes d'*Enterprise Surveys* sont considérées pour chaque pays, à partir de 2009. Dans certains pays où l'étude a été réalisée en 2009, seules les entreprises industrielles ont été interrogées sur la formation. Les statistiques se référant seulement à la production industrielle concernent le Brésil, le Burkina Faso, le Cap-Vert, le Tchad, l'Érythrée, les Fidji, les États fédérés de Micronésie, le Niger, les Samoa et les Tonga.

2. Le fait de savoir lire renvoie aux compétences permettant « (1) d'enregistrer un type quelconque d'informations sous la forme d'un code compris par la personne réalisant l'opération d'enregistrement et potentiellement par d'autres personnes d'une manière plus ou moins permanente et (2) de décoder les informations ainsi enregistrées ». De la même manière, le fait de savoir compter est défini comme « le fait de savoir utiliser et enregistrer des chiffres et des opérations numériques à des fins diverses » (Oxeham, 2002).

Bibliographie

Abadzi H. (2006), *Efficient Learning for the Poor: Insights from the Frontier of Cognitive Neuroscience*, coll. Directions in Development, Banque mondiale, Washington.

Acemoglu D. (1998), « Why Do New Technologies Complement Skills? Directed Technical Change and Wage Inequality », *Quarterly Journal of Economics*, vol. 113, n° 4, p. 1055–1089.

Acemoglu D. et Zilbotti F. (1999), « Productivity Differences », document de travail n° 6879, National Bureau of Economic Research (NBER), Cambridge (Massachusetts).

Adam S. (1995), « Competence Utilization and Transfer in Informal Sector Production and Service Trades in Ibadan/Nigeria », *Bremer Afrika-Studien*, vol. 16, Lit Verlag, Münster.

Adams A., Johansson S. et Razmara S. (dir.) (2013), *Improving Skills Development in the Informal Sector: Strategies for Sub-Saharan Africa*, coll. Directions in Development, Banque mondiale, Washington.

Adoho F., Chakravarty S., Korkoyah D. T. Jr., Lundberg M. et Tasneem A. (2014), « The Impact of an Adolescent Girls Employment Program: The EPAG Project in Liberia », Policy Research Working Paper n° 6832, Banque mondiale, Washington. http://papers .ssrn.com/sol3/papers.cfm?abstract_id=2420245.

Aggarwal A. et Hofmann C. (2010), « A Study on Informal Apprenticeship in Malawi », Rapport sur l'emploi n° 9, Organisation internationale du travail, Genève. http://www .ilo.org/wcmsp5/groups/public/---ed_emp/documents/publication/wcms_151254.pdf.

Aitchison J. et Alidou H. (2009), « Apprentissage et éducation des adultes en Afrique subsaharienne : état des lieux et tendances – rapport régional de synthèse », Institut de l'UNESCO pour l'apprentissage tout au long de la vie, Hambourg.

Aker J. C., Ksoll C. et Lybbert T. J. (2012), « Can Mobile Phones Improve Learning? Evidence from a Field Experiment in Niger », *American Economic Journal: Applied Economics*, vol. 4, n° 4, p. 94–120.

Aker J. et Sawyer M. (2017), « Adult Learning in Sub-Saharan Africa: What Do and Don't We Know? », Tufts University, Medford (Massachusetts).

Alibhai S., Buehren N. et Papineni S. (2016), « From Learning to Earning: An Impact Evaluation of the Digital Opportunity Trust (DOT) Entrepreneurship Training », Africa Gender Innovation Lab, Banque mondiale, Washington.

Almeida R., Behrman J. et Robalino D. (2012), *The Right Skills for the Job? Rethinking Training Policies for Workers*, coll. Human Development Perspectives. Banque mondiale, Washington. http://www-wds.worldbank.org/external/default/WDS ContentServer/WDSP/IB/2012/07/11/000333038_20120711021256/Rendered/PDF /709080PUB0EPI0067869B09780821387146.pdf.

Anderson S. J., Chandy R. et Zia B. (2016), « Pathways to Profits: Identifying Separate Channels of Small Firm Growth through Business Training », Policy Research Working Paper n° 7774, Banque mondiale, Washington.

Aubery F., Giles J. et Sahn D. (2016), « Do Apprenticeships Provide Skills Beyond the Master's Trade? Evidence on Apprenticeships, Skills, and the Transition to Work in Senegal », Document de travail n° 256, Cornell University, Ithaca (New York).

Ban van den A. W. et Hawkins H. S. (1996), *Agricultural Extension*, Blackwell Science Ltd., Hoboken (New Jersey).

Bandiera O., Burgess R., Das N., Gulesci S., Rasul I. et Sulaiman M. (2013), *Can Basic Entrepreneurship Transform the Economic Lives of the Poor?*, International Growth Centre, Londres.

Banerjee A., Duflo E., Goldberg N., Karlan D., Osei R., Parienté W., Shapiro J., Thuysbaert B. et Udry C. (2015), « A Multifaceted Program Causes Lasting Progress for the Very Poor: Evidence from Six Countries », *Science*, vol. 348, n° 6236, 1260799.

Banque mondiale (2007), *Rapport sur le développement dans le monde 2008 – L'Agriculture au service du développement*, Banque mondiale, Washington.

Banque mondiale (diverses années), base de données ASPIRE (Atlas of Social Protection Indicators of Resilience and Equity), Banque mondiale, Washington.

Banque mondiale (diverses années), base de données Enterprise Surveys, Banque mondiale, Washington.

Barron J. M., Berger M. C. et Black D. A. (1997), « How Well Do We Measure Training? », *Journal of Labor Economics*, vol. 15, n° 3, p. 507–528.

Bartel A. P. et Sicherman N. (1993), «Technological Change and Retirement Decisions of Older Workers», *Journal of Labor Economics*, vol. 11, n° 1, 1ᵉ partie, p. 162–183.

Beneke de Sanfeliú M. (2014), «Evaluación de impacto del Programa de Apoyo Temporal al Ingreso (PATI)», Centro de Investigación y Estadísticas de FUSADES, La Libertad (Salvador).

Berge L. I. O., Bjorvatn K. et Tungodden B. (2015), «Human and Financial Capital for Microenterprise Development: Short-Term and Long-Term Evidence from a Field Experiment in Tanzania», *Management Science*, vol. 61, n° 4, p. 707–722.

Bertrand M., Crépon B., Marguerie A. et Premand P. (2017), «Contemporaneous and Post-Program Impacts of a Public Works Program: Evidence from Côte d'Ivoire», document de travail, Banque mondiale, Washington.

Blattman C. et Dercon S. (2016), «Occupational Choice in Early Industrializing Societies: Experimental Evidence on the Income and Health Effects of Industrial and Entrepreneurial Work», document de travail n° 10255, Institute of Labor Economics (IZA), Bonn.

Blattman C., Fiala N. et Martinez S. (2014), «Generating Skilled Self-Employment in Developing Countries: Experimental Evidence from Uganda», *Quarterly Journal of Economics*, vol. 129, n° 2, p. 697–752.

Bloom N., Eifert B., Mahajan A., McKenzie D. et Roberts J. (2013), «Does Management Matter? Evidence from India», *Quarterly Journal of Economics*, vol. 128, n° 1, p. 1–51.

Campos F., Frese M., Goldstein M., Iacovone L., Johnson H., McKenzie D. et Mensmann M. (2016), «Personality vs. Practices in the Making of an Entrepreneur: Experimental Evidence from Togo», article de préparation à la conférence «Economic Development in Africa» organisée du 19 au 21 mars 2017 à Oxford par le Centre for the Study of African Economies (CSAE).

Chakravarty S., Das S. et Vaillant J. (2017), «Gender and Youth Employment in Sub-Saharan Africa: A Review of Constraints and Effective Interventions», Policy Research Working Paper n° 8245, Banque mondiale, Washington.

Cole S. A. et Fernando A. N. (2012), «The Value of Advice: Evidence from Mobile Phone-Based Agricultural Extension», document de travail n° 13–047, Harvard Business School, Cambridge (Massachusetts).

Collier P. et Gunning J. W. (1999), «Why Has Africa Grown Slowly?», *Journal of Economic Perspectives*, vol. 13, n° 3, p. 3–22.

Cromley J. G. (2005), «Metacognition, Cognitive Strategy Instruction, and Reading in Adult Literacy», *Review of Adult Learning and Literacy*, vol. 5, n° 7, p. 187–220.

Darvas P. et Palmer R. (2014), *Demand and Supply of Skills in Ghana: How Can Training Programs Improve Employment and Productivity?*, Banque mondiale, Washington.

Davodoun C. Cyr. (2011), *Apprentissages dans l'artisanat au Bénin*, Éditions Ruisseaux d'Afrique, Cotonou.

Dehaene S., Pegado F., Braga L. W., Ventura P., Filho G. N., Jobert A., Dehaene-Lambertz G., Kolinsky R., Morais J. et Cohen L. (2010), «How Learning to Read Changes the Cortical Networks for Vision and Language», *Science*, vol. 330, n° 6009, p. 1359–1364. http://www.ncbi.nlm.nih.gov/pubmed/21071632.

Escobal J. et Ponce C. (2015), «Combining Social Protection with Economic Opportunities in Rural Peru: Haku Wiñay», *Policy in Focus*, vol. 12, n° 2, p. 22–25.

Fafchamps M. (1996), « The Enforcement of Commercial Contracts in Ghana », *World Development*, vol. 24, n° 3, p. 427–448.

Fafchamps M. (2003), *Market Institutions in Sub-Saharan Africa: Theory and Evidence*, MIT Press, Cambridge (Massachusetts).

Franz J. (2016), « Apprenticeship Training in Africa », document de travail pour le présent rapport, Banque mondiale, Washington.

Giné X. et Mansuri G. (2011), « Money or Ideas? A Field Experiment on Constraints to Entrepreneurship in Rural Pakistan », Policy Research Working Paper n° 6959, Banque mondiale, Washington. http://www-wds.worldbank.org/servlet/WDS ContentServer/WDSP/IB/2014/06/30/000158349_20140630163715/Rendered/PDF /WPS6959.pdf.

Goldin N. et Hobson M. avec Glick P., Lundberg M. et Puerto S. (2015), *Toward Solutions for Youth Employment : A 2015 Baseline Report*, Solutions for Youth Employment (S4YE). https://www.ilo.org/employment/areas/youth-employment/WCMS_413826 /lang--en/index.htm.

González-Velosa C., Ripani L. et Shady D. R. (2012), « How Can Job Opportunities for Young People in Latin America Be Improved? », note technique n° 345, Banque interaméricaine de développement, Washington. http://publications.iadb.org/handle /11319/5539.

Goyal A. et Nash J. (2017), *Reaping Richer Returns: Public Spending Priorities for African Agriculture Productivity Growth*, coll. Africa Development Forum, Banque mondiale, Washington.

Gunning J. W., Bigsten A., Collier P., Dercon S., Fafchamps M., Gauthier B., Oduro A., Pattillo C., Söderbom M., Teal F. et Zeufack A. (2003), « Credit Constraints in Manufacturing Enterprises in Africa », *Journal of African Economies*, vol. 12, n° 1, p. 110–125.

Hardy M. et McCasland J. (2015), « Are Small Firms Labor Constrained? Experimental Evidence from Ghana », Department of Economics, University of Notre Dame, South Bend (Indiana). https://economics.nd.edu/assets/217472/.

Hayes E. et Flannery D. D. (2000), *Women as Learners: The Significance of Gender in Adult Learning*, coll. Higher and Adult Education, Jossey-Bass, Hoboken (New Jersey).

Heckman J. J., Lochner L. et Taber C. (1998), « Explaining Rising Wage Inequality: Explorations with a Dynamic General Equilibrium Model of Labor Earnings with Heterogeneous Agents », *Review of Economic Dynamics*, vol. 1, n° 1, p. 1–58.

Hicks J. H., Kremer M., Mbiti I. et Miguel E. (2011), « Vocational Education Voucher Delivery and Labor Market Returns: A Randomized Evaluation among Kenyan Youth », Banque mondiale, Washington.

Hoare C. (2006), *Handbook of Adult Development and Learning*, Oxford University Press, Oxford.

Honorati M. (2015), « The Impact of Private Sector Internship and Training on Urban Youth in Kenya », Policy Research Working Paper n° 7404, Banque mondiale, Washington.

Honorati M. et Cho Y. (2013), « Entrepreneurship Programs in Developing Countries: A Meta Regression Analysis », *Labor Economics*, vol. 28 (juin), p. 110–130.

Horne R., Khatiwada S. et Kuhn S. (2016), *Emploi et questions sociales dans le monde – Tendances 2016*, Organisation internationale du travail, Genève.

Informal Sector Training and Resources Network (ISTARN) (1999), *Is a TAP (Traditional Apprenticeship Programme) an Option for You?*, Adding Value Manual n° 1 ; *How to Set up and Run a TAP (Traditional Apprenticeship Programme)*, Adding Value Manual n° 2, German Technical Cooperation Agency, Harare.

Johanson R. (2009), «A Review of National Training Funds», Social Protection Discussion Paper, Banque mondiale, Washington. http://siteresources.worldbank.org /SOCIALPROTECTION/Resources/SP-Discussion-papers/Labor-Market-DP/0922 .pdf.

Johanson R. et Gakuba T. (2011), «Rwanda : Training for the Informal Sector», document inédit, Africa Department, Banque mondiale, Washington.

Kluve J., Puerto S., Robalino D., Romero J. M., Rother F., Stöterau J., Weidenkaff F. et Witte M. (2017), «Interventions to Improve Labour Market Outcomes of Youth: A Systematic Review of Training, Entrepreneurship Promotion, Employment Services, and Subsidized Employment Interventions», Campbell Systematic Review, Campbell Collaboration, Oslo. https://www.campbellcollaboration.org/library/improving -youth-labour-market-outcomes.html.

Knowland V. C. P. et Thomas M. S. C. (2014), «Educating the Adult Brain: How the Neuroscience of Learning Can Inform Educational Policy», *International Review of Education*, vol. 60, n° 1, p. 99–122.

Ksoll C., Aker J., Miller D., Perez-Mendoza K. C. et Smalley S. L. (2014), «Learning without Teachers? A Randomized Experiment of a Mobile Phone-Based Adult Education Program in Los Angeles», document de travail n° 368, Center for Global Development, Washington.

McCandliss B. D., Cohen L. et Dehaene S. (2003), «The Visual Word Form Area: Expertise for Reading in the Fusiform Gyrus», *Trends in Cognitive Sciences*, vol. 7, n° 7, p. 293–299.

McKay V. (2015), «Measuring and Monitoring in the South African Kha Ri Gude Mass Literacy Campaign», *International Review of Education*, vol. 61, n° 3, p. 365–397.

McKenzie D. et Puerto S. (2017), «Business Training for Female Microenterprise Owners in Kenya Grew Their Firms without Harming Their Competitors», *Finance and PSD Impact*, n° 42, Banque mondiale, Washington.

McKenzie D. et Woodruff C. (2013), «What Are We Learning from Business Training and Entrepreneurship Evaluations around the Developing World?», *World Bank Research Observer*, vol. 29, n° 1, p. 48–82.

Organisation internationale du travail (diverses années) *School-to-Work Transition Survey*, Organisation internationale du travail, Genève. http://www.ilo.org/employment /areas/youth-employment /work-for-youth/WCMS_191853/lang--en/index.htm.

Oxenham J. (2002), «Skills and Literacy Training for Better Livelihoods: A Review of Approaches and Experiences», Africa Region Findings and Good Practice Infobrief, n° 209, Banque mondiale, Washington.

Paterson A. et Du Toit J. L. (2005), «Uneven South African Private Enterprise Training: The National Skills Survey of 2003», *Journal of Vocational Education and Training*, vol. 57, n° 4, p. 477–497.

Perotti V. (2017), « Training, Skills, and Firm Productivity in Formal African Firms », document sur ce rapport, Banque mondiale, Washington.

Rodrik D. (2016), « Premature Deindustrialization », *Journal of Economic Growth*, vol. 21, n° 1, p. 1-33.

Rosholm M., Nielsen H. S. et Dabalen A. (2007), « Evaluation of Training in African Enterprises », *Journal of Development Economics*, vol. 84, n° 1, p. 310-329.

Royer J. M., Abadzi H. et Kinda J. (2004), « The Impact of Phonological-Awareness and Rapid-Reading Training on the Reading Skills of Adolescent and Adult Neoliterates », *International Review of Education*, vol. 50, n° 1, p. 53-71.

Sanchez Puerta M. L. et Perinet M. (2016), *Kenya Jobs for Youth*, rapport n° 101685-KE, Social Protection and Labor Global Practice, Africa Region, Banque mondiale, Washington.

Sekkat K. (2011), « Firm Sponsored Training and Productivity in Morocco », *Journal of Development Studies*, vol. 47, n° 9, p. 1391-1409.

UNESCO (Organisation des Nations Unies pour la science, l'éducation et la culture) (2015), « Rapport mondial de suivi sur l'EPT, 2015. État des lieux en Afrique subsaharienne », UNESCO, Paris.

Valerio A., Sanchez Puerta M. L., Tognatta N. et Monroy-Taborda S. (2016), « Are There Skills Payoffs in Low- and Middle-Income Countries? », Policy Research Working Paper n° 7879, Banque mondiale, Washington.

Valerio A., Roseth V. et Arias O. (2016), « Improving Workforce Skills: The Role of Training », document sur ce rapport, Banque mondiale, Washington.

Walther R. et Filipiak E. (2008), *Towards a Renewal of Apprenticeship in West Africa. Enhancing the Professional Integration of Young People*, Agence Française de développement, Paris.

Wellard K., Rafanomezana J., Nyirenda M., Okotel M. et Subbey V. (2013), « A Review of Community Extension Approaches to Innovation for Improved Livelihoods in Ghana, Uganda, and Malawi », *Journal of Agricultural Education and Extension*, vol. 19, n° 1, p. 21-35.